Jackie Kennedy

Du même auteur

La Dramaturgie de Feydeau, Champion, 1978, 2 volumes.
Le Théâtre de Feydeau, Klincksieck, 1979.
Le Vaudeville, PUF, 1986.
Théâtre complet de Feydeau, Bordas-Dunod, « Les Classiques Garnier », 1988-1989, 4 volumes.
Théâtre de Labiche, Bordas-Dunod, « Les Classiques Garnier », 1991-1992, 3 volumes.
Feydeau, pièces courtes, monologues, vaudevilles, Omnibus, 2008.

Biographies

Feydeau, Flammarion, 1991, prix Lutèce de la mémoire.
Les Deux Guitry, Flammarion, 1995, prix Goncourt de la biographie, prix du Nouveau Cercle de l'Union.
Cocteau, Flammarion, 1997.
Coco Chanel, Flammarion, 2000.
Picasso, Flammarion, 2002.
Sarah Bernhardt, Flammarion, 2006.
Marie Curie, Flammarion, 2008.
Gens de théâtre, Biographies : *Les Deux Guitry, Feydeau, Sarah Bernhardt*, Éditions Omnibus, 2008.

Grand Prix international de la critique littéraire 1991 pour l'ensemble de son œuvre.

Henry Gidel

Jackie Kennedy

Flammarion

ISBN : 978-2-0812-2549-7

À Catherine pour son aide toujours aussi précieuse…

Prélude

New York. Mars 1994. Central Park South. La veille est tombée une pluie glaciale mêlée de neige. Cet après-midi, c'est un froid sec. Le soleil luit à travers les frondaisons dépouillées du parc derrière lesquelles se profile la silhouette du Plaza.

Apparaît au détour d'une allée un homme d'une soixantaine d'années, assez corpulent, au front dégarni. Il marche lentement, plein d'attention pour une femme vieillissante qui s'accroche à son bras : vêtue d'un long manteau brun serré à la taille, elle se déplace avec difficulté.

Qui est-ce ? Sous sa chevelure sombre – une perruque, peut-être –, de larges lunettes de soleil dissimulent un visage amaigri difficile à identifier.

Apparemment, du moins…

Car ne tarderont pas à surgir d'un sentier tout proche trois, quatre, bientôt cinq paparazzi qui, avec une brutalité révoltante, se mettent à mitrailler le couple.

Lequel doit être habitué à ce genre d'agression si l'on en juge par l'impassibilité qu'il manifeste en la circonstance.

Rien d'étonnant : leurs victimes sont Jackie Kennedy-Onassis et Maurice Tempelsman, son compagnon de ces années-là.

Elle vit en ce moment les dernières semaines de son existence.

Mais elle ne le sait pas encore.

Jackie Kennedy

Ainsi va s'achever l'une des vies de femme les plus fascinantes du XXe siècle, une vie si riche en épisodes surprenants qu'elle pourrait fournir à elle seule la matière de plusieurs romans ou films de bonne dimension…

I

Mademoiselle Bouvier

New York. 21 juin 1929. À en croire le médecin, c'est ce jour-là très précisément que *devrait* naître Jackie, à la clinique de Manhattan où sa mère, Janet Bouvier, une femme autoritaire et organisée, a de longue date réservé sa chambre.

Devrait... Mais, vu le futur caractère de sa fille, s'étonnera-t-on qu'avant même d'être née Jackie refuse d'obéir aussi docilement à la volonté maternelle ?

Comme bien des grands personnages de l'Histoire, il faudra donc attendre...

Si bien qu'elle ne fera son entrée dans le monde que cinq semaines après la date prévue. Ce qui ne manquera pas de compliquer la vie de sa mère : devra-t-elle attendre l'accouchement à Manhattan dans la touffeur moite qui y règne en cette époque de l'année ? Et renoncer à des week-ends au frais derrière les murs épais de sa résidence d'East Hampton ?

Ce serait trop lui demander.

C'est donc là-bas, ou du moins au tout proche hôpital de Southampton, que Jackie naîtra le 28 juillet 1929.

Southampton, East Hampton, comme d'ailleurs Westhampton, Bridgehampton... se situent, on le sait, au nord-est de New York, à Long Island, cette péninsule si justement nommée, large au plus d'une trentaine de kilomètres, s'étirant sur près de cent quatre-vingts kilomètres, au large du Connecticut. Elle a l'avantage de se trouver relativement proche des New-Yorkais. Ils y bénéficient de généreuses bouffées d'air iodé, et y retrouvent vite l'énergie perdue dans l'étuve que devient en été une métropole où les ventilateurs ne parviennent qu'à rendre plus insupportable la chaleur qu'ils brassent.

Long Island – comme les dunes du cap Cod ou l'île de Nantucket – ne présente évidemment rien de commun avec la fameuse Coney Island qui, au sud de Brooklyn, voit ses plages envahies par des foules populaires : y circulent vendeurs de sandwiches et de boissons diverses. Le bord de l'eau grouille de baigneurs criards dont la distinction n'est pas la qualité première.

À Long Island, au contraire, l'élite fortunée dispose d'immenses plages de sable blanc, où elle se détend à l'abri de toute promiscuité.

La propriété où les Bouvier ont attendu la naissance de leur fille s'appelle Lasata, mot indien qui signifie « Lieu de paix ». Elle mérite son nom : on y accède par un chemin de terre, Further Lane, au bord duquel se dresse un imposant manoir à l'anglaise dominant un parc de sept hectares.

La ravissante petite fille qui vient de naître pèse un peu plus de sept livres et surprend tout de suite par ses longs cheveux noirs et surtout par ses yeux de velours sombre étrangement écartés.

Ses parents l'appellent Jacqueline, ce qui évoque tout à la fois les origines françaises de son père mais aussi son prénom, Jack, surnom courant aux États-Unis de John.

Les origines françaises de Jackie sont bien connues. Sans entrer dans un fastidieux exposé généalogique, précisons qu'il faut aller les chercher dans la Drôme, sur les rives du Rhône, à Pont-Saint-Esprit. Ne nous fions pas à une plaquette intitulée *Nos ancêtres,* publiées à ses frais en 1925 par John Vernou* Bouvier, le grand-père de Jackie, et plusieurs fois réimprimée

* Nom de jeune fille de sa seconde épouse.

jusqu'en 1947. Il a voulu y magnifier les trop modestes origines de sa famille. Il y évoque sans vergogne un noble gentilhomme du XVIe siècle ressemblant bien peu à son véritable ancêtre, Michel Bouvier (1792-1874), menuisier de son état qui émigra à l'âge de vingt-trois ans en Amérique, après avoir, dit-on, participé à la bataille de Waterloo. Il fait de cet humble artisan installé à Philadelphie en 1815 un ami intime de Joseph Bonaparte... En réalité, l'ex-roi d'Espagne, exilé dans cette même ville jusqu'en 1832, commandera quelques meubles à son compatriote, entre-temps devenu un remarquable ébéniste. C'est tout. Toute la famille Bouvier préféra croire dur comme fer à la version aristocratique imaginée par l'inventif grand-père.

Ce Michel Bouvier, le trisaïeul de Jackie, n'est pas dépourvu de talent, ni surtout d'un génial sens des affaires : il parvient à acquérir en Virginie plus de 60 000 hectares de terre à charbon, sans compter nombre de biens immobiliers soigneusement choisis, et dont la valeur va s'accroître vertigineusement.

En 1874, lorsqu'il meurt à quatre-vingt-deux ans, il s'est fait construire North Broad Street, une sorte de palais Renaissance entouré d'un jardin à la française qui symbolise la réussite fabuleuse du pauvre émigrant qu'il a été. Bel exemple de l'*American dream* !

Ses descendants, eux aussi brillants investisseurs, augmenteront encore la fortune familiale et s'allieront astucieusement à des familles américaines réputées, de façon à faire oublier l'aspect *nouveau riche* qu'ils risquaient de présenter au regard de la *high society* américaine. Ils ont le grave handicap d'être catholiques dans ce milieu majoritairement protestant. Les *Wasp* (White Anglo-Saxon Protestants) ont quelque mal à les accepter.

Ils parviennent cependant à faire entrer leur nom dans le *New York Social Register* de 1899, l'équivalent de notre *Bottin mondain* : pour eux, c'est la consécration. Ils sont à présent membres de presque tous les clubs chics de New York, comptant parmi leurs associés des Morgan, des Vanderbildt et des Harriman.

Né en 1864, le grand-père de Jackie, qu'on appelle « le Major » à cause de son grade dans l'armée pendant la Grande Guerre, est un brillant avocat qui exerce dans le cabinet Bouvier and Warren. Il aura de sa femme Maude Sergeant cinq enfants dont Jack (John) le futur père de Jackie ! Ce John Vernou Bouvier III, né en 1891, sort en 1914 de l'université Yale où il ne se distingue guère qu'en étant avec une régularité obstinée le dernier de sa classe. Et pour cause : « Je ne me souviens pas, raconte un de ses camarades d'étude, l'avoir jamais vu ouvrir un livre ou potasser un examen[1]. »

En deuxième année, il faisait de la course à pied, sport qu'il délaissa rapidement pour courir... les filles. Lorsqu'il entrait dans une pièce pleine de femmes, dira un de ses amis, « 95 % d'entre elles n'avaient qu'une idée : être avec lui. Mais dès qu'il avait obtenu ce qu'il voulait d'une femme, il passait à la suivante ».

Inutile de dire que, fort de ses relations familiales, il n'aura aucune peine à devenir courtier en bourse. Lorsqu'en 1917 son pays entre en guerre, il attend le dernier moment pour s'engager. Il devient sous-lieutenant dans les transmissions. Alors que son frère Bud se distingue par son héroïsme dans les tranchées françaises, lui-même, écrit-il cyniquement à l'un de ses amis, livre ses « combats les plus acharnés dans les bars et boxons les plus enfumés de Caroline, en attendant que se termine cette sale petite guerre[2] ».

En 1919, il reprend son travail chez Henry Hentz & Co, la firme qui l'employait. Trois ans plus tard, il se met à son compte au New York Stock Exchange. Il emprunte 80 000 dollars, en grande partie aux membres de sa famille, et en 1922, à trente ans, le voici agent de change indépendant.

Qui est-il au juste ? Au physique, représentons-nous un playboy type. Un bel homme que l'on compara volontiers à Clark Gable quand il interprétait Rhett Butler dans *Autant en emporte le vent.* Grand, musclé, belle chevelure noire qu'il enduit de gomina pour la rendre plus brillante, fine moustache artistement dessinée. Et avec tout cela un bronzage permanent soigneusement entretenu – qui fait ressortir le bleu intense de son regard. Du coup, on le surnomme « le Sheik », le « Prince noir » ou plus souvent encore « Black Jack ».

À ses yeux, la vie doit consister en une succession ininterrompue de plaisirs. Son charme irrésistible, son élégante désinvolture continuent à lui permettre de conquérir sans mal presque toutes les femmes qu'il désire. Et même les hommes, semble-t-il : ne lui attribue-t-on pas une aventure avec le compositeur Cole Porter ?

Sa fortune l'autorise à vivre dans un luxueux appartement du 375 Park Avenue où en bon golden boy il donne de brillantes et coûteuses *parties*. Par ailleurs, il adore le jeu et les émotions qu'il procure. Joueur de poker acharné, assidu des casinos comme des tripots les plus louches, il est aussi familier des bookmakers... Pis encore, il « boit ». Mais sa solide constitution lui permet de le supporter sans dépasser les limites de ce que l'on veut bien appeler « l'alcoolisme mondain ». Grâce à quoi il peut continuer à faire bonne figure dans les clubs les plus chics de Manhattan ou de Long Island.

La séduction qu'il dégage est telle qu'elle masque son inculture et sa profonde indifférence pour les arts. On les lui pardonnera d'autant plus volontiers qu'il sait faire preuve dans sa conversation d'une aimable fantaisie, prodiguant entre deux bouffées de cigare des « mots » d'une drôlerie qui fait paraître lourds et ternes tous les hommes auxquels on pourrait le comparer.

Malheureusement pour lui, l'agent de change qu'il prétend être se révèle un détestable gestionnaire. Ce qui découle directement de la vision trop étroitement épicurienne qu'il se fait de l'existence car, s'il sait réaliser d'importants bénéfices, il est incapable de faire la moindre économie. Bien au contraire, il augmente d'autant son train de vie qui, déjà, dépasse ses moyens. Il dispose de quatre voitures de luxe, dont une Lincoln Zephyr et une Stutz de couleur marron avec un chauffeur à la livrée assortie. Les créanciers le menacent. Il emprunte alors à son père, à son oncle, à des amis, sans jamais envisager une minute de leur rembourser le moindre dollar.

Par quel miracle les parents de la jeune Janet Lee ne font-ils pas le moindre effort pour s'opposer au mariage de leur fille avec un noceur aussi déterminé ? Fallait-il que son charme fût ensorcelant !

Qui sont donc ces Lee ? Leur venue en Amérique, à New York plus précisément, date des années 1830 pendant lesquelles la famine avait contraint nombre d'Irlandais à s'expatrier, notamment l'arrière-grand-père de Janet. Le premier membre de leur clan à réussir brillamment dans la société américaine est James T. Lee, le propre père de Janet, né en 1877. Titulaire d'un diplôme d'ingénieur et d'un diplôme de droit obtenu à Columbia, avocat, banquier et homme d'affaires, il épouse une Irlandaise dont il a trois filles parmi lesquelles Janet, née en 1903. Astucieux spéculateur, il a l'idée d'acheter terrains et maisons tout au long de la Septième Avenue, trajet que va suivre le futur métro de New York. Leur valeur aura vite fait de quintupler ! Il fait alors bâtir de multiples résidences, notamment sur Park Avenue où ses somptueux immeubles abritent des appartements de douze ou quatorze pièces, comme celui du 740, qu'il parvient à louer pour la somme alors énorme de 2 000 dollars par mois. Et ne parlons pas du 998 de la Cinquième : il comporte des appartements allant jusqu'à 23 pièces ! À Manhattan, il aura fait édifier au total plus de 200 immeubles.

Finalement, ce *self-made-man* devient vice-président de la Chase National Bank. Dans les années 1920, sa fortune s'élève à 35 millions de dollars de biens immobiliers, sans compter un énorme paquet d'actions qui, grâce à son flair, se révéleront les plus rentables du marché…

Il manque cependant quelque chose à ces Lee : cette sorte de prestige social presque aristocratique dont ont su se parer les Bouvier, même s'il ne s'agit en réalité que d'un simple vernis. On murmure que les Lee sont en fait des Levy qui ont jugé bon d'américaniser leur nom. John Davis, un cousin des Bouvier, raconte que Janet a tenté à plusieurs reprises de se faire passer pour une descendante de Robert E. Lee, le fameux général sudiste.

Cependant, il ne peut être question pour Black Jack de rester célibataire toute sa vie : sa position sociale en souffrirait. Et, surtout, le mariage lui serait singulièrement utile : il lui permettrait de renflouer sa situation financière, même de devenir réellement très riche. « Ne faites jamais rien pour rien ! », se plaisait-il à répéter. Tel était le dernier mot de sa philosophie.

Déjà, en 1920, il croit réaliser une bonne affaire en se fiançant à Eleanor Cartes, cousine de Lady Acheson, une aristocrate anglaise. Les parents de la jeune fille s'étant renseignés sur le personnage parviennent cependant à la détourner de son projet pour lui faire épouser un parti plus sérieux : un millionnaire de Baltimore...

Quelques années plus tard, en 1927, Janet Lee, qui, avec ses parents, passe ses vacances à Long Island, devient une amie très chère de Maud et Michelle Bouvier, les jeunes sœurs jumelles de Jack. L'été, elles séjournent, de leur côté, dans la propriété de leurs parents à Lasata. Janet a vingt ans ; inévitablement elle rencontre Jack. Elle ne peut qu'être attirée par ce séduisant playboy qui, lui-même, ne reste pas indifférent au charme de cette jeune fille brune, mince et sportive, de seize ans sa cadette. Certes, elle est un peu froide, un peu snob aussi, mais, bah ! il en a vu d'autres ! Il saura bien la dresser, ou du moins l'apprivoiser. Et puis les Lee, c'est aussi – et surtout – la fortune.

L'hiver qui suit, à Manhattan, ce sont des sorties, des bals au Waldorf Astoria. On les voit danser ensemble *The man I love* ou *Somebody loves me*. On peut faire confiance à Black Jack : il sait y faire, ni trop, ni trop peu. Dès Pâques, les voilà fiancés. On a raconté que, quelques mois auparavant, Janet préférait à Jack son frère William Sergeant Bouvier, dit Bud, de deux ans son cadet. Mais son alcoolisme, beaucoup plus prononcé encore que celui de son frère – qui le conduira l'année suivante, à trente-six ans, à une cirrhose mortelle –, aura tôt fait de l'en détourner.

Au reste, Jack mène rudement son « affaire » – le mot devant être pris à tous les sens du terme. De toute façon, malgré quelques réserves de James Lee, le père de la jeune fille, les deux familles voient dans le mariage prévu une association qui ne peut être que bénéfique. Car le sens pratique ne leur manque pas : si les Bouvier ont une façade sociale plus brillante, d'un autre côté, la solidité financière des Lee est plus assurée. Leur union complémentaire s'impose comme une évidence.

Inutile de dire que le mariage – qui a lieu en juillet 1928 à East Hampton, à l'église Saint-Philomène – est à Long Island l'événement de la saison : y assistent cinq cents invités appartenant à ce qu'il y a de plus puissant, en particulier dans le monde de la finance.

Avant la fin de la réception, les jeunes mariés se sont discrètement éclipsés. Ils se rendent à New York pour y passer leur nuit de noces, à l'hôtel Savoy Plaza.

Dès le lendemain, le couple embarque sur l'*Aquitania,* fidèle à une tradition bien établie dans la haute société américaine : la lune de miel en Europe. On a prévu cinq semaines, ce qui est plus que convenable. L'attitude du jeune marié, en revanche, l'est beaucoup moins. N'attendons pas de lui qu'il passe son temps aux côtés de sa jeune épouse. N'imaginons surtout pas Jack et Janet installés dans des chaises longues à la poupe du navire : ils contempleraient rêveusement le long sillage d'écume blanche qui s'étirerait jusqu'à l'horizon… ridicules billevesées que tout cela pour Black Jack !

Il a trouvé mieux…

Il a appris la présence à bord de celle que la presse salue alors comme la « plus riche héritière de la planète », la fameuse Doris Duke, fille de James B. Duke *. Celui-ci, connu sous le surnom de « roi du tabac », est le fondateur en Caroline du Nord de la célèbre Duke University, somptueuse réplique d'Oxford, tout récemment inaugurée au milieu d'un campus de trois cents

* Propriétaire, entre autres, des usines Chesterfield, Lucky Strike et Pall Mall.

hectares. Son sang ne fait qu'un tour : c'est décidé, il la lui faut. D'ailleurs, elle n'a que seize ans, quatre de moins que sa femme, c'est encore plus excitant ! Ce bel homme n'a aucun mal à séduire l'adolescente. Et puis l'atmosphère particulière qui règne dans l'*Aquitania* s'y prête. Ce ne sont que cocktails, dîners en tenue de soirée, bals qu'anime un orchestre de douze musiciens. Autant Janet déteste ce climat exténuant de fête perpétuelle, autant Jack goûte aux plaisirs des folles nuits des clubs de Manhattan, qu'il fréquente assidûment.

Le pire est qu'il ne se cache même pas ! Il la ridiculise. Elle lui dit sans ambages ce qu'elle pense de sa conduite. Il se défend comme un beau diable. Il nie tout.

— Ce n'est même pas un flirt, proteste-t-il.

De rage, elle brise une grande glace festonnée qui ornait la coursive dans laquelle la scène a éclaté.

On n'a guère de peine à imaginer ce que sera la vie du couple pendant le reste de la traversée, dans le huis clos de la cabine...

C'est seulement sur la terre ferme, à Southampton, que viendra l'apaisement. Le tour d'Europe aura lieu sans histoire. Comment Janet pourra-t-elle jamais oublier un prélude qui augurait si mal de la suite du morceau ?

Au milieu du mois d'août 1928, les voilà de retour à New York : le couple emménage tout naturellement au 375 Park Avenue, chez Jack. Mais, malgré le peu d'estime que manifeste pour son gendre le « vieux Lee », comme l'appelle aimablement Black Jack, celui-ci tient à ce que le couple habite un appartement encore plus grand et plus luxueux que celui qu'il a loué : une belle occasion d'ailleurs d'humilier Jack. Aussi met-il à sa disposition un duplex de... quatorze pièces au 740 Park Avenue, dans un de ces immeubles dont, on l'a vu, il est le propriétaire. L'appartement est somptueux : un vestibule de 50 mètres carrés, des cheminées monumentales dans toutes les pièces de réception, et le reste est à l'avenant, y compris l'exorbitant loyer dont il se garde bien de lui faire cadeau.

Il sait ce qu'il fait. Quelques années plus tard, après la Grande Dépression, il jouira d'un plaisir inouï : voir son gendre venir implorer son aide. Son beau-père pourrait-il se charger du salaire des domestiques et des dépenses courantes du ménage ? Voudrait-il bien le loger gratuitement ?

Le « vieux Lee » accepte, bien entendu.

Sa victoire est complète.

D'autant plus qu'il a mis à sa « générosité » des conditions draconiennes : son gendre devra réduire considérablement son train de vie, se contenter d'une seule voiture, renoncer à ses tailleurs anglais de Savile Row, démissionner d'une foule de clubs aussi coûteux qu'inutiles et, *last but not the least*, remettre chaque mois ses comptes aux comptables de l'Old Man pour justifier ses dépenses jusqu'au moindre dollar…

Revenons à l'année 1928. Quelques semaines après le retour d'Europe, la vie mondaine de Manhattan reprend, les fêtes se multiplient. Or, Black Jack se comporte exactement comme il le faisait auparavant : célibataire ou marié, c'est tout un pour lui. De toute façon, il n'est plus assez jeune pour changer. Il n'essaie même pas de le faire. Certes, il se rend comme d'habitude à son bureau de Wall Street, donne nombre coups de téléphone, lance des opérations financières risquées. Mais, dès qu'il le peut, il s'échappe afin de se livrer à la chasse aux femmes, à *womaniser*, pour reprendre en la francisant quelque peu la pittoresque expression américaine. Pendant la journée, la jeune mariée court les magasins new-yorkais, papote avec ses amies autour d'un thé, monte à cheval, son sport favori. Mais le soir, aux dîners qu'elle organise en parfaite maîtresse de maison, son mari n'est toujours pas là. Il lui arrive même de disparaître toute la nuit sans fournir la moindre explication.

Comment réagit-elle ?

Au début, sa tactique est de feindre de juger ce comportement naturel, de ne pas adresser le moindre reproche à l'époux volage, surtout en public. Bien qu'elle souffre de cette situation, elle cherche d'abord à sauver les apparences. D'ailleurs, ses propres parents avaient-ils jamais cessé de se quereller ? Ils avaient même fini par ne communiquer que par l'intermédiaire de leurs enfants… Janet elle-même, Winifred et Marion ses sœurs.

Malgré ce triste exemple, Janet éprouve quelque difficulté à supporter le comportement de son mari. Notamment lorsque, à l'occasion des festivités de fin décembre 1928, il sombre – impunément, par bonheur – dans un bref mais périlleux coma éthylique. Ces dissensions conjugales avaient dès l'automne préoccupé les Bouvier : un divorce n'eût guère arrangé leurs affaires. Mais leurs avocats les avaient rassurés : Janet étant déjà enceinte, ils n'avaient pas grand-chose à craindre, du moins à court terme.

C'est à Lasata, chez le grand-père Bouvier où réside le couple en cette fin de juillet 1929, que revient après son accouchement à Southampton la mère du bébé. L'enfant a beau s'appeler Jacqueline, c'est « Jackie » qui va aussitôt s'imposer pour tous – et pour toujours.

Naturellement, on engage aussitôt une nurse, miss Bertha Newey. Et une foule de domestiques s'affaire autour de Jackie. Évoquons le décor somptueux dans lequel elle va passer les premières semaines de son existence.

Imaginons, à l'intérieur de cette importante demeure aux murs tapissés de lierre, quinze pièces décorées avec le goût le plus sûr, où le mélange des styles, anglais et français surtout, est combiné de la façon la plus réussie. L'ameublement, les peintures, les gravures proviennent des résidences successives des Bouvier. Et on y remarque, pieusement conservés, merveilles d'ébénisterie, une douzaine de fauteuils Chippendale, œuvres de l'arrière-grand-père de Jackie datant des années 1820, les premières qu'il a passées en Amérique.

À Lasata, les dîners présidés par le « major », alors âgé de soixante-cinq ans, se déroulent – il y veille avec soin – entre gens courtois, faisant preuve de manières raffinées. Personne n'élève le ton, et les propos sont mesurés. Bien que l'on soit en période de « vacances », on s'y « habille » avec soin et les femmes, notamment, sont en robe longue. Tout est fait, en somme, pour que rien ne vienne mettre à mal le mythe des origines aristocratiques de la famille Bouvier et de sa splendeur ancestrale représentée par un magnifique blason.

C'est dans ce cadre luxueux que Jackie reviendra chaque année, de mai à octobre. Cependant, dès l'été 1931, elle loge aussi dans une résidence louée par ses parents, toujours à East Hampton, Rowdy Hall, 111 Egypte Lane, mais avec l'aide financière du généreux « major ». Certes, Rowdy Hall n'a pas l'allure aristocratique de Lasata, mais c'est une grande et agréable maison en bois de style dit « colonial », non loin du Maidstone Club, établissement chic où ils disposent d'une cabine de bain. Les talents équestres de Janet lui vaudront vite l'admiration des membres de ce cercle.

Quant à East Hampton même, c'est un charmant village d'un autre temps avec ses cottages où prospèrent rosiers et chèvrefeuilles, ses paisibles placettes où l'on peut encore croiser quelques voitures à cheval prestement conduites par des nostalgiques du passé venus se réfugier dans ces lieux idylliques…

C'est là, après la réception donnée pour le deuxième anniversaire de Jackie, que la presse va commencer à parler d'elle. Pas le *New York Times* bien entendu, ni le *Washington Post,* mais du moins une feuille locale, l'*East Hampton Star* : « La petite Jackie Bouvier, fille de Jack Bouvier et de Janet, née Lee, s'est montrée une hôtesse tout à fait charmante. Jeux et promenades à poney se succédèrent avant l'arrivée du gâteau d'anniversaire de chez Jacques Horner. »

Toute modeste qu'elle est, cette mention de Jackie revêt une valeur symbolique considérable. Qui eût cru que cet entrefilet consacré à une fillette de deux ans n'était que la première manifestation d'une pression médiatique monstrueuse qui allait s'exercer sur elle jusqu'à la fin de son existence et même au-delà.

D'ailleurs, un mois plus tard, déjà, alors qu'elle présente son chien Hootchie à l'exposition canine annuelle d'East Hampton, un journaliste local ne peut s'empêcher d'évoquer la petite fille :

« Arrivée en trottinant sur l'estrade, elle a présenté avec la plus grande fierté un minuscule scotch-terrier qui avait à peu près la même taille qu'elle. »

Si Jackie adore les chiens, elle ne va pas tarder à devenir, grâce à sa mère, une passionnée des sports équestres. C'est dès cette époque que Janet, ayant juché la petite sur un cheval dont elle tient les rênes, la fait alors photographier, lui indiquant de la sorte la voie qu'elle devra suivre... Ce qu'elle fera avec la plus joyeuse docilité. Bientôt, sa mère lui fait cadeau d'un poney et, dès l'âge de quatre ans, elle prend des leçons d'équitation. Elle les apprécie d'autant plus qu'elle adore les sports de plein air. Et puis elle assiste, passionnée, au départ des chasses à courre auxquelles participe sa mère. Elle rêve de l'imiter plus tard. C'est ce qu'elle fera toute sa vie, même âgée. C'est d'ailleurs au retour d'une partie de chasse, en Virginie, qu'elle ressentira les premiers symptômes du mal qui devait l'emporter quelques mois plus tard.

En tout cas, dès l'âge de cinq ans, elle prend part avec succès aux concours hippiques d'East Hampton. De plaisantes photographies de l'époque montrent cette toute petite fille en culotte de cheval, veste de tweed et chapeau rond : elle tire son poney Buddy par la bride, d'un air déterminé et fier qui frappe d'emblée. Il faut dire que ce regard est justifié : elle a travaillé avec acharnement à devenir une bonne cavalière, remontant aussitôt sur sa monture dès qu'elle faisait une chute. Elle ne manifeste ouvertement sa déception, voire sa colère que lorsqu'elle ne se révèle pas la meilleure de toutes dans les concours auxquels d'ailleurs elle adore participer.

On la trouve parfois un brin snob. Il est vrai que c'est aussi ce que l'on reprochait souvent à sa mère. Mais comment ne le serait-elle pas ? « Je la vois encore, raconte Martin Simmonds, le fils de son professeur d'équitation, arrivant pour sa leçon dans la Duesenberg de son grand-père, le chauffeur bondissant de la voiture pour lui tenir la porte ; et, après la leçon, sa gouvernante l'époussetait avec une petite brosse[3]. »

Nous avons passé sous silence la Grande Dépression qui, le 24 octobre 1929 – le fameux Jeudi noir –, frappe les États-Unis, puis le monde entier. Ce n'est pas sans raison : car en pratique cette catastrophe ne changea pas grand-chose à l'existence de Jackie, d'autant plus qu'elle n'était alors âgée que de trois mois. Certes, le coup est rude pour Black Jack. Il se rappelle avec mélancolie l'ambition qu'il nourrissait avant son mariage : tout en menant une vie luxueuse, mettre de côté, avant trente-neuf ans, cinq millions de dollars et se retirer sur la Côte d'Azur. Là-bas, il achèterait un superbe yacht qu'il garnirait d'un équipage exclusivement féminin. Mais si l'on excepte les quelques restrictions que son beau-père lui impose, du moins au début, concernant certaines dépenses aberrantes, rien ne change dans la vie quotidienne de la famille Bouvier. D'ailleurs Black Jack, qui est tout sauf raisonnable, se refuse obstinément à prendre en compte la réalité. C'est un enfant gâté. Il est vrai qu'il sait son père, le Major, si fortuné que des pertes boursières, même importantes, seraient incapables de mettre son capital en péril. Ne lui reste-t-il pas quatre millions de dollars ? De plus, son oncle M. C. Bouvier – son puissant associé – est un formidable magnat de la finance qui a encore moins à craindre : il ne manquerait pas de l'aider le cas échéant.

Du côté Lee, le père de Janet, James Lee, n'a pas non plus à s'inquiéter. Certes, il déteste son gendre, mais comment pourrait-il se désintéresser du sort de sa fille ? Si bien que, pendant des années et comme d'habitude, Janet, Jackie et Black Jack, quand il peut s'éloigner de Manhattan, passeront tranquillement les mois d'été à East Hampton, notamment dans les splendeurs de Lasata, où, afin de pouvoir pratiquer leur sport favori, ils entretiennent une demi-douzaine de chevaux.

C'est le 3 mars 1933, alors que Jackie va bientôt atteindre ses quatre ans, que naît sa sœur Caroline. Selon l'usage américain, on lui donne bientôt un second prénom sélectionné parmi les noms de sa famille : pour faire plaisir au grand-père – il y a intérêt –, on choisit Lee. Et c'est Lee qui restera…

Jackie, ces années-là, se métamorphose physiquement. Ses yeux très écartés l'un de l'autre que nous avions évoqués, son épaisse chevelure noire, son large visage, son teint mat sont à l'évidence l'héritage direct de son père, de même que ce regard très direct et très gai. D'autre part, tout exprime en elle l'assurance. Sûre d'elle – comment ne le serait-elle pas ? Sa nurse anglaise, Miss Newey, est aux petits soins pour elle, sa mère l'inonde de jouets comme de poupées, l'habille déjà comme s'il s'agissait d'une grande, lui offre un poney, on l'a vu, et des cours d'équitation.

Et puis, surtout, son père l'adore. Elle est son idole. Cela s'explique d'ailleurs : malgré toutes ses conquêtes, ce don Juan se sent très seul. Bien sûr il y a Janet, mais, lasse de ses infidélités à répétition, elle s'est assez vite détachée de lui, et son mariage apparaît à présent dans sa désolante réalité : il n'a jamais été que l'association provisoire d'intérêts convergents. Si bien que Black Jack va trouver dans l'amour partagé de ses filles, et de Jackie tout spécialement, une précieuse compensation. De fait, Jackie, tant qu'il vivra, chérira ce père parfois si peu digne des sentiments et de l'admiration qu'elle lui porte.

L'assurance de Jackie ? Il en est d'amusants exemples : sa petite sœur et elle-même se promènent dans Central Park sous la garde de Miss Newey. Soudain, Jackie, alors âgée de cinq ou six ans, se retrouve seule… Un policeman s'approche de la fillette, qu'il pense perdue.

— Mais pas du tout. Ce sont ma nurse et ma sœur qui se sont perdues ! affirme-t-elle en haussant les épaules, comme si, sûre de son fait, elle jugeait la question stupide. Allez me les chercher, ordonne-t-elle.

L'affaire s'éclaircira vite, mais elle en dit long sur le caractère de la petite.

Ne comptons pas sur elle pour user de ménagements, comme le fait sa cadette lorsqu'il s'agit de dire ce qu'elle pense : Ernest, le jeune garçon d'ascenseur de leur immeuble, l'apprendra à ses dépens. Il est vrai qu'il est assez ridicule avec la houppe de cheveux blonds qui se dresse bizarrement au sommet de son crâne pointu.

— Comme tu es bien coiffé aujourd'hui, le complimente la petite Lee lorsqu'elle prend l'ascenseur.

Elle sait qu'il faut être aimable avec le personnel – quitte à bousculer un peu la vérité. Tandis qu'Ernest s'apprête à remercier l'enfant, Jackie s'indigne en présence de l'intéressé :

— Tout le monde sait bien que le pauvre Ernest à l'air d'un vulgaire coq !

On devine les soucis de Janet si préoccupée de donner à ses enfants une bonne éducation.

C'est en effet à cette tâche que se consacre avant tout leur mère. Ce n'est pas la plus gratifiante. Elle n'a vraiment pas le beau rôle ! À elle de forcer ses filles à se brosser les dents, à écrire des lettres de remerciements, à dire bonjour aux visiteurs, à leur faire croire qu'elles sont ravies de les voir… autant de corvées pour les petites. Sans parler du vocabulaire et de la diction auxquels Janet attache tant d'importance : il faut à tout prix prendre pour modèle cette façon de s'exprimer quelque peu propre aux familles distinguées du Nord-Est – ce que l'on appellera plus tard l'accent Bryn Mawr * – ce qui est bien difficile quand on habite New York. Et puis leur apprendre très tôt à s'habiller avec goût, à assortir leurs vêtements. Bref, être prêtes à entrer dans la vie mondaine et pouvoir figurer plus tard dans cette élite de la société américaine que l'on appelle alors les « quatre cents ». Pour ce faire, Janet se montrera d'autant plus autoritaire et acharnée que l'ascension sociale de sa propre famille est plus récente. Punitions de toutes sortes, fessées, gifles et autres arguments frappants sont utilisés pour la moindre peccadille. Jackie, la plus rebelle, est aussi la victime préférée de sa mère. Beaucoup plus douce, la petite Lee irrite moins Janet.

* Du nom de l'un des collèges de filles les plus chics des États-Unis.

En ce qui concerne l'éducation des filles, le point de vue de Black Jack est très différent : qu'elles réussissent dans la haute société ou non, il s'en moque. Tout ce qu'il désire, c'est qu'elles l'aiment. Il est donc prêt à tout pour les rendre heureuses dans l'immédiat. D'ailleurs, il les adore vraiment toutes deux. Jackie surtout, dont l'intelligence précoce le séduit : dès l'hiver 1934, elle sait déjà lire avec profit. Quelques mois plus tard, elle récite par cœur, spontanément, des passages du *Petit Lord Fauntleroy* de Frances Hodgson Burnett et du *Magicien d'Oz* de L. Frank Baum. Mieux encore, sa mère la surprend lisant avec avidité une nouvelle de Tchekov :

— Tu as tout compris ? s'étonnera-t-elle.

— Bien sûr, maman, sauf le mot « sage-femme ». Qu'est-ce que ça veut dire au juste ?

Il est donc grand temps qu'elle entame sa scolarité. En octobre 1935, Janet la conduit à l'école de filles de Miss Chapin dans East End Avenue, à Manhattan. C'est dans cette vénérable institution que Janet elle-même, comme des dizaines d'enfants de la haute société, avait fait ses premières études. Et c'est là que Jackie va rester, de six à douze ans, en tant que demi-pensionnaire, vêtue de cet uniforme bleu conçu à l'époque pour effacer les différences excessives qui pourraient distinguer les boursières des autres fillettes.

Mlle Stringfellow, la directrice qui succède à Mlle Chapin, la fondatrice, disparue un an plus tôt, veille à ce que l'enseignement dispensé soit de très grande qualité. En matière d'orthographe, elle est impitoyable, à l'exemple de Mlle Chapin, laquelle, a dit plaisamment une ancienne élève, pouvait « repérer une faute à travers la couverture d'un livre ».

Les modèles qu'on ne perd jamais de vue à Chapin School sont les prestigieuses écoles de garçons qui, de Harrow à Eton ou à Rugby, forment l'élite de la jeunesse anglaise. Grâce à quoi, les jeunes filles qui sont passées par cet établissement peuvent entrer sans problème dans l'université de leur choix.

Malheureusement, Jackie se révèle vite être une écolière aussi turbulente que mal élevée... Elle se querelle avec ses camarades, se montre insolente avec ses professeurs. Étant probablement l'élève la plus dissipée de l'établissement, elle se retrouve presque chaque jour dans le bureau de Mlle Stringfellow qui la sermonne.

Comment expliquer ce comportement ? En fait, Jackie éprouve les difficultés que connaissent souvent les élèves trop doués : comprenant et apprenant beaucoup plus vite que les autres, ils s'ennuient et, ne sachant à quoi s'occuper, sèment le désordre pour pallier l'absence de réponse aux questions que leur esprit, plus curieux et plus évolué que les autres élèves, a soulevées.

Et puis Jackie, très individualiste, déteste cet uniforme qu'on l'oblige à porter et qui la rend, extérieurement, exactement semblables aux autres.

Enfin, à travers ses maîtres, n'est-ce pas à Janet et à ses principes d'éducation trop stricts qu'elle s'en prend ?

Alors elle ne tente même pas d'écouter les leçons de morale que lui administre Mlle Stringfellow. C'est tout juste si elle se retient de bâiller. La directrice, ne sachant que faire, convoque les parents. Elle leur dit à quel point elle aimerait pouvoir développer mais aussi canaliser la vive intelligence de leur fille :

— Depuis trente-cinq ans que j'enseigne ici, je n'ai jamais vu une élève manifester une telle curiosité intellectuelle... Alors je voudrais bien ne pas avoir à m'en séparer !

Par bonheur, au cours de l'entretien, elle apprend que Jackie est férue d'équitation. Très adroitement, rapprochant l'éducation des enfants du dressage... des chevaux, elle parvient à convaincre la fillette de la nécessité absolue, dans les deux cas, d'une discipline rigoureuse. Faute de quoi, le résultat est forcément catastrophique.

L'attitude de Jackie va donc commencer à se modifier. Elle va pleinement profiter de la formation dispensée à Chapin School. Elle acquiert, comme le souhaitait Janet, les « bonnes manières », l'attitude « posée et comme il faut » qui conviennent à une personne de son rang social, à une lady. On lui montre même comment elle doit marcher. Et on lui apprend, entre autres choses, à ne jamais laisser apparaître ses émotions, ce qui est parfaitement vulgaire. Elle éprouve quelque difficulté à appliquer cette règle – son visage étant expressif –, mais elle y parviendra vite car cette attitude convient très bien à son amour-propre, à son orgueil : en cas d'échec, ne pas montrer sa déception, sa tristesse, faire quand même bonne figure. Ne jamais perdre la face. C'est un principe qu'elle n'oubliera jamais.

En juin 1936, après cette première année à Chapin School, Jack, Janet et les filles vont passer leurs vacances à East Hampton comme d'habitude mais, cette fois, à Wildmoor sur Appaquogue Road. Cette vaste et belle résidence en bois, bâtie sur quatre hectares et cernée d'immenses pelouses, est en fait la propriété du grand-père Bouvier : l'ayant acquise avant Lasata, il l'a conservée et la met à présent à la disposition de son fils.

Apparemment, tout va donc bien pour les Bouvier qui mènent grand train : voitures de luxe impeccablement tenues, cinq ou six chevaux toujours prêts pour Janet, poneys pour Jackie, domestiques en abondance... En réalité, la situation du couple est moins brillante qu'il n'y paraît.

D'abord, bien que la Dépression ne l'ait pas ruiné, Jack a fait de mauvaises affaires. Il est un de ces agents de change qui aiment mieux spéculer qu'investir à long terme, vendant jeudi ce qu'il a acheté le mardi. Il veut tout et tout de suite : il agit par coups de tête successifs... et cela ne lui réussit guère.

Et, pis encore, il joue gros jeu au poker.

Couvert de dettes, il est finalement contraint de restreindre le train de vie du ménage. Plus question par exemple d'engager des « extras ». Certes, Janet n'est nullement prodigue, mais elle a pris des habitudes de large aisance qui lui sont devenues indispensables.

Alors elle s'inquiète.

Elle, dont le père au début dans la gêne s'est fantastiquement enrichi, craint à présent de tout perdre. Cette perspective l'affole, elle n'en dort plus.

Jusqu'alors, elle supportait les infidélités de son mari : elle fermait les yeux. N'était-ce pas le prix à payer puisqu'elle pouvait en revanche bénéficier du prestige social des Bouvier et faire partie de la *High Society* de la côte Est ? Mais à présent, non content de la ridiculiser à ce point, il l'entraîne dans la ruine, que va-t-elle devenir ?

Il lui apparaît clairement que son mariage a été un marché de dupes. À Wildmoor, à la fin de l'été, les disputes se multiplient entre les époux. Non sans raison.

Car la conduite – ou plutôt l'inconduite – de Black Jack n'a jamais été plus scandaleuse.

Elle vient juste d'apprendre ce qui se passe hors saison à Wildmoor, en son absence. Son mari a coutume d'y emmener en week-end les plus libertins de ses amis : tous y apportent leur attirail de pêche, faisant croire à leurs femmes qu'ils se livrent là-bas à cette innocente occupation. C'est, on le devine, à un tout autre sport qu'ils se consacrent. Bien entendu, c'est sur Black Jack que comptent ses amis pour alimenter en jolies filles les *parties* qui s'y déroulent. Écoutons ce que raconte un voisin de Wildmoor, Franklyn Ives[4] : il voit arriver Jack Bouvier dans une Ford décapotable avec deux sympathiques confrères, agents de change comme lui. Le trio se présente aimablement à Ives. Mais une heure ne s'est pas écoulée qu'il voit s'arrêter devant la maison une seconde voiture d'où surgissent, en riant, trois filles « toutes remarquablement belles et âgées d'une vingtaine d'années ». L'une d'elles, une « sculpturale rousse, avec des jambes somptueuses, était manifestement avec Jack », ajoute le voisin non sans quelque envie.

D'autres témoignages[5] sont tout aussi éclairants. Black Jack joue fréquemment au golf. Pourtant est-ce vraiment par amour de ce sport qu'on le voit aussi souvent sur les greens ? On savourera ce que nous confie cet ancien caddie d'un golf très chic, celui du Maidstone Club : Anthony Cangiolosi, qui y travailla dès l'âge de douze ans. Black Jack y jouait toujours accompagné d'une jolie femme, membre du club elle aussi : « Ce qui était agréable, avec lui, c'est qu'il ne faisait jamais plus de neuf trous. À proximité du neuvième se situait une cabane où il emmenait les dames. Il renvoyait alors le caddie :

— Ce sera tout, jeune homme, vous pouvez rapporter les sacs au club-house. »

Les garçons, explique Cangiolosi, faisaient mine de rentrer mais, bien souvent, ils abandonnaient les clubs dans les hautes herbes, puis, très excités, ne pouvaient s'empêcher d'aller satisfaire leur curiosité en tâchant de voir ce qui se passait par la petite lucarne qui éclairait la cabane.

En réalité, poursuit l'ex-caddie, on dépassait rarement le cinquième trou. Black Jack disparaissait alors dans les bois avec la femme.

— C'était un rapide, conclut-il, admiratif.

Il y avait eu aussi l'affaire Kernochan. Virginie Kernochan, une golfeuse amie du couple, jeune femme par ailleurs d'allure très convenable, très réservée, accompagnait les Bouvier à un concours hippique auquel Janet participait. Profitant de la circonstance, Black Jack disparut avec cette Virginie pendant la compétition, ne réaparaissant que quatre heures plus tard, pour la dernière épreuve. Malheureusement, un photographe de presse eut l'idée de faire poser les deux femmes assises sur une barrière, avec Bouvier derrière elles. Dès le lendemain matin, en ouvrant le *New York Daily News,* Janet découvrit la photo : horreur ! Tandis qu'en tenue de cavalière elle souriait devant l'appareil, dans son dos son mari tenait tendrement la main de Virginie… « Ménage à trois », telle était la légende que la publication, avec une absence de scrupules qui n'était guère à son honneur, avait cru devoir placer sous la compromettante image.

James T. Lee, impatient de se débarrasser d'un gendre qu'il détestait, conseille alors à sa fille d'engager une procédure de divorce. Janet n'y est pas encore prête. Peut-être a-t-elle tort, car les querelles conjugales se multiplient, atteignant leur paroxysme en cet été 1936.

Elles ont lieu surtout la nuit, peut-être parce qu'instinctivement les Bouvier préfèrent régler leurs comptes quand les enfants sont couchés. Ces orages éclatent généralement vers les dix ou onze heures du soir, annoncés par quelques remarques aigres-douces, lancées de part et d'autre comme autant de flèches empoisonnées. Bientôt, le ton monte. Jack traite sa femme de minable parvenue irlandaise, de « snobinarde », de prétentieuse… tandis que Janet contre-attaque avec hargne : il n'est rien d'autre qu'un obsédé sexuel, un don Juan de pacotille, un pauvre type, un incapable. Elle le menace de demander le divorce. De terribles éclats de voix et parfois des bruits de vaisselle brisée viennent réveiller les enfants. La petite Lee, trop jeune pour s'effrayer vraiment, se rendort aussitôt. Mais Jackie, alors âgée de sept ans, est bouleversée… elle fourre sa tête sous les couvertures pour ne pas entendre. En vain ! Parfois, au contraire, dans son désespoir, elle ne peut s'empêcher de s'approcher à pas de loup de la chambre où se déroule l'horrible scène, pour écouter… et pleurer jusqu'à ce que le sommeil la gagne.

Faisant preuve de sagesse, les Bouvier comprennent qu'une telle situation ne peut plus durer. Janet exige une séparation de six mois et accepte que le Major, le père de Jack, en tant qu'ancien membre du barreau, rédige le document officiel mettant en forme la décision commune. Jack devra verser une somme de 1 065 dollars par mois « pour subvenir aux besoins de Janet, Jacqueline et Lee ». Il pourra voir où il veut ses enfants, les samedis et dimanches après-midi.

Pendant cette période, Jack, abandonnant le 740 Park Avenue, va louer une chambre au Westbury Hotel, Madison Avenue, 69e Rue, où il ne sera pas dépaysé : c'est en effet à cet établissement, au Polo Bar, qu'il donne habituellement ses rendez-vous.

Durant ces six mois, Black Jack qui, dans cette affaire, se sent quelque peu humilié, s'en console en ne manquant jamais de sortir avec ses filles chaque week-end, en les « gâtant » le plus possible. Il les emmène systématiquement dans tous les endroits qu'elles aiment, ainsi à Belmont Park, ou au zoo du Bronx. « Jacks » (Jackie), et « Pakes » (Lee) : tels sont les surnoms qu'il leur donne, attendant avec impatience ces sorties, trop rares à leur gré. Et pour cause : il ne leur refuse rien, il les invite à déjeuner chez Schraft, au cinéma, puis manger des glaces ou patiner au Rockfeller Center. Malgré ses ennuis financiers, il leur achète en quantité vêtements et bijoux chez Bergdof Goodman, Saks ou Bonwit Teller. « Prenez tout ce qui vous plaît », leur dit-il, oubliant qu'il doit des milliers de dollars, dont 40 000 au fisc.

Une fois même, il les emmène à la Bourse, à Wall Street, où il a longtemps à l'avance prévenu ses confrères de leur visite. Si bien que lorsqu'apparaissent, sur la galerie qui domine la corbeille, ces deux ravissantes petites filles et qu'elles font la révérence, c'est aussitôt un fracas d'applaudissements. Pour Black Jack, ç'aura été le plus beau jour de sa vie...

Quel contraste avec l'éducation terriblement austère que Janet réserve à ses filles. Autoritaire, en proie à son excessif perfectionnisme, elle ne leur passe rien ! Pis encore, elle ne leur manifeste aucune tendresse... même si elle fait consciencieusement son devoir de mère, pensant à leur avenir plus qu'à leur plaisir immédiat...

Passée cette période d'épreuve de six mois, dès le début d'avril 1937, Black Jack fait tout pour rassembler la famille et se réconcilier avec Janet. Celle-ci reste sceptique sur les chances de réussite de ce raccommodement. Malgré tout, pour le bien des enfants, elle consent à jouer le jeu. Au début, on peut croire que le couple va retrouver un peu d'harmonie. Des années plus tard, Jackie se souviendra encore avec émotion d'un certain soir où sa mère tout heureuse vint l'embrasser en lui disant :

— Au revoir, chérie, ton père et moi partons danser au Casino de Central Park. C'est Eddy Duchin qui joue ce soir...

« Je ne sais pourquoi, écrit-elle, ce moment est resté gravé toutes ces années. Peut-être parce que c'était une des rares fois où je voyais mes parents ensemble. C'était tellement romantique, tellement porteur d'espoir[6]. »

Pour les vacances d'été, les époux tentent de se raccommoder. Malheureusement Jack, dont la situation financière s'est encore détériorée, n'a pu louer, au désespoir de Janet, qu'une modeste villa. Il est vrai, malgré tout, que surplombant les dunes d'East Hampton, elle bénéficie d'une jolie vue sur les houles de l'Atlantique…

La réconciliation n'aura été qu'un feu de paille. Durant le mois d'août, les relations sont à nouveau tendues entre les époux. Du moins quand ils sont ensemble car, la plupart du temps, Janet n'est pas là. Allant rendre visite à ses amies, elle laisse Jack à la maison. Celui-ci, de son côté, est tout heureux de rester avec ses filles, leur parlant, jouant et plaisantant avec elles. Elles adorent ces moments-là. Au retour de leur mère, l'atmosphère se refroidit brutalement : on ne sait jamais quelle va être son humeur. Elle peut se fâcher pour un rien, et, on l'a vu, elle a la gifle facile. Hélas, même si elle reste calme, elle est terne, conventionnelle, et trop souvent ennuyeuse…

À la fin de l'été, force est de constater que les altercations conjugales ont repris, plus violentes que jamais. Cette fois, le divorce est inéluctable, estime Janet. Si bien qu'elle demande à son mari de trouver un avocat. Jack fait la sourde oreille. Janet, furieuse, appelle son père James Lee à la rescousse afin qu'il fasse pression sur son gendre. Éclate alors une scène orageuse si violente que la petite Jackie, bouleversée, court trouver sa gouvernante, Miss Kimmerle, en criant : « Regardez ce qu'ils font à mon papa », avant de fondre en larmes.

Au retour de ces vacances gâchées, il ne saurait être question que les Bouvier, une fois revenus à New York, reprennent une vie commune. Jack regagne donc ce Westbury qu'il avait quitté, plein d'espoir, quelques mois plus tôt. Dans sa chambre, il expose dans des cadres une foule de photographies de ses deux filles, celles de l'aînée surtout, sa préférée...

Comment la pauvre Jackie supporte-t-elle cette situation ? Le témoignage de l'un des membres fondateurs de son club hippique, le East Hampton Riding Club, est particulièrement émouvant : « Je n'oublierai jamais, dit-il, la Jackie que j'ai connue à cette époque. C'était une enfant mélancolique qui errait dans le club comme un petit chat qui a perdu sa mère, bavardait avec les valets d'écurie et s'occupait des chevaux. Elle ne détestait pas les jeux d'enfants, grimpait aux arbres, sautait à la corde et jouait à cache-cache avec ses cousins, mais on sentait qu'elle était à cent lieues, dans un monde imaginaire[7]. »

De son côté, Black Jack est désespéré. Autant que ses filles. Bien que la procédure de divorce soit encore très longue à cette époque, elle est bel et bien engagée, inexorablement. Alors, mettant de côté tout amour-propre, il en vient à tenter une démarche particulièrement humiliante : écrivant à son beau-père qui le déteste, il lui demande « aide et conseil ». Il va jusqu'à cet aveu : « Je mérite sans doute de perdre Janet, car je n'ai jamais été un bon mari et peut-être faut-il voir là un effet de boomerang car je n'ai que ce que je mérite. Mais je l'aime et l'adore toujours. Et je ne peux pas laisser briser son foyer et la vie de ses enfants tant que je n'ai pas encore une chance de l'éviter[8]. »

Tel est son état d'esprit lorsque, loin de sa femme et de ses filles adorées, il passe tout seul les fêtes de Noël 1937 à Miami, à l'hôtel Alcazar. Il a imaginé que le dépaysement, le climat ensoleillé de la Floride particulièrement agréable en cette saison de l'année, l'atmosphère de vacances qui y règne lui mettraient quelque baume au cœur. Et, de fait, il croit encore à une réconciliation.

Quelle erreur ! James Lee reste inflexible. Il manifeste même son mépris en ne daignant pas répondre à son gendre.

Quant à Janet, réaliste comme elle l'a toujours été, ayant tiré un trait définitif sur son passé, elle est déjà en quête d'un nouveau mari qui lui assurera cette sécurité financière et ce prestige social qu'elle est en train de perdre.

Elle sort – en tout bien tout honneur – avec un certain nombre de gentlemen qui la courtisent. Elle est un beau parti, son père est connu et riche. Elle n'a encore que trente ans… Évidemment, elle est, ou plutôt sera, une divorcée, ce qui n'est pas très bien vu dans le milieu conservateur où elle évolue. Et elle est mère de deux enfants. Néanmoins, jolie, distinguée, excellente cavalière, elle a encore toutes ses chances. Elle pressent qu'il ne sera pas facile de trouver le candidat idéal en dépit de son étonnante patience et de son obstination. Son existence devient une suite ininterrompue de déjeuners ou de dîners, de défilés de modes, de soirées tardives, de week-ends avec divers prétendants.

L'esprit totalement accaparé par l'idée de trouver un mari, elle ne se consacre plus à l'éducation de ses filles. Elle les a confiées aux bons soins de leur gouvernante, Miss Kimmerle. D'ailleurs, Jackie et Lee passent respectivement une bonne partie de leur temps à Chapin School et au jardin d'enfants.

Pour éviter de rencontrer son mari, Janet loue, à l'été 1938, un petit cottage à Belleport, à 70 kilomètres d'East Hampton… en face de Fire Island. Plus que jamais en quête de remariage et bien que ses filles sont en vacances scolaires, elle ne s'en occupe pas davantage, continuant à les laisser à la garde de la gouvernante et d'une femme de chambre. Celles-ci reçoivent l'ordre de punir sévèrement les enfants si elles ont le malheur de réclamer leur père. Son nom devient tabou. Y compris pour d'autres membres de la famille Lee : ainsi pour Winifred, la sœur cadette de Janet, Black Jack est un « individu de la pire espèce ». Quant à son mari, il le qualifie sans ambages de « personnage douteux » !

Lasse d'attendre le candidat idéal, Janet devient de plus en plus nerveuse. La dépression la gagne. Ironie du destin, elle se met elle-même à boire, ce qu'elle était pourtant la première à reprocher à son mari. Elle sort de plus en plus tard, s'attardant au lit jusqu'à midi, et son père est obligé de la réconforter. Dans un souci d'économie, il la fait quitter le grand duplex de Park

Avenue pour un appartement non moins chic mais plus petit, au 1 Gracie Square.

Finalement, Janet se reprend en main. Elle veut en finir avec ce divorce qui traîne. Elle engage alors un nouvel avocat, un certain William Evarts.

— Je veux des résultats rapides, maître.

— C'est facile, madame, engagez donc un détective privé !

Janet, qui ne connaît guère de ces personnages que ceux qu'elle a rencontrés dans les romans policiers, n'y avait jamais songé.

— Vous croyez ? dit-elle, avec une moue sceptique.

— Mais naturellement, madame, si votre mari est bien l'homme que vous évoquez, c'est une affaire de trois ou quatre semaines, tout au plus pour qu'il recueille les preuves de l'adultère.

Le détective, en effet, trouvera des noms, des dates, des lieux précis et même des photographies. Bien entendu, tout cela doit se faire dans la plus grande discrétion. Ce ne sera pas le cas malheureusement.

Y a-t-il une fuite ? Toujours est-il que le 16 janvier 1940 le *New York Daily Mirror* titre : « Un agent de change de la haute société assigné en divorce ». Et l'article cite les noms de plusieurs maîtresses de Black Jack, notamment celui d'une femme du monde, la belle Margerie Berrien, la dernière en date.

Ces révélations frappent le monde de la presse au point qu'elles sont reprises et commentées par presque tous les journaux américains de la côte Est jusqu'à la Californie.

Inutile de préciser que Jackie en a immédiatement connaissance. Pour elle, le choc est terrible ! Non pas qu'elle ait honte de la conduite de son père puisqu'elle l'admire au contraire d'être aussi séduisant, mais parce qu'une presse trop moralisatrice à son gré l'attaque et le traîne dans la boue.

À Chapin School, sur son passage, elle entend chuchoter, murmurer Dieu sait quoi, ricaner même. Sans oser lui parler, ses amies la regardent d'un drôle d'air.

Si Janet a pu réunir des preuves concernant les infidélités de son mari, pour sa part Black Jack n'est pas resté inactif : il a recueilli des témoignages de domestiques attestant que, de son côté, Janet délaissait son foyer pour se livrer à une vie mondaine effrénée, et n'hésitait pas à passer ses week-ends avec de « prétendus amis ».

Sagement, son avocat lui conseille donc d'invoquer plutôt la « cruauté mentale » de son mari…

Quand on veut obtenir rapidement le divorce et que l'on n'est pas trop désargenté, il faut, tout le monde le sait, aller à Reno dans le Nevada, et y séjourner six semaines, délai minimal de résidence pour que, selon les lois de cet État, les tribunaux y soient considérés comme compétents. Elle se rend donc là-bas avec ses deux filles et prend pension dans un ranch des environs de la ville, passant le plus clair de son temps à se promener à cheval avec Jackie.

Enfin, le 22 juillet 1940, après seulement vingt minutes d'audience, le jugement est rendu. Les termes du divorce sur lesquels les avocats des parties adverses se sont entendus sont les suivants : Jack Bouvier devra payer 1 000 dollars par mois de pension alimentaire. Son droit de visite sera limité à un week-end sur deux, un jour par semaine, la moitié des vacances de Noël et de Pâques et six semaines chaque été.

Lorsque Jackie apprend de la bouche même de sa mère les décisions qui ont été prises et, cette fois, à titre définitif, elle ne pleure pas, elle ne dit rien et rien non plus sur son visage ne vient marquer la moindre émotion… Mais son univers s'est écroulé. Quelle vision peut-elle avoir de l'amour, de l'affection, de la famille, quand son père et sa mère se déchirant sans cesse ont décidé de se séparer ? Quand le seul but de chacun d'eux semble être de s'acharner sur son conjoint et d'en altérer l'image auprès de ses enfants ?

Ce qu'elle craignait le plus est arrivé. Elle sent qu'elle a bien peu compté dans la guerre sans merci qui, depuis trois ou quatre années, oppose si violemment son père et sa mère. À qui peut-elle se fier à présent si chacun d'entre eux est bel et bien l'odieux personnage évoqué par l'autre ?

Plus d'une fois, étendant sa déception à l'univers entier, elle se jure de ne plus jamais croire ni en rien, ni en personne.

En tout cas, plus question de montrer ou même de laisser apparaître quoi que ce soit qui trahisse son désarroi, sa souffrance. Un peu à l'image du loup d'Alfred de Vigny – un poète qu'elle n'a pas encore lu – qui, traqué par les chasseurs, souffre et meurt en silence...

Rester digne, présenter à autrui une image altière et impassible lui permettront de mener à l'abri de ce masque une existence qui peut-être vaudra encore la peine d'être vécue.

Chez une enfant de onze ans, cette farouche résolution est évidemment plus instinctive que formulée dans son esprit, mais n'en est pas moins l'expression d'une énergie et d'une volonté étonnantes. Qualités qui resteront à jamais les siennes.

Rien donc, en apparence, ne changera dans la vie de la petite Jackie. Elle lisait beaucoup déjà : elle le fait encore davantage. Elle s'intéresse particulièrement à la littérature romantique : elle se passionne pour *Le Pèlerinage de Childe-Harold* de Lord Byron, et, enthousiasmée, en profite pour dévorer ses œuvres complètes. D'ailleurs sa curiosité intellectuelle est sans limites : qui est-il donc ce Lord Byron ? Elle se précipite alors sur la biographie récemment écrite par André Maurois. Elle est ainsi.

Cela ne l'empêche pas d'adorer le romanesque : elle se prend de passion pour *Autant en emporte le vent*, l'œuvre fameuse de Margaret Mitchell : rêvant de Scarlett O'Hara, elle s'identifie à elle. Puis tombe amoureuse du héros, Rhett Butler, qui d'ailleurs ressemble étrangement à Black Jack... Une autre fois, la voici se prenant pour l'héroïne sans nom qui triomphe de Rebecca dans le roman de Daphné du Maurier qu'elle vient de lire. Bientôt, enrichissant encore son monde intérieur, elle devient la reine du cirque dont ne tarde pas à s'éprendre le plus beau trapéziste de la planète...

Mieux encore, dès l'âge de sept ans, elle s'est mise à écrire : des contes et des nouvelles, notamment. Comme elle adore les chiens, elle n'hésite pas à les mettre en scène dans ses récits. Ainsi dans *Les Aventures de George Woofey, Esq.*, imagine-t-elle les amours de son fox-terrier avec Caprice, son bouvier des Flandres femelle au pelage noir et luisant, cadeau de son père. Il avait jugé amusant de lui offrir un chien dont la race portait précisément le nom de leur famille.

Jackie écrit aussi de courts poèmes où elle chante notamment son amour de l'Océan avec d'autant plus de sensibilité et de fraîcheur qu'il est constamment stimulé par ses fréquents séjours au pied des dunes d'East Hampton.

Elle fait plus : elle peint et elle dessine. Par exemple, illustrant ce dernier poème, elle se représente au bord des flots, seule, pensive et les cheveux au vent du large.

À cette époque, elle n'a que dix ans.

Ainsi se protège-t-elle de la dure réalité. Fort heureusement, elle dispose d'autres ressources pour s'en évader.

Des ressources qu'elle possède depuis longtemps déjà : surtout cette incroyable passion des chevaux que sa mère lui a communiquée et qui jamais ne la quittera. Plus tard, Black Jack dira jovialement à son futur gendre : « Si jamais vous avez un problème avec Jackie, flanquez-la sur un cheval ! » Jackie continue donc à participer aux compétitions équestres chaque fois qu'elle le peut. En 1941, la voici à New York au Madison Square Garden : elle s'y montre si bonne cavalière qu'elle remporte haut la main deux victoires aux épreuves juniors des championnats nationaux.

D'autre part, inscrite par sa mère à des cours de danse classique, elle se met à collectionner des ouvrages sur cette nouvelle passion.

Aux vacances de Pâques 1941, Janet emmène ses filles et la nurse en voyage à Washington. Jackie est très déçue par la Maison-Blanche – loin de se douter qu'elle en est la future occupante. Déception principalement due, et cela en dit long sur sa personnalité, à l'absence d'opuscule susceptible de la renseigner sur l'édifice lui-même ou sur les présidents qui y ont vécu. Une anomalie dont elle se plaint alors. Rien donc qui puisse satisfaire une curiosité intellectuelle déjà insatiable chez cette fillette de onze ans…

En revanche, sa visite à la National Gallery est pour elle un événement déterminant. C'est là, après un déjeuner avec le conservateur, que va naître cette passion pour l'art – peinture et sculpture – qu'elle conservera jusqu'à sa mort.

Pendant ce temps-là, Black Jack, âgé à présent de cinquante ans et redevenu célibataire, est bien décidé à mener joyeuse vie. Le mariage, qui n'avait jamais été un statut bien contraignant pour lui, n'aura été qu'une simple parenthèse et, à présent, le divorcé qu'il est se sent encore plus libre, plus décidé que jamais à jouir de l'existence. Il quitte sa chambre du Westbury pour louer un appartement de deux pièces au 125 de la 7ᵉ Rue Est. L'état de ses finances ne lui permet pas de faire mieux. C'est là désormais que vont défiler ses innombrables conquêtes…

C'est là également qu'il a surtout la ferme intention de recevoir ses filles, les seuls êtres au monde qu'il ait jamais aimés, et « sa » Jackie tout particulièrement.

Pendant qu'il fréquente les plus belles femmes de New York, Janet, de son côté, poursuit avec obstination sa chasse à l'homme. Il se trouve que l'une de ses amies de Washington, Mrs Meyer, dont le mari possède le *Washington Post* et *Newsweek,* la présente à Hugh Dudley Auchincloss Jr. C'est un grand gaillard, tranquille et souriant, pas très beau il faut bien le dire – on le compare à un gros ours. « C'est celui qu'il te faut », lui dit Mrs Meyer. Cependant, déjà deux fois divorcé, il est père de trois enfants. Quand elle-même est mère de deux filles, peut-elle faire la difficile ? D'autant plus qu'elle ne dispose que de maigres ressources : juste la pension alimentaire de 1 000 dollars que lui verse Jack. Quant aux générosités de son père, elles sont si aléatoires…

Au contraire, Hughdie – c'est ainsi qu'on l'appelle familièrement – est immensément riche. Né en 1897 à Hammersmith

Farm, la propriété familiale de Newport dans le Rhode Island, diplômé de droit à l'université Columbia, il est avocat et banquier d'investissement. Il appartient à une famille d'origine écossaise installée en Amérique depuis 1803. Elle a prospéré dans l'importation et la vente du fil. Puis dans les chemins de fer, les nitrates, l'immobilier et la banque. D'opportuns mariages dans la haute société, avec des Grosvenor, des Winthrop ou des Vanderbilt entre autres, ont permis aux générations ultérieures d'accroître encore leur fortune. Et que dire de la mère d'Hughdie dont il a hérité ? Elle n'est autre que la fille d'Oliver B. Jennings, cofondateur – avec John D. Rockefeller – de la Standard Oil.

Les Bouvier et les Lee ne comptent donc guère en face des Auchincloss.

Si un mariage se conclut, Janet va devoir s'accommoder de la présence d'une nouvelle famille qui, en raison du riche passé conjugal d'Hughdie, est particulièrement nombreuse.

De sa première union avec une Russe, Maria Chrapovitsky, il a un fils Hugh Dudley III, que l'on surnomme Yusha. Du second avec Nina Gore Vidal, déjà mère de l'écrivain Gore Vidal, sont issus une fille, Nina Gore (Nini), et un fils, Thomas Gore.

C'est à la fin de 1941 que Hughdie commence à sortir avec Janet. Il possède un appartement new-yorkais au 950 Park Avenue, mais il l'invite aussi pour les vacances de Noël avec Jackie et Lee dans sa propriété de Merrywood en Virginie.

Il ne songe guère alors à se remarier, car son divorce d'avec Nina Gore est tout récent. Cependant, la guerre vient d'éclater. L'attaque de Pearl Harbor a eu lieu le 7 décembre 1941. Mobilisé, Hughdie doit occuper un poste important à Kingston, en Jamaïque, en juin 1942.

Est-ce cette époque troublée qui explique sa soudaine décision de prendre femme une troisième fois ? Toujours est-il qu'il saute le pas… Et à Washington, le jour même de son départ pour les Antilles, au terme d'une cérémonie expédiée en un quart d'heure, le mariage est conclu !

Quelques mois après son arrivée en Jamaïque, Hugh Auchincloss, désormais affecté au ministère de la Guerre à Washington, est de retour.

Une fois mariée, Janet, ayant obtenu tout ce qu'elle voulait, et totalement rassurée sur son avenir et sur celui de ses enfants, décide de jouer le jeu : très *fair play* elle entend être une épouse modèle et une parfaite maîtresse de maison.

Comme la tâche sera lourde ! Elle devra s'occuper des deux vastes propriétés de Hughdie, Merrywod et Hammersmith Farm.

La résidence principale est Merrywood, située dans les environs de Washington, au sommet d'une falaise dominant le Potomac. C'est une importante demeure en brique, de style géorgien et tapissée de lierre, au milieu d'un parc d'une vingtaine d'hectares traversé par le fleuve. La maison comporte huit chambres à coucher et huit salles de bains, une immense cuisine et de vastes pièces de réception, sans compter les appartements réservés aux multiples domestiques. Il y a aussi les garages pour les Rolls. Veut-on y pratiquer un sport ? Voici une piscine olympique, un court de badminton couvert, des écuries, des allées cavalières ménagées à l'intérieur du parc.

Pour les vacances, on se rend à Hammersmith Farm, à Newport. C'est en 1887 que la famille Auchincloss avait fait bâtir cette grandiose demeure victorienne dont le toit est orné d'une foule de cheminées, pignons et tourelles très caractéristiques de ce type d'architecture compliquée. L'édifice est composé de vingt-huit pièces, les étages étant desservis par un ascenseur intérieur. Elle est construite au sommet d'une colline verdoyante. Les pièces de la façade donnent sur la baie de Narrangasett où évoluent bateaux de pêche et yachts. Au pied du manoir, des jardins conçus par Frederick Law Olmsted, le créateur de Central Parc. Par-derrière, d'impeccables pelouses mais aussi des pâturages et des bâtiments de ferme – qui justifient le nom de cette propriété de 50 hectares. Hammersmith Farm emploie seize domestiques, trente-deux jardiniers et ouvriers agricoles, puis nettement moins à partir de la guerre qui mobilise un grand nombre de citoyens américains.

Dès son arrivée, Janet juge trop vieillot et sévère l'aménagement des deux demeures. Et elle a beaucoup de goût. Évaluant l'ampleur de la tâche, elle se fait aider par la décoratrice Elizabeth Draper pour renouveler et égayer le cadre dans lequel vit sa nouvelle famille. Maniaque de l'ordre et de la propreté, elle va jusqu'à engager une nouvelle domestique pour veiller à ce que les corbeilles à papier soient constamment vidées. Il faut surtout « paraître ». Détail aussi plaisant que significatif, elle ordonne au personnel de jeter sans pitié toutes les bouteilles entamées qu'ils aperçoivent, quel qu'en soit le contenu. Car n'irait-on pas imaginer – quelle horreur ! – que les Auchincloss sont pauvres ? Hughdie, on s'en doute, n'est pas d'accord, mais, sagement, il préfère ne rien voir et ne rien dire…

C'est désormais dans l'une ou l'autre de ces résidences que Jackie, âgée de treize ans, va passer sa vie – si l'on excepte certaines périodes scolaires et quelques voyages – jusqu'au moment où elle épousera John Kennedy en 1953.

À Merrywood, elle se choisit une petite chambre au second étage et à l'écart du reste de la maison. Farouchement indépendante, elle entend y préserver sa solitude : elle l'emploie à lire, à écrire des poèmes ou à faire des dessins qu'elle envoie souvent à son père à New York. Ce qui lui est particulièrement cher dans cette retraite, c'est le clapotis des eaux du Potomac : sans relâche, elles viennent en contrebas heurter les rochers qui bordent le fleuve.

De même à Hammersmith Farm, où elle passera pendant des années une bonne partie de ses vacances d'été, Jackie a demandé une chambre isolée, sous les toits. De là-haut, elle contemple le vaste paysage de l'Océan dont elle se plaît à humer les senteurs iodées.

Est-il besoin de dire que dans chacune des propriétés elle dispose dans les écuries de quoi satisfaire sa passion des chevaux, comme elle le faisait naguère à Lasata. Elle y retrouve avec bonheur Danseuse, sa monture favorite.

Au moment où elle allait entrer dans sa nouvelle famille, Jackie n'était pas sans éprouver quelque inquiétude. Il allait lui falloir d'emblée vivre avec de quasi-inconnus. Son beau-père d'abord, et puis naturellement toute la tribu des Auchincloss. Ces perspectives finissaient par alarmer cette fillette encore timide et réservée.

Qui est-il au juste cet « oncle Hughdie », comme Janet invite ses filles à l'appeler, sans doute pour faciliter une transition qu'elle juge avec raison un peu délicate.

Parlons d'abord de ses défauts. L'un de ceux dont se plaindra Jackie dans les lettres qu'elle écrit à son père, c'est son manque total de sens de l'humour. Ainsi au début de chaque repas doit-elle, avec tous les autres membres de la famille, réciter par cœur, avec componction, les devises traditionnelles des Auchincloss, hautement moralisatrices. Par exemple : « Soumission complète à l'impondérable », etc. Et comme ce rituel l'ennuie profondément, elle les marmonne sans conviction, d'une voix très faible de sorte qu'on la contraint à les répéter en articulant mieux. C'est exaspérant !

Et puis, semble-t-il, tous les Auchincloss sont, de père en fils et comme beaucoup d'Écossais, d'une monstrueuse pingrerie. Notamment dans certains domaines arbitrairement choisis, et de façon d'autant plus choquante que la famille n'a guère de problèmes d'argent. Un exemple cocasse : « Pourquoi, en hiver, se dit Hughdie, faire fonctionner réfrigérateurs et congélateurs alors que la saison froide effectue gratuitement le même travail ? » Si bien que, chaque année à la Toussaint, sur ses instructions, les domestiques transportent les aliments pour les disposer sur de grandes tables placées derrière la maison, quitte à les réintroduire rapidement dans les appareils si jamais la température remontait.

Oncle Hughdie, racontera plus tard son fils Jamie Auchincloss[9], souffre aussi d'une faiblesse passablement surprenante chez cet homme si sérieux : une irrésistible passion pour la pornographie. Cet homme, si économe par ailleurs, dépense pour satisfaire cette lubie des fortunes en livres, films et diapositives, s'intéressant à la sexualité sous ses formes les plus déviantes : sado-masochisme, bestialité, scatologie, etc. Janet, en femme pragmatique, a choisi de fermer les yeux sur ce travers... qu'ignorent bien entendu ses deux filles. Il ne s'agit d'ailleurs que des restes d'une collection beaucoup plus importante dont l'épouse précédente d'Hughdie, moins tolérante que Janet, avait précipité la majeure partie dans les flots du Potomac.

Cela dit, Jackie et Lee se rendent vite compte des avantages que présente le remariage de leur mère : elles vivent désormais dans un luxe supérieur à celui que Black Jack pouvait leur assurer. Mais, surtout, dans une atmosphère paisible qui contraste avec le climat orageux qu'entretenaient les querelles conjugales du couple.

Et puis oncle Hughdie, que les deux filles considéraient d'abord avec une méfiance craintive, se révèle à l'épreuve un bien brave homme. Il les a vite adoptées avec tant de gentillesse et de naturel, se comportant avec elles comme s'il s'agissait de ses propres enfants. Et sans pour autant essayer de remplacer leur père...

Que demander de plus à celui que Jackie ne tarde pas à appeler *Unk** ?

Très vite, Jackie – comme sa sœur, du reste – va s'entendre à merveille avec les enfants d'Hughdie, tout particulièrement avec Yusha, son aîné de deux ans, le fils qu'il a eu de sa première épouse : toute sa vie elle entretiendra avec lui les meilleures relations.

Pour l'heure, elle regrette beaucoup New York qu'elle doit à présent abandonner pour les environs de Washington, et sa nouvelle résidence de Merrywood. Cela implique qu'il lui faudra également quitter Chapin School. Elle se retrouve à la Holton-Arms School, établissement privé très chic situé sur S Street dans la capitale fédérale. Toutes les élèves y sont vêtues d'un élégant blazer bleu marine. Elle va y passer ses quinze et seize ans : « deux années heureuses et fructueuses », selon ses

* Diminutif de « oncle » en anglais.

propres termes. Là, elle va adorer les cours de français, d'espagnol et d'histoire de l'art. Elle se découvre même une passion pour le latin et un don d'imitation qui fait la joie de ses camarades. Il lui vaut aussi quelques ennuis lorsqu'au beau milieu de l'un de ses numéros surgit l'un des professeurs qu'elle est en train de parodier. Pour sa peine, elle reçoit alors en pleine figure l'éponge du tableau noir.

Comment Black Jack supporte-t-il cette situation ? Certes, après le divorce, ses filles ont passé une partie de leurs vacances avec lui – l'autre avec leur mère et les Auchincloss à Hammersmith Farm. Mais à la rentrée, hélas, elles ont définitivement quitté Manhattan, et Jack risque de ne pas les voir bien souvent en dehors des vacances scolaires. De plus, si dans les premières lettres qu'elle lui écrit, Jackie se plaint amèrement de leur séparation forcée, par la suite, elle laisse percer malgré elle une certaine satisfaction. Elle semble beaucoup apprécier sa nouvelle vie, le confort et le luxe dont elle bénéficie, la bonne entente qui règne entre elle et sa seconde famille, les agréables promenades qu'elle fait avec son beau-père et ses enfants.

C'est plus que Black Jack n'en peut supporter. On lui a, hurle-t-il, *volé* ses enfants. Il s'en prend à Auchincloss, ce « lourdaud à l'esprit obtus » comme il le qualifie, mais surtout à Janet qui est, estime-t-il, responsable de tout ; n'est-ce pas elle qui a attiré dans son lit « ce pauvre Hugh » ? Son désespoir – qui est profond – l'amène à boire, ou plutôt à boire davantage encore. Il se sent abandonné par ses filles. L'un de ses amis se rappelle être passé un soir chez lui : il l'avait trouvé affalé sur son canapé, portant en tout et pour tout un caleçon bleu et une paire de chaussures vernies noires. « Il avait passé sa journée à boire des Martini au Luncheon Club de la Bourse et il était alors dans un état effroyable[10]. »

Naturellement, il n'est pas homme à s'avouer vaincu. Chaque fois qu'il reçoit la visite de ses filles, il les couvre de cadeaux et de compliments, et son charme opère toujours sur elles. À tel point que, même s'il préfère ostensiblement Jackie à Lee, cette dernière ne lui en veut nullement et, semble-t-il, n'en concevra jamais la moindre jalousie ni même le plus petit agacement.

À présent, entre Black Jack et Janet, la guerre est déclarée, une guerre impitoyable, chacun des deux essayant de casser l'image de l'autre dans l'esprit des enfants. Les péripéties de cette lutte sont souvent cruelles : ainsi pour les fêtes de Noël en décembre 1943, Janet parvient à attirer ses filles à Merrywood. C'est la première fois que Jackie et Lee ne viennent pas passer leurs vacances à Lasata, avec toute la famille Bouvier. La rage de Jack se déchaîne alors contre ceux qu'il appelle ces « putains d'Irlandoches ». Une fois de plus, il se noie dans l'alcool. Entre 1944 et 1947, il se résoudra à suivre à plusieurs reprises des cures de désintoxication dans de luxueux établissements comme Silver Hill où son frère Bud Bouvier, mort à trente-six ans, l'avait précédé. En vain. Il ne parviendra jamais à se débarrasser complètement de ses désastreuses habitudes.

En tout cas, pour Jackie, cette situation est de plus en plus pénible. Un doute s'est insinué en elle : ses parents l'aiment-ils encore ? À certains moments, elle s'interroge : ne serait-elle plus en définitive que le simple enjeu d'un combat féroce ? C'est, on l'a vu, à celui des deux qui fera le plus de mal à l'autre en l'en détachant. Ils ne supportent pas que leur fille soit heureuse si ce n'est pas en leur exclusive compagnie. Son bonheur à elle, y songent-ils un seul instant ?

Elle se mure alors dans sa solitude et, confinée dans sa chambre, passe de plus en plus de temps à dessiner, lire ou écrire récits et poèmes…

Elle est ailleurs…

Souvent aussi, elle parcourt seule la campagne de Virginie pour s'y livrer à son sport favori : sa mère lui a fait présent de sa jument Danseuse, qu'elle monte pendant des heures, au pas, au trot ou au galop, au gré de sa fantaisie. Elle s'attache de plus en plus à ce bel animal dont la muette complicité est l'unique réconfort.

Qu'il est cependant difficile de vivre dans de telles conditions et comme son existence est différente de celle qu'elle avait rêvée. « J'ai toujours eu le sentiment d'être une pièce rapportée », dira-t-elle plus tard. D'où parfois des sautes d'humeur, des caprices, une imprévisibilité qui ne s'expliquent que trop et qui l'accompagneront toute sa vie. C'est là probablement qu'il faut chercher l'origine d'un comportement dont souffrira plus d'une fois son entourage.

Automne 1944. Quelques semaines auparavant, Janet a décidé d'envoyer Jackie en pension à la Miss Porter's School à Farmington, très proche de Hartford dans le Connecticut, mais bien loin de Merrywood et de Washington. Non pas qu'elle désire le moins du monde se séparer de sa fille, mais elle tient à tout prix à ce que Jackie s'intègre parfaitement à la haute société de la Nouvelle-Angleterre, laquelle est à ses yeux le *nec plus ultra* du chic, l'horizon indépassable de ses rêves...

Est-ce bien là l'idéal de Jackie elle-même ? Qui est-elle exactement à cette époque ? Qui aurait la prétention de le dire ?

Pour pénétrer un peu dans son cœur et dans son âme, lisons plutôt la lettre qu'elle écrit à quinze ans, lorsqu'elle quitte Merrywood. Elle la destine à son demi-frère, Yusha, qui vient de s'engager dans les marines. Dès leur rencontre, on s'en souvient, une très vive sympathie s'est installée entre eux et on ne peut douter de la sincérité dont la jeune fille fait preuve ici :

> J'aime toujours tellement être à Merrywood – si paisible – et écouter le Victrola*. Je ne saurai jamais ce que j'aime le plus – Hammersmith et ses prairies verdoyantes battues par les vents de l'été – ou Merrywood sous la neige – avec la rivière et ces étonnantes collines abruptes...

On remarquera ces tirets : ils sont caractéristiques de sa manière d'écrire.

* Il s'agit d'une marque de gramophone, la plus connue à cette époque aux États-Unis.

Jackie poursuit ainsi ses confidences nostalgiques :

> Je me suis mise à me languir terriblement de la maison tandis que je roulais – comme dans un songe –, j'ai commencé à évoquer des souvenirs comme le chemin qui menait aux écuries à Merrywood, avec les pierres qui glissaient quand on courait dessus – et Hammersmith et les cornes de brume qui perçaient la nuit – tous ces lieux et ces sentiments et le bonheur qui vous lie à une famille que vous aimez – quelque chose que vous emportez avec vous aussi loin que vous alliez[11].

La Miss Porter's School, où Jackie va rester pendant trois années – jusqu'à ses dix-huit ans – est un établissement réputé fondé un siècle plus tôt en 1843 et essentiellement destiné aux jeunes filles riches des grandes familles de la Nouvelle-Angleterre. Elle est expressément conçue pour que les élèves qui en sortent soient non seulement cultivées mais aussi capables de devenir d'excellentes maîtresses de maison, des femmes du monde qui connaissent parfaitement les usages du milieu dans lequel elles vont évoluer. On leur apprend comment parler, comment bouger, comment se comporter avec aisance dans la haute société.

Ce n'est sans doute pas exactement ce que recherche Jackie, mais la formation acquise à Farmington lui sera d'un précieux secours lorsqu'elle sera devenue la première dame des États-Unis et contribuera largement au prestige inégalé qu'elle y acquerra.

Si elle se trouve très à l'aise dans sa nouvelle famille, l'adolescente, dont le souci d'indépendance est déjà très vif, n'est pas mécontente de voir s'installer une certaine distance entre elle et les Auchincloss – quelle que soit par ailleurs la très réelle affection qu'ils manifestent à son égard et qu'elle n'a pas tardé à partager.

Enfin et surtout, elle a appris que Ward L. Jonhson, qui vient de prendre la direction de l'école, tient à ce que l'enseignement que l'on y dispense constitue une préparation encore plus affinée à l'université. Et, de fait, les meilleures des élèves sont passées sans problème à Wellesley, Smith, Vassar ou Radcliffe.

Les études supérieures, l'université, tel est précisément l'objectif premier de cette fille de quinze ans. Rien d'étonnant à cela : sa curiosité d'esprit est tout à fait exceptionnelle – comme ses professeurs de Chapin School l'avaient déjà remarqué.

Dès son arrivée, en septembre 1944, Jackie est heureuse de constater que les quelque deux cent trente jeunes filles de l'école sont logées dans de vieilles maisons environnées d'érables et de chênes séculaires : son goût de la nature y est comblé. D'autant plus qu'à l'époque le campus comporte une ferme qui produit pour l'école lait, beurre et légumes divers.

Et puis l'enseignement, elle le sait très vite, est de grande qualité.

Sur d'autres points, grande est sa déception ! L'atmosphère générale est réfrigérante, snob au plus mauvais sens du terme. Et puis très réglementée : tous les vendredis après-midi, les élèves doivent prendre le thé avec leurs professeurs, leurs lectures sont contrôlées, elles ne peuvent sortir du campus sans une autorisation expresse, et les garçons – le plus souvent des jeunes gens de Yale ou de Harvard – qui rendent visite aux plus âgées d'entre elles n'ont pas l'autorisation de pénétrer dans les maisons où elles ont leur chambre. Car l'établissement s'estime responsable de la vertu de ses pensionnaires, ce qui est souhaité par les parents mais mal vécu par elles.

Les témoignages recueillis par les biographes de Jackie auprès des anciennes pensionnaires de Miss Porter's School, quoique parfois divergents sur certains points, permettent de faire revivre la personnalité de l'adolescente telle qu'elle était à l'époque.

Très différente de sa petite sœur, elle est d'un tempérament passablement rebelle. La discipline trop stricte de l'établissement ainsi que les rites trop mondains qui y sont d'usage l'irritent. Alors, pour braver les interdits, elle fume systématiquement dans sa chambre. Ce qui, disons-le au passage, aboutira malheureusement à faire d'elle pour le reste de son existence une fumeuse compulsive. Un soir, pour défier l'autorité, elle chipe dans « la cuisine » de l'établissement une grande quantité de *cookies* dont elle se régalera longtemps avec sa compagne de chambre – et complice. Une autre fois, elle renverse une tarte au chocolat chaud sur l'impeccable jupe au tissu clair d'une enseignante détestée, faisant passer pour une simple maladresse ce qui est en fait le résultat d'un pari. Un peu plus tard, c'est une autre gaminerie : elle se fait photographier par une camarade dans des poses lascives. Elle masque une partie de son visage par une mèche tombante pour ressembler à Veronica Lake, l'une des stars de l'époque, et elle fait une moue boudeuse qui est le comble du chic. Quel scandale dans un établissement si convenable ! Mais comme elle s'amuse !

Mais il est une chose que Jackie a du mal à supporter, c'est le peu d'argent dont elle dispose, par rapport à ses camarades auxquelles leurs riches familles ne refusent rien. Elle doit se contenter des cinquante dollars que son père lui alloue chaque mois. Or elle voudrait, comme le font nombre de ses camarades, faire transporter son cheval préféré dans les écuries de Farmington. Ah ! Si seulement elle pouvait faire venir Danseuse ! Mais il lui manque les vingt-cinq dollars mensuels nécessaires à sa pension. Elle enrage. Alors elle écrit à son grand-père Bouvier une lettre suppliante à laquelle le vieil homme ne pourra résister, d'autant plus qu'elle comporte des poèmes et des dessins de son cru. Elle l'a bien compris et, une fois pour toutes, elle en tire une leçon bien précise : si l'on veut mener une existence digne de ce nom, comme les Auchincloss, il faut de l'argent, beaucoup d'argent. Sans lui, on n'existe pas.

Elle saura s'en souvenir…

Grâce à Danseuse, pendant les hivers rigoureux du Connecticut, Jackie invite ses amies dans un vieux traîneau de bois qui sillonne les collines enneigées des environs. En d'autres saisons, toute seule, comme elle aime l'être, elle parcourt la région pendant des heures au gré de sa fantaisie. Personne ne vient troubler ses songeries. Elle est heureuse.

Des amies ? Pas exactement, mais elle a la chance de retrouver à Farmington Nancy Tuckerman, dite « Tucky », sa meilleure camarade de Chapin School dont les parents s'étaient liés avec les Bouvier à East Hampton. À partir de la seconde année,

Nancy devient sa *room-mate*, sa compagne de chambre. Elle l'apprécie pour sa réserve et sa parfaite discrétion si bien qu'elle deviendra au fil des ans sa meilleure amie, celle à laquelle elle fera le plus confiance.

Il y aura aussi Laetitia (« Tish ») Baldridge, élève de la classe supérieure qui deviendra à la Maison-Blanche le porte-parole de Jackie, fonction difficile s'il en est...

Jackie n'est pas de celles qui, après les cours et les tâches scolaires, se hâtent de retrouver leurs camarades pour se livrer à d'interminables papotages. Pour sa part, comme c'était déjà le cas auparavant et quel que soit le lieu où elle vit, elle préfère rester seule, pour lire surtout.

« On la voyait rarement sans un livre à la main », se souvient l'une des élèves de cette époque, y compris au cours des promenades à pied qu'elle faisait, toujours solitaire, dans la campagne aux alentours du campus.

Aussi la considère-t-on souvent comme distante ou snob. Cependant, elle a tenu à faire partie de la troupe de comédiens de l'école, laquelle se montre particulièrement active, montant au moins deux pièces chaque année. Jackie joue même des rôles d'hommes, par exemple celui de M. Bingsley dans une adaptation théâtrale d'*Orgueil et Préjugés,* le célèbre roman de Jane Austen. Comédienne née, elle se révèle très à l'aise sur la scène, notamment dans un spectacle de chant et de danse où elle joue le rôle de la reine du cirque – ce rôle dont elle rêvait dans son enfance et qu'elle écrit à présent pour elle-même en cette circonstance. Étrange prescience de cette jeune fille : sans s'en douter, elle interprète par avance et sur un mode symbolique ce personnage royal qu'elle deviendra effectivement une quinzaine d'années plus tard, régnant avec son époux sur le grand cirque du monde...

Pendant les années Farmington, comment les relations entre Jackie et son père évoluent-elles ?

À vrai dire, l'attitude de Black Jack a pu, déjà deux ans auparavant, sinon la choquer du moins la décontenancer profondément.

En effet, à Newport, au Maidstone Club, il avait, l'été 1942, rencontré la femme d'un officier anglais en garnison à Washington, dont il était bientôt devenu l'amant. Certes, il n'y avait là rien qui pût surprendre Jackie. Elle avait l'habitude… Mais cette fois, ayant divorcé, et s'estimant libre, Black Jack l'avait introduite sans la moindre gêne dans sa famille : c'est elle qui préparait les repas des deux fillettes ou les accompagnait dans les visites qu'elles avaient à faire. Et la pauvre Jackie ne savait que répondre et rougissait affreusement quand on lui demandait : « Mais qui est donc cette dame ? »

Pis encore, le couple s'affichait sans pudeur, s'embrassant et même faisant l'amour dans les endroits les plus insolites, raconte John Davis le cousin de Jackie, ainsi à même le sol carrelé de la salle de bains ou derrière les dunes toutes proches…

Jackie ne risquait guère d'assister à de tels spectacles chez les Auchincloss et elle avait hâte de retrouver l'atmosphère plus « normale » qui régnait chez eux, à Merrywood.

La liaison de Black Jack prit fin six mois plus tard et son ex maîtresse, en juin 1943, retourna auprès de son mari, lequel était revenu en Angleterre. Elle se trouvait enceinte de deux jumeaux dont le père était Black Jack. Son mari, galant homme s'il en fut, voulut bien assurer l'entretien et l'éducation, comme s'il s'agissait de ses propres enfants.

Jackie allait apprendre plus tard par sa famille qu'elle avait un demi-frère et une demi-sœur et, en 1949, lors de son second voyage en Europe, à Londres, elle alla rendre visite à la « dame » et aux deux enfants, Gale et Greville, que son père avait engendrés. Elle lui écrivit qu'ils lui ressemblaient énormément. Mais l'idée de cette parenté inattendue ne lui plaisait guère et lorsque John Kennedy se mit à briguer la présidence, aussitôt elle entrevit et redouta les conséquences que pourrait avoir sur sa carrière d'éventuelles révélations de la presse. Si bien qu'elle garda sur cette histoire le secret le plus absolu. Le public ne fut finalement mis au courant que par un livre de John Davis. Par une étrange coïncidence, à peine l'ouvrage paru, les jumeaux trouvèrent la mort : le garçon se tua en Grande-Bretagne au volant de sa voiture. Quant à la fille, elle fut assassinée au Maroc dans des circonstances qui n'ont jamais été très clairement élucidées[12].

Quels que soient les griefs qu'à cette époque Jackie ait pu concevoir à l'égard de son père, lorsqu'elle arrive à Farmington, elle est encore sous son charme. Certes, elle ose à présent lui tenir tête, ne répond à ses lettres que par de courts billets, invoque son travail scolaire. Bref, elle refuse de se soumettre aveuglément à son autorité, comme à celle de sa mère d'ailleurs. Sa soif d'indépendance est de plus en plus impérieuse. Et elle peut devenir agressive voire violente si l'on prétend empiéter sur sa liberté. Des germes de ce tempérament, on en trouvait déjà chez elle, par exemple lorsque fillette elle avait l'étrange habitude de coller ses timbres-poste… à coups de poing !

Il n'empêche. Quand son père vient lui rendre visite, le week-end, lorsque s'encadre dans la porte sa haute et élégante silhouette, quelle fête pour elle ! L'envoûtement opère encore. Et il prend la précaution de ne pas boire une goutte d'alcool pendant les heures qui précèdent son arrivée, d'autant plus d'ailleurs qu'il est venu de New York dans son élégante Mercury décapotable – qu'il a promis de lui offrir le jour de ses dix-sept ans. À la Miss Porter School, il ne manque jamais une occasion d'applaudir Jackie… il s'abonne à *Yori*, le journal de l'école parce qu'elle en est une des rédactrices. Il assiste à toutes les représentations des pièces où elle figure, se félicite de la voir si bonne comédienne, joue en double avec elle dans un tournoi de tennis. Et ne parlons pas des moments délicieux où les camarades de Jackie se pâment à la vue de son superbe père et où celui-ci leur fait son numéro de don Juan – un don Juan un peu fané à vrai dire, mais dont la séduction reste efficace. Plus d'une fois, il invite avec sa fille une demi-douzaine d'élèves de sa classe à l'auberge du voisinage, l'Elm-Tree où il se « ruine en steaks », dira l'une d'elles avec admiration.

Le soir, Jackie le raccompagne jusqu'à son cabriolet au volant duquel il reprend la route de New York, rasséréné mais pour peu de temps, hélas ! Car, il s'en rend bien compte, sa fille commence à devenir un peu distante en grandissant. Elle le sera de plus en plus, il le pressent et ce n'est pas cette perspective qui va le dissuader d'avoir recours, une fois encore, à ses réserves de whisky...

On aimerait disposer d'un catalogue des lectures de Jackie pendant la période Farmington. Ce n'est pas le cas. Nous savons seulement qu'elles concernaient la littérature, la littérature française en particulier et l'histoire de l'art. Ce qui ne l'empêche pas de s'intéresser à la philosophie politique américaine, à Jefferson, à Franklin et au XVIIIe siècle français dans lequel elle en cherche les sources – chez Diderot notamment.

Par ailleurs, en étudiant l'histoire de France, elle tombe sur un personnage de femme qui la fascine : madame Récamier. Elle a découvert le célèbre portrait peint par David où elle apparaît allongée sur sa méridienne. Jackie est éblouie par sa beauté souveraine, sa distinction un peu altière qui n'excluent pas une grâce évidente. Et que dire de sa culture, de la cour d'écrivains qu'elle a su réunir autour d'elle – Chateaubriand, madame de Staël ? Madame Récamier incarne à ses yeux ce qu'elle cherchait depuis longtemps sans le savoir. Elle s'identifie inconsciemment à son idole, ou du moins s'en fait un modèle qu'elle n'aura garde d'oublier lorsqu'elle entrera à la Maison-Blanche. Dès cette époque, et madame Récamier n'y est sûrement pas pour rien, elle se met à parler français dès qu'elle en a l'occasion. Ce qui agace nombre de ses camarades qui la jugent de plus en plus snob.

Car elle n'est pas ou elle n'est plus comme les autres. Elle commence à s'imposer. Est-ce en partie par sa beauté ? Pourtant si elle est loin d'être laide, elle n'est pas belle selon les canons classiques : le bas de son visage est vraiment trop carré. Et puis n'y a-t-il pas une distance excessive entre ses yeux : plus tard elle en plaisantera prétendant qu'elle est contrainte de se faire fabriquer des lunettes solaires spéciales. Il y a plus grave... connaît-elle le vers du poète français Louis Bouilhet : « On est plus près du cœur quand la poitrine est plate » ? Il ne l'aurait sans doute pas consolée de cette insuffisance dont elle a longtemps souffert et qui était pour beaucoup dans sa réputation de « garçon manqué ». Et ne parlons ni de ses trop nombreux grains de beauté, ni de l'abondant duvet qui tapisse ses bras.

Pourtant, parmi les autres élèves, on ne voit qu'elle. Élancée, mince, la taille haute, se tenant très droite, une élégance naturelle, un port royal, elle en impose.

Et intimide.

Enfin et surtout, on ne peut rester insensible à ses yeux aux longs cils noirs, et à la grâce de son sourire.

De plus, on sait – par les professeurs – sa vive intelligence, sa grande culture, sa soif de savoir, sa passion pour les arts. Cette réputation va contribuer à lui donner à Farmington – qu'on l'admire ou qu'on la juge prétentieuse – une place tout à fait à part. En tout cas, lorsqu'en juin 1947 elle quitte la Miss Porter's School, Jackie *existe* au sens plein du terme.

Selon la coutume, avant qu'elle parte, on lui demande d'inscrire quelques réflexions dans une espèce de livre d'or annuel illustré des traditionnelles photos de classe et destiné à immortaliser le souvenir des anciennes élèves.

Ce qu'elle y écrit est parfaitement significatif. Invitée à révéler ses ambitions, elle est très claire : « Volonté de réussir dans la vie. » Qu'entend-elle par là ? Elle ne peut encore le préciser. En revanche, elle sait très bien ce qu'elle ne veut pas et, sans hésiter, écrit ce qu'aucune de ses camarades de cette époque n'aurait osé dire ou même penser : « Refus d'être une femme au foyer. »

Autrement dit, pas question d'imiter sa mère, dont la seule ambition, au fond, malgré ses goûts mondains, a été d'être bonne épouse et bonne mère de famille : ayant eu deux enfants de Black Jack, elle en aura deux autres d'Auchincloss qu'elle élèvera aussi le mieux possible. Trop classique tout cela aux yeux de sa fille. Et pourquoi pas les bonnes œuvres auxquelles se consacrent en papotant tant de riches Américaines ? Elles se réunissent en d'assommantes réunions philanthropiques. Mais ce n'est qu'un prétexte pour tromper leur ennui…

Quelle horreur ! Elle fera tout pour échapper à ce destin. Elle ne sait pas encore comment, mais elle en est certaine, elle trouvera.

On est en juin 1947. Jackie vient d'achever ses études supérieures. Bientôt dix-huit ans. C'est le moment où, dans les familles fortunées, il est d'usage que les jeunes filles fassent leur « entrée dans le monde ».

Curieusement, malgré l'anticonformisme dont elle fait généralement preuve, Jackie ne s'y oppose pas. Pourquoi ferait-elle la moindre peine à sa mère qui, on le devine, tient par-dessus tout à ce rituel si important dans la haute société ?

Avec la permission de son mari, et grâce à sa fortune, Janet fera les choses en grand. En premier lieu, elle organise à la fin de juin, à Hammersmith Farm la propriété de vacances, un thé dansant de trois cents personnes. C'est précisément le jour où l'on baptise Jamie, le fils qu'elle vient d'avoir d'Auchincloss, le demi-frère de Jackie, à l'église de Newport. Et les bristols gravés que reçoivent les invités indiquent que : « La réception est donnée en l'honneur de Miss Bouvier et de Mister Jamie Lee Auchincloss ».

Cette réception est peu de chose à côté de celle que Janet va donner courant juillet au Clambake Club, un fastueux dîner dansant, où les invités seront encore plus nombreux. L'établissement, connu depuis des générations, est superbement situé au sommet d'une falaise qui domine l'Océan. La terrasse d'où la vue est sublime, pourvue d'un vaste parquet pour les danseurs, sera éclairée le soir d'une foule de guirlandes de petites ampoules bleues.

Au cours de ce bal, Jackie apparaît à tous comme une princesse de contes de fées. Elle porte une exquise robe de tulle blanc avec un décolleté bateau et une jupe bouffante. Cette robe très simple est évoquée par les journalistes comme « une merveille provenant de quelque grand couturier ». En fait, achetée sur catalogue dans un grand magasin de Manhattan, elle n'avait coûté que… 59 dollars, comme elle le reconnaîtra plus tard en riant. Elle l'avait préférée à la robe de Dior que sa mère lui avait proposée et offerte. Jackie possède dès cette époque un je-ne-sais-quoi de particulier, une grâce indéfinissable et insurpassable dont il résulte que tout ce qu'elle porte devient aussitôt élégant.

Ce qui n'empêche pas qu'en ce temps-là elle se moque complètement de la mode, passant les étés en short et en espadrilles.

Elle a été si remarquée au cours de cette soirée que le plus célèbre chroniqueur mondain de l'époque, Igor Cassini, qui travaille pour le groupe Hearst, la proclame sans hésitation « Première débutante de l'année 1947 ».

Comment ne pas citer l'article qu'il écrit à cette occasion dans le *New York American Journal* ?

« L'Amérique est un pays de traditions. Tous les quatre ans, nous élisons un président, tous les deux ans un Congrès. Et tous les ans, une nouvelle reine des débutantes est couronnée. Pour 1942, la reine de l'année est Jacqueline Bouvier, une brune magnifique qui a les traits classiques et délicats d'une porcelaine de Saxe. Elle a de l'aisance, une voix douce et de l'intelligence, ce que toute première débutante devrait avoir. »

Du coup, voilà Jackie lancée dans le monde. N'imaginons pas qu'elle en soit ravie. C'est aussitôt la ruée sur elle des journalistes, le déferlement des potins. Six mois plus tard, Elsa Maxwell*, la plus célèbre « commère » de l'époque, le constate : « Jacqueline Bouvier, écrit-elle, est constamment assaillie d'offres de toutes sortes, interviews, photos... » Mais elle qui est si timide, réservée, discrète autant que distante, s'en trouve terriblement gênée, parfois jusqu'à l'exaspération.

Cette adolescente se doute-t-elle alors que c'est bien peu de chose à côté de ce qui l'attend ? Dans quelques années et jusqu'à sa mort, elle sera le gibier préféré des chasseurs d'images du monde entier. Ils ne la laisseront jamais en repos.

* Elsa Maxwell était une chroniqueuse américaine et une organisatrice de soirées mondaines.

À la rentrée, en septembre, pour qu'elle entame ses études supérieures, elle entre à l'université de Vassar où sa mère n'a eu aucun mal à l'inscrire vu les brillants résultats obtenus à Farmington.

Ce n'est pas un hasard si Janet a choisi cet établissement fondé en 1861. Il rivalise avec les meilleures universités pour hommes : c'était d'ailleurs l'objectif de son fondateur, le philanthrope Matthew Vassar qui l'avait installé à Poughkeepsie, sur les bords de l'Hudson. Dès l'abord, on est impressionné : voici un campus de 500 hectares, sur lequel on a construit une soixantaine d'édifices à l'usage d'un millier d'étudiantes. Devant le bâtiment central, on est stupéfait : n'est-ce pas la fidèle copie du palais des Tuileries – incendié en 1871 par les communards ? Cet hommage au monument disparu va droit au cœur de Jackie dont on sait le goût pour la civilisation française. D'autres bâtiments, de style gothique ceux-là, sont couverts de lierre. Le tout est situé à la campagne, dans une « vraie » campagne.

Malheureusement, là encore, il règne dans cette université de jeunes filles, la plus prestigieuse de la côte Est, un étouffant climat de snobisme que Jackie va détester de plus en plus.

Et puis, surtout, l'image de star qu'elle vient d'acquérir ne lui attire pas – et c'est un euphémisme – que des sympathies parmi ses nouvelles camarades. En revanche, nombre de jeunes étudiants des universités de la côte Est, de Yale et de Harvard se précipitent à Vassar, pour l'inviter à sortir avec eux, à New-Haven ou à Cambridge, ce qu'elle accepte volontiers. Si bien que durant les week-ends on ne la voit jamais sur le campus.

Ses cavaliers l'emmènent danser dans les établissements les plus chics qu'ils peuvent dénicher, ou l'invitent à assister à des matchs – ce qui l'ennuie affreusement. Comme pour l'immense majorité des étudiants de Vassar, à l'époque, ses relations avec les garçons se limitent au flirt. Peter Reed qui l'a connue à cette époque racontera avec franchise : « Le bruit courait que j'avais couché avec elle. J'aurais bien aimé. Ça m'aurait fait un joli souvenir. Mais, avec Jackie, on ne parvenait pas à ses fins[13]. »

D'ailleurs, quand on la ramène chez elle, elle utilise un « truc » aussi simple qu'efficace. Pour éviter toute équivoque, elle dit au chauffeur de taxi :

— N'arrêtez pas le compteur, s'il vous plaît.

Comme cela, pas question de ce « dernier verre » qui n'est trop souvent que le premier pas vers autre chose. Bien heureux son cavalier s'il reçoit la faveur d'un furtif baiser sur la joue.

Sans doute pourrait-elle, comme nombre de ses camarades, fréquenter – en tout bien tout honneur – quelque jeune homme de la bonne société en vue d'un « beau mariage » avec un « beau parti ». Comme cela ferait plaisir à sa mère !

Mais telle n'est pas son intention. L'idée de passer toute sa vie avec l'un de ces garçons si convenables qui ferait d'elle une femme d'intérieur, modèle des vertus familiales, la fait frémir d'horreur. Non pas, dira-t-elle plus tard, qu'elle les méprisât le moins du monde, mais à cause de l'existence parfaitement ennuyeuse à laquelle ils l'auraient, à coup sûr, condamnée.

En tout cas, elle dit juger bien mal fondées les craintes de son père qui lui écrit, non sans une ironie qui n'appartient qu'à lui :

> Je suppose qu'avant longtemps tu me lâcheras pour quelque drôle que tu trouveras épatant, parce qu'il a l'air si romantique le soir et porte les boucles d'oreilles de sa mère en guise de boutons de chemise de smoking parce qu'il l'aime tant... Mais peut-être feras-tu marcher ta cervelle et attendras-tu d'avoir au moins vingt et un ans[14].

Peut-on se tromper plus lourdement ?

Black Jack n'a pourtant pas tort de sentir que sa fille lui échappe. Elle aime mieux sortir avec ses soupirants que d'aller voir son père à Manhattan où ses visites se font rares. Et lui qui idolâtre Jackie s'inquiète de la voir « traîner » avec tous ces jeunes gens au risque d'y voir perdre sa réputation. Il la sermonne. Et, réaction banale de bien des pères de famille devenus inconsciemment jaloux, il voudrait que personne ne touche au trésor qu'elle est à ses yeux. Sans compter, lui écrit-il, qu'elle compromet ses études auxquelles elle prête forcément moins d'attention...

En quoi il se trompe là encore. Car elle se classe d'emblée parmi les meilleures étudiantes de Vassar. Elle suit attentivement les cours de Florence Lowell sur l'histoire des religions ou d'Hélène Sandison sur Shakespeare, allant jusqu'à apprendre par cœur la majeure partie d'*Antoine et Cléopâtre*. Elle promet d'ailleurs à son père, pour le rassurer, de lui en réciter de longues tirades.

L'image qu'elle laissera à Vassar est très contrastée. C'est celle d'une jeune fille très belle, brillante, sachant faire preuve d'humour et d'ironie, mais aussi secrète et distante. Elle fait tout pour se mettre en valeur aux yeux des autres, mais semble aussitôt le regretter pour revenir à une solitude qui lui est chère. Car elle s'y sent parfaitement libre.

Elle déroute autant qu'elle séduit.

Au cours d'un trajet en train de Washington à New York, au printemps de 1948, elle rencontre dans son compartiment – selon les termes qu'elle emploie dans la lettre à sa famille où elle relate la chose – « un jeune membre du Congrès, grand et mince, avec de très longs cheveux un peu roux, fils d'un ex-ambassadeur[15] ». Sans perdre une minute, il se met aussitôt à la « draguer » – il n'y a pas d'autre mot – avec énergie mais, bien entendu, en pure perte. D'ailleurs, détail significatif, elle ne donne même pas son nom à ses proches.

Se doute-t-elle qu'elle vient de recevoir un clin d'œil du destin ?

Quelques semaines auparavant, Jackie avait été très attristée par la mort à quatre-vingt-trois ans de son grand-père paternel, John Vernou Bouvier Jr. Il avait si bien encouragé ses premiers essais poétiques, son goût pour l'histoire et les arts. Pendant ses études secondaires, n'est-ce pas lui qui, sensible à sa gêne financière, s'était montré le plus généreux de tous les membres de sa famille ?

Malheureusement, cette même famille fut atterrée lorsqu'elle prit connaissance du testament. Les Bouvier s'imaginaient que le défunt disposait d'une immense fortune qui leur permettrait de mener une existence fastueuse – même s'ils étaient alors quatre enfants à devoir se la partager. En réalité, cette fortune s'était en grande partie évaporée. Il avait mené un train de vie terriblement coûteux et avait trop généreusement payé les dettes contractées par divers parents. Bref il ne laissait à ses héritiers que 865 000 dollars dont 225 000 devaient servir à régler le fisc. Sa maîtresse – une Anglaise – se voyait octroyer 35 000 dollars. Black Jack avait si souvent emprunté à son père qu'il ne reçut presque rien. Les plus avantagés des enfants furent Maud et Michelle qui héritèrent de la propriété de Lasata qu'elles vendirent très vite, afin de ne pas avoir à en assurer le dispendieux entretien. Quant à Jacqueline et à Lee, ses petits-enfants, elles reçurent chacune 3 000 dollars dont elles ne virent jamais la couleur, Black Jack ayant constitué pour chacune d'entre elles une fondation.

Quelques mois plus tard. Port de New York, 9 juillet 1948. Le paquebot *Queen Mary* quitte avec une majestueuse lenteur le *pier* réservé à la Cunard Line à destination de Southampton, où il accostera cinq jours plus tard. À son bord : Jackie, bientôt dix-neuf ans, accompagnée de trois autres jeunes femmes, ses amies – Julia Bissell, ainsi qu'Helen et Judy Bowdoin, belles-filles d'Edward Foley, alors sous-secrétaire d'État au Trésor. Elles sont chaperonnées par Helen Shearman, l'ancien professeur de latin de Jackie. Il faut dire que le voyage en Europe était, pour nombre d'étudiantes de la haute société américaine, un élément non pas obligatoire, certes, mais rituel de leur cursus universitaire.

Arrivées en Grande-Bretagne, elles visitent Stratford puis Londres, encore mal relevée de ses ruines à cette époque. Elles sont invitées à une *garden-party* à Buckingham Palace où elles ne font qu'entrevoir le roi George VI et la reine Elizabeth. Pour serrer la main de Sir Winston Churchill, on fait la queue. Jackie, très admirative du leader britannique, la fait deux fois pour pouvoir la lui serrer à nouveau... Le voyage est épuisant : on veut tout voir : on vient de « faire l'Angleterre », on va maintenant « faire la France », Paris d'abord, Notre-Dame, la Sainte-Chapelle, le Louvre où Jackie a couru voir le portrait de Madame Récamier par David, les Deux-Magots – au cas où Jean-Paul Sartre s'y trouverait –, l'inévitable tour Eiffel et, bien sûr, Versailles qui l'impressionne particulièrement. Puis quelques châteaux de Provence, Juan-les-Pins, Antibes, Nice. Et maintenant en route au galop pour la Suisse où l'on visite Zurich, Lucerne, Interlaken, et l'Italie où défilent Milan, Vérone, Venise, Florence, Rome. À la fin d'août, les voici gare Saint-Lazare où elles sautent dans le train dit abusivement « transatlantique » parce qu'il les mène au Havre où elles embarquent à bord du paquebot *Liberté*. Ces sept semaines avaient été éreintantes et le rythme des visites tenait de la folie :

— Un jour de plus et je meurs ! gémissait Jackie à bout de nerfs.

Elle revient cependant très satisfaite de son périple : enfin elle a vu ou du moins entrevu cette Europe dont ses studieuses lectures la faisaient rêver. Malgré la rapidité du parcours, elle a engrangé une ample moisson d'images suggestives. Et puis elle a profité bien plus que ses amies de ce voyage qu'elle avait soigneusement préparé. Elle s'était documentée sur l'histoire des pays qu'elle devait visiter. Elle avait aussi perfectionné son français, ce qui lui permettait, par exemple, de questionner les guides du château de Versailles dans leur langue. Elle avait aussi appris un peu d'allemand et d'italien.

Mais elle n'est pas femme à se contenter comme tant d'autres de ces visites hâtives et superficielles que comporte nécessairement un voyage aussi ambitieux dans un laps de temps aussi bref.

Il lui faut absolument revenir en Europe après la deuxième année (1948-1949) qu'elle s'apprête à passer à Vassar. Alors pourquoi sa troisième année d'études ne se déroulerait-elle pas là-bas ? C'est tout à fait possible. Et d'ailleurs c'est une tradition fort répandue chez les étudiantes de bonne famille. Elle va souvent de pair avec un court voyage d'été préalable, ce qui serait le cas de Jackie.

Encore faut-il qu'elle convainque ses parents de l'intérêt de son projet. Or elle n'a que dix-neuf ans, elle est bien jeune. Dieu sait ce qui peut lui advenir là-bas, à 5 000 kilomètres de sa famille. Jackie sera d'autant plus motivée pour tenter sa chance que, mue par une curiosité intellectuelle, elle l'est aussi par le désir de quitter Vassar dont elle déteste l'atmosphère de féroce compétition et l'excessif puritanisme : pas un garçon sur le campus en dehors du week-end. En même temps, elle ne serait pas fâchée de prendre quelque distance avec sa famille, un père de plus en plus alcoolique et possessif, une mère d'un caractère qui ne s'arrange pas et vit dans l'attente d'un gendre idéal : richissime et d'un excellent milieu…

Elle n'en peut plus…

Comment venir à bout de leurs réticences ? Elle cherche et, fine mouche, trouve une tactique qui va se révéler payante, qu'elle en use avec Janet ou avec Black Jack.

Après avoir confié sa répulsion pour l'atmosphère de son université et pour la perspective d'y rester jusqu'à la fin de ses études, elle jette tout à trac :

— C'est décidé : en juin, je quitte Vassar et je me fais mannequin. Il paraît que c'est très bien payé.

Elle n'en a nullement l'intention, bien entendu. Mais ce qu'elle dit est loin après tout d'être invraisemblable. N'a-t-elle pas le physique de l'emploi ? Mieux encore, à l'occasion de fêtes de charité elle a déjà participé à des présentations de mode, que ce fût à Vassar, à East Hampton ou à Newport et, à cette occasion on a même vu sa photo dans *Life*.

La réaction de Black Jack est violente : s'il est en matière de mœurs d'une tolérance et d'une largeur de vues considérables – et pour cause –, en ce qui concerne sa fille, il n'en est plus question. Comment ! Il aurait tout misé sur elle, lui voyant un avenir de princesse, et elle, une Bouvier, deviendrait une de ces pauvres filles incultes qui, faute de mieux, vendent leur corps pour quelques dollars avant que, l'âge venant, elles tombent dans la misère. Et pourquoi pas strip-teaseuse, tant qu'elle y est ? Est-ce si différent au fond, puisque, dans les deux cas, il s'agit de tirer parti de simples qualités physiques éphémères ?

Devant une telle opposition, Jackie, faisant mine de céder aux arguments de son père, lui parle alors de son projet d'une dernière année universitaire en Europe, à Paris plus précisément, à la Sorbonne. C'est justement ce que propose Smith College aux meilleures étudiantes des autres établissements. Si elle y présentait sa candidature, elle aurait de bonnes chances…

Black Jack est loin d'être enchanté par cette idée, mais n'est-ce pas après tout un moindre mal ? Il est d'accord.

Janet, que la perspective de voir sa fille, mannequin professionnel, participer à des défilés de mode devant ses amies de la bonne société new-yorkaise avait laissée sans voix, est trop heureuse que Jackie renonce à cette idée saugrenue. Et puis la Sorbonne, tout de même, flatte son snobisme. Eh bien, soit ! elle ira en France. D'ailleurs n'y retrouvera-t-elle pas une part de ses racines ?

Sans attendre l'avis de ses parents, Jackie, sûre de son fait, avait déjà déposé son dossier de candidature. Après divers examens, elle est acceptée. On lui a établi un programme d'études très précis.

Le 24 août 1949, pour la seconde fois, la voici qui escalade la passerelle d'un paquebot à destination de l'Europe. Cette fois-ci, elle va y passer une année entière, et presque intégralement en France.

Elle vient d'avoir vingt ans.

Très sagement, les organisateurs ont compris que, pour profiter pleinement de leurs études, les jeunes filles devaient débuter par un stage de langue intensif d'une durée de six semaines. Il a lieu à Grenoble. Chaque jour pendant huit heures, ces demoiselles assistent à des cours et participent à des conversations avec des professeurs qualifiés.

Et c'est en octobre que commencent les cours à la Sorbonne, cours principalement consacrés à l'histoire de France et à l'histoire de l'art.

À Paris, Jackie comprend vite ce qu'elle ne doit pas faire. Ce qu'elle ne doit pas faire, c'est prendre une chambre dans un foyer d'étudiantes américaines comme Reid Hall, où elle ne parlera qu'anglais, c'est certain. Alors, répondant à une petite annonce affichée à la Sorbonne, elle va loger chez l'habitant. Elle tombe bien : il s'agit de la comtesse Guyot de Renty, qui vit dans un vaste appartement du XVIe arrondissement, 78 avenue Mozart. Elle y loue des chambres à des étudiantes. Son mari et elle-même, qui pendant la guerre avaient été de courageux résistants, avaient séjourné dans un camp de concentration allemand. Seule, elle avait pu en revenir.

La France, quatre ans après la fin des hostilités, n'avait pas encore retrouvé la prospérité d'antan : chose surprenante, il existait encore des cartes d'alimentation sans lesquelles on ne pouvait se procurer certains produits, de la viande par exemple, dont la production était encore insuffisante. Jackie, tout à la joie d'être libre et indépendante, heureuse de se sentir loin du conflit qui séparait ses parents, supporte très bien ces inconvénients. Elle accepte sans broncher le froid qui règne dans cet appartement dépourvu de chauffage central mais aussi l'unique salle de bains utilisée par sept personnes avec sa baignoire en fonte aux pieds à griffes, le robinet à eau chaude qui ne mérite pas souvent son nom ou le chauffe-eau vétuste qui, un soir, explose…

Jackie se plaît beaucoup avenue Mozart où la comtesse donne l'impression à la jeune fille qu'elle est chez elle. Dans l'appartement vivent avec madame de Renty : sa fille Claude, une autre de ses filles, divorcée, avec son petit garçon de quatre ans, et deux étudiantes américaines, dont Susan Coward que Jackie connaît déjà. Ces deux filles sortent souvent avec Claude – qui leur prête plus d'une fois sa petite Panhard, et leur présente ses amis…

À Paris, Jackie s'épanouit. Loin de ne faire que suivre des cours à la Sorbonne, elle sort le soir – au théâtre, à l'opéra –, assiste à des ballets. Pendant la journée, on la revoit souvent au

Louvre qu'elle avait déjà visité lors de son premier voyage à Paris. Elle retourne aussi aux Deux Magots, hante le Flore, la Rotonde, la Coupole, flâne sur les quais de la Seine, fouillant dans les boîtes vertes des bouquinistes.

Comment ses hôtes la perçoivent-ils ? « Très facile à vivre », se souvient Claude de Renty, très studieuse aussi car non contente de suivre ses cours à la Sorbonne, elle assiste également à des conférences à l'École du Louvre et à Sciences Po où elle se passionne pour des cours d'histoire diplomatique.

Très sociable et s'intéressant à toutes sortes de sujets, elle reste néanmoins très secrète et très réservée lorsqu'il s'agit de parler d'elle-même. Dans ce domaine, elle semble constamment, disent ceux qui l'ont connue, « sur la défensive ». Est-ce un moyen de se protéger qu'elle utilise lorsque, paraît-il, elle prend une toute petite voix de fillette en détresse, ce qui soit agace, soit séduit ses interlocuteurs ? Est-ce un numéro qu'elle joue ou est-ce un comportement qui lui est naturel ? Bien fin qui le dira…

Le mystère reste entier aussi lorsqu'il s'agit de savoir comment elle se conduit avec les jeunes gens qu'elle fréquente alors et qui sont nombreux. Tous sont frappés par sa beauté. Ils la sortent, l'invitent au cinéma, à danser, à écouter du jazz dans les boîtes de la rive gauche. On cite parmi eux Ormonde de Kay, future scénariste américaine, George Plimpton, un Anglais qu'elle rencontre à Londres où elle passe quelques jours aux vacances de Noël, ou encore le fils du président du Conseil de l'époque, Georges Bidault, qui l'emmène dîner ou monter à cheval au bois de Boulogne, voire boire un verre au bar du Ritz où, quelques années plus tôt, Hemingway fêtait la Libération de la capitale à coups de whiskie. Aucun ne semble cependant l'attirer particulièrement. Certains de ses biographes affirment qu'elle alla bien au-delà du simple flirt avec un jeune écrivain américain qui travaillait à Paris, John Phillips Marquand Junior, et qui rédigeait alors son premier roman, *The Second Happiest Day*. Ce jeune homme, après une soirée bien arrosée passée avec elle dans des boîtes de Saint-Germain-des-Prés, l'entraîne dans son hôtel, et là, mettant discrètement l'ascenseur en panne entre deux étages, profite du désarroi de sa compagne pour lui faire perdre, comme on dit, son innocence – subterfuge qu'il avait l'habitude d'utiliser non sans succès. Après cette expérience, Jackie se serait exclamée :

— Oh ! ce n'était donc que ça[16] !

Certes, Marquand nie cette histoire mais peut-être est-ce par galanterie car Gore Vidal, son ami de longue date, ajoutait que le couple alors vécut une liaison, brève mais passionnée...

Faut-il le croire ?

D'autant que les témoignages la concernant à cette époque ne nous aident guère : « C'était une fille à part, difficile dans ses choix, détachée des contingences de ce monde, jolie, brillante, impossible à connaître[17] », se souvient Chris O'Donnel, un de ses camarades étudiants.

Février 1950. Gare Saint-Lazare. Jackie accueille sa mère et son beau-père, venus du Havre... et des États-Unis. Ce n'est pas seulement pour eux un voyage dit « d'agrément ». Il s'agit également pour Janet, mère scrupuleuse et inquiète, de savoir si le séjour en France de sa fille se déroule comme il convient dans ce pays qu'elle connaît si mal. Habitués au confort dans lequel vit la haute société américaine, les Lee sont quelque peu surpris, voire révoltés de découvrir dans quelles conditions spartiates vit Jackie chez les Renty. Alors qu'ils s'apprêtent à la faire déménager, elle les rassure. Elle ne trouve que des avantages à habiter avenue Mozart.

Cependant, ils estiment que leur fille doit connaître d'autres pays européens, ne serait-ce que pour mieux comprendre l'histoire contemporaine et en particulier la Seconde Guerre mondiale si récemment achevée. Ils l'emmènent avec son amie, Susan Coward, en Autriche, à Vienne et à Salzbourg, puis passant en Allemagne, à Berchtesgaden, ils visitent le « nid d'aigle » où Adolf Hitler se plaisait à séjourner, Munich, et tout près de cette ville, Dachau où se trouve ce qui reste du camp de concentration allemand (le premier qui ait été fondé dans ce pays) que Jackie tient absolument à voir.

À la fin de l'année universitaire, en juin 1949, Jackie part pour Lyon, où elle retrouve Claude de Renty, à laquelle sa sœur aînée a prêté sa voiture. Les deux jeunes filles visitent la France. On les voit à Toulouse, à Montauban, dans les Landes, à Bordeaux et à Nantes. Elles séjournent une semaine à Saint-Jean-de-Luz. Elles logent chez des amis de Claude ou dans de modestes hôtels, au hasard du trajet. Jackie est heureuse de profiter de cette indépendance toute neuve, si éloignée de l'existence qu'elle a menée jusqu'alors. Tout y était étroitement réglé par les sacro-saints principes du *comme il faut* (l'expression est passée dans le langage anglais), qu'il s'agisse de l'entourage familial ou du milieu universitaire.

À présent, enfin, elle vit !

Avant de retourner en Europe, Jackie aura le plaisir de faire un voyage en Écosse et en Irlande. Tout simplement parce que son demi-frère Yusha, avec lequel elle s'entend si bien, l'y a invitée :

— Tu es à moitié irlandaise et moi à moitié écossais. Ça s'impose ! Nous y retrouverons nos racines.

Jackie ne se le fait pas dire deux fois.

Plus tard, Yusha nous dira comment les choses se passèrent : « Nous louâmes une voiture et descendîmes dans de petites auberges de village. Jackie aimait s'arrêter pour parler aux gens : commerçants, habitués de bistros, rétameurs de casseroles, chemineaux. Elle ne se lassait jamais d'écouter les gens du peuple[18]. » Il explique également qu'elle était fascinée par l'histoire, les châteaux et le folklore. Dans les musées, pour chaque tableau, elle voulait tout savoir sur le sujet traité et la vie du peintre. Elle harcelait les guides stupéfaits de rencontrer des visiteurs aussi curieux.

À la fin du mois d'août, à la poupe du paquebot *Liberté*, accoudée au bastingage en train de regarder s'éloigner les jetées du Havre, elle est une autre femme…

C'est ce dont s'aperçoit rapidement son père, venu l'accueillir au pied de la passerelle du navire. Jack Bouvier a vieilli, il a dû subir une opération de la cataracte, ce qu'il a mal supporté moralement. Il est amer. Il craint terriblement de voir tiédir l'affection que sa fille éprouvait pour lui, la seule femme qui comptait dans sa vie. Alors il cherche à l'avoir encore quelque temps pas trop loin de lui. Qu'elle retourne à Vassar pendant un an et il promet de lui trouver une situation à Wall Street aussitôt après l'obtention de son diplôme. Au grand désappointement de Black Jack, elle ne reste chez lui que deux jours et repart aussitôt à Merrywood sans lui donner de réponse. Inutile de dire que Janet s'oppose farouchement à l'idée que sa fille puisse travailler aux côtés de son père :

— Mais naturellement tu dois retourner à Vassar pour terminer tes études...

Que n'a-t-elle dit ! Pour Jackie, il n'en est pas question. Elle ne se laisse plus faire par sa famille. Elle en a assez de l'atmosphère étouffante et de la prétention ridicule qui règnent à Poughkeepsie... Non... Mille fois non ! Qu'on ne lui en parle plus !

En revanche, elle trouverait judicieux de s'inscrire à l'université de Washington D. C. qui possède l'énorme avantage de se trouver à proximité de Merrywood, lui-même si proche de la ville. Cette proposition est singulièrement habile : comment Janet pourrait-elle s'opposer à cette solution qui lui permettrait de garder sa fille si près d'elle ?

L'université George-Washington, d'ailleurs, n'est pas sans attraits. N'est-elle pas située à quelques centaines de mètres de la Maison-Blanche ? Ici encore on peut méditer sur les cheminements d'un destin. Le campus de l'établissement, où plusieurs dizaines de bâtiments sont dispersés parmi les frondaisons et les chênes centenaires, est un havre de paix qui semble inviter ses hôtes aux joies sereines de l'étude.

D'autant plus que l'on y trouve un remarquable département de français – la matière principale de Jackie –, l'un des meilleurs du pays. Elle va y étudier à la fois la littérature et l'histoire de

France. À quoi elle ajoutera des cours sur les arts qui continuent à la passionner.

C'est donc en septembre 1950 que Jackie entame la dernière année de son cursus universitaire. Qu'en attend-elle, au juste ? Comme sa mère s'en inquiète, elle s'explique : elle désire préparer une carrière littéraire :

— Éditrice, précise-t-elle, ou quelque chose d'approchant...

À Washington, sa beauté attire nombre de jeunes gens. Elle sort avec quelques-uns d'entre eux, mais, au grand désespoir de sa mère, sans aboutir à quoi que ce soit de sérieux. En ce qui concerne la gent masculine, d'ailleurs, que penser des réflexions qu'elle suscite alors chez elle ? « Je regarde un mannequin homme et je m'ennuie au bout de trois minutes. J'aime les hommes avec des drôles de nez, des oreilles décollées, des dents irrégulières, les petits, les maigres, les gros. Par-dessus tout, ils doivent avoir l'esprit vif. Ils doivent peser plus que moi et avoir de grands pieds[19]. »

Derrière ces déclarations pleines d'autodérision (par exemple « avoir de grands pieds » signifie qu'elle déplore la dimension excessive des siens) apparaissent en fait ses véritables penchants tels qu'ils s'affirmeront clairement tout au long de son existence.

Tout en suivant assidûment les cours de l'université, Jackie se remémore plus d'une fois les bons moments qu'elle a passés à Paris l'année précédente.

Son sang ne fait qu'un tour lorsque, en sortant de l'un de ses cours, elle porte son regard sur une affichette annonçant l'organisation du seizième Prix de Paris, organisé comme chaque année par *Vogue*. Ce concours est ouvert aux étudiants américains de quatrième année d'université, ce qui est son cas. Il offre à l'unique gagnant un an de stage dans l'équipe du magazine : six mois à la rédaction de Paris et six mois au siège à New York.

Les épreuves ? Quatre articles sur la mode. Un autoportrait, un projet de maquette pour un numéro de *Vogue* et enfin un essai sur les morts célèbres que le candidat eût aimé connaître.

Il faut qu'elle gagne. Pour elle, et grâce à l'immense prestige du journal, ce sera bien sûr un séjour à Paris mais surtout le sésame qui lui ouvrira les portes de cette liberté dont elle est si assoiffée. Enfin, elle ne dépendra plus de sa mère, de son père, de son beau-père. Elle pourra être journaliste, écrivain, voyager à sa guise. Tout lui sera permis...

Elle n'aura jamais tant travaillé, et pendant des semaines...

On devine que pour ces « morts célèbres » avec lesquels elle eût aimé dialoguer, elle n'a pas choisi de sportifs, ni de savants. Elle a élu Serge Diaghilev, Charles Baudelaire et Oscar Wilde.

Difficile de critiquer ce choix...

Mais difficile aussi pour elle de croire à son succès : n'y a-t-il pas mille deux cent quatre-vingts candidats venus de deux cent vingt-cinq universités ?

Pourtant, le 15 mai, elle apprend qu'elle a gagné.

Elle est invitée à New York, présentée aux rédacteurs de *Vogue*, photographiée par le célèbre Horst, le spécialiste mondialement connu des portraits de vedettes.

Mais coup de théâtre : elle refuse le prix, rendant inutiles tous les efforts qu'elle a fournis, anéantissant tous les espoirs qu'elle avait nourris.

On l'aura deviné, c'est Janet qui est responsable de cette stupéfiante volte-face, mais pas seulement elle.

D'abord heureuse et fière du succès de Jackie, elle change d'avis à l'instigation d'Auchincloss : un nouveau séjour à Paris, ville dont elle s'est entichée, risquerait de la détacher pour toujours de son pays natal, lui dit-il. Elle s'y installera définitivement, comme l'ont déjà fait d'ailleurs nombre d'Américains, des écrivains notamment.

Jackie va atteindre ses vingt-deux ans. Majeure, elle n'est contrainte à aucune allégeance. Elle se soumettra pourtant. Car Janet fait observer à sa fille qu'elle manque vraiment trop de compétences pour des fonctions aussi difficiles que celles qu'on lui propose. Elle risque de s'y ridiculiser et puis, dans le milieu auquel elle appartient, une femme ne travaille pas. Cela ne se fait pas : elle serait montrée du doigt par la haute société de Washington dont elle fait partie.

Manquant encore de confiance en elle, Jackie finit par partager les craintes de sa mère. Quitte à se reprocher quelques semaines plus tard sa lâcheté, voire à se mépriser, ce qui n'adoucira pas son humeur, laquelle a toujours été... variable.

Elle bénéficiera cependant d'un lot de consolation. Sa mère lui offre pour l'été 1951 un nouveau voyage en Europe avec Lee. Jackie sort diplômée de l'université George-Washington et Lee, venant de Miss Porter's School, a été admise à l'université Sarah-Lawrence, voilà leur récompense.

Les sœurs Bouvier partent le 7 juin de New York à bord du *Queen Elizabeth* : leur itinéraire en Europe ? Londres, Paris, Venise, Rome, Florence, Madrid. Ne croyons pas qu'elles voyagent dans le luxe : Hughdie n'aime pas gaspiller l'argent. Quand il est venu en Europe et l'a parcourue en chemin de fer avec Janet et Jackie, il a refusé de prendre des premières, ce qu'a aussitôt approuvé Jackie, d'ailleurs, car elle estimait que l'on rencontrait ainsi des gens bien plus intéressants. Si bien que c'est dans une cabine de troisième classe que les filles se trouvent logées à bord du paquebot, cabine qu'elles partagent avec une nonagénaire qui dort toute nue et passe la nuit à allumer et à éteindre sa lampe de chevet !

Dotées de peu d'argent liquide, les petites Bouvier achètent à Londres une vieille petite voiture, une Hillman Minx, qui rend l'âme quelques jours après. Grâce à leurs relations familiales, elles peuvent rencontrer des gens intéressants comme le célèbre critique d'art Berenson, le grand spécialiste de la Renaissance qui vit dans la campagne florentine*. Elles passent une semaine chez le comte Pecci Blunt dans une somptueuse villa italienne. Arrivées en Espagne, elles rendent visite à l'ambassadeur des États-Unis à Madrid, un ami des parents...

Après leur retour, les deux sœurs racontent leur pittoresque odyssée dans un album de leur cru où l'on trouve, avec le récit

* Bernard Berenson (1865-1959). Écrivain de langue anglaise. Ses vues ont considérablement enrichi l'histoire des arts occidentaux.

de Lee, des photos, des vers écrits par Jackie ainsi que les dessins qu'elle a exécutés sur place. Cet album intitulé *One Special Summer*, sera publié en 1974 *.

Merrywood, 15 septembre 1951. Jackie et Lee arrivent d'Europe. Elles sont de retour chez elles. Lee, âgée de dix-huit ans, entre comme prévu à Sarah Lawrence. Que va faire Jackie ? Il faut ici se reporter au printemps précédent : Janet, impatiente de marier sa fille à un beau parti s'est arrangée, grâce aux relations professionnelles et sociales de Hughdie, pour que Jackie fasse la connaissance d'un certain John G. W. Husted, qui travaille à Wall Street. Il appartient à une bonne famille de New York, son nom figure d'ailleurs dans le *Social Register*. Il est grand, séduisant, très courtois. Bref un personnage « bien sous tout rapport » selon la formule consacrée, du genre que sa mère ne peut qu'apprécier. Il a même l'avantage d'être déjà en bons termes avec Black Jack, ce qui, pour une fois, rapproche les parents de Jackie.

Dès qu'au Solgrave Club de Washington il aperçoit Jackie, Husted tombe amoureux d'elle. « Je la trouvais somptueusement belle, dira-t-il plus tard. Elle n'était pas du tout distante. Elle était aussi brillante que rieuse. Elle avait un esprit mordant et une distinction innée qui sautait déjà aux yeux. » Elle n'avait qu'un défaut : « Sa voix n'était pas agréable. Très voilée, affectée, bizarrement mal assortie à sa personnalité et à son intelligence[20]. » Ce qui n'empêchera pas le coup de foudre...

Malheureusement pour Husted il semble que si Jackie se laisse courtiser, c'est en partie pour faire plaisir à sa mère ou plus exactement pour qu'elle la laisse tranquille. À plusieurs reprises, le soupirant fait le trajet New York-Washington pour aller la voir, puis il lui demande de venir le rejoindre à New York à l'occasion des week-ends. Elle le fait mais au fond peut-être dans l'objectif inavoué de revoir son père auquel elle reste

* Chez Delacorte, à New York.

très attachée. D'ailleurs c'est chez lui qu'elle passe la nuit dans son appartement d'East 74th Street. Et puis – à ses yeux, c'est capital – cela lui permet de revisiter les salles qui lui sont les plus chères au Metropolitan Museum of Art et à la Frick Collection.

Lorsque Jackie revient d'Europe en septembre 1951, elle n'a, on l'a vu, aucun projet précis. En réalité, quel choix s'offre à cette jeune fille de la haute société dépourvue de fortune ? Elle peut – et c'est ce que sa mère a envisagé – épouser un homme très riche, car elle n'a rien à attendre ni de son père dont la situation matérielle est précaire, ni de son beau-père, Hughdie, dont l'héritage reviendra évidemment à ses propres enfants. Si elle écarte cette solution, il lui faudra bien, pour vivre, trouver un travail. Certes il y a Husted, manifestement épris d'elle – avec la bénédiction de Janet. Mais l'idée de l'épouser ne l'enthousiasme guère. Irrésolue, elle ne prend aucune décision. Il est urgent d'attendre, elle verra bien… pour le moment elle monte à cheval en Virginie, elle lit, elle dessine ou peint. C'est tout ce qu'elle aime.

De son côté, Auchincloss, qui l'aime bien d'ailleurs, croit lire dans son regard une sorte de désarroi qui l'émeut. Il pense alors que lui procurer un emploi temporaire à Washington ne pourrait que l'aider moralement. Un emploi dans la presse, bien entendu, puisque c'est vers ce type d'activité que l'orientent ses goûts comme l'ont prouvé son inscription et son succès au concours de *Vogue*.

Il décroche son téléphone et appelle son vieil ami Arthur Krock, rédacteur en chef du *New York Times* à Washington. Vu le talent dont est douée sa belle-fille, récente lauréate du Prix de Paris, lui explique-t-il, ne serait-il pas possible de lui dénicher un job dans le journalisme ?

Krock appelle alors son confrère Frank Waldrop, rédacteur en chef du *Times Herald*, journal de Washington.

— Engagez-vous toujours les fillettes ? demande Krock qui est souvent d'humeur badine.

— Bien sûr, répond son interlocuteur sur le même ton, mais pourquoi ?

— J'ai un petit prodige à vous proposer : elle a les yeux ronds, elle est intelligente et elle veut faire du journalisme. Seriez-vous d'accord pour la rencontrer ? C'est la belle-fille d'Auchincloss.

Une semaine plus tard, début décembre, voici Jackie, intimidée, passablement anxieuse, devant Frank Waldrop. Celui-ci n'y va pas par quatre chemins : est-elle sincèrement décidée à devenir journaliste ? Ou veut-elle seulement tuer le temps en attendant de se trouver un mari ?

Jackie – elle est parfaitement sincère – répond que pour l'heure elle ne songe nullement à se fiancer.

— Je vous proposerai très vite quelque chose, lui promet alors son interlocuteur.

Où en est-elle avec Husted ? Celui-ci, toujours plus amoureux, s'impatiente. Début janvier, il téléphone à Jackie, à Merrywood : il veut l'épouser.

— Venez à New York me donner votre réponse, ajoute-t-il.

Il lui donne rendez-vous au Polo Bar du Westbury Hotel – précisément, on s'en souvient, le fief de Black Jack.

Alors que le rendez-vous a été fixé à midi, c'est à trois heures seulement, au moment où, désespéré, il allait partir, que la silhouette de Jackie s'encadre dans l'entrée… Très douce, très gentille, elle s'excuse et… dit oui.

Ce retard de trois heures, cependant, reste inquiétant. Est-il dû à des incidents matériels de caractère banal ? Ou s'explique-t-il par de longs débats intérieurs auxquels Jackie aurait été en proie à la dernière minute ?

Toujours est-il que le 21 janvier 1952 le *New York Times* annonce simultanément les fiançailles des jeunes gens ainsi que leur futur mariage prévu pour juin.

À Merrywood, la réception ne laisse rien présager de bon : écoutons un témoin cité par David Heymann[21], Cecilia Parker Geyelin : « L'atmosphère ne débordait ni de joie ni d'amour [...]. Jackie et John Husted semblaient à peine se connaître. Ils ne se parlaient pratiquement pas et, lorsque son fiancé lui adressait la parole, Jackie se contentait de hocher la tête et de sourire. »

Malgré tout, elle continue de faire la navette entre Washington et New York.

Comme elle s'est fiancée, elle estime correct de le faire savoir à Frank Waldrop, tout en lui assurant que son intention de se consacrer au journalisme n'en demeure pas moins intacte. Touché par cette honnêteté, Waldrop, après lui avoir procuré un petit emploi de réceptionniste, lui donne une tâche plus intéressante confiée jusqu'alors exclusivement à des hommes. C'est une rubrique hebdomadaire intitulée « The Camera Inquirer » *. Il s'agit de poser quelques questions d'actualité à une dizaine de personnes dont le portrait sera reproduit dans le journal, assorti de leurs réponses.

Jackie doit être capable de faire de bonnes photos. Elle avoue qu'elle a tout juste pris quelques clichés d'amateur au cours de ses voyages en Europe, avec un simple Brownie ou un Leica.

— Mais nos journalistes n'utilisent que du matériel de professionnel, comme le Speed Graphic, objecte, consterné, Sid Epstein, le rédacteur en chef qui sera son patron.

Courageusement, Jackie effectue un stage express de photographie et, deux semaines plus tard, elle revient avec des photos d'inconnus prises au hasard des rues : elles sont d'une vie saisissante. Et c'est elle qui les a développées, précise-t-elle fièrement.

La voici engagée pour un salaire qui lui fait lever les yeux au ciel : il se monte à la somme désolante de 42,50 dollars par semaine ! Elle devra s'en contenter.

Tel est le travail que Jackie va effectuer pendant un an et demi...

Il ne lui incombe pas seulement de prendre des photos, de questionner et de reproduire les réponses : il lui faut aussi imaginer les questions. Au début, on les lui fournit, mais, bientôt, elle doit les trouver elle-même. Il est convenu que le ton d'ensemble de la rubrique doit être celui de la bonne humeur, et

* « Le photographe-enquêteur »

d'une certaine originalité spirituelle. Il faut reconnaître qu'à côté de questions qui font sourire comme : « Les hommes se montrent-ils plus courageux que les femmes face à la roulette du dentiste ? », nombre d'entre elles répondent au but recherché. Quelques exemples : « Est-ce que les femmes sont un luxe ou une nécessité ? » ; « Savez-vous repérer un homme marié, » ; « Quand avez-vous découvert que la femme n'était plus le sexe faible ? », et elle sait amuser ses lecteurs en demandant à un camionneur son opinion... sur la haute couture parisienne.

Quand on songe au destin qui allait être celui de Jackie, on ne peut qu'être surpris a posteriori par certaines de ses interrogations : « Aimeriez-vous que votre fils devienne président des États-Unis ? » ou « L'épouse d'un candidat devrait-elle faire campagne avec son mari ? » ; « Laquelle des premières dames des États-Unis auriez-vous souhaité être ? » ; « Par la mort de quelle personnalité avez-vous été le plus touché ? »

D'autres fois, Jackie révèle sans le vouloir la nature de ses préoccupations : « Les riches apprécient-ils davantage la vie que les pauvres ? » ; « Chaucer * a écrit que ce que les femmes désirent le plus, c'est dominer les hommes. Que croyez-vous que les femmes désirent le plus ? » ; « Pensez-vous qu'une épouse doive laisser son mari croire qu'il est plus intelligent qu'elle ? »

Comme sa rubrique plaît aux lecteurs, elle devient l'*Inquiring Camera Girl* et elle obtient le droit de la signer. Du coup, Waldrop fait passer son salaire à 56,75 dollars...

Comment ses confrères du *Times Herald* jugent-ils les capacités de la nouvelle journaliste et... sa propre personne ? Pas toujours très bien, il faut l'avouer et c'est assez compréhensible : ils pensent qu'elle n'aurait jamais obtenu son emploi si elle n'avait pas été la belle-fille d'Auchincloss. Car elle ne possède aucune expérience sérieuse ni de la technique photographique, ni du reportage. Surtout, elle n'est pas de leur monde : eux sont issus

* Geoffrey Chaucer (1340-1400). Poète anglais, auteur des *Contes de Canterbury*.

de milieux modestes. Pas elle ! Que vient-elle faire ici ? Alors elle reste isolée. La seule personne qui sympathise avec elle, c'est Achsah Dorsey Smith. N'est-ce pas tout simplement parce que, chargée des reportages sur les personnalités de la haute société, cette fonction les rapproche – un peu seulement, car cette journaliste ne sort pas non plus elle-même de ce milieu.

Malgré tout, Jackie bénéficie d'un remarquable atout, du moins au regard des hommes, c'est sa beauté. Et c'est un régal des yeux que de la voir s'activer dans la vaste et austère salle de rédaction qu'elle illumine de sa présence. Son physique est ce qu'elle apporte de plus précieux au journal, murmurent les méchantes langues. Aussi, au début, reporters et photographes se précipitent-ils sur elle dans l'espoir de dîner en sa compagnie et, qui sait, de terminer la soirée de plus galante façon encore. Ils tombent vite sur un bec : elle refuse toutes leurs invitations. Vexés, ils s'imaginent que c'est parce qu'elle les méprise, qu'elle ne ferait pas tant de manières avec un homme de son monde.

Ses tentatives pour récupérer la sympathie de ses confrères échouent. Elle demande un jour aux photographes du journal ce qu'ils aimeraient pour Noël : « Une bonne bouteille », répondent-ils. Le soir venu, ils ouvrent fébrilement une superbe boîte portant leurs noms à tous. Ils se délectent d'avance du cadeau qu'elle leur a réservé. Leur imagination travaille.

C'est bien une bouteille qu'ils découvrent, mais une bouteille... de lait. La plaisanterie tombe à plat. Ils ne sont pas hommes à apprécier ce type d'humour qui eût été mieux accueilli dans un tout autre milieu – celui de Jackie, par exemple.

Jack Kassowitz, rédacteur en chef adjoint du *Times Herald,* semble bien résumer la situation en porte-à-faux dans laquelle se trouve alors Jackie en écrivant : « C'était une pauvre petite fille riche : issue d'une famille aisée, elle n'avait pas d'argent à elle. Elle habitait Merrywood pour ne pas payer de loyer et roulait dans une Mercury d'occasion noire et décapotable[22]. »

Dans les semaines qui suivent les fiançailles de sa fille, Janet ne reste pas inactive. Toujours soucieuse de son avenir, elle se livre à une petite enquête sur son futur gendre. Elle apprend qu'à l'agence de change Dominick & Dominick, il ne bénéficie que d'un salaire de 17 000 dollars par an, ce qui est certes suffisant pour un couple de la classe moyenne, mais dérisoire à ses yeux pour Jackie qui mérite dix fois plus... Elle lui en parle... L'influence-t-elle ?

De toute façon, Jackie commence à s'ennuyer avec Husted : il est beau, c'est entendu, il est sérieux, il fera un bon époux, un bon père de famille... Mais qu'il est terne ! Elle est condamnée inexorablement à devenir cette femme dite « d'intérieur » ou « au foyer » dont la seule évocation, à Farmington, lui soulevait déjà le cœur.

Son humeur s'en ressent. Il lui arrive encore d'être facétieuse : ainsi, un soir, en famille où elle surgit enveloppée d'un drap blanc, poussant des cris aigus. Elle demande quelques instants plus tard si on n'a pas vu cette « pauvre tante Edith », qui se trouve en pleine crise. Il est vrai que ladite tante Edith, outre qu'elle possède quarante chats, n'en est pas à une extravagance près. En d'autres circonstances, Jackie peut se montrer tout à fait déplaisante. En témoigne la cinglante réplique qu'elle assène à sa future belle-mère, Mrs Husted, qui lui offrait une photo de son fils, bébé :

— Vous savez, chère madame, si je veux une photo de votre fils, je peux la prendre moi-même[23].

Bien que fiancée, elle commence à sortir avec d'autres hommes. Elle déplore que l'univers de son futur mari se limite trop souvent à Wall Street. Quand sa mère et Hughdie sont absents de Merrywood, elle invite non pas des jeunes gens mais des hommes de la génération très antérieure, voire plus, des hommes de cinquante à soixante ans qui peuvent au moins lui apprendre quelque chose et qu'elle soit en mesure d'admirer. C'est par exemple l'ex-journaliste John B. White qui sera plus tard membre du gouvernement et qui, à l'époque, travaille au département d'État ; c'est William Walton, un homme de quarante-trois ans, à la fois artiste et journaliste qui sait tout sur ce qui se passe à Washington, tant au point de vue historique, social et politique que culturel. Il deviendra le conseiller artistique du président Kennedy – qui l'appellera Billy Boy – et… de son épouse.

C'est en vain que White conseille à Jackie de fréquenter des amis ou amies de son âge, et qu'il les lui présente : les jeunes gens ne l'intéressent pas, ils sont, à ses yeux, transparents, ils n'existent pas, ils n'ont aucune expérience et leur savoir – quand ils en possèdent un – est purement théorique.

Comment une authentique amitié pourrait-elle naître entre elle et eux ? Elle est certes une agréable camarade pour ces jeunes gens, mais elle a toujours refusé de se confier à quiconque, ce qui empêche une vraie sympathie de naître entre eux.

En revanche, les gens importants qu'elle aime fréquenter ne sollicitent guère ses confidences. Ils sont à tout le moins ravis de se raconter à cette si belle jeune femme qui semble boire leurs paroles. Non pas qu'elle joue la comédie pour leur plaire ; c'est l'attitude qu'elle prend instinctivement lorsqu'on l'intéresse. Tous les témoignages sont d'accord sur ce point. Et ce n'est pas l'un des moindres atouts de son pouvoir de séduction.

Qui recherche-t-elle au juste ? Sa préférence va aux hommes de pouvoir auxquels elle demande aussitôt d'être divertissants, cultivés et d'une intelligence rapide.

Qu'ils soient très fortunés lui semble indispensable, car elle a toujours vécu à la fois dans le luxe et dans la hantise de le perdre : elle se souviendra longtemps de l'époque humiliante où, pour avoir comme ses camarades son poney à la Miss Porter's School, elle avait dû mendier à son grand-père les quelques dollars nécessaires.

Les relations entre Jackie et John Husted étaient toujours restées très chastes. Tout amoureux qu'il fût, le fiancé était un garçon trop correct pour tenter de prendre quelque avance, même légère sur ce qui ne lui serait permis que le jour de ses noces. Jackie, cependant, cherche sous divers prétextes à retarder la date du mariage, sans pour autant en repousser le principe. Les relations des deux jeunes gens se refroidissent graduellement. À la passion de John ne répondent plus que de simples sentiments d'amitié de Jackie, et ses voyages à New York se raréfient.

Un jour de mars 1952, Husted est accueilli à Merrywood pour un week-end, comme il l'a déjà été plusieurs fois. Le samedi soir, il dîne chez ses futurs beaux-parents ainsi qu'il le fait habituellement. Jackie se montre très gaie. John, ensuite, gagne la chambre d'ami qui lui est réservée. Le dimanche, à midi, le couple est à l'aéroport de Washington où Jackie vient rituellement raccompagner le fiancé, dont l'avion vient d'être annoncé. À ce moment précis, elle retire ostensiblement sa bague de fiançailles, un saphir cerclé de diamants, et la glisse dans la poche de la veste du jeune homme. Sans lui donner les explications dont il est assez intelligent pour comprendre aussitôt la superfluité.

On devine le soulagement de Janet, laquelle s'empresse de faire paraître dans la presse un écho signalant que les intéressés ont, par consentement mutuel, rompu leurs fiançailles et se trouvent de nouveau libres. On comprendra mieux la signification du geste de Jackie si l'on revient quelque peu en arrière. On se souvient qu'un jour elle avait parlé dans le train New York-Washington à un jeune député*. Il avait en vain tenté d'entamer une aventure avec elle, et elle n'avait accordé à cet événement aucune importance particulière. Son nom était John Fitzgerald Kennedy…

Comment ces deux êtres, dont l'histoire va défrayer la chronique d'une façon si spectaculaire, vont-ils parvenir à se rencontrer pour devenir le couple le plus célèbre du monde ? C'est, semble-t-il, à un certain Bartlett et à sa femme Martha qu'ils le doivent. Ce Charles Bartlett, né à Chicago, diplômé de Yale, brillant journaliste correspondant du *Chattanooga Times* à Washington, connaît bien John Kennedy : leurs parents possèdent des résidences voisines en Floride, à Palm Beach. Charles, par ailleurs, est entré en relation avec Jackie depuis deux ou trois

* Il s'agit d'un *representative*, un membre de la Chambre des représentants.

ans : leur amitié cause d'ailleurs quelque souci à Mme Bartlett. Sans être jalouse à proprement parler, elle estime tout de même que son mari l'invite un peu trop souvent chez eux. Elle confie ses inquiétudes à son père qui apporte aussitôt une solution au problème posé par Jackie :

— Trouve-lui un type !

Aussitôt dit, aussitôt fait : Martha Bartlett organise un dîner avec Kennedy, pas un repas à quatre – la ficelle serait trop grosse –, mais avec trois autres couples. La soirée se déroule dans la jolie maison des Bartlett à Georgetown, le Neuilly de Washington. Jackie, vingt-et-un ans en ce mois de mai 1951, est encore étudiante : elle en est à sa dernière année universitaire. John, son aîné de douze ans, juge Jackie très belle et fort intéressante, beaucoup moins superficielle que la plupart des filles de son âge. C'est ce qu'il confiera plus tard en 1957 à un interviewer du *Times Magazine*.

Contrairement au vœu de Martha, rien d'essentiel, malgré tout, ne se passe ce soir-là. Au fond ni Jackie ni John ne sont encore prêts l'un pour l'autre. Du reste, c'est précisément à cette époque que Jackie, on l'a vu, commence à fréquenter Husted.

C'est seulement des mois plus tard, en hiver 1952, que John et Jackie, qui avaient juste fait connaissance, vont commencer à se fréquenter. Et c'est encore grâce à Martha Bartlett. Car, marieuse obstinée, elle n'a pas renoncé à son projet. Elle persuade Jackie d'inviter Kennedy à un dîner qu'elle organise chez elle. Il accepte. Ils sont heureux de se retrouver. Cette fois-ci, ils sortent ensemble : John emmène Jackie dîner et danser au Shoreham Hotel *, ou l'invite au cinéma avec son frère Robert et la femme de celui-ci, Ethel.

À cette époque-là, il est particulièrement absorbé par ses activités politiques : déjà représentant au Congrès pendant deux législatures successives **, il se livre maintenant à une campagne électorale acharnée pour ravir son siège de sénateur du

* 33 West 55th Street.

** En 1946 et en 1948.

Massachusetts au puissant Henry Cabot Lodge. Or l'importance de l'enjeu électoral qu'il tente – un siège de sénateur, beaucoup plus prestigieux que celui de représentant – le force à ne rencontrer Jackie que d'une façon qu'elle appellera plus tard « spasmodique » car, le plus souvent, il sillonne le Massachusetts où il a trente-neuf villes à visiter et ne reste que deux ou trois jours chaque semaine à Washington, deux ou trois jours très occupés. Jackie se souvient : « Il me téléphonait d'ailleurs, de quelque bar à huîtres de Cape Cod dans un grand tintement de pièces de monnaie pour m'inviter le mercredi suivant au cinéma. »

On conçoit que l'apparition de John Kennedy dans sa vie l'amènera à précipiter sa rupture avec Husted, un homme tout à fait estimable, dira Bartlett mais vraiment trop fade pour mériter Jackie.

De temps à autre, tous deux se retrouvent chez des amis, les Bartlett surtout, chez lesquels ils jouent au bridge ou aux dames, mais aussi chez des hommes politiques tels que les sénateurs Albert Gore et John Sherman Cooper et souvent chez le frère de John, Robert (Bobbie) Kennedy à Georgetown. Ce qui leur permet de ne pas s'afficher en public.

Qui est au juste John Kennedy à cette époque ? On comprend que Jackie ait pu être séduite par un homme dont l'aspect physique est notoirement admiré par toutes les femmes : grand et mince, une belle chevelure alors mal disciplinée tirant sur le roux, un visage bronzé. Malgré ses trente-quatre ans (il est né en 1917), il a l'air juvénile d'un étudiant et ses yeux gris vert illuminent un sourire irrésistible.

Non content d'être beau et charmeur, il est intelligent, d'esprit vif, et possède un sens de l'humour toujours en éveil.

Mieux encore – tout le monde le sait –, il est un héros de la Seconde Guerre mondiale : en 1943, au cours des opérations militaires qui se déroulent dans le Pacifique, il commande une vedette lance-torpille, la P.T. 109, qui, éperonnée par un croiseur japonais, coule aussitôt. Au prix d'efforts inouïs, il parvient à sauver plusieurs de ses hommes. Le *New Yorker* avait raconté l'exploit du jeune homme, et Joe, son père, s'était démené pour qu'il soit connu à travers tout le pays.

Voilà donc un homme autrement intéressant que John Husted. Ajoutons que si Jackie n'est pas une catholique particulièrement fervente, elle n'est pas insensible au fait que les Kennedy appartiennent à la même minorité religieuse qu'elle.

Certes, sur un plan social, les Kennedy, descendants récents de misérables Irlandais fuyant la famine qui frappe leur pays, ne bénéficient pas du même prestige que les Bouvier. Mais le grand-père maternel de John Fitzgerald a été maire de Boston. Et les Kennedy disposent à présent d'une fortune énorme sans commune mesure avec la leur. À vrai dire, les origines de ladite fortune sont souvent l'objet de commentaires malveillants : à cause du père de John, Joe (Joseph) Kennedy.

Cet homme est en réalité un authentique génie de la finance. Après ses études à Harvard, Joe Kennedy devient dès l'âge de vingt-cinq ans le plus jeune des directeurs de banque américains. Il s'enrichit rapidement, investissant dans le pétrole, comme dans l'alcool, dans les chantiers navals comme dans l'immobilier : il achète à crédit des centaines d'immeubles, notamment le gigantesque Mart Building, le plus grand immeuble de bureaux de Chicago. Lors du krach de 1929, qui ruine une foule de ses compatriotes, il trouve le moyen d'augmenter considérablement sa fortune en rachetant opportunément des milliers d'actions de compagnies cinématographiques au cours le plus bas. Il ne montre pourtant aucun scrupule sur le choix des moyens : il stocke pendant la Prohibition* d'énormes quantités de whisky qu'il remettra fructueusement sur le marché aussitôt que, en 1933, le 21e amendement mettra fin au régime sec. Auparavant, c'est lui qui, discrètement, approvisionne Franklin D. Roosevelt en scotch. Il est en somme un *bootlegger* de luxe, mais il ne peut travailler sans la complicité ou du moins l'accord tacite de la mafia.

---

* Interdiction de fabrication, transport, importation, exportation et vente de boisson. Instituée aux États-Unis en 1919 par le 18e amendement.

De surcroît, en 1932, son aide financière – considérable – à la campagne présidentielle de Roosevelt lui vaudra d'être nommé directeur de la SEC (Securities and Exchange Commisssion) conçue pour moraliser Wall Street. Qu'un financier dont le comportement était l'objet de si fortes suspicions fût précisément chargé de cette tâche fit s'indigner – ou ricaner – un grand nombre de ses compatriotes.

Mieux encore, en 1937, le président Roosevelt nomme Joe au poste prestigieux d'ambassadeur des États-Unis en Grande-Bretagne. Il devra cependant démissionner en novembre 1940, suspecté, sans doute à tort d'ailleurs, de complaisance envers le nazisme. En fait, après la défaite de la France, il était persuadé que l'Angleterre n'avait plus aucune chance d'être victorieuse. Dans ces conditions, l'isolationniste qu'il était ne supportait pas l'idée que la jeunesse américaine se fît décimer en intervenant inutilement dans un conflit européen. D'une franchise maladroite, ses propos reflètent cependant l'opinion d'une bonne partie de ses compatriotes, et peut-être, au moins initialement, celle de Roosevelt lui-même. Mais ils mettent définitivement fin à sa carrière diplomatique. Il est vilipendé pendant quelque temps. Dix ans plus tard, dans les années 1950, bien qu'encore contesté, et par ailleurs tenu à l'écart par la haute société, il est encore un homme extrêmement puissant et immensément riche qu'il vaut mieux ne pas se mettre à dos. Et, s'il agit dans l'ombre, son poids politique est considérable.

Il est difficile, voire impossible de comprendre John Kennedy, en particulier son comportement avec les femmes, si l'on n'évoque pas ici le milieu familial dans lequel il a été élevé. Y aurait-il même dans son cas un facteur héréditaire ? Ce n'est pas impossible, et chacun se souvient de l'amusante boutade de Truman Capote : « Tous les Kennedy sont pareils : ils sont comme des chiens : incapables de voir une bouche d'incendie sans lever la patte[24]. »

Il est vrai que John avait de qui tenir : celui qui écrirait une biographie amoureuse de son père aurait du pain sur la planche.

Encore que le terme *amoureuse* ne soit pas exactement celui qui conviendrait dans son cas.

En dehors des affaires et de la politique, les femmes constituaient le principal, sinon l'unique centre d'intérêt de Joe. Son mariage avec Rose Fitzgerald l'avait d'autant moins assagi que celle-ci, d'un catholicisme strict, avait toujours considéré les relations sexuelles comme une sorte de corvée indispensable à la reproduction, comme un *devoir conjugal* au sens le plus austère du terme. La seule idée qu'il pût procurer quelque plaisir ne l'avait jamais effleurée. Au reste, du moment que les infidélités de son mari ne nuisaient ni à sa vie personnelle ni à l'éducation de ses neuf enfants, elle s'en accommodait le mieux du monde – du moins en apparence. Elle se rendait le plus souvent à Paris, courant joailliers et couturiers et leur laissait des fortunes, d'autant plus allègrement qu'elle savait son mari impossible à ruiner, ce qui lui permettait en quelque sorte de lui faire *payer* son inconduite.

Joe en avait d'autant moins de scrupules à se livrer à la chasse aux femmes. Son gibier était devenu encore plus abondant lorsqu'il avait entrepris à Hollywood d'investir des millions de dollars dans la production cinématographique : ses liaisons avec Gloria Swanson, dont il avait financé un film, ou avec Marion Davies avaient défrayé la chronique.

Il avait également fait la conquête – si l'on peut dire – d'innombrables starlettes que la perspective d'être engagées rendait particulièrement dociles.

Par ailleurs, l'éducation sexuelle qu'il avait dispensée à ses fils avait été d'une simplicité déroutante : elle se bornait à laisser traîner sur les lits des garçons planches anatomiques détaillées et revues pornographiques en couleurs. À eux de se débrouiller ultérieurement pour les séances de travaux pratiques…

Sur ce point, Joe n'avait pas été déçu. L'un des meilleurs biographes de John, David Heymann, a consacré maintes pages[25] à évoquer ses aventures prénuptiales : bien que la liste qu'il en dresse ne puisse nécessairement être que partielle et sélective, elle possède par son abondance de quoi faire pâlir de jalousie l'immense majorité des lecteurs. Le nombre énorme de ses conquêtes s'explique d'abord par ce charme personnel évoqué plus haut. D'où l'ampleur de ses succès non seulement en amour, mais aussi en amitié et en politique. Kennedy a reçu en partage un je-ne-sais-quoi de spontanément séduisant qui n'est justiciable d'aucune explication rationnelle.

Les témoignages[26] des personnes qui l'ont rencontré montrent que lorsqu'il était jeune étudiant à Harvard, ou à Stanford, ses succès féminins étaient déjà tout à fait exceptionnels. Il lui suffisait de « claquer des doigts », se rappelle l'un de ses condisciples. Il avait plusieurs filles à la fois. Ce pouvait être des étudiantes appartenant à la haute société : telle d'entre elles épouserait plus tard le président d'IBM, telle autre, Henry Ford II. Il ne s'encombrait pas de préjugés de classe. Il y avait aussi des infirmières, des mannequins, des danseuses, des hôtesses de l'air... Son carnet d'adresses était inépuisable. Il ne revenait jamais d'un week-end à Manhattan sans rapporter une douzaine de nouveaux noms.

Se ranger ? Épouser une bonne catholique ? Pas question ! Cette perspective provoquait son hilarité. Qu'est-ce que cela lui apporterait ? Il était trop heureux d'ailleurs du climat très spécial qui régnait dans sa propre famille : les quatre frères Kennedy s'entendaient comme larrons en foire. Ils échangeaient sans façon leurs petites amies « comme des timbres de collection », témoigne, quelque peu choqué, Langdon Marvin, malgré l'amitié qu'il leur porte. Ces jeunes femmes appartenaient en quelque sorte à la copropriété familiale, un système qui fonctionnait admirablement sous le regard bienveillant et complice du patriarche. Lequel, en toute simplicité, n'hésitait jamais à profiter lui-même du système ou à en faire profiter ses enfants...

Quant à Rose, la plupart du temps, elle n'était pas là : à tous les sens du terme. Elle n'avait pas tort. Du moins, n'est-ce pas ce qu'elle avait de mieux à faire ?

Parmi les témoignages qui concernent ces aspects de la vie de John, l'un des plus intéressants est celui du futur Eliot

Ness, le héros des Incorruptibles*, de son vrai nom Robert Stack, qui partage un appartement avec lui à Hollywood en 1940 – Kennedy avait alors vingt-trois ans… « J'ai connu la plupart des grandes vedettes de cinéma et très peu ont eu autant de succès auprès des femmes que Kennedy, avant même qu'il ne fît partie du monde politique. Il lui suffisait de les regarder pour qu'elles trébuchent[27]. »

Et Dieu sait s'il en regardait !

À Stanford, où, toujours en 1940, il suivait durant quelques semaines des cours de *business administration*, il devint rapidement très populaire. Toutes les filles rêvaient d'être les passagères de la somptueuse Buick décapotable vert pomme aux sièges de cuir avec laquelle il se rendait aux cours. Nombre d'entre elles d'ailleurs restaient sur le campus pendant le week-end dans le seul espoir d'être invitées par le play-boy. Même si elles savaient bien qu'il ne se contenterait pas d'un simple flirt. Il était d'ailleurs l'objet de maintes conversations et indiscrétions : on n'ignorait pas que, souffrant du dos, il était contraint d'insérer une planche entre le sommier et le matelas de son lit. Et qu'il ne pouvait conduire plus d'une heure consécutive sans devoir s'arrêter pour s'allonger sur le siège fortement inclinable de son véhicule. On connaissait même la couleur – bleu ciel – de sa ceinture lombaire. Cette quasi-infirmité, loin de lui nuire, ne l'en rendait que plus intéressant aux yeux des filles. Quant à lui, au moment de consommer, il n'y trouvait qu'avantage : ne lui suffisait-il pas, en effet, de rester étendu sur le dos, sa partenaire se chargeant du reste ? Il s'épargnait ainsi toute fatigue, et le plaisir était aussi vif, plus vif même car cette inversion de la posture classique présentait à ses yeux un attrait particulier.

La guerre qui éclata en novembre 1941 après l'attaque de l'aviation japonaise contre la base de Pearl Harbour ne mit évidemment pas un terme aux activités sexuelles de John. Devenu

* Groupe d'agents du trésor chargé de faire respecter la Prohibition aux États-Unis dans les années 1930.

enseigne de vaisseau à l'ONI, le service des renseignements de la marine basé au Pentagone, il fit la connaissance d'Inga Arvad, journaliste danoise, une superbe blonde qui travaillait pour le *Washington Times Herald.* Il eut avec cette jeune femme de vingt-huit ans, deux fois mariée déjà, une liaison de plusieurs mois, sans se douter qu'elle était soupçonnée d'être une espionne nazie (elle avait interviewé Goering et aussi Hitler qui, tombé sous son charme, l'avait personnellement invitée aux Jeux Olympiques de Nüremberg). Elle était surveillée par le FBI, qui enregistrait systématiquement la conversation des deux amants pendant leurs ébats – conversations dont des extraits furent publiés plus tard *.

Joe Kennedy vit immédiatement tout le danger que présentait cette situation pour l'avenir de son fils : on dirait partout qu'il avait partagé une petite amie avec Hitler. Quel *scoop* ! En effet Edgar Hoover, puissant personnage du FBI, et Franklin Roosevelt – avec lequel il était en froid pour les raisons que l'on a dites plus haut – s'occupaient personnellement de l'affaire, heureux d'y trouver un moyen providentiel de faire pression sur Joe, si le besoin s'en faisait sentir.

Mais celui-ci para le coup : il lui fallait éloigner son fils. Les femmes lui faisaient perdre la tête : « Il y a longtemps que j'aurais dû le faire castrer », plaisantait-il. Or John, justement, brûlait de combattre pour sa patrie, mais, à cause de sa santé, on se gardait bien de le faire participer aux opérations militaires. Joe eut donc recours à son ami James Forrestal, secrétaire d'État à la Marine. John fut engagé dans le Pacifique, loin de son pays et de sa *Binga,* comme il l'appelait affectueusement. Le problème était réglé puisqu'à la grande satisfaction de son père, John devint, on l'a vu plus haut, un héros national.

Quant à Binga, on découvrit qu'elle avait été soupçonnée à tort. Elle divorça une seconde fois et se remaria – une troisième fois – en 1947 à un acteur de western à la retraite.

* À la fin des années 1980.

Le FBI avait pris l'habitude de surveiller John : c'était un trop beau gibier pour qu'il l'abandonnât : avec lui on ne s'ennuyait pas. Revenu dans son pays, il avait aussitôt repris sa « chasse à la femme » – tout en ambitionnant une brillante carrière politique. Il faut ici mentionner, à côté d'innombrables conquêtes anonymes, les noms d'actrices hollywoodiennes comme Hedy Lamarr, Angela Greene, Susan Hayward, Joan Crawford ou Lana Turner, sans compter la célèbre patineuse Sonja Henie. Plus durable fut son idylle avec Gene Tierney* – qui allait divorcer d'avec le célèbre couturier américain Oleg Cassini. Sans doute celle-ci espérait-elle épouser John, d'autant qu'il l'avait invitée à Cape Cod chez ses parents. Mais son statut de divorcée et son appartenance à la religion protestante représentaient à ses yeux un obstacle majeur. Elle le quitta aussitôt qu'il l'en eut informée.

L'homme pressé, telle était le qualificatif qu'on eût pu attribuer à John, lorsqu'il entreprenait de conquérir une femme. Exceptionnellement direct, il ne laissait planer aucune incertitude sur ses intentions.

— Voyez-vous, je n'ai pas le temps, confiait-il avec une désarmante simplicité.

Comme s'il craignait que l'on n'en fût pas vraiment persuadé, il joignait presque aussitôt le geste à la parole, méthode assez risquée, si, vu son charme, sa partenaire n'avait été d'avance conquise, et sa chute inévitable... Parfois, cependant, cette stratégie échouait et ces attaques brutales – il se jetait littéralement sur sa proie – se terminaient en désagréables pugilats. Dans son entourage, les femmes surent vite qu'elles devaient se débrouiller pour ne jamais se trouver seules avec lui dans une pièce – comme avec son père, d'ailleurs. Inutile de dire que nombre d'entre elles se hâtèrent d'oublier cette recommandation, ou tinrent à en vérifier le bien-fondé.

Était-il un bon amant ? Les témoignages de celles qui furent en mesure d'en juger sont en général négatifs ; il avait « l'œil sur

* Célèbre actrice américaine (1920-1991), vedette de la Fox.

sa montre », dit l'une. « Quarante-sept secondes de pur bonheur », révèle Nancy Dickerson... Il était probablement des cas où la séance amoureuse devait être un peu plus longue si l'on en croit les propos qu'il tenait *off record* à des journalistes :

— Je n'en ai jamais fini avec une fille si je ne l'ai pas eue de trois façons[28].

Plaisanterie, vantardise ou réalité – au moins partielle ? Allez savoir !

Une chose est certaine : le comportement de John impliquait, sans qu'il en eût une réelle conscience, une indifférence profonde à l'égard des femmes, considérées – sauf exception – comme de purs objets de plaisir. Il faisait partie de cette catégorie d'hommes qui, comme tous ceux de sa famille, dissociaient complètement sexualité et amour.

Inutile de dire que Jackie, tout en connaissant la réputation de séducteur de John, ignore tout de l'existence extraordinairement libertine que mène depuis une bonne quinzaine d'années l'homme auquel elle s'attache. En fait, seuls quelques-uns des proches de John sont – très partiellement – au courant...

D'ailleurs, c'est seulement plusieurs années après sa mort que le grand public découvrira cette face cachée de sa personnalité qui, plus tôt dévoilée, l'aurait à coup sûr empêché d'être élu président des États-Unis.

Lorsque les amis de Jackie apprennent l'intérêt qu'elle porte à John Kennedy, ils la mettent en garde. Ainsi, après Lem Billings, John White tâche de lui ouvrir les yeux : il connaît d'autant mieux le personnage qu'il a fréquenté l'une de ses sœurs, Kathleen. Il sait que Kennedy est un redoutable collectionneur de femmes, un *womanizer,* qui détient un carnet noir où chacune d'entre elles est dûment répertoriée, avec un commentaire adéquat. On songe au célèbre « mille e tre » du Don Juan évoqué par Mozart. Ces révélations ne sont pourtant d'aucun effet sur Jackie. Le mépris des femmes que montre Kennedy, loin de le déconsidérer à ses yeux, devient paradoxalement un atout supplémentaire.

Quelle différence avec les amoureux transis, les jeunes gens si convenables et si respectueux qui viennent demander les jeunes filles en mariage à leur maman.

Qu'il soit un homme intéressant, un compagnon distrayant, c'est évident, veut bien reconnaître White mais que, touché par on ne sait quelle grâce du ciel, il puisse se muer soudainement en époux fidèle et attentionné relevait de la chimère...

Pourtant, ces perspectives ne découragent pas Jackie. Elle se dit que John White exagère. Que d'ailleurs les filles que rencontre Kennedy n'ont pour lui aucune importance. Ce doit être de jolies jeunes femmes mais sans cervelle, totalement interchangeables. Elle comprend alors pourquoi, malgré son âge, il n'éprouve encore aucune hâte de se ranger, de trouver une épouse. Elle se pique alors au jeu et, comme elle le fait souvent, se lance un défi : si elle réussissait là où les autres ont échoué ? D'ailleurs, avec elle, Kennedy ne s'est-il pas conduit différemment ? Jusqu'ici, pas une seule fois il ne lui a demandé de partir un week-end sans chaperon. C'est un signe qui ne trompe pas, se dit-elle.

De son côté, John Kennedy rencontre en Jackie une femme très différente des autres : cultivée, d'esprit curieux, elle possède un sens de l'humour très aigu et fait preuve d'un anticonformisme qui la hausse d'emblée à son niveau et l'empêche de se comporter avec elle comme avec toutes les autres.

Malgré tout, au fil des mois, elle finira par comprendre que cette union avec John risque de ne pas lui apporter autre chose que désillusions et chagrins : il n'est pas fait pour le mariage, elle le craint. Doit-elle renoncer ? Il n'en est pas question, car elle le dira elle-même : « Ce chagrin en vaut la peine[29]. »

Étrange affirmation que celle-là. Elle s'explique pourtant si l'on veut bien se référer à sa propre expérience, se rappeler les rapports exécrables qui régnaient entre ses parents : tout enfant, on l'a vu, Jackie, témoin atterré de leurs querelles nocturnes, s'était persuadée que tel était l'état normal des relations entre époux, une sorte de guerre permanente qui était la règle – personne n'y pouvait rien. C'était la vie. Son père trompait sa mère, le grand-père Bouvier – elle l'apprendrait plus tard ! – trompait lui-même sa femme. Elle saura aussi que Joe Kennedy, le père de celui qu'elle aimait, en faisait autant. Les hommes étaient ainsi…

Cela ne l'avait jamais empêchée d'adorer Black Jack, ce chasseur de femmes dont, à peine adolescente, elle avait admiré les exploits. Elle ne se lassait pas de l'entendre les raconter. Et elle avait mal compris que sa mère divorçât pour si peu.

D'ailleurs avait-elle jamais elle-même été aimée, vraiment aimée ? Son père ? Il l'adorait, certes à sa manière, mais le plus clair de ses loisirs était consacré à ses multiples conquêtes, quand il n'était pas noyé dans l'alcool. Sa mère, quant à elle, était obsédée par des problèmes de statut social, de mondanités, et puis d'argent, toujours l'argent, cet argent dont Jackie manquerait cruellement, lui serinait-elle, si elle n'épousait pas un homme très riche.

Au fil des rendez-vous, elle apprend à connaître John, tout discret qu'il est sur sa vie privée. Sous ses airs assurés, sous son apparente bonne humeur, ses sourires et ses rires se dissimule en réalité un homme physiquement fragile : il l'a été dès l'enfance, il l'est encore davantage à présent. Son dos, on l'a vu, le faisait atrocement souffrir. Mais le mal s'est aggravé. Il est à présent contraint de porter un corset orthopédique, une sorte de cage aux baleines d'acier. Jackie le voit bientôt, confiera-t-elle plus tard, « comme un petit garçon si souvent malade, lisant et relisant dans son lit l'histoire des chevaliers de la Table ronde[30] ». Et encore ignore-t-elle – c'est un secret soigneusement gardé – qu'il est atteint de la maladie d'Addison*. On l'a diagnostiquée chez lui en 1947. C'est une pathologie rare, mais très grave. Elle se caractérise par la destruction progressive et inéluctable des glandes surrénales – lesquelles produisent des hormones d'une importance vitale. C'est elle qui explique le bronzage permanent

* Du nom du médecin anglais Thomas Addison (1798-1860), qui avait le premier décrit la maladie qui porte son nom dans son ouvrage, *Effets constitutionnels et locaux de la maladie des capsules rénales* (1855).

de John (on l'appelle la « maladie bronzée »), et les couleurs bizarrement nuancées de sa chevelure. Les praticiens les plus optimistes ne donnaient pas à John plus de douze à quinze ans à vivre. Cependant, au cours des années 1950, on commence à expérimenter un traitement hormonal substitutif à base de cortisone. Il donne de grands espoirs qui se concrétiseront ultérieurement. On l'administre à John, bien entendu, mais, la maladie ayant déjà commis chez lui des ravages, sans grand espoir.

En raison de sa maladie, John eût peut-être mérité de la part de sa mère un surcroît d'affection, une attention particulière. Néanmoins, pas plus que Jackie il n'en recevait les marques. Déjà, pendant son enfance, sa mère, Rose Kennedy, incapable de manifester la moindre tendresse, ne prenait jamais le temps de se rendre à son chevet lors de ses trop nombreux séjours dans les infirmeries scolaires. Mère de neuf enfants, elle ne se souciait que de leur bien-être matériel. Recoudre ou faire recoudre les boutons de leurs vêtements était devenu son obsession. Quant au père de John, Joe, il avait placé tous ses espoirs dans son fils aîné, Joe junior : il le destinait sans la moindre hésitation à la présidence des États-Unis. Rien de moins. Et Joe junior, lui-même, croyait dur comme fer en sa propre réussite. À moins, pensait-il, que son père ne le précédât dans ces nobles fonctions…

Sans envier vraiment son aîné que l'on chargeait d'une mission si lourde, Jack (tel est le surnom de John) souffrait malgré tout de n'être que l'éternel second, celui qui vivrait toujours dans l'ombre de son frère. Déjà les performances sportives de ce dernier – si appréciées chez les Kennedy – étaient tellement supérieures aux siennes. Maladif comme il l'était, que pouvait-il donc espérer ?

Pourtant, après la mort héroïque de l'aîné, tué en 1944 pendant la guerre, huit ans plus tôt*, c'était sur John, un garçon de

* Au cours d'une très dangereuse mission de bombardement pour laquelle il s'était porté volontaire.

vingt-sept ans qu'était retombé le soin de remplir la difficile mission exigée par le patriarche. « Nous ne voulons pas de loosers ici », répétait-il, inflexible.

Il n'y avait pas à discuter.

C'est alors que le miracle s'était produit : d'abord accablé par la responsabilité dont son père le chargeait, il s'était rapidement pris de passion pour l'ambitieuse carrière politique à laquelle il le vouait. Grâce à elle, n'oublierait-il pas ses maux physiques et, avec eux, l'angoissante impression que son existence serait de très courte durée ? Des victoires politiques retentissantes et secondairement, des conquêtes féminines répétées deviendraient pour lui les plus efficaces des thérapeutiques. Il en était absolument convaincu.

À défaut de vivre longtemps, il vivrait intensément. Cette stratégie était intelligente, comme l'avenir devait si tragiquement le prouver.

Un jour de juillet 1952, John invite Jackie chez ses parents dans le Massachusetts au cap Cod, à Hyannis Port où Joe Kennedy s'est établi depuis les années 1920 et où se trouve leur résidence d'été. C'est une vaste et imposante demeure de bois peinte en blanc, très étalée en surface. Elle comporte onze chambres à coucher, neuf salles de bains et même une grande salle de spectacle au sous-sol. Nombre des pièces donnent sur des terrasses. D'où l'on peut contempler l'Océan qui borde les quelques hectares de pelouses de la propriété. Elles descendent doucement vers la plage. Le climat y est venteux et tonique et si, en ces lieux, la température de l'Atlantique n'incite guère à la natation, la voile y est abondamment pratiquée, notamment par les Kennedy dont le bateau familial, le *Victoria,* est souvent de sortie.

Lorsqu'il leur annonce la visite de Jacqueline Bouvier, John surprend quelque peu ses parents. Si l'on excepte Gene Tierney, il n'a guère l'habitude de leur présenter ses petites amies. Alors Joe et Rose s'interrogent. S'agirait-il d'une candidate au mariage ? De son côté, Jackie s'attend à être observée, examinée, jaugée, jugée comme elle ne l'a jamais été. Elle est dans ses petits souliers.

Ses craintes ne sont pas vaines. Effectivement, c'est une biche dans la fosse aux lions. Elle a cru devoir « s'habiller » pour le dîner. Quelle drôle d'idée !

— Où crois-tu aller ? lui demande John gentiment, mais non sans quelque ironie...

— Allons, ne sois pas méchant avec cette petite, intervient Rose, elle est ravissante.

Il est vrai que tenter de s'introduire chez les Kennedy n'est pas une mince affaire. Ce clan d'Irlandais – est-ce parce que leur communauté a été longtemps méprisée aux États-Unis, est-ce parce que Joe a été si souvent attaqué et l'est encore ? – se révèle si étroitement soudé et replié sur lui-même qu'il faut une énergie peu commune pour en obtenir l'accès.

De qui se trouve-t-il composé au moment où Jackie y apparaît ? Joe et Rose, née Fitzgerald, ont eu, on s'en souvient, neuf enfants : l'aîné, Joseph Patrick Jr, né en 1915, était mort, on l'a vu, pendant la guerre. Rosemary (1918), retardée mentale, était internée, Kathleen, dite Kick (1920), s'était tuée en 1948 dans un accident d'avion. Restent John Fitzgerald (1917), Eunice (1921), Patricia, dite Pat (1924), Robert (1925) qu'on appelle Bobby, Jean (1928) et Edward Moore (1932) surnommé Ted. Et puis il y a Ethel, la femme de Bobby qui se prétend « plus Kennedy que les Kennedy ».

À peine Jackie est-elle arrivée à Hyannis Port qu'il lui semble, quoiqu'elle ne se trouve qu'à une heure et demie de Boston, qu'elle vient de débarquer dans quelque contrée exotique encore inconnue des explorateurs...

La troupe bruyante des Kennedy – il n'y a pas d'autre mot – fait preuve d'une activité effrénée : peu de temps morts avec eux. Ils parlent fort, tous en même temps et passionnés par tout ce qu'ils font, qu'il s'agisse de jeux de société, de sport ou de propos de table. Et pas question pour Jackie de rester à l'écart. On a tôt fait de le lui faire comprendre. Scrabble, charades, Monopoly se succèdent sans relâche. Mais le sport reste l'activité essentielle : jogging sur la plage, séances de voile, tennis, baseball et surtout touch-football, un jeu plus ou moins inventé par la famille. Pauvre Jackie ! Sortie de l'équitation, elle n'est pas bonne à grand-chose dans ce domaine, malgré ses efforts. Et, lorsqu'elle demande « dans quel sens » il faut aller une fois qu'on a attrapé le ballon, ce sont des hurlements de rire. On la surnomme « la débutante ». On se moque de sa bizarre petite voix. Quand elle demande qu'on l'appelle *Jac-line*, l'espiègle Eunice, qui trouve qu'elle prend des airs supérieurs, murmure :

— Ça rime avec queen…

Et lorsque la nouvelle venue confie qu'elle eût aimé devenir danseuse :

— Avec ces pieds-là, réplique méchamment Ethel, tu serais mieux dans une équipe de foot, ma petite !

C'est pourtant en y jouant, pour leur faire plaisir, que plus tard elle se brisera la cheville. Elle subit donc un authentique bizutage digne d'adolescentes excitées. En réalité, les filles Kennedy adorent leur frère au point de considérer comme une dangereuse intruse toute femme soupçonnée de vouloir le leur enlever. Ce qui, bien entendu, n'empêche nullement John de continuer à l'inviter.

Hélas, au fil du temps, Rose se prend à partager les sentiments de ses filles envers Jackie. Elle-même, qui est très pieuse, soupçonne la jeune femme de l'être beaucoup moins – ce qui n'est pas faux. Elle la juge trop intellectuelle, trop raffinée, trop élégante aussi pour être cette femme d'intérieur, cette épouse impeccable et cette mère exemplaire dont elle rêve pour son fils.

Malgré son jeune âge, la brillante cavalière qu'est Jackie ne se laisse pas désarçonner. Elle contre-attaque : elle n'hésite pas à lancer des remarques ironiques sur la riche collection de poupées que Rose a rapportées du monde entier ou sur les multiples bouts de papier qu'elle épingle sur sa blouse pour se rappeler les tâches ménagères à accomplir. Elle l'appelle la « Reine Mère », ou la « Belle-Mère » (en français), celle-ci s'imaginant, ce qui fait pouffer Jackie, que ce terme signifie « jolie maman ». Et puis elle juge ridicule ce goût excessif que manifeste toute la tribu pour le sport, ce continuel esprit de compétition qui l'anime, et lui a été insufflé par le patriarche, par ce Joe, dont l'autorité est absolue. Gagner, toujours gagner, quel que soit l'enjeu concerné. Tel est ici le maître mot. Un jour, Jackie, qui en a par-dessus la tête, osera dire :

— Il serait temps ici que l'on exerce ses méninges plutôt que ses muscles.

Et si les sœurs Kennedy l'ont surnommée « la débutante », elle se venge et les appelle… « les Pom-Pom girls »…

Heureusement, Jackie dispose rapidement d'un allié inattendu dans la place. Et quel allié ! Il s'agit tout simplement de Joe. Car le chef de famille – qui mérite amplement ce titre – l'a tout de suite compris : Jackie est exactement l'épouse qu'il faut à son fils s'il veut accéder à la magistrature suprême. Il y parviendra, ainsi en a-t-il décidé. L'image traditionnelle d'une épouse de président telle que Rose la conçoit, estime Joe, est tout à fait démodée. Dépourvue de toute séduction, elle ne ferait pas rêver. Tandis que Jackie… Au premier coup d'œil, il a apprécié sa *classe* – c'est un terme qu'il affectionne – et puis cette espèce de magnétisme qui émane de ses grands yeux, de son sourire, de sa silhouette, de sa démarche. C'est pour le peuple américain du jamais-vu. Et c'est exactement, sans qu'il le sache encore, ce qu'il attend, après Mamie Eisenhower.

Si Jackie ne courbe pas l'échine devant Rose, pourquoi le ferait-elle davantage devant le terrible Joe ? C'est précisément ce qui plaît à celui-ci. Voilà une femme douée d'une forte personnalité qui a le toupet de le contredire. Elle a du caractère. Une qualité que Joe cherche à développer chez ses enfants parce que, il en est persuadé, c'est à elle qu'il doit sa propre réussite.

Et puisqu'il apprécie son esprit, elle lui offre un dessin de son cru où figurent sur une plage les petits Kennedy contemplant avec envie le soleil couchant. La légende ? « Impossible de l'emporter ! Papa l'a déjà acheté*. »

* Joe Kennedy était réputé pour acheter tout : choses et... personnes.

Malgré la jeunesse de Jackie – rappelons-le, elle a douze ans de moins que John – elle seule, juge-t-il, l'aidera efficacement à parvenir à la présidence.

— C'est la seule, ici, qui ait un peu de jugeotte, proclame-t-il.

Est-elle attirée par la fortune des Kennedy ? Joe ne le pense pas. La superbe propriété de Merrywood et la somptueuse résidence de Hammersmith Farm ne montrent-elles pas que Jackie appartient à une famille richissime ? C'est plus tard seulement, après le mariage, qu'il apprendra qu'elle n'a pas un sou. Mais, pour l'heure, il entend bien lui prouver que son fils est un beau parti : il l'informe que, par ses soins, chacun de ses enfants disposera dès sa majorité des revenus d'un million de dollars.

— Pour qu'il puisse m'envoyer au diable s'il en a envie, ajoute-t-il.

À ces propos, Jackie réplique aussitôt :

— Et savez-vous ce que je ferais si j'étais à leur place ? Je vous en demanderais un second…

Joe éclate de rire. Lui, dont la devise est « toujours plus », se reconnaît en elle. Une chaude complicité s'établit entre eux. En faisant la conquête du père, Jackie est en train d'achever celle du fils. Si bien que Joe se fait encore plus insistant auprès de John : il n'a aucune chance, absolument aucune, souligne-t-il, s'il ne se marie pas. On s'imaginerait alors qu'il est homosexuel. Ce serait catastrophique. Il souligne ses propos en lui disant :

— Tu sais bien que c'est comme ça dans ce pays.

De plus, un candidat catholique doit avoir une femme catholique : et c'est providentiellement le cas.

— C'est elle qu'il te faut, lui répète-t-il.

Chez les Kennedy, l'autorité du père est absolue. Bon gré mal gré, tous se plieront à sa volonté. Mieux encore : avec le temps, les sentiments eux-mêmes changeront, et Jackie sera pleinement intégrée au clan. Malgré tout, John renâcle. Il n'est pas pressé. Et pour cause : il a trois maîtresses à Washington. Solidement installé dans ses habitudes de célibataire, il continue à prendre d'assaut – il n'y a pas d'autres termes – toutes les jolies femmes qu'il rencontre. Chez lui, cela tient du réflexe... Il n'y peut rien. Élu sénateur en novembre 1952, et par conséquent libéré des soucis de sa campagne, il dispose désormais d'un peu plus de temps pour s'occuper de Jackie. Ils se voient de plus en plus souvent et il est vraisemblable qu'au début de 1953 leurs relations sont devenues intimes. Cependant, John ne se « déclare » pas.

Pendant ce temps-là, la complicité de Jackie et de Joe devient plus étroite. Tous deux imaginent des farces de collégien. Comme par exemple lancer un pari à propos d'Evelyn Lincoln, la gouvernante, qui traverse la salle à manger : lequel des deux réussira à atteindre Evelyn avec sa côtelette d'agneau, avant qu'elle ait regagné l'office ?

Si John tarde à faire connaître ses intentions, en février il accepte de dîner dans un restaurant new-yorkais avec le père de Jackie, Black Jack. À juste titre, Jackie considère ce geste comme d'heureux augure. Les deux hommes sympathisent. Si l'un est démocrate et l'autre républicain, cela ne les empêche pas de parler gaiement de politique, de sports et surtout de femmes, sujet inépuisable pour les connaisseurs qu'ils sont. Dans les mois qui suivent, à la grande satisfaction de Jackie, ils se revoient à plusieurs reprises, notamment au Luncheon Club de la Bourse où Black Jack l'emmène. Pourtant, à cette époque, l'agent de change a perdu le prestige dont il avait pu bénéficier quelques années auparavant. Le tout-New York n'ignore pas qu'il est devenu un ivrogne et qu'il est sur le point de vendre sa charge dont il est à présent incapable d'assurer la gestion.

18 avril 1953. Dure journée d'épreuve pour Jackie : elle assiste au mariage de sa petite sœur Lee avec Michael Canfield, fils adoptif de Cass Canfield, patron de la célèbre maison d'édition Harper & Brothers. Lee est casée alors qu'elle-même attend toujours que John se décide. En fait, il est à présent bien décidé, mais comme le dira son ami Lem Billings : « Ce n'était pas le

genre d'homme à dire "Je t'aime" à quelqu'un et à lui demander de l'épouser[31]. »

L'aspect conventionnel de cette démarche devait lui paraître quelque peu ridicule et il aurait voulu que la chose se fît sans qu'il eût besoin d'en parler. Enfin, un soir, vers la mi-mai, dans sa voiture, se faisant violence, il saute le pas… il parle…

Jackie exulte : ne va-t-elle pas épouser le célibataire le plus convoité des États-Unis ? Mais, trop fine pour manifester sa joie, elle se borne à esquisser un sourire : elle lui fera connaître sa décision « prochainement », dit-elle…

Beau joueur, il sourit : il a accusé le coup.

Sur ces entrefaites, le *Times Herald*, pour lequel elle continue à travailler, la charge de couvrir en Angleterre le couronnement de la reine Elizabeth II. Elle hésite d'abord à accepter de s'éloigner de John. Puis elle se décide à le faire : les deux semaines qu'elle va passer loin de lui ne lui prouveront-elles pas qu'elle n'est nullement à sa disposition comme le sont trop souvent les autres femmes qu'il a l'occasion de rencontrer ? Elle pourra ainsi réfléchir un peu à cette situation car, au moment même où ses premiers espoirs vont être comblés, elle se demande si le mariage avec John est réellement une bonne idée. L'épouser, c'est en même temps épouser la politique qui l'ennuie prodigieusement, c'est subir toute l'année les assauts de la presse, c'est être contrainte de partager sa vie de famille, dont il est si féru – on se demande bien pourquoi. C'est enfin épouser un homme, on le lui a assez dit, qui ne cessera de la tromper.

La voici à bord du transatlantique *United States* qui va l'amener en Angleterre : elle n'y perd pas son temps : bonne dessinatrice, elle caricature les passagers, saisissant avec esprit les ridicules des plus snobs. Plus tard, assistant à une soirée donnée par Perle Mesta, l'une des femmes du monde les plus connues de la haute société new-yorkaise, elle croque sur le vif Humphrey Bogart dansant avec sa femme Lauren Bacall.

Ces dessins paraissent si intéressants au directeur du journal qu'il en illustrera les articles de sa correspondante, articles qui paraîtront à la une du *Times Herald*. John, homme de décision, adresse à Jackie un télégramme aussi bref qu'impatient : « Articles excellents mais tu me manques[32]. »

Au moment même où elle doit se décider, la jeune femme est toujours en proie au doute. Ses reportages une fois terminés, au lieu de retourner directement aux États-Unis, elle va passer quinze jours en France. Elle se rend à Paris, sa ville d'élection, pour réfléchir encore, de manière à y voir plus clair loin de John. Elle se sait plutôt réservée, éprise de solitude. Elle aime lire des heures, discuter longuement avec des artistes et des intellectuels. Hélas, ce n'est pas du tout le genre de vie qu'elle va connaître avec John dont l'ambition politique est effrénée et qui est bien capable d'accéder à la présidence. C'est tout dire. Sera-t-elle à même de supporter l'existence qu'il lui faudra mener, recevoir avec le sourire une foule de personnages qui la feront bâiller d'ennui ?

Où a-t-elle la tête ? Bien avant cela, il lui aura fallu participer à la campagne présidentielle – autrement éprouvante que la sénatoriale. Elle devra accompagner son mari. Ce sera des mois d'une besogne ingrate, des milliers d'inconnus auxquels il faudra serrer la main et adresser d'aimables propos alors qu'elle n'aura qu'une envie : les voir disparaître. Or, c'est précisément cela que John attend d'elle.

Lorsqu'elle revient à Washington – elle a cette fois pris l'avion –, elle fait dans l'appareil la connaissance de Zsa Zsa Gabor, une actrice hongroise alors célèbre, qui – sans que Jackie le sût – avait été quelques années auparavant la maîtresse de John. Zsa Zsa racontera dans ses mémoires[33] que Jackie la bombarda de questions du genre : « Que faites-vous pour avoir une si belle peau ? » ou : « Quelles crèmes utilisez-vous ? », etc. Selon l'actrice, que ce questionnaire excède, la jeune fille avait en effet une « vilaine peau ». En vérité, Jackie s'étourdissait dans de futiles bavardages avec l'unique but d'oublier sa peur : celle que John ne l'attendît pas à l'aéroport. Ce qui advient après l'atterrissage se passe de commentaires. Zsa Zsa arrive la première dans la salle d'attente, et y trouve Kennedy. Celui-ci, à peine l'a-t-il vue, la prend dans ses bras, la soulève de terre en lui murmure à l'oreille des mots doux. Mais, dès qu'il aperçoit Jackie, il repose l'actrice sur le sol et présente l'une à l'autre les deux femmes.

— Mademoiselle Bouvier et moi, dit Zsa Zsa, avons beaucoup sympathisé…

Elle ajoute en souriant :

— C'est une gentille petite. Ne t'avise pas de la corrompre, John.

— Mais il l'a déjà fait, ne peut s'empêcher de dire Jackie, *mezza voce.*

Le même soir, John lui offre une bague de fiançailles en diamant et émeraudes. Ce qu'il ne lui dit pas, c'est qu'elle a été choisie par son père, geste ô combien significatif qu'elle n'eût peut-être pas apprécié.

Elle ne perd pas de temps. Dès le lendemain, elle démissionne du *Times Herald.* À son patron, Frank Waldrop auquel elle rend visite, quelque peu confuse, elle avoue qu'il n'avait pas tort de prévoir qu'elle abandonnerait le journalisme pour se marier. Avait-elle fait preuve de compétence professionnelle ? Waldrop confirmera en tout cas que ses articles sur le couronnement étaient « tout à fait prometteurs ».

On annonce les fiançailles le 2 juin 1953. Kennedy est déjà suffisamment connu pour que toute la presse des États-Unis en donne la nouvelle à la une. Ainsi le *Daily News*, de New York, exhibe-t-il un cliché de Jackie, appareil photo à la main, avec la légende suivante : « Un sénateur renonce au célibat pour une journaliste-photographe. »

Le ton de l'article qui suit indique bien ce qu'est l'image de Kennedy à cette époque :

« Dès septembre, il n'existera plus de jeunes et joyeux célibataires au Sénat. Les débutantes remplies d'espoir, de Washington à Boston, de Palm Beach à Hollywood, peuvent remballer leurs ambitions. Ces milliers d'adolescentes de Boston qui hurlaient comme des fans de Sinatra chaque fois que le jeune millionnaire Kennedy venait faire campagne dans leurs écoles, apprendront la mauvaise nouvelle dès vendredi prochain. »

L'une des craintes qu'éprouvait Jackie en liant son existence à celle de John va se trouver pleinement justifiée dès le début de ses fiançailles, lors de son premier week-end à Hyannis Port : à son arrivée, comptant bien y passer un séjour tranquille, elle tombe sur l'équipe de *Life* qui va littéralement mettre les fiancés en scène. Ce qui devrait être pour eux une charmante oasis de paix et d'intimité va se transformer en d'interminables séances de photos. Il s'agit de montrer au grand public l'image idéale d'un couple d'amoureux appartenant au monde inaccessible de la haute société et de la grande politique. Alors les lecteurs fascinés verront sur la couverture de leur magazine John et Jackie, naviguant à bord d'un petit voilier, cheveux au vent, sur la baie de Nantuckett. Ou Jackie – alors qu'elle déteste cela – jouant au football, ou maniant une batte de base-ball. Elle doit faire mine de se reposer avec John dans la véranda « entre deux matchs », ces matchs qu'elle abhorre, affichant néanmoins un sourire radieux.

Elle en a assez de jouer cette comédie ridicule, de poser interminablement devant ces photographes qui ne cessent de la mitrailler. Mais elle a tort de ne pas dissimuler suffisamment son manque d'enthousiasme. Elle se fait alors rappeler à l'ordre par ses futures belles-sœurs :

— C'est ton devoir, ma chère !

Ce n'est pourtant qu'un début : pas moins de quarante-huit couvertures de *Life* seront consacrées aux Kennedy.

Paradoxalement, il est une personne que la perspective de cette union n'enchante pas. C'est la mère de Jackie. À ses yeux, les Kennedy ne sont que des parvenus, fort mal élevés d'ailleurs, irlandais de surcroît. Et Joe, type du nouveau riche, n'est probablement qu'un vulgaire escroc. Quant à John, arriviste sans scrupule, c'est le « genre d'homme à vous arracher la tête s'il n'obtient pas ce qu'il veut »

On devine ce qu'ont dû être à Newport les négociations de Janet Auchincloss et de Rose Kennedy sur l'organisation des cérémonies du mariage : difficiles, pénibles même...

Janet, en effet, souhaite un mariage discret, intime, simplement annoncé dans quelques journaux de Washington et de New York. Rose, au contraire, soutenue par son fils, exige un grand mariage médiatique.

De toute façon, journalistes et photographes accourront en foule, qu'on le veuille ou non, affirme John. Alors, autant en profiter.

Chacun restant sur ses positions, Joe lui-même arrive à la rescousse.

— Maman, tu n'as aucune chance ! estime Jackie lorsqu'elle le voit apparaître d'un air férocement décidé.

Alors, oui, le mariage aura lieu à Newport, et les invités seront reçus à Hammersmith Farm chez les Auchincloss, mais tout le reste sera organisé par les Kennedy. L'idée implicite qui dicte leur comportement est qu'il s'agit de préparer John à un grand destin. Toute autre considération ne saurait être que secondaire.

C'est une règle absolue pour eux.

Janet, qui a dû s'incliner, ne peut dissimuler sa mauvaise humeur : oubliant ses propres origines, elle s'est persuadée que le mariage de sa fille était une pure mésalliance. Elle n'en démordra jamais.

Sa colère va encore s'accroître lorsqu'elle apprendra l'étonnante conduite de John après la fermeture estivale du Congrès – fermeture qui le libère de ses tâches politiques après le 15 juillet. Normalement, le fiancé devrait passer les vacances en famille à Hyannis Port jusqu'au jour du mariage. C'est officiellement ce qu'il fait. En réalité, prétextant une mission confidentielle en France, il s'y envole dès le 20 juillet avec Torby MacDonald, son vieux camarade d'université. Jackie n'est pas dupe, et se dit que John veut sans doute « enterrer sa vie de garçon ». Veut-il vraiment l'enterrer ? À Paris, chez Maxim's, il tombe sur l'une de ses anciennes conquêtes, l'actrice Gene Tierney. C'est plus fort que lui :

— C'est le moment de recommencer, lui suggère-t-il.

Elle refuse. Elle sait ce qu'en vaut l'aune. Est-il exact, comme l'écrit l'un de ses biographes, qu'il fait en Europe une tournée d'adieux de ses anciennes maîtresses ? Ce qui est certain en tout cas, c'est qu'il part assez vite sur la Côte d'Azur, idéal terrain de chasse.

À Antibes, les deux hommes louent un voilier avec un skipper. Mais les joies de la navigation en Méditerranée ne leur suffisent pas : il leur faut garnir le bateau de jolies filles. L'une d'entre elles, une belle Suédoise du nom de Gunilla von Post, qui passe ses vacances au Haut-de-Cagnes, se souvient d'une escale au cours de laquelle John l'avait invitée à dîner à la la terrasse d'un restaurant bordant les flots[34]. Elle est proche de l'hôtel du Cap où il loge lui-même, à l'instar de son père qui y emmenait ses belles amies. « Il était d'une compagnie tellement merveilleuse et excitante, raconte-t-elle. Il parlait de ses sœurs, de son frère disparu, mais ne dit pas un mot de l'existence d'une fiancée. » Après quoi il l'emmène dans une boîte de Juan-les-Pins, où il se montre très pressant, puis la raccompagne chez elle. Est-il à cet instant en proie à quelque tardif scrupule ? Il lui avoue qu'il va se marier tout en ajoutant :

— Si je t'avais rencontrée une semaine plus tôt, j'aurais tout annulé.

Ces propos suffisent-ils à la faire néanmoins succomber ? C'est ce qu'il semble croire, puisqu'au moment où il s'arrête devant la porte de chez elle il lui demande s'il peut entrer un instant… Elle refuse, et l'idylle s'arrête là.

Du moins à ce qu'elle raconte.

Que s'est-il passé au juste avec les autres jeunes femmes qu'il a rencontrées pendant son séjour en Europe ? Étant donné son exceptionnel charisme, John n'a pu, soyons-en certains, que multiplier les conquêtes. N'était-ce pas précisément dans ce but qu'il avait traversé l'Atlantique ?

Janet ne décolère pas. Jackie elle-même, bien qu'elle ne l'avoue à personne, et surtout pas à sa mère, s'inquiète.

Comme elle est encore très jeune – vingt-quatre ans –, elle a l'espoir un peu candide que les sentiments qu'elle voue à John finiront peut-être par le transformer et lui montrer à la longue la vanité de ses écarts...

Plusieurs jours avant le mariage, les festivités commencent. John réunit ses amis politiques à la Parker House de Boston, puis le clan Kennedy fête le soixante-quinzième anniversaire de Joe à Hyannis Port. Aussitôt après, à Newport, cette fois, les Akers, amis des Auchincloss, donnent un cocktail pour les futurs époux. Puis, Hugh Auchincloss offre un dîner d'hommes de dix-huit couverts au Clambacke Club. Là, John, qui porte un toast à celle qu'il va épouser, a la malencontreuse idée pour respecter un antique usage d'inviter chacun à jeter son verre dans la cheminée. Malheureusement, il s'agit d'inestimables coupes de cristal appartenant à Hugh, coupes qui se trouvaient dans la famille depuis des générations. Pis encore, un second toast est porté. Une fois vidées, les coupes sont à nouveau brisées avec fracas au grand dam du pauvre Hughdie dont le visage consterné blêmit de nouveau. Il prend à présent ses précautions, et les verres de remplacement ne dépareraient pas un bistro de la plus basse catégorie.

Pendant ce temps-là, Black Jack, qui n'a été invité à aucune de ces cérémonies – Janet y a veillé –, se prépare pour le mariage de sa fille. Il compte bien l'avoir à son bras le 1er septembre et la conduire à l'autel. Il s'est choisi une tenue particulièrement élégante et recherchée, digne de la circonstance. De surcroît, il a passé le mois d'août à soigner ce merveilleux bronzage, qui est l'un des principaux atouts de son charme, et à faire du sport au Maidstone Club afin d'être en forme.

Jackie aurait voulu, pour la cérémonie, une robe qui fût réellement à la mode. Mais John lui a demandé de porter quelque chose de « classique et de suranné ». Une tenue trop chic risquerait en effet de couper les Kennedy des classes moyennes ou populaires. Jackie, un peu déçue, se soumet. Elle revêtira donc une robe de satin ivoire ornée d'une foule de volants et de plissés, qui, par sa banalité, ne scandalisera pas grand-monde. Tant pis pour les grands couturiers qui font la moue : après tout, leur influence électorale n'est-elle pas voisine de zéro ?

Samedi 12 septembre 1953. Newport, église St. Mary. Devant l'édifice, une cohue de plus de trois milles personnes, comprenant des familles entières, a emporté comme un fêtu les barrages de policemen installés depuis l'aube. Lorsque, descendant de sa longue limousine noire, apparaît Jackie resplendissante, peu s'en faut qu'elle ne soit étouffée, écrasée par une foule en délire, mettant ainsi un terme prématuré à l'une des plus belles légendes de son pays.

Quelle chose étonnante, en effet, que les épousailles d'un simple sénateur (il ne sera président que sept ans plus tard), suscitant dans le public une passion telle que les mariages des plus illustres stars hollywoodiennes apparaissent par comparaison parfaitement dérisoires.

Décidément, le vieux Joe avait eu raison : Jackie était bien la femme qu'il fallait.

Faut-il mentionner que, dès le lendemain, des centaines de journaux américains, depuis les plus grands quotidiens new-yorkais jusqu'aux plus humbles gazettes de l'Idaho ou de l'Arkansas, publient à la une des photos de Jackie et de John en train de découper leur gigantesque gâteau de mariage ? À l'intérieur de l'église se pressent près de huit cents personnes au lieu des quatre cents pour lesquelles elle était prévue. On y compte nombre de membres du Congrès et de gouverneurs. La messe est célébrée par un grand ami de la famille, l'archevêque de Boston, Richard Cushing.

Après la cérémonie, les Kennedy reçoivent les félicitations traditionnelles qu'ils doivent endurer avec le sourire pendant deux heures et demie.

Durant les festivités qui ont précédé le mariage, les fiancés n'ont pas manqué de faire assaut d'esprit lorsque leurs amis les ont priés de parler l'un de l'autre. À quelqu'un qui lui demande pourquoi diable il a voulu épouser Jackie, John répond :

— C'est le seul moyen que j'ai pu trouver pour la soustraire au milieu corrompu des journalistes.

À d'autres, il affirme que c'est pour mettre hors d'état de nuire une journaliste beaucoup trop intelligente et compétente pour ne pas menacer sa carrière politique.

Mais Jackie n'entend pas être en reste : elle avoue que le « romantisme » de John n'a pas été la raison principale de son acceptation. Ainsi raconte-t-elle :

— Il m'avait envoyé une carte postale des Bermudes. Permettez-moi de vous en dévoiler le contenu.

Elle brandit la carte, prend une profonde inspiration, comme si elle allait révéler quelque chose de particulièrement important. Enfin, devant l'assemblée devenue très attentive, elle lit :

— « Je regrette que tu ne sois pas là. John. » C'est tout ce qu'il a réussi à trouver.

Tempête de rires...

En revanche, ce qui advint à son père fut beaucoup moins gai et ternit la joie de la jeune épousée. Tout le monde remarqua en effet cette chose étonnante : ce n'est pas Black Jack qui conduisit sa fille à l'autel, mais son beau-père, Hugh Auchincloss. On se perdait en conjectures. La presse se borna à dire que « M. Jack Bouvier, souffrant, n'avait pu assister à la cérémonie ».

En fait, il n'en était rien. Black Jack, dont on n'ignore pas les fâcheux penchants, avait déjà, à l'hôtel Viking, avalé un ou deux grands verres de scotch pour se donner du courage : n'allait-il pas se trouver en face de cette maudite Janet par la faute de laquelle il avait été systématiquement exclu de toutes les festivités précédentes ? Ainsi pourrait-il peut-être tenir le coup et garder son calme.

Mais Janet, informée, craignant ou feignant de croire qu'il était susceptible de provoquer quelque scandale, par exemple en titubant au bras de Jackie, voire en tombant dans l'église, envoie au Viking deux amis avec mission de le neutraliser. Ce n'est pas bien difficile, ils lui font absorber trois ou quatre verres supplémentaires, puis le dissuadent de sortir :

— Dans cet état, vous n'y pensez pas !

Après quoi ils le mettent au lit...

On imagine la peine de Jackie : son père est l'être qu'elle aime le plus au monde. Quand retentit la marche nuptiale, elle est au bord des larmes. Elle reste cependant d'une dignité exemplaire. Après la cérémonie, s'étant retirée quelques minutes dans sa chambre de Hammersmith Farm, elle ne peut s'empêcher de sangloter. Il lui faut cependant reprendre son sang-froid car, bientôt, a lieu la réception de douze cents invités dans la propriété. Sur les pelouses, on a dressé d'immenses tentes rayées de bleu et de blanc sous lesquelles, après la baignade, on dansera jusqu'au soir.

La réussite de cette fête eût été complète si n'était intervenu un de ces menus incidents qui semblent vouloir prouver que rien n'est parfait en ce monde : le traiteur chargé de livrer le champagne se trompa et apporta à la tente réservée aux chauffeurs et au personnel la totalité des bouteilles de l'excellente cuvée destinée aux 1 200 invités, tandis que ces derniers devaient se contenter du très médiocre mousseux prévu pour la domesticité. Au retour de la fête, complètement avinés, les chauffeurs causèrent l'un des plus catastrophiques embouteillages que la région ait jamais connus.

Le soir, M. et Mme John Kennedy quittent Hammersmith Farm sous une épaisse nuée de riz et de confettis, puis partent pour l'aérodrome de Newport où un avion privé les attend afin de les conduire à New York. Après avoir passé deux nuits au Waldorf, ils s'envolent pour le Mexique, pour Acapulco, où doit se situer leur lune de miel. Des années plus tôt, Jackie y était déjà allée avec ses parents et avait décidé qu'elle la passerait là-bas. Elle avait même désigné du doigt une belle villa de pierre rose dominant les flots du Pacifique où elle séjournerait avec l'élu de son cœur. Or c'est précisément là que John va mener son épouse. Il s'agit d'une superbe propriété appartenant au président du Mexique – que Joe Kennedy connaît bien. Il a tout arrangé avec son fils pour réserver la surprise à cette belle-fille qu'il adore.

Celle-ci n'oublie cependant pas son père. À peine est-elle arrivée qu'elle lui écrit une lettre très affectueuse : il en avait besoin. Le pauvre homme, qui avait fait le voyage pour marier sa fille, n'avait même pas pu l'entrevoir. Revenu à New York, il s'est cloîtré dans son appartement, rideaux tirés, où, terriblement seul, il cuve un atroce chagrin que l'alcool ne parvient pas à atténuer. La lettre de sa fille le console : elle lui apprend qu'elle savait de quelles terribles pressions il avait été victime, pressions qui expliquaient son absence. Dans son esprit, lui explique-t-elle, c'est bien lui qui sous la nef l'avait conduite à l'autel. Cette réflexion lui va droit au cœur.

De retour à New York, Jackie s'empresse de le revoir, puis clarifie la situation et le persuade – ce qui était exact – qu'en dépit de la peine qu'elle éprouve elle ne lui en veut pas. De son côté, Yusha Auchincloss, sensible à la détresse de Black Jack et aussi par affection pour sa demi-sœur, lui rend à plusieurs reprises d'amicales visites.

C'est dans ces circonstances que Jacqueline Bouvier, 24 ans, va faire place à Madame Kennedy, et entamer ainsi une nouvelle existence qui, dans bien des domaines, sera très différente de celle dont elle rêvait…

II

Madame Kennedy

Octobre 1953. En cet automne, après le voyage de noces, va débuter pour John et Jackie la dure épreuve de la réalité quotidienne. Au fond, que connaissent-ils vraiment l'un de l'autre à ce stade de leur existence ?

Pas grand-chose à vrai dire…

Vivre avec John Kennedy ne sera pas une mince affaire : Jackie ne va pas tarder à s'en apercevoir.

Dès ce mois d'octobre, le couple passe à la télévision dans une émission populaire appelée « Person to person ». Le présentateur, Edward Murrow, interroge la jeune femme :

— Dites-moi, madame, ce qui demande le plus de diplomatie : interviewer un sénateur ou en être l'épouse ?

Très mal à l'aise, la pauvre Jackie ne sait répondre que par des « Eh bien, euh, je… »

John, beaucoup plus décontracté, venant à son secours, termine aimablement sa phrase…

— En être l'épouse, à mon avis, dit-il en souriant.

Il ne croit pas si bien dire : le terme « diplomatie » est bien faible pour désigner les prodigieuses facultés d'adaptation dont Jackie devra faire preuve pour que son couple fonctionne correctement.

Certes, la jeune femme se doute bien que vivre avec un homme politique lui posera peut-être quelques problèmes, mais elle n'en mesure pas l'ampleur.

Dans l'immédiat, il s'agit pour John et Jackie de se loger. Curieusement, ils ne semblent pas, comme le plus élémentaire bon sens aurait dû les y inviter, s'être préoccupés de la question. C'est seulement en novembre, près de deux mois après leur mariage, qu'ils louent une petite maison, étroite et sombre, 3321 Dent Place à Georgetown, le quartier chic de Washington. Reste qu'ils ne peuvent guère l'habiter aussitôt. Il ne s'agit pas seulement de la meubler, tout est à refaire en ces lieux : peinture triste et défraîchie, papiers peints à moitié décollés, sanitaires en mauvais état. Les considérables moyens financiers de John ne lui auraient-ils pas permis de trouver beaucoup mieux ?

Les Kennedy vont donc devoir pendant des mois se priver de toute véritable intimité et se partager entre les deux familles. Ils s'installent d'abord dans le domaine de Hyannisport, où Joe leur a réservé une petite maison. On devine aisément ce que va devenir l'existence de la jeune épouse : pendant quelque temps, elle va se trouver immergée, engloutie dans la vaste famille de ses beaux-parents, et l'agitation permanente qui est la seule règle du clan... Beaux-frères, belles-sœurs, enfants et petits-enfants, c'est tout un monde bruyant dont les préoccupations et les plaisirs – des activités sportives continuelles – n'ont absolument rien de commun avec les siens.

— Le seul fait de les regarder m'épuise, confessera-t-elle.

Ses rares moments de détente ? Lorsque, parvenant à s'échapper du tohu-bohu qui règne dans sa nouvelle famille, elle longe à grands pas les tout proches rivages du cap Cod. Cheveux au vent, elle respire avec volupté les senteurs marines de l'Atlantique.

Trop courts instants à son gré...

Le pire n'est pas là. « L'idéal, pour moi à l'époque, c'était une vie normale avec un mari rentrant tous les soirs à cinq heures, passant le week-end avec moi et les enfants que j'espérais avoir », confiera-t-elle plus tard.

On en est bien loin. En vérité, elle ne s'en doute pas encore, les activités d'un sénateur américain sont extrêmement prenantes. D'autant plus qu'il s'agit d'un jeune parlementaire d'une ambition peu commune. Ses fonctions, ses projets et finalement son destin l'amènent à mener une existence exactement inverse de celle dont rêvait Jackie. Une existence dont elle ne sera pas exclue mais au centre de laquelle il va lui être très difficile de se situer.

D'ailleurs, John, que son travail appelle à Washington, ne fait que de très brefs séjours à Hyannisport. Si bien que Jackie va s'installer provisoirement à Merrywood où elle retrouve sa famille : la propriété a l'immense avantage de se trouver à deux pas de la capitale. De là, il lui est plus facile de surveiller l'aménagement et la décoration de la petite maison de Dent Place, lugubre demeure qu'elle s'efforce d'égayer pour donner aux jeunes mariés qu'ils sont un cadre plus agréable, digne d'une vie qu'elle voudrait heureuse. Pour la première fois, elle va pouvoir faire preuve d'un talent de décoratrice qu'elle aura l'occasion d'exercer plus tard dans des conditions infiniment plus favorables. Pour le moment, elle s'efforce d'éclairer la maison en faisant abattre d'intempestives cloisons, en substituant à certaines teintes vertes d'une tristesse accablante – très en vogue aux États-Unis dans les années 1950 – des couleurs plus avenantes, en choisissant judicieusement des meubles dont l'utilité n'exclut pas l'élégance.

Mais il lui faut bientôt s'arrêter : le clan Kennedy, ceux qu'elle appelle ironiquement « la mafia irlandaise », invite le jeune couple à passer les fêtes de Noël dans sa propriété de Palm Beach en Floride. Pas question, évidemment, de se dérober. Somme toute, au lieu du froid new-yorkais, elle bénéficiera là-bas du climat de la Côte d'Azur en été. Cette pensée la console.

Cependant, elle a eu la malencontreuse idée d'offrir une énorme et coûteuse boîte de peinture à son mari. Non sans quelque naïveté, elle se voyait savourant de délicieux moments avec John : ensemble, ils liraient des poèmes, ensemble ils peindraient, ils discuteraient d'art et de littérature. Hélas, ce n'est pas ainsi que les choses vont se passer. À peine le cadeau est-il sorti de son emballage que la horde des Kennedy, après avoir poussé des cris d'étonnement et d'admiration, se rue sur la boîte telle une bande de gorilles échappée de sa cage. Elle s'empare des pinceaux, des brosses, des tubes de couleurs, des flacons de térébenthine, des rouleaux de toile. Sortant dans le parc ou sur la plage, les Kennedy exercent partout avec rage leurs talents de peintres amateurs, rentrant ensuite à la maison quand le soleil au zénith devient trop ardent. Là ils continuent à barbouiller toutes les surfaces disponibles, y compris dans les toilettes, salissant tout sur leur passage. Débutant le matin, le massacre durera jusqu'à neuf heures du soir, lorsque tous les tubes de peinture auront été vidés de leur contenu.

Jackie, impuissante et consternée, assiste sans mot dire à ces scènes d'horreur, ne parvenant qu'à grand-peine à réprimer sa colère.

Son beau-père, Joe Kennedy, n'est pas intervenu. Et pour cause, il n'a rien vu. À Palm Beach, il a pris l'habitude de passer la journée dans le plus simple appareil au bord de sa piscine privée close de murailles élevées. À ses côtés, une batterie de téléphones grâce à laquelle il gère son énorme fortune évaluée de 300 à 800 millions de dollars selon les époques. Ce qui n'est pas une sinécure, vu l'extraordinaire diversité de ses investissements et les caprices incessants de la Bourse. Fort heureusement pour lui, il continue à être ce virtuose de la finance qui avait, dès sa jeunesse, impressionné tous les banquiers de Wall Street.

Plus tard, revenus de Palm Beach, John et Jackie s'installent bientôt à Dent Place dans leur nouvelle maison de Washington.

Comment vont-ils vivre cette nouvelle vie ? Jackie avait, pendant toute son adolescence, clamé son horreur du statut de femme au foyer. Or n'est-ce pas précisément celui qu'elle va connaître ? Son mari, sa famille et celle de John n'attendent rien d'autre : il va lui falloir être une bonne épouse et très vite la mère dévouée d'une foule d'enfants – exactement comme Rose. Tout ce qu'elle haïssait. En vérité, que pouvait-elle donc espérer d'autre en épousant un Kennedy ?

Ne lui est-il pas possible, se dit-elle, avec un peu d'organisation, de concilier son goût de l'art et de la littérature avec les devoirs que sa situation lui impose ?

Pour l'heure, elle l'a bien compris, si elle prétend aider John dans sa carrière politique, il lui faut, pour plaire au peuple américain, présenter au moins les apparences d'une maîtresse de maison classique, d'une épouse à l'ancienne mode. Peut-être pas exactement du genre de Mamie Eisenhower : son âge, son allure ne le lui permettraient pas, mais de quelqu'un qui pourrait, au fil des ans, le devenir. Alors elle fait ce qu'il faut, et joue convenablement l'indispensable comédie. Elle déclare à un journaliste : « Tenir mon foyer, c'est un plaisir pour moi. Quand tout marche comme sur des roulettes, quand la cuisine est bonne et les fleurs sont fraîches, j'éprouve une vive satisfaction. J'aime préparer à dîner, mais je ne suis pas très douée. La nourriture compte beaucoup pour moi, mais je ne suis pas un cordon-bleu. »

Cette humilité ne peut que plaire. Encore faut-il que Jackie corrige son inexpérience bien explicable d'ailleurs. Car, aussi loin que remontent ses souvenirs, sa mère du temps de Black Jack, tout comme avec Auchincloss, a disposé d'excellentes cuisinières. Pourquoi diable Janet eût-elle enseigné quoi que ce fût à sa fille dans le domaine culinaire ? Ayant fait un « beau mariage », aurait-elle jamais besoin d'en arriver à préparer des repas ?

Vu la situation dans laquelle se trouve à présent Jackie, la donne a changé : il lui faut, pour aider John, conquérir le grand public. En compagnie de quelques jeunes épouses, elle décide de prendre des cours de cuisine. Très vite, elle arrête. Impatiente, elle entend passer à l'acte.

Elle veut faire une bonne surprise à John en lui préparant un dîner dont il se souviendra. « J'avais déjà, dira-t-elle, entendu des histoires idiotes où l'épouse fait tout brûler mais je croyais que je maîtriserais parfaitement la situation. » Hélas, la surprise sera pour elle. Écoutons-la raconter non sans humour ce dîner raté qui évoque à s'y méprendre le « repas ridicule » narré par

Boileau et qui a fait rire autrefois des générations d'écoliers : « Brusquement, je ne sais pourquoi, une épaisse fumée grise envahit la cuisine. Et, lorsque je tente de sortir les côtelettes du four, la porte se détachant tombe sur le sol et le plat glisse dans un flot de graisse. Une des côtelettes tombe par terre, mais je la remets directement dans le plat. Pendant ce temps, la crème au chocolat brûle et gicle partout, dégageant une horrible odeur. Un peu plus tard, impossible d'arracher la cuillère du chocolat devenu dur comme de la pierre. Quant au café, ayant trop bouilli, il a disparu. Je me suis alors brûlé le bras qui est devenu tout violet. C'était affreux à voir[1]. »

Survient alors John qui, se moquant gentiment d'elle, l'emmène pour la consoler dans un bon restaurant de Washington.

Naturellement, Jackie tire la leçon de cette mésaventure : son zèle s'était révélé d'autant plus intempestif que, dès son arrivée à Georgetown, le couple avait embauché une bonne à plein-temps et une cuisinière, sans compter George Thomas, le fidèle domestique noir de John qui était depuis longtemps à son service.

Désormais, les tentatives culinaires de la maîtresse de maison se borneront à remplacer la cuisinière lors de son jour de sortie.

Même avec le concours des trois domestiques dont elle dispose, elle n'osera, au cours des dix premiers mois, organiser plus de deux dîners, tant sa crainte est grande qu'ils ne soient pas réussis. Le premier d'entre eux lui pose des problèmes alors qu'elle ne fait jamais qu'y inviter, avec le sénateur Cooper et sa femme, quatre membres de sa propre famille : sa mère, son beau-père, Bobby et Ethel. Elle en tremble, elle en est morte de peur. Bien à tort, car la soirée sera un plein succès.

Mais elle va connaître pire. Un matin, vers onze heures, son mari lui téléphone de son bureau et lui dit tranquillement :

— Qu'as-tu prévu pour les quarante invités que nous avons à déjeuner ?

Jackie manque s'évanouir : personne ne l'avait prévenue de cette brutale et soudaine invasion : les secrétaires n'avaient pas fait leur travail. On s'imagine l'affolement de la malheureuse, pleinement justifié cette fois. Malgré tout, après quelques minutes de prostration, elle se reprend et court chez un petit traiteur grec du voisinage dont le ragoût était fort apprécié des gens du coin ; elle s'empare de tout son stock et lorsque déboule la troupe bruyante de ces invités-surprise, elle est prête : ils auront droit à une salade, au fameux ragoût et, pour le dessert, à de délicieuses framboises, avant le café final. Ils sont ravis !

John, qui ne s'est douté de rien, juge tout cela normal...

Le problème pour Jackie est qu'elle ne s'intéresse guère à la politique, ni d'ailleurs aux hommes qui s'y consacrent – John excepté bien sûr. D'ailleurs, elle n'a jamais mis les pieds dans un isoloir. Vu les circonstances, il lui faut bien faire quelques efforts !

L'une des corvées qui lui est le plus insupportable est de fréquenter, comme elle y est bien obligée, les femmes des sénateurs – les collègues de son mari. Car elles appartiennent toutes à la génération précédente, quand ce n'est pas pire ! Être obligée de prendre le thé avec elles, de parler de leurs enfants, de leurs petits-enfants, des associations charitables qu'elles animent, de confitures ou de travaux d'aiguilles mais jamais, au grand jamais, d'art, de littérature, de philosophie. Sujets que ces femmes, trop souvent incultes, seraient bien incapables d'aborder. Quel ennui ! De surcroît, il lui faut s'inscrire à la Croix-Rouge des dames du Sénat et s'initier à l'art des bandages...

Ce n'est pas tout ! Comme elle désire partager les goûts de John, elle doit s'initier au bridge, il adore ce jeu et s'y montre très doué. Que d'efforts elle doit fournir dans son désir de l'égaler ! Et puis il y a le golf, dont elle prend force leçons, de manière à ne pas lui faire honte dans le parcours. Hélas, elle n'est pas très douée. John est obligé de lui faire comprendre – avec les ménagements nécessaires – qu'à l'impossible nul n'est tenu !

Elle ne lui en tient pas rigueur et, pour être le plus souvent à ses côtés, elle participe aux réunions politiques. On la place à la table d'honneur dans les banquets. Elle doit attacher à sa boutonnière des bouquets qu'elle juge ridicules et faire semblant d'écouter de fastidieux et interminables discours.

S'apercevant alors qu'en matière de politique intérieure ses connaissances sont bien limitées, elle s'inscrit à un cours d'histoire américaine donné à l'université de Georgetown – laquelle est presque à sa porte.

Pendant la première année de leur vie commune, l'existence des Kennedy n'est qu'un maelstrom de déjeuners politiques, de réunions nocturnes qui n'en finissent pas, de voyages continuels. Jack n'est jamais là plus de deux nuits de suite, et Jackie reste pratiquement seule tous les week-ends.

— On m'avait prévenue de ce qui m'attendait, se plaint la jeune femme, mais je n'imaginais pas ça…

Trop souvent leur petite maison, qu'elle s'est ingéniée à décorer de manière raffinée, est envahie par une bande de « conseillers » irlandais, tous plus grossiers les uns que les autres, qui parlent et rient trop fort, salissent les tapis, jettent leurs mégots dans les vases de Sèvres. Sur les canapés, ils ne s'asseyent pas, ils se vautrent. Et encore, s'ils ne leur faisaient qu'une brève visite, mais ils s'incrustent chez eux jusqu'à des heures indues.

Pas d'intimité, aucune vie de couple, rien ! En public, comme toujours, Jackie sait fort bien masquer sa déception. En excellente comédienne qu'elle est, elle joue admirablement le rôle de la parfaite femme de sénateur : celle dont raffole le grand public américain. Il faut l'entendre dire avec un accent de sincérité qui trompe les journalistes les plus chevronnés :

— Voyez-vous, le plus important pour une épouse, c'est d'aimer vraiment son mari. Après cela, toutes les fatigues, tous les sacrifices qu'il faut accepter deviennent pour elle une vraie joie.

Sortant de cette jolie bouche et dits avec un si charmant sourire, ces propos ne convaincraient-ils pas les plus endurcis des sceptiques ?

La réalité est toute différente. Dotée d'une forte personnalité et de beaucoup de finesse, Jackie aura tôt fait de découvrir le point faible de son mari, son talon d'Achille : il déteste les bouderies. Elles lui pourrissent la vie, elles paralysent ses activités, il est incapable d'en détourner son attention... Elles deviennent alors l'arme favorite de l'épouse déçue. Elle sait en user remarquablement, capable qu'elle est de bouder non pas quelques minutes ou quelques heures, mais des jours entiers. Devant ces mines perpétuellement renfrognées et ces longs silences lourds de reproches, comment pourrait-il sinon céder, du moins ne pas faire d'importantes concessions ?

Cette tactique a ses limites. Elle ne peut fonctionner que si John passe le plus clair de son temps à Georgetown, ce qui n'est pas le cas.

Naturellement, les époux se gardent bien de laisser apparaître leurs différends devant leurs amis. C'est lorsqu'ils se retrouvent en tête à tête, les maisons de leur quartier étant quasiment contiguës, que l'écho bruyant de leurs disputes parvient jusqu'aux voisins.

C'est sans doute à cette époque que Jackie, profondément déprimée par sa mésentente avec John, ou plus exactement par l'existence chaotique que lui font mener ses ambitions politiques effrénées, se met à fumer cigarette sur cigarette (de deux à trois paquets par jour), habitude dont jamais elle ne parviendra à se débarrasser. Lasse de rester seule, elle se rend le plus souvent possible à Merrywood chez ses parents, et, passe là des heures à parcourir à cheval la campagne environnante, revenant ainsi à ses joies d'enfance et d'adolescence.

Est-ce pendant ces longs moments de solitude qu'elle se résout à modifier son comportement à l'égard de son mari ? Elle entend, c'est certain, faire cesser les querelles qui minent son entente avec John. Puisqu'il n'est pas possible de le faire renoncer à ce qui est chez lui une vocation profonde et même sa raison de vivre, peut-être vaut-il mieux transiger, composer avec lui ? Il y a certainement moyen, sans qu'elle abdique sa personnalité, de le seconder dans ses entreprises. Mais pas d'une manière directe, car elle refuse de tremper ses mains dans le cambouis de la politique.

Il est d'autres façons d'aider son mari.

Par exemple, elle traduit pour lui de nombreux extraits de Voltaire, de Talleyrand et de Jean-Jacques Rousseau. Il pourra bientôt en émailler ses discours, ce qui est d'un excellent effet. Il lui en est très reconnaissant.

Il l'est aussi pour l'assistance qu'elle lui apporte dans un domaine où il lui reste bien des progrès à accomplir : l'art oratoire évidemment, capital dans la carrière qu'il a entreprise. Car à cette époque, on l'a oublié, il parle à toute vitesse, les mains dans les poches de sa veste. Ses discours sont beaucoup trop longs, sa voix est grinçante, et il ne sait pas prendre sa respiration au moment opportun. Fort heureusement, Jackie possède d'incontestables dons de comédienne qu'elle a cultivés chez Miss Porter à Farmington où elle a pris des cours de théâtre. Elle lui apprendra, entre autres, à ralentir son débit de mitrailleuse, à souligner de certains gestes de la main les points qu'il juge importants, à perdre son accent nasillard de la Nouvelle-Angleterre, à apparaître plus calme et maître de lui.

Il est en effet affligé depuis l'enfance d'une foule de tics nerveux dont un homme comme lui, un homme de trente-six ans, a bien du mal à se défaire. Lorsqu'il est assis, sa jambe droite est animée, malgré lui, d'un tressautement convulsif effréné. Si bien que son interlocuteur, fasciné et pour ainsi dire hypnotisé par ce qu'il aperçoit, cesse d'écouter ses propos pour se consacrer exclusivement au spectacle que lui offre son vis-à-vis. Dans ces conditions, l'efficacité politique des arguments du sénateur s'en trouve fortement altérée. D'autant plus qu'en même temps il ne peut s'empêcher de tapoter nerveusement ses incisives.

Là encore, Jackie s'efforcera de débarrasser son mari de ce genre de défaut, tâche singulièrement ardue : elle n'obtiendra pas toujours les résultats escomptés. Le croirait-on, il lui faut s'occuper aussi de sa tenue vestimentaire : il s'en désintéresse totalement, il lui arrive, le matin, de sortir avec une chaussure marron et une chaussure noire. Il se rend à un important banquet politique avec une magnifique veste de serge bleue jurant avec un vieux pantalon noir à la fois taché et tire-bouchonné. Il ne possède que deux ou trois complets mettables – ce qui est bien peu pour un homme politique de son importance – parce que, très souvent, au cours de ses tournées électorales, il en oublie un dans un placard d'hôtel. Quant aux teinturiers, il y a belle lurette qu'ils auraient fait faillite s'ils n'avaient eu que des clients de son espèce. En revanche, elle ne parvient pas à le dissuader, quand on sonne, d'aller parfois ouvrir la porte uniquement vêtu d'un slip blanc, manie qu'il lui faudra bien abandonner quand il aura accédé à la présidence...

Malgré tous ses efforts, Jackie ne parvient pas à se satisfaire de l'existence qu'elle mène, si peu conforme à ce qu'elle attendait. John se montre d'une infidélité exemplaire. Le mariage ne l'a absolument pas changé. Au beau milieu des nombreuses réunions politiques ou mondaines auxquelles il participe, on le voit soudain s'éclipser mystérieusement, que sa femme y soit présente ou non... Faisant preuve d'une immense naïveté ou d'une feinte candeur, John rassure ses amis inquiets de son comportement : Jackie, prétend-il, ne s'aperçoit de rien, d'autant plus qu'il ne disparaît jamais plus de quelques minutes.

Bien entendu, il se trompe. Si bien que la pauvre Jackie, à bout de nerfs, non contente de fumer compulsivement, se voit contrainte, plus d'une fois, de porter des gants pour dissimuler l'état de ses ongles qu'elle ne cesse de ronger. Comble d'infortune, elle lit, ou croit lire de la pitié dans les regards de ses amies. Parfois, elle erre dans Washington, ressemblant davantage, paraît-il, à la survivante de quelque catastrophe qu'à la jeune épouse d'un brillant sénateur déjà en vogue.

Tout va changer au printemps 1954 lorsque la santé de son mari lui posera des problèmes bien différents. Malgré son corset d'acier, les douleurs lombaires de John se sont aggravées. Il s'est mis à boiter et, très souvent, il ne peut plus se déplacer qu'avec des béquilles. Il a maigri et, malgré ses 1,80 m, ne pèse plus que 60 kilos. Au Sénat, il s'efforce de masquer la gravité de son état et, rassemblant toutes ses forces, parvient à faire quelques pas devant ses collègues.

Les douleurs deviennent si atroces qu'on envisage de passer des béquilles à la chaise roulante. Une seule issue, une opération chirurgicale très délicate : la jonction des deux vertèbres en cause grâce à une plaque métallique ad hoc, ce qui, vu la maladie d'Addison dont il est atteint, a 50 % de risques de lui être fatale. Dûment informé, il préfère tenter sa chance.

— Plutôt mourir que de rester invalide toute ma vie, dit-il.

Le 24 octobre 1954, trois jours après l'opération, on annonce à ses parents et à Jackie que sa mort est imminente : la grave infection que l'on redoutait s'est bel et bien produite. On lui administre les derniers sacrements. Cependant, il survit, miraculeusement.

Durant toute cette période, Jackie se montre admirable de dévouement. En témoigne Charles Bartlett qui, en novembre, rend visite au patient à l'hôpital de Manhattan où il a été opéré : « Elle restait des heures à son chevet, lui tenait la main, lui épongeait le front, le nourrissait, l'aidait à sortir de son lit, lui enfilait ses chaussettes et ses pantoufles, le distrayait en lui faisant la lecture et en lui récitant des poèmes [...]. Tout était bon pour lui faire oublier la douleur[2]. »

Rencontrant Grâce Kelly au cours d'un dîner chez des amis, Jackie la persuade de jouer une petite comédie pour faire une surprise à John. Il se plaint en effet de ce que les infirmières qui s'occupent de lui sont toutes plus vieilles et plus laides les unes que les autres.

Dès le lendemain soir, elle ouvre la porte de sa chambre

— Je suis la nouvelle infirmière de nuit, annonce l'actrice – qui a revêtu l'uniforme adéquat...

Malheureusement, abruti par les médicaments, le malade ne laisse apparaître ni sur son visage, ni dans son regard, le ravissement qu'il aurait dû normalement éprouver à la vue de la star.

L'a-t-il seulement reconnue ? Elle en doute. Il ne lui adresse pas un mot et lui tend une main molle avant de se retourner et de reposer sa tête sur l'oreiller.

— Décidément, je perds mon pouvoir, murmure-t-elle, un peu déçue, en quittant la pièce.

Quoi qu'il en soit, devant l'attitude de Jackie, Rose Kennedy et ses filles commencent à la respecter et à l'estimer. Ne parlons pas de Joe dont elle a conquis de longue date et le cœur et l'esprit…

Quand l'état de John s'améliore un peu, elle lui fait part, à sa demande, de tous les potins qui circulent dans les milieux politiques : il en est friand. Hélas, c'est lui qu'ils concernent la plupart du temps, lui ou les diverses maladies qu'on lui attribue, de celle de Parkinson au cancer, aussi préfère-t-elle ne pas insister sur ce genre de sujet.

Quelques jours avant Noël, sur le conseil de ses médecins, on transporte John dans la propriété que possèdent ses parents à Palm Beach. Le climat ensoleillé de la Floride à cette époque de l'année et un environnement familial accueillant devraient être favorables à sa convalescence. Une aile de la vaste demeure est transformée en hôpital : un médecin et plusieurs infirmières y sont en permanence. Mais John ne guérit pas. Il souffre de plus en plus, à bout de forces. Malgré la présence de Jackie et tous ses efforts, il est cette fois désespéré…

Joe insiste alors pour qu'il soit réopéré. On le retransporte à New York. L'intervention a lieu le 15 février 1955. On lui retire la plaque implantée la fois précédente et on pratique une greffe osseuse dans la colonne vertébrale. Une terrible infection se produit de nouveau et la mort du patient paraît inévitable. Cependant, il s'en tire une nouvelle fois. Mais à quel prix ! Toutes les quatre heures, on doit renouveler les pansements qui couvrent l'horrible plaie de son dos, laquelle ne fait moins de 20 centimètres de long. Jackie tient à se charger personnellement de cette tâche, ce qu'elle fait en souriant et avec beaucoup de douceur. George Smathers, sénateur de Floride et vieil ami de John, a décrit avec un réalisme cruel ce qu'il a vu. Le courage de Jackie n'en apparaît que plus remarquable : « C'était une grande entaille – un véritable trou – tellement profonde qu'on aurait pu y glisser le poing. Elle était complètement infectée et remplie d'un pus verdâtre qui dégageait une odeur insupportable... Toute la chair était d'un rose vif, jusqu'à la colonne vertébrale[3]. » C'est au fond de cette plaie que Jackie applique avec sang-froid et précision la pommade antibiotique qui se révélera efficace.

Pendant la convalescence de John, Jackie l'engage à écrire ou à lire, et tous deux ont largement le temps de parler – ce qui n'était pas souvent le cas auparavant. Par ailleurs, Jackie se charge de remercier au nom de son mari les hommes politiques qui prennent de ses nouvelles, parmi lesquels le plus amical n'était autre que le vice-président Nixon qui, à l'époque, est en excellents termes avec John.

Jackie parle un jour à son mari des grands sénateurs de l'histoire américaine. Elle l'incite à écrire un livre sur les hommes politiques qui ont eu le courage de s'attaquer aux préjugés pour le seul bien de leur patrie.

— Quelle bonne idée ! s'écrie John.

Jackie, aussitôt, s'adresse à son ancien professeur de l'université de Georgetown, Jules Davids, pour qu'il lui suggère des noms. Elle apporte des livres à l'hôpital et en lit nombre de passages au patient. C'est ainsi que naîtra le livre *Profiles in Courage** que John publiera en 1956 chez Harper & Brothers. La contribution de Jackie sera des plus importantes : elle effectue de minutieuses recherches et rédige certains chapitres de l'ouvrage.

Outre le concours de Davids, elle obtient celui du jeune Ted Sorensen qui deviendra plus tard le conseiller spécial du président en titre. Quant à John, s'il n'est pas l'auteur effectif du texte – son état de santé ne le lui aurait pas permis –, il en a certainement défini l'orientation et a pris une part active à son élaboration.

* *Le Courage dans la politique. Quelques grandes figures de l'histoire politique américaine*, trad. Jean Rosenthal, rééd., Paris, 1961.

En tout cas, il obtient pour *Profiles in courage* le prix Pulitzer de la biographie, sans doute aidé en cette circonstance par le lobbying effréné organisé par son père auprès des membres du comité. Joe n'ignore pas en effet que l'obtention de ce prix augmente considérablement le prestige politique de son fils, ce qui est pour lui primordial.

John, à présent, peut mesurer tout ce qu'il doit à Jackie ; et il tiendra à le faire savoir aux lecteurs dans la page des remerciements :

« Ce livre n'aurait jamais existé sans le soutien et les critiques de ma femme Jacqueline qui m'encouragea dès le commencement de cette entreprise et dont je ne pourrai jamais reconnaître à son exacte valeur l'aide qu'elle m'accorda pendant ma convalescence. »

Jackie s'est-elle donc mise à aimer la politique ? Mettons les choses au point : elle déteste cette activité dans sa pratique quotidienne, dans la vulgarité de la pêche aux voix des électeurs, dans la vulgarité aussi de la plupart de ceux qui s'y consacrent. En revanche, elle s'intéresse à la politique au sens idéologique du terme et aux nobles idéaux développés par les grands penseurs du présent et du passé. John, au contraire, sans se désintéresser de ce point de vue, possède, comme son père, une vision infiniment plus concrète et pragmatique des choses. Il désire de toutes ses forces être un des acteurs de la politique contemporaine, et il est peu disposé à se contenter des seconds rôles.

Jackie a tôt fait de comprendre que si elle entend mener avec John un minimum de vie commune, il lui faudra, bon gré mal gré, l'aider à atteindre ses objectifs. Déjà, au cours des derniers mois, alors que sa santé était si gravement affectée, elle l'avait pratiquement sauvé. En outre, on l'a vu, sans elle, *Profiles in Courage*, si utile à sa carrière, n'eût pas existé. Mais, dans ce cas, il s'agissait d'un type de travail intellectuel et quasi littéraire qui convenait bien à sa nature et à ses goûts. Par la suite, elle devra s'atteler à des tâches singulièrement plus ingrates : accompagner John dans ses tournées électorales. Oui, elle aime jouer la comédie, mais pas dans ce genre de théâtre où c'est son mari au contraire, tout entier tendu vers son objectif, qui excelle...

Si, en mars 1955, après six mois d'immobilisation, John fait pour la première fois quelques pas hors de son lit, au bras de Jackie, c'est seulement le 24 mai qu'il revient, sans béquilles, siéger au Capitole. Tous ses collègues du Sénat, sans savoir au juste de quelle maladie il était victime, savaient la gravité de son état. Et nombre d'entre eux le croyaient perdu. Devant cette réapparition, mais aussi parce que se dégage de toute sa personne un charme auquel personne ne résiste, républicains aussi bien que démocrates se lèvent pour l'applaudir.

À juste titre d'ailleurs, car, sans jamais se plaindre, il continue à souffrir atrocement. Le bas de sa colonne vertébrale et sa jambe gauche sont extrêmement douloureux.

Les opérations qu'il a subies ayant été hélas totalement inefficaces, il va consulter un spécialiste de New York, le docteur Janet Travell, dont le cabinet est situé aux 9 West Sixteenth Street. Elle lui prescrit rééducation, bains chauds, talonnette compensatrice dans la chaussure gauche car, de ce côté, sa jambe est plus courte d'un demi-centimètre. Il faudra un corset lombaire. Cela ne suffisant pas, elle lui propose une substance efficace mais qui engourdit la partie de son corps située au-dessous de la ceinture... On ne s'étonnera pas qu'il refuse avec indignation. Le docteur lui conseille alors des injections locales de procaïne et de novocaïne, efficaces à condition d'être souvent renouvelées. Elles viennent s'ajouter aux deux piqûres quotidiennes de cortisone qu'il s'administre lui-même chaque jour en haut de la cuisse, pour lutter contre sa maladie d'Addison.

C'est cette même Janet Travell qui, avec le concours d'autres spécialistes, s'occupera de ses problèmes de santé jusqu'à sa mort.

On mesure à présent l'importance des obstacles que devra surmonter John pour accéder à la présidence. On imagine aussi l'affection, l'énergie et l'intelligence dont Jackie devra faire preuve pour faire face à la situation médicale si compliquée qui est celle de son mari. D'abord, il lui faut garder le secret le plus absolu sur ses problèmes de santé : les dévoiler mettrait un terme définitif à ses ambitions politiques. Il s'agit ensuite de gérer l'administration des soins qui lui sont indispensables et de veiller à ses prises de médicaments, y compris pendant ses multiples déplacements. Elle doit également dissiper les anxiétés de John, tâche d'autant plus ardue qu'il fait tout pour les masquer. Il lui faut encore dans chaque cas en déterminer l'origine : souffre-t-il de problèmes de santé, ou de difficultés d'un autre ordre, politique par exemple, ou familial peut-être ? Comment savoir ? Il est si réservé.

Après son séjour à l'hôpital, John était revenu passer sa convalescence en famille à Hyannis Port. Mais ses fonctions au Sénat le contraignent à repartir pour Washington. Le bail de Dent Place ayant expiré, le couple doit s'installer provisoirement à Merrywood.

Ne croyons pas que la maladie ait mis un terme aux préoccupations obsessionnelles de ce *womanizer* que John ne cessera jamais d'être. Dans sa chambre d'hôpital, malgré l'état déplorable où il se trouve réduit, on peut voir, punaisé sur la paroi située en face de son lit, raconte son ami Marvin, un poster de Marilyn Monroe en short et en tricot moulant, poster parfois placé à l'envers, histoire de varier les plaisirs de l'infortuné patient…

Ajoutons que, selon le docteur Gerald Erlich, sexologue américain, les absorptions massives et prolongées de cortisone ont certainement stimulé la virilité de Kennedy. Il arrive souvent, précise-t-il, qu'une telle médication provoque le « déchaînement des appétits sexuels » (*sic*) et provoque des accès de priapisme[4].

On ne s'étonnera donc pas qu'à peine guéri John loue dès juin 1955 une suite, la 812, au septième étage de l'hôtel Mayflower à Washington. D'ailleurs déjà, avant de se marier, n'en avait-il pas loué une à l'hôtel Fairfax, dans la même ville, en commun avec son ami George Smathers ? Au Mayflower comme au

Fairfax, Kennedy recevait en foule hôtesses de l'air, secrétaires, starlettes, strip-teaseuses, danseuses de cabaret, soit seules pour son usage personnel, soit au cours de parties fines pour ses amis, ou encore donnait de grandes réceptions pour des célébrités, comme Marlene Dietrich, Betty Grable, Judy Garland, Lee Remick ou Audrey Hepburn. Il y avait aussi Bing Crosby et surtout Frank Sinatra, infatigable pourvoyeur de femmes pour John. Il lui était encore plus lié depuis que l'acteur anglais Peter Lawford, membre du *Rat Pack**, ayant épousé Pat Kennedy, était devenu son beau-frère. Au grand dam de Joe, d'ailleurs, qui, on ne sait trop pourquoi, détestait les acteurs en général et en particulier s'ils avaient le malheur d'être anglais.

Le 5 août 1955 débutent les vacances du Congrès. John embarque ce jour-là pour la France avec son ami Torbert MacDonald à bord du paquebot *United States.* Membre de la commission des Affaires étrangères, il est officieusement chargé de prendre contact avec les alliés européens. En fait, il s'agira plutôt d'un voyage d'agrément : il rêvait toujours de cette Gunilla von Post avec laquelle il avait eu une aventure juste avant son mariage. Ils échangeaient une correspondance régulière. Aussitôt débarqué, il se précipite en Suède. Gunilla fait visiter son pays aux deux amis. John, lui, semble si amoureux d'elle qu'elle s'imagine qu'il va divorcer pour l'épouser. Heureusement sa mère, plus lucide qu'elle, la rappelle à la réalité et elle se mariera l'été suivant, avec un autre...

Du reste, Jackie et Lee viennent fin août rejoindre John à l'Hôtel du Cap à Antibes. Le trio fait alors un voyage en Italie, en Pologne, et en France. Jackie séduit aussitôt la presse européenne par son charme, et par sa culture artistique et littéraire.

Quelques anecdotes ?

* Littéralement « la meute de rats », nom du groupe que formait Franck Sinatra avec Peter Lawford, Dean Martin et Sammy Davis Jr et avec lequel il se produisait de temps à autre.

À Rome, les douleurs de John l'empêchent de faire la génuflexion traditionnelle devant Pie XII. À Antibes, les Kennedy sont invités avec l'auteur du *Canard à l'orange*, Sir William Douglas Home, à participer à une petite fête donnée par Aristote Onassis, le richissime armateur grec, à bord de son yacht, le *Christina*. Winston Churchill étant aussi de la partie, John, admirateur du grand homme, espère faire impression sur lui. Il n'en sera rien et c'est tout juste s'il le remarque. Le vieux lion est-il alors plus ou moins somnolent et sous l'empire de cet alcool pour lequel il a un penchant trop marqué ? Jackie, spirituelle et d'un caractère taquin, préfère adopter une autre hypothèse. Désignant à son mari la veste blanche de son smoking, elle suggère en souriant :

— À mon avis, il t'a pris pour le barman.

En octobre, après leur retour à New York, les Kennedy achètent une maison, Hickory Hill, à MacLean en Virginie. Elle n'est située qu'à trois kilomètres de Merrywood. Elle leur coûte la somme énorme de 125 000 dollars. Une majestueuse demeure historique, avec trois hectares de parc, des écuries, une piscine... Jackie entreprend aussitôt de la rénover et de la redécorer avec l'enthousiasme que l'on devine.

Hélas, c'est en cet automne 1955 qu'elle fait une fausse couche, elle qui comptait sur la venue d'un enfant pour cimenter son union avec John et mettre un terme à sa vie dissolue. Sa déception est cruelle. Comme deux ans auparavant, son mari à nouveau absorbé par ses activités politiques s'est mué en homme invisible. Même durant le week-end, il doit toujours courir à l'aéroport, se rendre en quelque ville éloignée, prononcer un discours, assister à un banquet démocrate, ou à une réunion quelconque. Pendant ce temps-là, sa jeune femme esseulée s'est résignée à revenir habiter à Merrywood où, à vingt-six ans, elle se retrouve encore sous la coupe de sa mère et est traitée comme une gamine. C'est consternant.

Alors elle se confie à Joe qui, on le sait, a pour elle une authentique affection, d'ailleurs entièrement partagée :

— Je n'en peux plus. Je me demande si je ne vais pas divorcer...

Comme Joe se récrie, elle soupire :

— Qu'est-ce que cela changerait ! De toute façon, nous ne vivons plus ensemble.

Joe, à la fois parce qu'il est attaché à Jackie mais également bien entendu parce qu'il estime que ce serait un coup mortel porté à la carrière de son fils (un catholique qui divorce !), se montre farouchement hostile à cette solution. Aussi, dit-on, offre-t-il sans hésitation un million de dollars à sa belle-fille pour qu'elle ne commette pas l'irréparable. C'est du moins ce que l'on peut lire dans certains journaux et notamment dans le *Times*. Jackie aurait même téléphoné à Joe :

— Comment, vieux radin ! Seulement un million ? Pourquoi pas dix ?

Accepta-t-elle de l'argent ? Ou toute cette histoire n'est-elle que pure affabulation ? Ses biographes ne s'accordent pas sur ce point. Saura-t-on jamais la vérité ?

Jackie a-t-elle sérieusement songé à divorcer ? Toujours est-il que quelques semaines plus tard, dès janvier 1956, elle est de nouveau enceinte... Elle reprend espoir.

Et il lui faut pour cela quelque optimisme parce qu'en cette année 1956 John va se consacrer encore davantage à sa carrière – sans interrompre pour autant ses indispensables divertissements. C'est qu'à l'été doit avoir lieu à Chicago la Convention nationale démocrate au cours de laquelle le parti va élire ses candidats à la présidence et à la vice-présidence des États-Unis pour succéder au républicain Eisenhower. Lequel a d'ailleurs la ferme intention de se représenter.

John, tout dévoré d'ambition qu'il est, n'ose être lui-même candidat à la présidence : il se sait trop jeune – trente-neuf ans et il en paraît trente. L'un des dirigeants de son propre parti l'appelle : « Ce morveux de Kennedy ». D'ailleurs pour la magistrature suprême, c'est Stevenson qui semble être le favori des démocrates. Dans ces conditions pourquoi pas la vice-présidence ? se dit-il, malgré l'avis défavorable de son père. Porté sur le devant de la scène politique grâce à son prix Pulitzer, n'aurait-il pas toutes les chances de gagner ? Il hésite puis, à la dernière minute, se déclare.

Bien qu'enceinte de huit mois, Jackie n'hésite pas à suivre son mari à Chicago. En dépit de l'écrasante chaleur qui y règne en ce mois d'août, malgré l'avis de son médecin, elle entend bien aider John, au moins moralement.

Hélas, la Convention démocrate préférera Estes Kefauver, sénateur du Tennessee, comme candidat à la vice-présidence. John, devancé de peu, mais vaincu tout de même, est profondément affecté par son échec. Il n'a pas l'habitude de perdre. Quelle mouche l'a donc piqué ? N'aurait-il pas mieux fait d'écouter les conseils de son père ? Pour une fois qu'il les avait dédaignés ! Joe l'avait pourtant prévenu : Eisenhower battrait certainement Stevenson et, si John était son coéquipier, c'est à lui qu'on risquerait d'imputer la défaite.

— Ça va te casser ! lui avait-il prédit...

On est en plein mois d'août. John, fatigué, décide de partir pour la Côte d'Azur – où se trouvent déjà ses parents – avec Ted et George Smathers. Il projette de louer un voilier à Antibes pour faire une croisière comme il en avait l'habitude.

Jackie, épuisée elle-même et qui n'avait pas hésité à accompagner son mari à Chicago – où d'ailleurs, à sa grande déconvenue, elle n'avait réussi qu'à l'entrevoir – est profondément blessée par l'attitude de John. Il l'abandonne en ces semaines où, proche d'accoucher, elle aurait justement eu besoin de sa présence. Ce n'est pas faute de l'avoir supplié de rester auprès d'elle. Mais il n'est pas dans ses habitudes de se laisser dicter sa conduite par une femme, fût-elle la sienne. Et puis, outre son besoin de se changer les idées après les journées frénétiques de la convention, il tient absolument à consulter son père : il a compris ce qu'il en coûtait de ne pas avoir tenu compte de son avis.

Alors, tristement, Jackie va se réfugier à Newport, à Hammersmith Farm, où sa mère – qui du reste, n'aime guère Kennedy –

s'indigne de son attitude. Ce qui n'est pas fait pour consoler la jeune femme.

De son côté, John loue à Antibes un voilier de douze mètres avec un skipper et un cuisinier. Outre Ted et George Smathers s'embarquent avec eux trois jeunes femmes dont l'une, surnommée Pooh, est une personnalité bien connue du Tout-Manhattan. Elle a déjà été la maîtresse de John et sa beauté le fascine.

À cinq mille kilomètres. Hammersmith Farm. 23 août 1956, sept heures du matin. La femme de chambre de Jackie la trouve gisant sur le sol, évanouie. On diagnostique une hémorragie interne très grave. On la transporte d'urgence au Newport Hospital : il faut sans délai pratiquer une césarienne. Lorsque la patiente sort de l'anesthésie, elle aperçoit, penché sur elle, le visage de Bobby. La pauvre Jackie, persuadée qu'elle attendait une fille, avait déjà prénommée son bébé Arabella. Hélas son beau-frère Bobby doit lui apprendre qu'elle est mort-née.

Pendant ce temps-là, ayant oublié sa défaite, insouciant et, on l'a vu, en galante compagnie, John sillonne la Méditerranée, radieuse comme elle peut l'être en cette saison. Comme son yacht n'est pas équipé de moyens de communication, il est impossible de lui faire parvenir la moindre nouvelle de sa femme. C'est seulement au cours d'une escale à Gênes que, téléphonant à Newport, il apprend de la bouche même de Jackie le douloureux événement. Il s'en montre réellement affecté. Est-ce pourtant une raison pour interrompre sa croisière et rentrer immédiatement aux États-Unis ? « Cela n'y changera rien », dit-il en substance à sa femme.

Cette impitoyable logique trahit un égoïsme, un manque de sensibilité et de compassion qui blessent profondément Jackie. Quant à George Smathers, il s'indigne et, avec une brutale franchise, n'hésite pas à dire à son ami John :

— Vous feriez bien de vous magner le cul [*sic*] pour rentrer si vous voulez rester marié, et si la Maison-Blanche vous intéresse toujours !

Sage conseil car déjà, à la première page du *Washington Post,* on pouvait lire : « Le sénateur Kennedy, en croisière sur la Méditerranée ignore que sa femme a perdu son bébé. » Au fond, John ne faisait là qu'imiter son père. Joe, en effet, n'assistait jamais à la naissance de ses nombreux enfants. Il est vrai que ses activités ne l'obligeaient nullement à complaire à de nombreux électeurs.

John abrège donc son séjour en France, et prend l'avion quarante-huit heures plus tard, mais le mal est fait. Jackie se sent d'autant plus malheureuse que par une cruelle coïncidence, deux jours après la mort de son bébé, Pat Lawford, sa belle-sœur, sans aucun problème, donne naissance à sa fille Sidney et, quelques jours plus tard, Ethel, la femme de Bobby, met au monde son cinquième enfant. Elle en aura six autres.

— Une vraie machine à pondre, raillera Jackie : on la remonte et la voilà enceinte[5] !

Chez les prolifiques Kennedy, on commence à penser que Jackie est incapable d'avoir des enfants, qu'elle est d'une constitution trop délicate. Et, si on ne le lui dit pas nettement, il n'en est pas moins vrai que s'instaure entre elle et ses belles-sœurs une atmosphère pesante, lourde de sous-entendus. Elle-même finit parfois par avoir des doutes sur sa capacité à être mère...

En tout cas, la vue de Hickory Hill, de la nursery qu'elle y avait fait installer et décorer l'attriste trop pour qu'elle envisage d'y vivre, même épisodiquement. Alors elle et John vendent la propriété – au prix auquel ils l'avaient achetée – à Bobby qui, lui, aura largement de quoi la peupler.

Dans de telles circonstances, on le conçoit aisément, le climat conjugal est loin d'être au beau fixe. Si Jackie n'envisage pas sérieusement qu'elle puisse être définitivement stérile, elle estime que la tension nerveuse dans laquelle la font vivre les campagnes électorales de John est plus ou moins responsable de ce qui lui est advenu. Elle se jure de n'y participer désormais que si cela est absolument indispensable. Naturellement, des rumeurs de divorce se répandent. On négocie... On convient, par exemple, que, pendant les dîners avec sa femme, John s'abstiendra désormais de répondre aux coups de téléphone. Il est entendu aussi que, durant l'été, elle ne sera plus tenue de passer des semaines entières à Hyannis Port sous l'œil critique de ses belles-sœurs, obligée de pratiquer des sports qu'elle déteste. Une journée de temps en temps, ce sera bien suffisant. En outre, le beau-père offre de louer pour le couple une maison meublée, 2800 P Street à Georgetown, avant qu'il ne trouve à se loger définitivement.

En ce qui concerne le divorce, Jackie n'y songe pas. Ne serait-ce pas ruiner définitivement la carrière de John et, pour elle, c'est une question de devoir. Son mari ? Jeune fille, elle l'avait trop idéalisé et, au fond, elle n'a jamais fait que perdre des illusions ridicules. Son mari a ses faiblesses et pas seulement physiques, c'est vrai. Mais c'est un homme qui n'est pas indigne d'être aimé. En définitive, existe-t-il tellement de personnalités plus intéressantes ?

Hyannis Port. Novembre 1956. Vacances de Thanksgiving. Toute la famille est réunie. On voit John, l'air grave, s'enfermer mystérieusement avec son père dans un petit bureau attenant au salon. On pressent que leur entretien va être particulièrement important. Et pour cause : il s'agit de savoir si c'est le bon moment pour John d'être candidat, en 1960, à la présidence des États-Unis. Il s'agit de succéder à Eisenhower. Rien de moins. Pendant des heures, père et fils pèsent soigneusement le pour et le contre. C'est un moment décisif dans l'histoire des Kennedy – pas seulement pour John, pour Jackie aussi. C'est un moment crucial dans le destin des États-Unis. Dans la famille qui se doute que quelque chose d'important va se décider, la tension est palpable...

Enfin la porte s'ouvre, livrant passage aux deux hommes, dont les visages affichent un sourire éclatant.

Ils l'annoncent à la famille : John sera candidat. Il a quatre ans pour se préparer.

À aucun moment il n'a songé à consulter sa femme. Mais comment Jackie pourrait-elle l'en blâmer ? Ce sont là des affaires d'hommes.

D'ailleurs, comment John ne serait-il pas tenté par ce type de candidature ? Ne vient-il pas de frôler la vice-présidence à laquelle pourtant il ne s'était présenté qu'*in extremis*, sans la moindre préparation ? Alors...

Encore déprimée, Jackie éprouve quelque difficulté à reprendre confiance : les ambitions grandissantes de John, c'est l'absolue certitude qu'il se fera encore plus rare à la maison. Quant à l'autre maison, la Maison-Blanche, si tant est qu'il en devienne un jour le locataire, elle est encore bien loin.

Elle se sent abandonnée.

Elle ne peut même pas compter sur Janet : elle est totalement incapable de la comprendre :

— Ma mère s'imagine que mon problème est que je ne veux pas jouer au bridge avec les autres femmes de sénateurs, dit-elle avec un sourire ironique qui dissimule mal sa tristesse.

Début mars 1957. Voici enfin ce qui devrait être une bonne nouvelle. Elle est enceinte. Mais, alors qu'elle est encore meurtrie par la tragédie de l'été précédent, comment pourrait-elle s'en réjouir pleinement ? Si l'hiver suivant n'était que la sinistre répétition du drame encore trop récent ?

Alors, pour apaiser son inquiétude, pour occuper son esprit à d'autres pensées, elle obtient de John qu'il achète, toujours à Georgetown, une agréable demeure : c'est elle, naturellement, qui s'occupera de la trouver. Elle déniche pour eux une belle maison en briques rouge foncé, construite en 1812 et de style fédéral, au 3307 N Street. La plus belle pièce de cet édifice de trois étages est un immense salon très haut de plafond et orné de deux cheminées de marbre. L'arrière-cour est ornée de superbes magnolias.

Kennedy la paie 80 000 dollars.

Depuis qu'elle est enceinte, Jackie, comprenant les leçons du passé, décide d'éviter soigneusement toutes les causes de fatigue et d'angoisse qui peuvent se présenter dans sa vie.

Pour y échapper, quoi de plus efficace que d'entreprendre la décoration de la nouvelle demeure ? C'est un travail qui la passionne et qu'elle avait déjà effectué à plusieurs reprises sans que jamais elle s'en lasse. Cette fois-ci encore, John lui a donné carte blanche. De toute façon, pas plus que d'habitude il n'avait le loisir de s'occuper personnellement de cette tâche ni même d'y participer un tant soit peu. On l'a vu, il avait bien d'autres préoccupations...

Jackie commence à se rasséréner. Il était temps, elle avait si souvent déménagé : appartements, hôtels, demeures des parents ou des beaux-parents, de Merrywood à Hammersmith Farm, de Hyannis Port à Palm Beach. Tous ces déplacements avaient conféré à son mariage comme un je-ne-sais-quoi de précaire qui la démoralisait. Mais Dieu merci, avec « cette adorable petite maison » selon ses propres termes, cette époque était terminée.

— Cette fois-ci, ce sera la bonne ! dit-elle gaiement à l'une de ses amies.

Elle engage alors une décoratrice de New York, Dorothy Parish, pour la conseiller et l'aider à coordonner les travaux qu'elle envisage.

Tout semble aller pour le mieux.

Certes, au début de juillet, son demi-frère Yusha Auchincloss l'a prévenue que Black Jack était légèrement souffrant. Elle a sauté dans un avion pour aller le voir : il lui a paru un peu fatigué mais assez bien portant, en définitive, pour que sa santé ne lui cause pas de soucis majeurs. Malgré tout, il s'est plaint que ses filles semblaient l'abandonner, et ne venaient le voir que lorsqu'elles avaient besoin de lui. En vérité, devenu aigri, il était persuadé qu'il avait raté son existence. Il vivait en reclus, livré aux seuls soins de sa compagne de l'époque. Mais qu'y faire ? Jackie rentre donc à Hyannis Port où elle passe l'été. Et c'est en toute quiétude qu'elle fête son vingt-huitième anniversaire chez sa mère à Newport.

Elle ne se doute pas de ce qui l'attend...

3 août 1957. Jack Bouvier, qui vient de tomber dans le coma, meurt d'un cancer du foie, à l'âge de soixante-six ans.

Jackie, trop tard prévenue, accourt avec son mari au Lenox Hill Hospital où il s'était rendu pour subir des examens. Il était mort une heure auparavant. On imagine les regrets et les sentiments de culpabilité que ressent la jeune femme. D'autant, elle ne le sait que trop, que seul Black Jack leur a donné à elle et à sa sœur* l'amour sans limites qu'elles avaient en vain cherché chez leur mère. Mais depuis son mariage, Jackie, aux prises avec ses propres problèmes, avait quelque peu négligé son père.

Le pire pour elle arrive plus tard : à la minute où elle s'apprête à quitter la chambre mortuaire, une infirmière s'approche timidement et lui dit :

— Son dernier mot a été : Jackie !

C'est elle qui se chargera d'organiser les obsèques. Elles se tiendront à New York, à la cathédrale Saint-Patrick. Ce qui est normal puisque c'est un ancêtre Bouvier qui avait offert l'une des chapelles qui ornent l'édifice.

Le matin du 6 août, vingt-cinq personnes environ assistent à la cérémonie : les membres de la famille, dont Lee qui a pu enfin revenir d'Angleterre, quelques amis et une demi-douzaine d'anciennes maîtresses du défunt. On entend l'une d'elles murmurer en sanglotant qu'après sa mort plus aucun homme n'existera. Le cercueil est entouré de paniers d'osier blancs remplis de marguerites et de tulipes d'un jaune vif. Jackie a voulu rappeler le père qu'il fut quand elle était tout enfant : un homme alors si débordant de vitalité et de gaieté...

L'inhumation a lieu à East Hampton. Dans le cercueil, Jackie a glissé un petit bracelet d'or, cadeau que son père lui avait fait lorsqu'elle avait obtenu son diplôme à Vassar.

Au cimetière comme à l'église, la jeune femme, qui a pleuré interminablement lorsqu'elle se trouvait seule, reste en public impassible. Aucune larme ne coule sur son visage fermé. Il lui faut rester digne, ne pas se donner en spectacle... Elle est ainsi. Certains le lui reprochent, d'autres préféreront saluer son courage et sa maîtrise d'elle-même.

* Lee, alors à Londres, n'avait pu venir.

Jackie et Lee reçoivent chacune un chèque de 80 000 dollars, somme relativement importante à l'époque, mais qui est infime par rapport à ce que « pèse » Joe Kennedy. C'est d'ailleurs tout ce qu'elles auront reçu de leur famille.

New York. 27 novembre 1957. Journée décisive pour Jackie. Elle a pu craindre que le choc provoqué par la mort soudaine de son père n'entraînât pour elle, alors enceinte de six mois, de très graves problèmes pour le bébé et pour elle-même. Il n'en sera rien. Certes, il faudra pratiquer une césarienne, mais l'enfant est en excellente santé. Cette fois John est présent.

C'est une fille qui naît : Caroline Bouvier Kennedy. Le 13 décembre, Mgr Cushing, l'archevêque de Boston, ami de la famille, a bien voulu faire le voyage à New York pour baptiser l'enfant – toujours à Saint-Patrick, bien entendu.

Enfin elle a prouvé aux Kennedy que, malgré leurs insinuations, elle pouvait être mère.

Elle décide de puiser dans son héritage pour financer la décoration de sa nouvelle demeure. Par ailleurs, son père, connaissant bien son amour de l'équitation, lui avait légué un tableau de Shreyer, représentant des pur-sang arabes. Hélas, il ne correspond pas du tout au style qu'elle a voulu donner à sa maison : malgré le profond attachement qu'elle voue à son père, elle vend ce souvenir quelques semaines plus tard.

À cette époque, Jackie veut faire une agréable surprise à son mari. Un matin, John trouve devant leur porte une superbe Jaguar d'un blanc éclatant. Il la remercie avec son plus beau sourire. Mais, tristement, il doit lui expliquer qu'elle a commis une petite erreur :

— C'est gentil, ma chérie ! Mais c'est une voiture trop chic ! Et une voiture étrangère, en plus... Les Kennedy circulent en Buick.

Jackie devra échanger l'élégant coupé contre un banal produit *made in* USA[6].

Décidément, Jackie a encore beaucoup à apprendre en matière de politique. Mais elle saura vite le faire !

La naissance de Caroline rapproche incontestablement les époux – au moins pour le moment. Après l'indifférence totale que John avait semblé manifester lors du drame qu'elle avait subi en août 1956 avec la perte d'Arabella, elle est stupéfaite de son attitude présente. « Son visage était radieux. Je ne l'avais jamais vu ainsi », dira Janet.

Et puis, espoir longtemps caressé, Jackie s'installe enfin dans la nouvelle maison qu'elle a amoureusement aménagée et décorée pour y mener cette fois une existence pleinement heureuse. Elle engage à N Street une nurse anglaise – Maud Shaw –, une femme de chambre, un cuisinier, un maître d'hôtel, un chauffeur et une secrétaire, Evelyn Lincoln, chargée tout particulièrement de gérer ses rendez-vous. Naturellement, le fidèle valet de chambre noir de son mari reste à leur service.

Les semaines, les mois passent, mais les sentiments paternels de John restent : depuis la naissance de Caroline, c'est vrai, décidément, il n'est plus le même homme. Qui l'eût cru ? Dès qu'il rentre à la maison, il grimpe aussitôt à l'étage contempler sa fille. Quand Maud Shaw lui confie le biberon pour cinq minutes lorsqu'elle doit s'absenter, il se met à la tâche avec une touchante application. Mais en homme nerveux et pressé, il s'étonne, admiratif :

— Comment peut-on avoir la patience de faire absorber un biberon tout entier ?

Malgré tout, c'est à lui que Caroline adressera ses premiers sourires. Elle lui vouera jusqu'à la fin une profonde affection. Et lui, qui éprouve tant de difficultés à exprimer ses sentiments, se laisse aller, pour la première fois, sans retenue…

Est-ce pour autant que l'union des deux époux va connaître un avenir sans nuages ? Jackie a pu constater à plusieurs reprises que, malgré une apparente froideur, son mari faisait preuve d'une réelle sensibilité. Tous deux vont peut-être réussir à se parler de façon plus intime et plus vraie.

Malheureusement, les circonstances dans lesquelles ils se trouvent, les combats politiques de John, leurs différences de caractères et de préoccupations ne vont pas leur faciliter la tâche.

Par exemple, la prodigalité de Jackie n'est pas pour le couple un problème anodin : elle gaspille des milliers de dollars en toilettes. C'est plus fort qu'elle. Son comportement relève de la pathologie. Elle se rend bien compte que ses folles dépenses, si elles étaient connues du grand public, se révéleraient électoralement d'un effet désastreux. Elle va alors tenter d'éviter ce danger tout en assouvissant sa passion, comme le montre l'anecdote suivante : en décembre 1957, avec Lee elle accepte de présenter de somptueux modèles de robes dont les photographies illustreront le *Ladies' Home Journal.* Dans l'interview qui précède, elle n'hésite pas à déclarer : « Je déteste acheter une foule de vêtements qui viennent remplir mes armoires. Un tailleur, une bonne petite robe noire à manches et une robe du soir courte, c'est tout ce qu'il me faut [*sic*]. » Lorsqu'il lit ces lignes, John éclate de rire ! Quant au public, il eût été quelque peu surpris en apprenant ce que Bruce Gold, rédacteur en chef de la publication, révélera plus tard : les deux sœurs, qui n'avaient jamais assez d'argent et tenaient absolument à être de la dernière élégance, exigèrent qu'on leur fît cadeau de toutes les robes qu'elles avaient portées. Sinon, pas de photos…

Folle de vêtements, Jackie le devient très vite, exactement comme l'était Rose, sa belle-mère. C'est d'ailleurs le seul point commun qu'elle ait, à cette époque, avec elle. Elle charge ses amies de la haute société qui se rendent souvent en Europe de se renseigner sur ce qui se fait de plus chic à Paris ou à Rome : service que lui rend bien volontiers mais discrètement Bunny Mellon, entre autres…

Il est une autre passion à laquelle Jackie est en proie, hélas tout aussi coûteuse : la décoration. À en croire Janet, dans les quatre premiers mois qui suivent l'installation du couple à N Street, la jeune femme refait le salon au moins trois fois. Sa mère, lui rendant visite, aperçoit un beau jour une superbe tapisserie dans le petit salon qui donne sur la façade et une autre dans celui qui a vue sur le jardin. La semaine suivante, elles ont purement et simplement disparu. On change quatre fois le papier peint du bureau, un papier très cher d'ailleurs, qu'elle a fait tout exprès venir de Londres. Les amis ne reconnaissent plus les pièces : telle d'entre elles, comme sous l'effet d'une baguette magique, semble soudain avoir été déclinée dans toutes les gammes possibles de beige à la suite de quelque pari incongru. Pour peu que l'on fréquente la maison, on sait bien que l'on ne verra pas longtemps ce nouveau décor.

Évidemment, ces changements compulsifs entraînent constamment la fermeture provisoire de nombreuses pièces. Ce qui agace beaucoup John. Il voudrait bien disposer un jour d'un coin tranquille, toujours le même, pour lire.

— Mais nom de nom, Jackie, pourquoi les pièces de cette maison ne sont-elles jamais complètement vivables en même temps ?

La jeune femme fait fausse route : elle s'imagine naïvement qu'en rendant leur demeure plus belle elle parviendra à obtenir que son mari y séjourne plus volontiers et plus souvent. Sans songer que le perpétuel chantier qu'est désormais le 3307 N Street l'en éloignerait plutôt.

Ce qui indigne particulièrement Kennedy, ce sont les dépenses monstrueuses qu'entraînent tous ces achats de toilettes, de meubles précieux, tous ces frais de décoration dont il ne saisit pas l'intérêt car, sans être dépourvu de sens esthétique, il est loin de posséder les goûts raffinés de son épouse.

De son côté Jackie dissimule ses factures, tente de les régler avec le budget mensuel qui lui est imparti. Elle n'y parvient pas, et les impayés aboutissent automatiquement aux services comptables de Joe Kennedy, 277 Park Avenue à New York. Un beau jour, le patriarche découvre le pot aux roses. Il pique une terrible colère. D'autant plus que, il s'en aperçoit, ses autres belles-filles, sans égaler les records de Jackie, entament avec appétit les revenus familiaux.

— Que seriez-vous sans moi ? hurle-t-il. Vous n'avez aucune idée de la valeur de l'argent, du travail nécessaire pour en gagner !

John lui-même, finalement informé, brandit les factures comme autant d'actes d'accusation, et les reproches qu'il fait à Jackie frisent l'insulte…

Il se plaint amèrement à son ami George Smathers, il en devient grossier.

— Bon Dieu de bon Dieu, s'écrie-t-il, elle me fait chier[7] !

Il faut bien le dire, ces dépenses ne représentent qu'une somme infime par rapport à l'immense fortune des Kennedy. Mais, chose étonnante, John, comme le déplore son père, reste, en matière de finances privées, d'une ignorance abyssale et tout se passe comme s'il croyait vraiment que sa femme le conduit droit à la faillite. De toute façon, il a horreur des dépenses et n'a jamais d'argent sur lui. Lorsqu'il sort, il s'arrange pour ne fréquenter que des restaurants ou hôtels de luxe dans lesquels son père a un compte, à moins qu'il ne lui fasse adresser la note : le seul nom de Kennedy est d'un effet magique. Lorsqu'il prend un taxi, c'est sans la moindre gêne qu'il demande à la personne qui l'accompagne, fût-elle une femme, de régler le chauffeur.

Autre différend. Parmi les causes qui rendent parfois difficiles les relations des époux, il faut compter une particularité du caractère de Jackie : son humeur est terriblement changeante, *lunatique,* disons-le. Malheureusement pour elle, ce trait de sa personnalité sera d'une remarquable constance. Jackie peut être, avec John, ses proches, ses amis, ses domestiques, charmante, attentionnée, drôle pendant plusieurs jours puis, soudain, froide, fermée, muette, tout le monde dans son entourage marchant alors comme sur des œufs.

Un jour, John, auquel un ami du couple demandait d'évoquer leurs différences de caractère, se contenta de dessiner côte à côte un trait absolument rectiligne et un autre, de bout en bout parfaitement sinusoïdal. C'était magistralement résumé.

Jackie est par ailleurs d'une grande nervosité, entretenue par le type d'existence qu'elle mène. Elle croit se calmer en fumant sans arrêt. *She chainsmokes,* elle « fume à la chaîne », comme on dit pittoresquement en anglais. La plupart du temps, c'est en l'absence de son mari dont elle craint les reproches. Aussi, lorsqu'il rentre chez eux, lui tend-elle en souriant l'un de ces havanes de gros calibre dont il est friand. Elle espère que la forte odeur qu'il exhale masquera celle, trop tenace, laissée par ses propres cigarettes.

La présence de la petite Caroline au foyer des Kennedy, permet au couple de rester uni, de surmonter les désaccords, les heurts de caractères, toutes les difficultés qui ne manquent pas de survenir.

D'ailleurs, elles ne font que commencer... Surtout celles qu'entraîne la campagne de John pour les élections sénatoriales de 1958. S'il s'y présente, ce n'est pas seulement pour conserver son statut de parlementaire, c'est aussi évidemment dans la perspective des présidentielles de l'automne 1960 – afin de succéder à Eisenhower. Si, dans quelques mois, il l'emporte largement sur son adversaire républicain, il aura prouvé au camp démocrate qu'il serait le candidat idéal à la magistrature suprême.

Après la naissance de Caroline, l'atmosphère nouvelle qui règne dans le couple, le regain des sentiments conjugaux qui en résulte, les bouffées d'espoir qui viennent réconforter Jackie seront malheureusement de courtes durées. Jackie se plaignait déjà des trop longues absences de son mari. Cela ne fera qu'empirer : les ambitions illimitées de John – auxquelles il sacrifie tout – vont détruire rapidement la vision optimiste qu'elle se faisait d'un paisible bonheur conjugal. Elle s'imaginait naïvement que John pourrait concilier soif de pouvoir et vie de famille.

Comment pourrait-il y parvenir ? Il lui faut tout à la fois assister avec assiduité aux séances du Sénat et faire campagne pour le renouvellement de son mandat. Or, cette campagne demande d'autant plus d'efforts à Kennedy qu'elle ne doit pas seulement lui apporter les suffrages des électeurs locaux, ceux du Massachusetts, mais également le faire apparaître sur le plan national comme un possible candidat à la future élection présidentielle, deux ans plus tard…

Vaste entreprise !

Le croira-t-on ? En juillet 1958, il avait prononcé plus de deux cent dix discours et s'était montré par tous les temps dans le Massachusetts, bien entendu, mais aussi dans l'État de New York, le New Jersey, le Connecticut, le Montana, l'Oregon, le Michigan, le Wisconsin, la Virginie de l'Ouest et l'Arkansas. Tout entier à son projet, il accepte les moindres occasions de se faire connaître, n'hésitant pas à s'exprimer, par exemple, devant l'association des gastro-entérologues américains…

Il va de soi que Jackie n'a pas souvent l'occasion de le rencontrer.

Mais précisément, cela ne doit pas se savoir. Il ne faut pas offrir au peuple américain le triste spectacle d'un ambitieux sans scrupule qui, dans sa rage de vaincre à tout prix, abandonne à la solitude une pauvre jeune femme qu'il vient de rendre mère.

Il s'agit au contraire de faire oublier cette cuisine politique, si peu ragoûtante, pour montrer un couple tendrement uni aux côtés d'un jeune enfant qu'il adore. En somme, les Kennedy vont fournir au public une image trompeuse, bien éloignée, hélas, de ce qu'est leur vie réelle. Cette présentation si fortement idéalisée de leur couple est tellement indispensable aux desseins politiques de John qu'il l'utilisera sans scrupule. D'ailleurs, les principaux magazines américains, *Look*, *Life*, le *Saturday Evening Post* se battent pour être autorisés à effectuer des reportages sur cette belle et heureuse famille américaine, famille modèle à laquelle chacun est invité à s'identifier. Pour que cette mise en scène fût efficace, il eut fallu que Jackie s'y investît pleinement. Or, elle a horreur que l'on s'occupe de sa vie privée et supporte très mal journalistes et photographes, oubliant paradoxalement qu'elle a été naguère les deux à la fois. Mais elle était alors de l'autre côté de la barrière. Lorsque son mari l'informe qu'il a permis à *Life* de s'introduire chez eux, elle éclate :

— Pas de photos de Caroline, John ! Il n'en est pas question ! Je ne vais quand même pas laisser notre fille servir de mascotte électorale !

— Tu te rends compte du nombre de voix que tu vas me faire perdre.

— Je m'en fiche[8] !

De guerre lasse, Jackie finira par accepter, mais après avoir impitoyablement négocié, extorquant à John la promesse d'interrompre sa campagne pendant l'été pour passer des vacances avec elle en France.

De cette époque datent de charmantes photos d'Ed Clark ou de Jack Lowe. La plus émouvante d'entre elles représente le visage de la petite Caroline qui, surgissant du berceau, fait un délicieux sourire à son père. Seul un enfant pouvait offrir à l'homme politique qu'était John une image publique aussi efficace. Il était ravi !

Inutile de dire que tel n'est pas exactement le point de vue de Jackie.

Celle-ci, faisant preuve de bonne volonté, s'efforce cependant d'aider son mari : elle le sait, elle doit, c'est très difficile, ne pas trop s'éloigner de l'image de l'Américaine standard, ou du moins des femmes des autres sénateurs. Il lui faut absolument éviter ce chic new-yorkais qui la séparerait des autres épouses. Aussi se maquille-t-elle très peu et laisse-t-elle à regret ses somptueux bijoux dans leurs écrins. Elle ne porte que des robes et chemisiers très classiques. Elle a beau faire : même ainsi, elle possède une allure, une élégance innée, un je-ne-sais-quoi qui la distingue entre mille et saute aux yeux dans tous les magazines où apparaissent ses photos.

Si bien que plus tard, lors des campagnes de John, il y aura deux fois plus de monde chaque fois qu'il sera accompagné de sa femme…

On pourrait imaginer, vu l'importance de l'enjeu et l'existence trépidante qu'il est contraint de mener, que John a cessé ou, du moins, ralenti ses activités de *womanizer*…

Il n'en est rien. Bien au contraire.

Comme si, loin de lui faire perdre son temps, elles alimentaient l'énergie qu'il doit déployer pour mener sa campagne.

Pour ce traqueur de femmes, la chasse est toujours ouverte...

Le FBI est parfaitement au courant et, par conséquent, J. Edgar Hoover. Car, après l'affaire Inga Arvard, le service a continué à surveiller John : il a pu établir que, pendant toute cette période, ses activités sexuelles n'ont jamais été aussi intenses ; en plus de toutes les femmes qu'on lui procure, mannequins, hôtesses, militantes démocrates – et dévouées –, il se lance, à l'instar de son père, dans les conquêtes – flatteuses – de stars hollywoodiennes. C'est par exemple la très belle Lee Remick, vingt-deux ans, qui vient de tourner *Un homme dans la foule* d'Elia Kazan, ou Jean Simmons, l'héroïne anglaise de *Cette nuit ou jamais,* le film de Robert Wise. Il parvient aussi, à en croire son amie Smathers, à séduire Sophia Loren, alors de passage à Washington. C'est aussi à cette époque, semble-t-il, qu'il entame une liaison avec Marilyn Monroe, à l'époque épouse de Joe Di Maggio.

Comment imaginer que Jackie ignore tout de la conduite ou plutôt de l'inconduite de son mari ? C'est invraisemblable mais à partir du moment où le grand public n'est pas au courant, elle accepte les liaisons et les aventures de John comme étant normales dans le monde riche et puissant auquel tous deux appartiennent. D'ailleurs, on l'a vu, n'en a-t-elle pas eu maintes preuves sous les yeux dès son enfance ? Dans ce milieu, les vieilles valeurs familiales, telles que la fidélité, n'ont plus aucun cours.

De toute façon, la multiplicité même des aventures de John, explique l'un de ses amis, Chuck Spalding, atteste bien le peu d'intérêt qu'il attribue à chacune des femmes auxquelles il a affaire. C'est à coup sûr l'une des considérations qui aident Jackie à supporter avec patience le comportement de son mari. En définitive, n'est-ce pas à elle seule qu'il tient profondément et à laquelle il revient toujours ?

Aussi fait-elle preuve d'une authentique bonne volonté lorsqu'il s'agit de seconder son mari. Il faut voir John serrer des milliers de mains, taper amicalement dans le dos des électeurs, feindre de s'extasier devant leurs bébés, ou faire mine de s'intéresser à leurs doléances comme à leurs propos les plus incongrus. Pour sa part, elle ne va pas jusque-là... Elle en serait incapable, d'ailleurs. Restant un peu en retrait, elle se garde d'en faire trop. C'est précisément ce qui plaît : elle reste elle-même. Elle ose avouer qu'elle ne sait pas faire la cuisine ou que Caroline a une nurse. Elle ne triche pas.

Ce qui la rend supérieure aux autres femmes de candidat, c'est aussi sa culture européenne : elle s'adresse dans leur langue aux Italiens, comme aux Espagnols. Si bien que, parmi ses auditeurs, il en est bon nombre à s'imaginer naïvement que Kennedy a épousé une femme de la même origine qu'eux. À Worcester, elle fait un discours devant les membres du cercle français où elle prétend qu'elle est plus à l'aise dans leur langue qu'en anglais.

Malgré tout, lorsqu'elle est lasse d'accompagner son mari dans les foules, elle reste dans sa voiture, à l'écart, lisant dans le texte les *Mémoires* de Saint-Simon ou du général de Gaulle...

Quand, de son véhicule, John distribue au public sourires et saluts de la main, il arrive que Jackie, préférant échapper aux regards, se tasse sur la banquette arrière du véhicule. Elle en a assez parfois de participer à la comédie politique. Elle souhaiterait cent fois rester tranquille chez elle.

De toute façon, loin d'être un obstacle à la carrière de son mari, elle lui est, il s'en rend compte, des plus utiles. Sa jeunesse, son charme, son aura font merveille.

Il n'est donc pas surprenant qu'à l'automne 1958, le 4 novembre, John non seulement conserve son siège de sénateur du Massachusetts, mais l'emporte sur son adversaire avec près de 74 % des suffrages. Bien entendu, l'emprise de la famille Kennedy sur cet état était telle, de longue date, qu'un échec eût été impossible. C'est à Jackie pour une bonne part que son mari doit l'extraordinaire ampleur de son succès.

À présent, et conformément aux prévisions de John – et de son père –, il sera difficile aux démocrates de ne pas considérer le jeune sénateur comme l'un des meilleurs candidats à la présidentielle de 1960.

Pendant les deux années qui la précèdent, Jackie va s'investir davantage encore dans la campagne électorale. Elle, qui avait tout à apprendre dans ce domaine, possède à présent une certaine expérience politique. Surtout, elle devient irremplaçable parce qu'elle est la seule à pouvoir aider John dans certains domaines où ses principaux conseillers, Powers, O'Donnell ou O'Brien sont incapables de le faire. Effectivement, avec une intuition et une finesse étonnantes, elle repère dans l'entourage de son mari ses faux amis, ceux qui, censés travailler pour lui, sont néanmoins prêts à le trahir à la moindre occasion, pour peu que leur propre intérêt les y incite. Elle essaie d'éviter à John certaines gaffes. Un jour, alors qu'il commence à se montrer agressif à l'égard d'un important journaliste, elle lui flanque un coup de pied sous la table : comprenant son erreur, il se calme…

Elle prend garde à son propre comportement aussi. Elle a compris qu'il valait mieux qu'on ne la vît pas fumer : lorsque sa frustration devient insupportable, elle fait tenir sa cigarette par O'Brien et en tire, de temps à autre, quelques furtives bouffées.

Elle comprend aussi que, s'il lui faut plaire aux foules, elle ne doit pas pour autant négliger de se faire des relations parmi les dames de la haute société de Washington. Elle n'en a guère alors, car elle déteste les réunions de femmes. Pour John qui le lui demande, elle fait un louable effort et s'arrange pour rencontrer Mrs Alice Roosevelt Longworth, femme d'influence s'il en est. Elle ne le regrettera pas, car sa conversation originale et piquante est un régal pour l'esprit. Chez elle et chez ses amies, elle noue de précieuses relations avec, par exemple, Mrs Herbert Lehman, femme du gouverneur de l'État de New York, ou

Mrs Neuburger, épouse du sénateur de l'Oregon, ou encore Mrs Sherman Cooper, dont le mari occupe les mêmes fonctions dans le Kentucky. Toutes ces dames, qui ont plus ou moins participé aux campagnes de leurs conjoints, lui enseignent les mille petits procédés grâce auxquels on capte les sympathies et les voix des électeurs. Il est un point sur lequel elles n'ont rien à lui apprendre : l'art de se rappeler sans erreur les noms de tous les politiciens qu'elle a l'occasion de rencontrer, même les plus infimes – maires de petites villes, délégués aux conventions. Elle est tout naturellement douée de cette mémoire particulière apte à relier noms et visages, si malaisée à acquérir.

Quant à la facilité d'expression, l'esprit de repartie ou l'amabilité, ce sont des qualités qu'elle possède depuis longtemps.

En revanche, et contrairement à John qui est très à l'aise avec la presse, Jackie continue à éprouver à l'égard des journalistes cette antipathie qu'on a pu déjà noter. Quand on l'interviewe, elle a l'impression de passer un examen : ce qui la terrifie, c'est l'idée que ces gens-là guettent la faute, la mauvaise réponse qu'ils se réjouissent par avance d'exploiter contre elle. Si bien que Bradley, pour la protéger, pour alléger son supplice, empêchait, a-t-on dit, les journalistes de lui poser plus de trois questions. Il avait raison car il arrive que, paralysée par la timidité, elle donne l'impression d'être sotte. « Je la croyais stupide, raconte Mary Tierney, reporter au *Boston Herald Traveller* [...]. Elle était du genre à ne pas savoir quoi répondre quand on lui disait bonjour. »

Elle est plus à l'aise lorsqu'elle parle en public, même dans le cadre d'un supermarché : on la trouve sympathique et elle fait rire lorsqu'elle explique qu'elle n'y connaît rien en politique mais que participer à la campagne de son mari est le seul moyen qu'elle ait trouvé pour le rencontrer.

Il apparaît très vite que les craintes de John et de ses conseillers concernant l'image trop aristocratique de Jackie étaient bien vaines : loin de lui reprocher de ne pas ressembler suffisamment à madame Tout-le-monde, à la ménagère type de laquelle on se sentirait proche, on préfère de loin s'identifier à la princesse qu'évoquent sa beauté, son allure, sa « classe », pour reprendre le terme qu'utilisait son beau-père à son propos. C'est ce que le vieux Joe, doué d'une intelligence politique aiguë, avait parfaitement compris lorsqu'il avait tant insisté pour que John l'épouse. Il estimait à juste titre que son aura bénéficierait au couple et même à l'ensemble des Kennedy, car leur image d'exceptionnelle opulence financière manquait tout de même de ce je-ne-sais-quoi de chic et de distingué qui les eût élevés au-dessus des millionnaires dont ce n'était pas toujours la qualité principale.

Bref, les Américains, qui avaient rejeté violemment la monarchie, bien qu'officiellement démocrates, commençaient à avoir besoin d'une reine, d'une reine qui les fît rêver, d'une reine de conte de fées dont la beauté et le charme fussent évidents. Jackie répondait parfaitement à ce désir. Comment lui en eût-on voulu de ne pas faire la cuisine ou de ne pas donner elle-même le biberon à son enfant ? L'aurait-on reproché à la reine d'Angleterre ? Si elle ne se tenait pas toujours aux côtés de son mari à l'avant-garde du combat politique avec ce qu'il pouvait avoir de brutal ou de vulgaire, on lui en savait gré : ce n'était pas sa place.

On a vu combien l'humeur de Jackie pouvait être changeante. Elle en multiplie les preuves. Un jour de grand froid, elle accompagne à Worcester John et son équipe électorale dans une tenue peu appropriée : elle est enveloppée d'un manteau de vison. Worcester étant une cité ouvrière, son mari lui fait observer que sa tenue n'est peut-être pas celle qui convient, Jackie revêt alors de mauvaise grâce son manteau de tweed bleu. Durant tout le voyage, elle ne desserrera pas les dents et boudera – elle sait le faire – comme une fillette mal élevée…

Mais elle est souvent écœurée par la vulgarité de certains politiciens dont John ne peut se passer pour mener sa campagne, sa « mafia irlandaise », comme elle le dit. Elle parvient difficilement à dissimuler le mépris qu'elle éprouve à leur égard, ce qui lui vaut une réputation de snobisme dont on ne peut pas dire malgré tout qu'elle est totalement injustifiée. Si bien qu'on lui reproche souvent son manque de chaleur humaine.

On ne peut nier non plus que certains aspects de la personnalité de son mari – sans parler de son infidélité chronique – ont de quoi l'agacer. Un jour, raconte David Heymann[9], elle était partie du côté de Madison faire campagne dans les églises noires. Au retour de son expédition, John l'interroge :

— Comment ça s'est passé, Jackie ?

— Oh ! Très bien : j'ai rencontré le plus adorable des prêtres. Il m'a expliqué les problèmes financiers de sa paroisse. Alors je lui ai donné 200 dollars…

— C'est gentil, en effet, approuve John.

Puis soudain, il éclate :

— Nom de Dieu, c'était pas mon argent, au moins ?

L'argent. Il coulera à flots dans la campagne des démocrates, et surtout grâce à Joe qui s'est vanté de vendre son fils « comme un paquet de lessive » – ce sont ses propres termes. Il dépensera trente millions de dollars à cette fin. Il offre à son fils un luxueux bimoteur DC3, le *Caroline*, grâce auquel il pourra sillonner pour sa campagne tout le territoire américain, parcourant ainsi 178 000 kilomètres. « Les choses n'arrivent pas toutes seules, aime-t-il dire, il faut les aider à arriver. »

Invisible et présent, Joe dirige tout depuis sa villa de Palm Beach, au soleil de la Floride. Là, par téléphone, il donne ses instructions. Il sait exactement où et à qui adresser les chèques efficaces, qui il faut faire agir… ou faire taire. Puisque, il le sait, tout et tous peuvent s'acheter. Tous les moyens sont bons. Il n'hésite pas, grâce aux bonnes relations qu'il entretient avec Frank Sinatra, à assurer à son fils le concours de puissants mafiosi. En échange de quoi, ceux-ci peuvent espérer que, une fois Kennedy victorieux, ils en seront récompensés par une tolérance bienveillante de la part des pouvoirs publics.

Ce qui va également contribuer à la puissance de la vague démocrate, c'est l'activité forcenée de tous les membres du clan Kennedy. On en a confié la direction à Ted comme on l'avait fait pour les sénatoriales. Écrasés par ce rouleau compresseur, certains candidats aux primaires se plaignent amèrement : l'un d'entre eux déclare qu'il a l'impression d'être l'épicier du coin en lutte contre une chaîne de supermarchés.

Dans cette agitation, il semble que Jackie, bien qu'elle déteste la politique, commence à envisager avec plaisir la perspective d'entrer à la Maison-Blanche. Après tout, c'est loin d'être impossible. Sur ce point, l'assurance de John est imperturbable. Quelques mois plus tôt, alors qu'il n'avait pas encore fait connaître sa candidature, une amie d'enfance, Nancy Tenney Coleman, le rencontre au cours d'un bal au Plaza.

— John, on me raconte que tu veux être président. C'est une blague, n'est-ce pas ?

— Non seulement je veux l'être, dit-il en ôtant le gros cigare Upmann qu'il a gardé à la bouche pour danser, mais je le serai[10] !

Effectivement, la réalité ne tarde pas à montrer que l'arrogante assurance de John est loin d'être injustifiée. À Los Angeles, au terme de la Convention démocrate de juillet 1960, c'est lui qui est élu candidat du parti à la présidence contre plusieurs autres personnalités, dont Hubert Humphrey du Minnesota, et le Texan Lyndon Johnson, le puissant chef de la majorité démocrate au Sénat. Lequel déteste Kennedy qu'il appelle en privé « le petit gringalet à son papa » ou pire encore « la petite merde souffreteuse ». Malgré tout, c'est lui que John choisira comme colistier pour la vice-présidence. Réaliste, il sait qu'il a absolument besoin de lui pour se concilier les électeurs du Sud.

Quelques jours plus tard, il apprend qu'il aura pour adversaire le vice-président Richard Nixon. C'est lui que les républicains ont choisi comme candidat pour succéder à Eisenhower,

La lutte promet d'être serrée et la présidentielle se rapproche . elle aura lieu dès le mois de novembre 1960. Jackie est alors enceinte de plus de quatre mois. Pas question qu'elle se fatigue à l'excès. Elle est bien placée pour le savoir… Elle va alors ralentir ses activités. Elle le fera d'autant plus que les infidélités de John, déjà nombreuses auparavant, se multiplient encore à mesure que l'échéance politique se rapproche. Au moment de la Convention, par exemple, il passe une nuit dans la suite de son beau-frère et complice, Peter Lawford, avec Judith Campbell, jeune femme de vingt-six ans fort séduisante : taille élancée, yeux d'un bleu éclatant, chevelure noir de jais. C'est une ancienne conquête de Sinatra qu'il lui avait « repassée » quelques semaines plus tôt – et ce n'est pas la première. C'est à cette époque qu'il demande à Judith si elle accepterait une partie à trois – la troisième personne étant une autre jeune femme. Elle refuse cette aimable proposition malgré les efforts de John qui insiste :

Je te connais, je suis sûre que ça te plairait.

En outre, John est l'amant de Pamela Turnure, une jeune fille de vingt et un ans qui ressemble beaucoup à Jackie. Il l'avait employée dans son bureau sénatorial, puis dans son équipe de campagne présidentielle. Il n'hésitera pas à en faire le porte-parole de sa femme quand ils seront entrés à la Maison-Blanche. Autres maîtresses : Lady Jeanne Campbell, petite-fille de Lord Beaverbrook, magnat de la presse anglaise, et Flo Pritchett Smith, épouse de l'ambassadeur américain à Cuba. Il faut ajouter à cette liste les jeunes filles très nombreuses qu'on pourrait appeler les « Kennedy girls », qui ont été recrutées par les militants démocrates. Ceux-ci, préparant les étapes du candidat, sont chargés d'organiser ses réunions politiques, ils prévoient aussi son logement, ses repas, et… ses distractions du soir. Elles sont indispensables à son moral, lorsque Jackie ne l'accompagne pas, ce qui arrive de plus en plus fréquemment depuis le début de sa grossesse.

Et n'oublions pas Marilyn, que la perspective de devenir plus tard l'épouse du président stimule. Elle répète un peu partout avec une naïveté rafraîchissante qu'« elle fait beaucoup de bien au dos du candidat » [*sic*]. Elle s'attache d'autant plus à John qu'elle vient de se séparer de l'écrivain Arthur Miller. En outre, son idylle avec Yves Montand, son partenaire dans *Le Milliardaire,* a pris fin, puisqu'il s'est refusé à quitter Simone Signoret. Sans prétendre être exhaustif, on est bien obligé de mentionner aussi la belle Angie Dickinson qui à son tour succombe au charme de John...

Jackie a entendu parler d'une liaison de son mari avec Marilyn, cette rumeur l'inquiète. Résignée à ses infidélités, elle préfère qu'elles restent discrètes. Avec Marilyn, elle peut s'attendre au pire. Elle se demande si John mérite vraiment qu'elle l'aide. Les continuels déplacements qu'exige la campagne électorale l'empêchent de s'occuper suffisamment de la petite Caroline. Lasse du genre d'existence qu'elle mène, elle refuse de continuer à accompagner son mari. Celui-ci est contraint de lui envoyer des émissaires pour bénéficier de sa présence lors d'un petit nombre de tournées. Ce qu'il n'obtient qu'au terme de laborieuses négociations. Résignée, sans enthousiasme, elle fait son devoir.

Lui-même est épuisé. Il s'adresse alors à un praticien peu scrupuleux mais efficace, le docteur Max Jacobson, qui le bourre d'amphétamines. Si bien qu'il fait merveille dans ses débats télévisés avec Nixon – les premiers du genre pour la présidentielle. On retiendra pour la petite histoire que, se sentant trop nerveux une heure avant la première émission, une idée lumineuse lui traverse l'esprit.

— Dégottez-moi une fille ! réclame-t-il.

L'un de ses conseillers, Langdon Marvin, lui arrange une entrevue expresse et discrète – au fond d'un placard – avec une très jolie call-girl. Nixon, qui n'avait pas songé à en faire autant et dont ce n'était pas le genre, se retrouve terriblement crispé devant un Kennedy profondément détendu. Lequel fait évidemment bien meilleure impression que son concurrent. Qui sait si finalement, vu la très légère avance en voix qui fera de Kennedy le président des États-Unis, la victoire n'est pas due aux galantes prestations de cette « fille » dont le nom a injustement sombré dans l'oubli ? Quoi qu'il en soit, cette pratique des « ébats avant les débats » apparaît si efficace à son bénéficiaire qu'il en demande le renouvellement pour chacune des trois émissions qui suivent[11]...

Jackie, pendant l'été, parvient à tenir le coup. Elle trouve quelque réconfort dans de longues conversations téléphoniques avec sa sœur Lee. Celle-ci, l'année précédente, a épousé le prince Radziwill.

Malgré ce repos provisoire, Jackie appréhende les assauts de la presse et des photographes. Leurs intrusions ont redoublé depuis la victoire de son mari à la Convention. Elle devient de plus en plus nerveuse et maussade. Elle a peur de perdre son bébé. Les amis de John ne sont pas de trop pour la persuader qu'elle *doit* quand même se montrer le plus souvent possible aux côtés de son mari, comme Pat Nixon ne manquera pas de le faire avec le sien. Malgré les conseils de son médecin, elle fera tout de même le voyage de New York : on lui répète si souvent que sa présence y sera décisive ! Si John perd la partie, elle se le reprochera, dit-elle, toute son existence ! Et puis, d'après ses calculs, l'enfant doit naître au début de décembre un peu plus de trois semaines seulement *après* l'élection de novembre : comment se déroulera l'accouchement s'il a lieu sous le choc d'un tout récent désastre ?

Elle fera donc cet ultime effort électoral. Elle n'aura pas à s'en repentir : à Manhattan, debout à l'arrière de la voiture décapotable, le couple le plus photographié de l'histoire politique des États-Unis défile lentement sous une pluie de serpentins. Une foule énorme l'ovationne, et les gens se bousculent dans le seul espoir de *toucher* l'un ou l'autre. Lorsque le cortège passe à Wall Street, Jackie ne peut s'empêcher d'évoquer son père qui, confiera-t-elle plus tard, eût été si fier de la fille qu'il avait tant aimée.

L'espérance de la victoire n'empêche pas la jeune femme de manifester bien des signes de lassitude ou de mauvaises volontés. Souvent, restant dans sa chambre d'hôtel, elle refuse obstinément de se montrer au public qui la réclame, malgré les efforts des conseillers de John, voire de John lui-même. Lorsque celui-ci, après avoir choisi L. B. Johnson comme candidat à la vice-présidence, l'invite à Hyannis Port avec sa femme, Lady Bird Johnson, Jackie les reçoit d'une manière correcte. Mais lorsqu'ils reviennent, alors que John ne sait que faire pour leur être agréable, elle se comporte comme s'ils n'étaient pas là, oubliant toute diplomatie : elle se montre incapable d'oublier pour la circonstance les propos déplaisants que Johnson a tenus sur son mari au cours de la campagne. Elle agit de façon passablement égoïste, n'obéissant qu'à ses humeurs.

Hyannis Port. 9 novembre 1960. Sept heures du matin. Jackie apprend qu'elle est la première dame des États-Unis. À trente-et-un ans, elle est la plus jeune de toutes celles qui l'ont précédée au XXe siècle, lesquelles d'ailleurs avaient en général une bonne trentaine d'années de plus. La voilà donc délivrée du fardeau de la campagne. Elle est heureuse de voir John réaliser l'ambition qui est la sienne de longue date : prouver à Joe qu'il peut aussi bien faire que ce frère aîné qu'il lui avait préféré.

— *Now, bunny, you are president**, lui dit-elle tendrement, remplie de fierté.

Deux heures plus tard, le photographe Jack Lowe, dont les clichés précédents ont été fort appréciés par les Kennedy, se voit autorisé par eux à fixer ce moment historique. Il parvient à rassembler toute la famille dans le grand salon lambrissé, même Joe qui, intelligemment, avait toujours refusé d'apparaître aux côtés de son fils.

Toute la famille est là, mais pas Jackie. Où peut-elle bien être passée ?

— Il me semble l'avoir vu filer vers la plage, observe quelqu'un.

— Je vais la chercher, dit John.

Il la trouve marchant le long du rivage, solitaire et pensive… Il la prend doucement par la taille et la ramène à la maison[12].

---

* « Maintenant mon lapin, te voilà président »

Elle apparaîtra donc avec son mari au centre de la photo, au sein de cette famille dont, enfin, on le lui fait sentir, elle fait vraiment partie désormais.

Pourquoi, un peu plus tôt, s'est-elle échappée pour méditer, seule au bord des flots, fuyant la joie générale ? C'est qu'elle éprouve une profonde angoisse en songeant à ce que le pays tout entier va attendre d'elle. La perspective d'entrer à la Maison-Blanche l'avait quelque peu séduite. Cette idée, tant qu'elle restait une sorte d'abstraction, était d'autant plus agréable à caresser qu'elle n'entraînait pour elle aucune conséquence pratique, aucune obligation immédiate. Certes, sa participation à la campagne électorale avait déjà plus ou moins désorganisé son existence, et attiré sur elle l'insupportable attention des médias. Maintenant que John et elle vont disposer pour quatre ans au moins des clés de la Maison-Blanche, des centaines de millions d'Américains auront le regard braqué sur elle. Toute la presse et les photographes du monde entier vont la harceler ! Du temps d'Eisenhower, la Maison avait été pendant huit années un havre de paix et de tranquillité bourgeoises. Elle souhaite que ce soit encore le cas. D'autant plus qu'un second enfant étant sur le point de venir au monde, elle voudrait l'élever dans les meilleures conditions. Sera-ce possible ? Avant même que John soit élu, elle se trouve déjà traquée par la presse.

Et puis on va exiger de la nouvelle First Lady qu'elle s'attelle à un nombre infini de corvées, toutes plus ennuyeuses les unes que les autres, visites de crèches, d'hôpitaux, inaugurations d'écoles, déjeuners avec les femmes des notables américains, ou les épouses des chefs d'État étrangers, participation à des œuvres charitables...

Elle rêve au contraire de se livrer à des tâches plus conformes à ses aspirations et à ses goûts. Donc pas question non plus de s'impliquer dans des activités uniquement politiques. Les campagnes électorales auxquelles elle a participé l'en ont définitivement éloignée, pense-t-elle.

En revanche, des projets comme restaurer la Maison-Blanche, faire d'elle autre chose que le simple siège du pouvoir politique, plutôt un palais dont le peuple américain puisse être fier et qui soit aussi le rendez-vous privilégié des artistes du monde entier, voilà des objectifs exaltants. Ils sont pour elle le prolongement et l'accomplissement de tout ce qui l'avait passionnée lors de ses études à Farmington et à Vassar...

Trois jours après l'élection, le couple présidentiel quitte Hyannis Port pour sa demeure de Georgetown.

La Maison-Blanche n'est évidemment pas encore prête pour le recevoir. Du reste, l'investiture du nouveau président n'aura lieu que deux mois et demi plus tard. C'est à ce moment-là seulement qu'ils emménageront au 1600 Pennsylvania Avenue.

Jackie, femme active, ne veut pas rester trois semaines à ne rien faire en attendant son bébé. Avec son amie et conseillère Laetitia Baldridge, elle entend rénover complètement le style vieillot des dîners et des réceptions qui seront donnés là-bas. Elle convoque les chefs du personnel de la Maison-Blanche.

Pendant ce temps, John s'est installé à Palm Beach pour y discuter, avec son père et toute une équipe de stratèges, du choix des membres du futur gouvernement et des premières mesures à adopter. Il est bien entendu qu'il s'agira pour le président d'essayer de tenir les promesses qu'il a faites. En particulier concernant cette *nouvelle frontière* qu'il s'est engagé à faire atteindre par le pays, c'est-à-dire ces progrès décisifs dont il bénéficiera selon lui, en suivant la politique qu'il préconise. Noble entreprise, assurément, mais ô combien rude et ingrate, puisqu'il ne suffit plus, cette fois, de faire rêver les populations...

En fait, pour John, des difficultés d'un ordre tout différent vont bientôt compliquer sa tâche. À l'occasion de Thanksgiving *, désirant passer cette fête en famille, il rejoint pour un

* Fête annuelle célébrée le 4e mercredi de novembre, qui commémore le repas organisé par les Pères Pélerins en 1621 pour remercier Dieu de leur avoir permis de survivre.

bref moment Jackie et Caroline à Georgetown. Nous sommes le mercredi 21 novembre. Le jour de l'accouchement approchant, l'inquiétude de la future mère s'accroît. Comment oublierait-elle le sort tragique d'Arabella, son enfant mort-né ? À l'idée que son mari va repartir dès le samedi 24 pour la lointaine Floride, la laissant seule, elle l'implore :

— Reste donc ici avec moi jusqu'à l'accouchement. Ensuite, tu m'emmèneras là-bas avec toi...

John, très embarrassé, se voit obligé de refuser.

— Voyons chérie, il est normal que tu te sentes un peu nerveuse, mais tu oublies que je dois diriger un pays...

À peine le dîner terminé, une voiture vient chercher John pour le mener, en compagnie de ses assistants, à l'aéroport où l'attend le *Caroline*, son DC3 privé[13].

Même si elle n'est pas insensible aux arguments de son mari, Jackie a du mal à ne pas lui en tenir rigueur. Elle se sent de plus en plus angoissée. S'agissait-il d'un pressentiment ? Toujours est-il que, à peine deux heures après le départ de John, Maud Shaw entend un cri venant de la chambre de sa maîtresse : elle trouve Jackie en sang, se tenant le ventre. On alerte son obstétricien, le docteur Walsh.

Quelques minutes plus tard, une ambulance, sirène hurlante, transporte « une certaine madame Kennedy » – on ne l'avait pas aussitôt identifiée – au Georgetown University Hospital.

À bord du DC3 présidentiel secoué par une tempête, la radio fonctionnant mal n'a pu transmettre les appels adressés à John. C'est seulement à minuit, à sa descente d'avion, que l'on peut informer le président. Les remords l'assaillant, il décide de repartir aussitôt pour Washington, cette fois avec le DC6, d'ordinaire réservé aux journalistes – nettement plus rapide, il lui permettra d'arriver plus tôt au chevet de sa femme.

Entre-temps, le docteur Walsh a dû pratiquer une césarienne (la troisième) et mettre l'enfant en couveuse. Le nouveau-né, John Jr, pesant 2,8 kg, est néanmoins en bonne santé. Nous sommes le 25 novembre 1960.

— Décidément, je ne suis jamais là quand elle a besoin de moi, murmure Kennedy avec tristesse en descendant d'avion… à quatre heures du matin.

La presse, pour sa part, est lourdement présente. Plus encore qu'au séduisant Kennedy, c'est à la belle Jackie et à ses deux enfants qu'elle va consacrer désormais le plus clair de son temps.

C'est à cette époque que va prendre naissance cette adulation obsessionnelle dont vont bénéficier les Kennedy. Elle va, indépendamment de leur propre volonté, les assimiler définitivement à une famille royale comme elle avait déjà commencé à le faire avant même que John fût élu président des États-Unis.

Aussitôt après sa naissance, John Jr a droit à la une du *New York Times* et à celle d'une myriade de journaux. D'autre part, sa sœur, l'espiègle Caroline, qui vient d'atteindre ses trois ans, est devenue la mascotte des journalistes. Il est même des parents qui appellent leurs nouveau-nés John Kennedy ou John Fitzgerald. Aussi longtemps que Jackie reste en convalescence à l'hôpital, ses gardes du corps doivent en chasser des photographes qui se cachent dans des placards ou dans des vestiaires avec l'espoir de la surprendre au détour d'un couloir.

Deux semaines après la naissance de son fils, Jackie regagne enfin N Street. Bien qu'encore épuisée elle ne peut refuser l'invitation de Mme Eisenhower qui tient à lui faire visiter la Maison-Blanche. Elle en revient consternée : « Oh, mon Dieu ! dit-elle à sa secrétaire, c'est l'endroit le plus horrible du monde… Tellement froid et lugubre [...]. On dirait qu'il a été décoré par des soldeurs de mobilier[14]… »

De fait, habitée pendant huit ans par les Eisenhower qui étaient tout à fait indifférents au décor dans lesquels ils vivaient, la Maison-Blanche offre alors un spectacle désolant, vraiment indigne de la présidence d'un grand pays. Que dire des appartements privés ? Plafonds fissurés, moquettes et tapis tachés, papiers peints vieillots et décollés, tentures passées ou décousues…

Jackie y avait déjà songé, c'est à l'évidence une tâche qui s'impose à elle : restaurer complètement la vieille demeure. Ce ne sera ni la moins absorbante ni la moins compliquée de celles qui lui échoient.

Le président ne prendra ses fonctions que le 20 janvier suivant. C'est sur les marches du Capitole qu'il prononcera le discours traditionnel d'investiture, dans lequel il indiquera les grandes directions de la politique qu'il entend mener.

Comment Jackie va-t-elle se vêtir ce jour-là ? C'est bien entendu le plus urgent des problèmes qui s'offrent à elle. Pour des raisons évidentes, elle ne peut, malgré sa prédilection pour la haute couture française – Givenchy notamment – s'adresser à l'étranger. Elle passe alors en revue tout ce qui se fait de mieux dans la mode américaine, Bergdorf Goodman inclus, et choisit finalement Oleg Cassini. Elle lui demande de l'habiller « comme si John était le président de la France ». Par ailleurs elle souhaite être la seule qui porte la robe qu'il lui confectionnera :

— Je veux que la mienne soit unique et je refuse de contempler de grosses petites bonnes femmes sautillant dans la même[15].

Elle écrit à Cassini qui réside à New York, multipliant les recommandations. Et aussi les prévenances : « Prévoyez de rester dîner chaque fois que vous venez à Washington avec des esquisses – et distrayez le président et sa femme dans cette lugubre Maison-Blanche – et restez discret à notre propos, quoique je n'aie pas besoin de vous dire une chose pareille – vous avez trop de tact pour vous conduire autrement[16]. »

Le choix de Cassini ne déplaît pas à John : il lui est reconnaissant d'avoir été l'une des rares personnes qui l'aient aidé financièrement dans sa campagne électorale. Cassini, élégant play-boy qui appartient à la haute société, est, à l'instar de John, amateur de jolies filles. Si Kennedy a été l'amant de Gene Tierney, Oleg, pour sa part, en fut le mari et le père de ses deux filles. Les deux hommes ont eu l'occasion de se disputer les faveurs de maintes starlettes mais ils ont le bon goût d'ignorer ce sentiment vulgaire qu'est la jalousie…

Comment Jackie n'aurait-elle pas été séduite par la vision que le couturier se faisait de sa personne ? – « Quand je pensais à Jackie, je voyais une silhouette en hiéroglyphe : la tête de profil, les épaules larges, le buste mince, les hanches étroites, le cou allongé et un port de reine. Avec ses yeux de sphinx, elle avait tout de la princesse égyptienne classique Nefertiti[17]. »

Habilement, il lui montre que les vêtements qu'il lui propose relaient parfaitement le message politique de son mari : « une élégance pleine de jeunesse et de simplicité mais magistrale ».

De son côté, Jackie compte sur Cassini pour qu'il reste discret concernant ses achats. « Je ne veux pas avoir l'air d'acheter trop de vêtements. » C'est cependant ce que pense John. Heureusement Joe se montre beaucoup plus compréhensif que son fils :

— N'embêtez pas les enfants avec ces factures, dit-il à Cassini, adressez-les-moi, tout simplement.

Pendant les douze semaines qui séparent la prestation de serment de John de son entrée en fonction, Jackie travaille sans relâche. À Palm-Beach chez ses beaux-parents, décidée à entreprendre la rénovation de la Maison-Blanche, elle en examine l'intérieur, grâce à de multiples photos et plans d'architectes. Elle se documente sur les dimensions des 132 pièces comme sur la disposition des couloirs ou l'emplacement des cheminées. Consultant des dizaines d'ouvrages, elle s'intéresse de près à tout ce qui concerne l'histoire de l'illustre maison. Elle déplore que rien dans le mobilier ne soit antérieur à 1948. Quel scandale à ses yeux !

Il lui faut aussi écrire les cartes d'invitation de personnalités choisies pour participer à l'inauguration, le moindre oubli ou impair risquant de provoquer une catastrophe. Ne parlons pas des six bals qui l'attendent et du choix des toilettes qu'elle devra porter pour chacun d'entre eux.

Pendant ces cérémonies, elle le sait, elle sera la proie de centaines de journalistes ou « observateurs », autant d'espions qui épieront chacun de ses faits et gestes, à l'affût de la plus petite erreur.

Tel qu'il est, cet aperçu ne donne qu'une faible idée de la multiplicité des tâches qui attendent la future première dame. Et elles incombent à une femme épuisée, qui sort à peine d'un accouchement difficile.

Washington. 19 janvier 1961. Un peu avant midi, les premiers flocons commencent à tomber, avant qu'une violente tempête de neige ne s'abatte sur la ville. Lorsque la nuit tombe, la ville est en blanc, tout comme la robe de satin chatoyante que portera un peu plus tard Jackie pour se rendre avec le président au gala d'investiture à l'Arsenal National : un spectacle dont Frank Sinatra, aidé par Peter Lawford, est le producteur. La distribution en est prodigieuse puisqu'il rassemble les plus grandes vedettes hollywoodiennes. Il a été organisé pour récupérer en partie les deux millions de dollars déboursés pour la campagne démocrate. Inutile de dire que les invités – dix mille – ont été triés sur le volet. Naturellement, le prix est en conséquence : 1 000 dollars par tête…

Le lendemain matin à onze heures, la Lincoln présidentielle à toit transparent vient chercher les Kennedy, N. Street, pour les emmener à leur nouvelle demeure. Jackie porte un manteau en laine de teinte fauve orné d'un col de zibeline et un manchon assorti. Sur sa coiffure bouffante, une toque de couleur beige, placée légèrement en arrière. Ce style va définir pour des années l'image de la jeune femme, car d'innombrables photos vont le faire connaître, reproduites dans des milliers de publications. Ce phénomène n'eût pas été possible sans l'élégante allure et l'altière beauté dont bénéficiait Jackie.

Sans le vouloir, celle-ci exercera désormais sur le monde de la mode une influence sans précédent. Halston, le créateur de la toque qu'elle portait, nous en donne de pittoresques exemples : lorsque Jackie descendit de la Lincoln, le vent soufflait au point que, craignant de voir sa coiffure s'envoler, elle posa sa main dessus, la déformant quelque peu. Le creux ainsi apparu était visible sur les photos. Il n'en fallut pas davantage pour que les femmes se mettent à creuser leurs toques et les stylistes à créer des modèles comportant cette intéressante particularité.

Une autre fois, Jackie apparaît sur la couverture de *Life*, portant un manteau de léopard que lui avait offert son mari, manteau d'une valeur de 3 000 dollars. Il y eut alors une telle ruée sur cet article que les prix montèrent jusqu'à 4 000 dollars et que l'on dut inscrire le léopard sur la liste des espèces en voie de disparition.

Après quelques minutes passées à la Maison-Blanche où l'attend son prédecesseur Eisenhower, John Kennedy se rend au Capitole. Il y prête serment sur la vieille bible des Fitzgerald, devant Earl Warren le président de la Cour suprême. Il prononce alors ce discours d'investiture demeuré dans les mémoires pour son heureuse formule : « Ne vous demandez pas ce que votre pays peut faire pour vous, demandez-vous ce que vous pouvez faire pour lui. » Message qui parviendra à émouvoir toute la nation. Contrairement à l'usage qui veut qu'après avoir prêté serment le président embrasse son épouse, John, peut-être troublé par l'exceptionnelle atmosphère qui règne alors, par l'émotion qui le saisit, oublie de le faire. De toute façon, ni l'un ni l'autre n'ont une nature démonstrative. Ce n'est pas leur style. Écoutons plutôt Jackie nous confier ce qu'elle ressent lorsque son mari la rejoint : « J'étais si fière de John, dit-elle, j'avais tant de choses à lui dire. Mais je n'ai pu l'embrasser devant tout ce monde. Je me rappelle avoir simplement caressé sa joue de la main en lui disant : "Jack, tu as été merveilleux !" Et il a souri d'une manière si émouvante et fragile ! Il paraissait si heureux[18] ! »

Heureux, c'est vrai, et d'une manière quasi enfantine : il profite de quelques instants de liberté dont il bénéficie ces jours-là pour pénétrer dans le bureau ovale, s'asseoir dans le fauteuil présidentiel, le faire tourner, ouvrir et fermer les tiroirs... Aussitôt après, il lui faut assister au défilé traditionnel qui suit l'investiture : unités militaires, orchestres d'établissements scolaires avec leurs majorettes, chars fleuris. Tout cela, par un froid glacial et pendant trois heures et demie.

Jackie qui, contrairement à son mari, n'a pas encore eu recours aux injections du docteur Jacobson, reste très fatiguée des suites de son accouchement. Elle ne peut rester qu'une heure au défilé. N'y tenant plus, elle s'éclipse rapidement, gagne sa chambre au premier étage de la Maison-Blanche et s'écroule exténuée sur son lit.

À la fin de l'après-midi arrivent par cars entiers des membres souvent lointains des familles Kennedy et Bouvier. Ils viennent assister à une réception donnée en leur honneur dans la salle à manger d'apparat.

— Mais où est Jackie ? s'inquiète John, revenant du défilé.

Malheureusement, celle-ci, épuisée, refuse de descendre malgré les efforts de sa mère, notamment. D'autant plus qu'elle se réserve pour les cinq bals prévus le soir-même, véritable marathon de cérémonies auxquelles elle entend donner la priorité.

Chez les invités se répand un murmure de déceptions, puis de colère face à ce qui est considéré comme une grossièreté. Jackie s'en doute mais, après tout, il ne s'agit que d'une foule d'oncles, tantes, neveux, nièces, cousins qu'elle n'a pas vus pour la plupart depuis son mariage, et dont l'intérêt soudain qu'ils éprouvent pour sa personne ne lui fait guère illusion.

En revanche, elle se désole de l'absence de sa sœur. Celle-ci se trouve à Londres. Elle est victime d'une grave dépression, incapable de quitter sa maison de santé : sa fille Anna Christina, née prématurément, est en couveuse entre la vie et la mort.

Le soir, quand il est temps de se rendre au bal, Jackie apparaît enfin, absolument rayonnante, dans le Salon rouge. Elle en franchit la porte dans un bruissement de mousseline de soie, revêtue d'une robe de bal blanche au corsage brodé de fils d'argent. Elle a jeté sur ses épaules une élégante cape qui lui descend jusqu'aux chevilles.

Le président, accompagné de Lyndon Johnson, ne peut, à ce spectacle, réprimer son admiration :

— Chérie, ta robe est superbe. Tu n'as jamais été aussi belle !

La voici bientôt au premier des bals prévus, celui du Mayflower Hotel. Immédiatement, son allure fascine le public. Elle ne fait pas moindre impression sur la foule qui se presse au Statler Hilton, deuxième étape du parcours. À peine John est-il installé dans la stalle présidentielle qu'il ne peut s'empêcher de s'éclipser : il se rend à un étage supérieur de l'hôtel où son ami Sinatra reçoit nombre des artistes qui ont participé au gala de la nuit précédente, dont la belle Angie Dickinson. Il n'a pas pu résister à l'envie qui le tenaillait de la voir une seconde fois, ne fût-ce qu'une demi-heure. Lorsqu'il revient auprès de sa femme, l'air penaud, il porte sous le bras un numéro du *Washington Post* comme s'il venait de l'acheter à quelque kiosque des environs...

— Quelque chose d'intéressant dans le monde ce soir ? l'interroge ironiquement Jackie en lui jetant un regard glacé[19].

La belle Angie, cette superbe blonde de vingt-huit ans que John avait connue chez les Lawford, avait de quoi séduire... De son côté, celle-ci avait tout de suite été conquise. « Dès qu'on l'a présenté, j'en ai été dingue, comme tout le monde, dira-t-elle plus tard. C'était le tueur type, l'homme tellement charmant – le genre que votre mère ne souhaite pas vous voir épouser. »

Il est temps de se rendre à l'Arsenal, au bal le plus important. Là, des milliers de personnes font au couple une ovation debout : on assiste à une sorte d'immense vague d'admiration, un tsunami d'applaudissements qui balaie l'immense salle pendant près d'une demi-heure...

On n'avait jamais vu cela dans l'histoire des États-Unis !

Impensable sans Jackie, faut-il le dire ?

Cependant, vers minuit, la jeune femme, épuisée, n'arbore plus qu'un sourire figé. Elle est assez bonne comédienne pour que personne ne s'en aperçoive mais, à bout de forces, elle se retire discrètement. John, demeuré en pleine forme et débarrassé de sa femme, est bien décidé à abuser de sa liberté : il assiste aux deux autres bals. Cela ne lui suffit pas : il termine la soirée chez le chroniqueur Joseph Alsop. Celui-ci a organisé pour la circonstance une « petite fête » qui va combler le nouveau président : en effet, son dévoué beau-frère, Peter Lawford, y a fait inviter une demi-douzaine de starlettes tout droit venues d'Hollywood. Laquelle fera le bonheur du nouvel élu ? Chacune d'entre elles en rêve : ce sera le souvenir de sa vie. L'heure tourne, l'aube du 21 janvier commence à poindre. Malgré la fatigue qui commence à l'envahir, au terme d'un emploi du temps aussi encombré, le président a la bonté de choisir non pas une mais deux jeunes femmes.

Nous sommes au lendemain de l'investiture : il y avait pire façon d'inaugurer ce prestigieux mandat. En tout cas, elle ne manquait pas d'originalité...

Revenu à la Maison-Blanche, John escalade le gigantesque lit d'Abraham Lincoln qui lui est destiné. Il a tôt fait, et pour cause, d'être gagné par le sommeil, tandis que Jackie dort depuis longtemps de l'autre côté du hall dans sa propre chambre. Encore fatiguée, elle se lèvera très tard.

Dès son réveil, elle ne perdra pas de temps : l'après-midi de ce samedi 21 janvier, pendant que son mari a réuni son état-major dans le salon ovale, elle commence à discuter des projets de restauration de la Maison-Blanche, avec notamment sa décoratrice Sister Parish et John Walker, le directeur de la National Gallery of Art.

À présent, loin du public qui l'acclamait la veille, à l'intérieur des murs du palais présidentiel, on découvre une tout autre Jackie : chemise blanche toute simple, pantalon, mocassins, aucun maquillage, et, au lieu de la coiffure bouffante si savamment préparée, une masse de cheveux en désordre dont plusieurs mèches lui tombent sur les yeux !

Stupéfaction des domestiques :

— Comment arrive-t-elle à voir quelque chose ? murmure la gouvernante en chef, Mabel Walker.

Fâcheuse réflexion qui, trop haut formulée, lui vaudra d'être virée aussitôt de la Maison-Blanche et remplacée par Anne Lincoln, diplômée de Bryn Mawr et amie de la *First Lady*[20]. Le comportement de celle-ci est évidemment aux antipodes de celui de Mamie Eisenhower ou de Mme Trumann. Bien souvent, elle s'assied par terre ou sur le bord d'un bureau. Malheur à qui se croirait autorisé par cette attitude à quelque familiarité : elle n'en tolère aucune.

Très vite, elle tient à connaître l'ensemble du personnel et reçoit tous les domestiques par groupes de trois, leur donnant des instructions précises. Elle a raison : la Maison-Blanche est dans un état incroyable. La douche de Jackie ne fonctionne pas, la chasse d'eau de son WC est hors service, ce qui n'empêche pas qu'un garde du corps se place en faction devant les toilettes. Chaque fois qu'elle éprouve le besoin de s'y rendre, elle pouffe de rire et ironise.

— Il ferait mieux de réparer la chasse, observe-t-elle...

John et elle essaient d'allumer un feu de bois dans l'une des cheminées : ils ne réussissent qu'à enfumer toute la pièce. En vain s'efforcent-ils d'ouvrir les fenêtres : elles n'ont pas été ouvertes depuis si longtemps ! Depuis Theodore Roosevelt, au moins, plaisante Jackie. Quant aux stores de la Maison-Blanche, on ne peut les manœuvrer que très péniblement grâce à un lourd système de câbles et de poulies.

— J'ai l'impression d'être un marin qui essaie de replier une voile, dit-elle en riant.

Elle a horreur de tous les objets ridicules qui encombrent les pièces, tous ces cendriers, style « wagon Pullman », dit-elle, ces babioles en verre ou en cuivre. « À la poubelle, tout ça ! », de même que les miroirs victoriens qu'elle ne peut supporter. Dans un de ses *mémos* dont elle fait un usage aussi abondant que sa belle-mère, elle note sans ambages : « Maud Shaw (la nurse) n'aura pas besoin de grand-chose dans sa chambre. Contentez-vous de lui donner une corbeille en osier pour ses peaux de banane (elle en consomme une incroyable quantité) et une petite table pour le verre de son dentier, la nuit[21]. »

Grâce aux souvenirs laissés par J. B. West, majordome en chef qui passa vingt-huit ans à la Maison-Blanche, nous pouvons revivre l'intimité domestique de la *First Lady*. Terme que nous ne devrions pas utiliser, non seulement parce que c'est une expression journalistique qui ne correspond à aucune fonction officielle, mais aussi parce que Jackie la détestait. Elle jugeait qu'elle faisait songer à « ces noms ridicules dont on afflige les chevaux de course » et demandait qu'on l'appelât tout simplement Mrs Kennedy…

Les mémoires de West nous révèlent qu'à la Maison-Blanche Jackie n'a rien perdu du caractère facétieux et de l'humour dont elle faisait preuve, adolescente, pas plus que de son ironie cinglante. Le Salon lui fait penser à une « piste de patins à roulettes », le hall du rez-de-chaussée à « l'abri anti-bombes d'un cabinet dentaire ». Les tentures de la chambre à coucher sont d'un « vert mal de mer ». Ne parlons pas de l'ensemble du mobilier, qualifié de « camelote », et même de toute la Maison-Blanche qui n'est qu'un vaste « dépotoir » à moins qu'il ne soit comparé à la « Loubianka », la sinistre prison soviétique de Moscou.

Mais il faut, pour le personnel, que les choses soient bien claires. On ne badine pas avec la propreté : un nouveau mémorandum le précise : « Les 18 chambres et 20 salles de bains du deuxième étage doivent être nettoyées, les 147 fenêtres entretenues, les 29 cheminées prêtes pour une flambée, les 412 poignées de porte astiquées, les 1 000 mètres carrés de parquet du deuxième étage cirés, les 2 500 mètres carrés de marbre lavés et relavés, les moquettes et tapis passés à l'aspirateur trois fois par jour (matin, midi et soir), les 37 pièces du rez-de-chaussée époussetées deux fois par jour (matin et soir). »

Lorsque les instructions de Jackie sont données verbalement, elles n'en perdent pas pour autant leur valeur impérative. Il ne faut pas s'y tromper même si elles sont présentées dans un murmure et comme une simple suggestion dans le style : « Ne pensez-vous pas que… ? » ou « Ne serait-ce pas le moment de… ? » En vérité, il s'agit d'ordres purs et simples auxquels il en coûte cher de ne pas obéir. Par exemple, si elle « souhaite » que serviettes de toilettes et draps de bains soient changés trois fois par jour, cela doit s'entendre littéralement même si cette fréquence paraît excessive.

Malgré sa détermination, il est des moments où Jackie sombre dans le découragement : celui, par exemple où, se confiant en toute simplicité à une domestique qu'elle connaît de longue date, elle avoue :

— Je suis ici comme dans un bocal à poissons rouges, avec les poissons à l'extérieur.

Mais que veut-elle dire au juste ? Nul plus que Pierre Salinger, le chargé de presse du président, ne se trouve qualifié pour évoquer le sort de Jackie :

« Imaginez que vous habitez une maison ancienne, mais assez bien installée, au centre d'une grande ville. Elle compte trois étages, mais, pendant la moitié de la journée au moins, vous ne pouvez utiliser deux de ces étages parce qu'ils sont pleins de touristes qui examinent avidement tous vos meubles et jettent par terre toutes sortes de détritus.

« Il vous faut beaucoup recevoir. En fait, dans le courant de l'année, il peut arriver que vous donniez jusqu'à 10 grandes réceptions de 2 000 invités et d'innombrables “soirées intimes”... de 150. Votre employeur prend à son compte la plus grosse partie de la note pour ces dépenses mais, si vous tenez à bien faire les choses, il vous faut aussi en mettre pas mal de votre poche.

« La maison est entourée d'un grand parc, encerclée de hautes grilles infranchissables. L'accès est en outre surveillé par des gardiens aux portes, et quiconque entre ou sort de chez vous doit décliner son identité. Si vous voulez profiter de ce vaste parc pour aller prendre l'air, vous découvrirez littéralement par centaines accrochés aux grilles des gens qui vous regardent. Si vous voulez sortir de chez vous pour aller rendre visite à quelqu'un, tout un groupe de quidams vous accompagne, certains dans votre propre voiture, d'autres dans une auto à l'aspect bizarre qui vous accompagne partout où vous allez [...]. Si vous voulez aller passer des vacances, il nous faut emmener aussi les principaux membres de votre entreprise ainsi qu'un minimum d'une cinquantaine de journalistes. Enfin, bien que vous ne payiez pas de loyer pour la maison, ceux qui l'ont mise à votre disposition peuvent vous en expulser tous les quatre ans, et alors il vous faut trouver un autre endroit pour vivre[22]. »

Pour l'instant, l'une des tâches les plus urgentes qui s'imposent à Jackie est d'installer le mieux possible Caroline et John Jr. Ce n'est pas simple, car ce vaste palais doté de pièces aux dimensions impressionnantes n'est pas fait pour des enfants : ne risquent-ils pas de s'y sentir perdus ? Jackie leur fait donc aménager un espace spécial, plus à leur mesure, une nursery aux couleurs vives. Sur les murs, des personnages de bandes dessinées susceptibles de les divertir. Un Disneyland en miniature. Sur une pelouse toute proche, elle leur fait installer une aire de jeux, avec des balançoires, un trampoline, un petit tunnel, un toboggan, des niches pour les chiens de la famille, plus tard une écurie pour les poneys. Mais elle redoute les téléobjectifs des touristes. C'est certain, ils vont mitrailler les enfants à travers les barreaux exactement comme ils le font au zoo, avec… les chimpanzés. Elle fait planter alors tout autour des haies de rhododendrons. Leur hauteur est calculée de manière à ne laisser apercevoir que les têtes des adultes. Ce n'est qu'un pis-aller : « Quel est le président qui aura le courage de construire un mur en briques ? », dit-elle. Elle aurait bien voulu y ajouter un fossé rempli de crocodiles, commentait J. B.West, le majordome.

Bien entendu, après avoir remis à neuf et remeublé les appartements privés de la présidence, Jackie est décidée à *restaurer* la Maison-Blanche : elle tient à ce que l'on utilise ce terme et non pas celui de *redécorer* qui lui semble impropre. Car elle entend que cette demeure redevienne ce qu'elle n'eût jamais dû cesser d'être : la fidèle image du patrimoine artistique des États-Unis. Elle doit faire revivre pour les citoyens américains leur passé. Quand elle est arrivée à la Maison-Blanche, elle a été stupéfaite et révoltée de n'y rien trouver – absolument rien – d'authentique. Elle aurait eu honte par conséquent de rester quatre ans dans cette demeure sans rien tenter pour la rendre digne du pays.

Très francophile et particulièrement impressionnée par ses visites à Versailles, Jackie entend faire de la Maison-Blanche une sorte de Versailles des États-Unis. Noble ambition, mais tâche immense. D'autant plus que son projet implique la restauration de Blair House, la résidence réservée aux chefs d'état invités par le président, mais également celle de Lafayette Square, toute une série d'immeubles de bureaux officiels et de maisons privées de style fédéral situés en face de la Maison-Blanche, de l'autre côté de Pennsylvania Avenue.

Elle a tôt fait de se mettre à la besogne : elle demande à visiter les immenses magasins de Fort Washington où l'on a entreposé de longue date une foule de meubles et objets de la Maison-Blanche estimés inutiles ou démodés. Son goût et ses connaissances en matière artistique – qu'étaient loin de posséder celles qui l'avaient précédée – lui permettent de faire maintes découvertes inattendues. Ce qui avait indûment été mis au rancart reprendra place dans le palais. Ainsi des tapisseries d'Aubusson ou des bustes de marbre, d'un service de porcelaine de Lincoln…

Il est impossible à Jackie d'assurer seule la réalisation d'un projet aussi ambitieux : elle se fait aider par Sister Parish et John Walker ; elle crée ensuite un poste de conservateur de la Maison-Blanche qu'elle confie à Lorraine Pearce. Elle réunit plusieurs comités de conseillers et d'experts pour collaborer à son entreprise et collecter des fonds. Ainsi un comité des beaux-arts – un comité spécial pour les peintures –, également une association historique de la Maison-Blanche. Elle demande à Henry F. Du Pont – de la riche famille des industriels de la chimie – de présider ce dernier comité. C'est un grand connaisseur du mobilier américain, ancien propriétaire de Winterthur, une superbe demeure-musée où il a accumulé d'authentiques trésors.

Jackie devra affronter bientôt quelques problèmes. Sans en prévenir Du Pont, elle engage un célèbre décorateur français, Stéphane Boudin, qui a pour client, entre autres, le duc de Windsor. Car au temps du président Monroe (1817-1825) la

Maison-Blanche était entièrement meublée en style Empire. Jackie estime donc nécessaire qu'un Français intervienne. Le malheur est que les deux hommes ne sont d'accord à peu près sur rien : choix et emplacement des meubles et des tableaux, couleur des murs... Et le fait que l'un soit quasi sourd et l'autre dur d'oreille n'arrange rien, malgré la grande courtoisie qu'ils se manifestent. Deux clans se forment et s'opposent. Cette situation entraîne maintes complications et des travaux supplémentaires. Nombre de pièces doivent être repeintes et réaménagées. Jackie doit demander de considérables rallonges budgétaires et accepter que de riches amies, telles Bunny Mellon ou Jayne Wrightsman, l'aident. Tout cela agace son mari qui, une fois de plus, se plaint de voir son appartement continuellement en travaux. Il n'apprécie pas davantage d'entendre sans cesse parler de nouvelles dépenses – auxquelles il doit faire face personnellement – même si, étant donné sa fortune et celle de son père, il ne s'agit au fond que de sommes dérisoires. D'une façon générale, la crainte d'irriter son mari dans ce domaine place souvent Jackie dans des situations embarrassantes. Ainsi lorsqu'elle a amené ses six domestiques et secrétaires à la Maison-Blanche, les faisant salarier par l'État, elle ignorait que leurs rémunérations seraient prélevées sur le budget de fonctionnement de la présidence. On devrait donc licencier un nombre identique de membres du personnel en place...

— Ce serait d'un effet déplorable, à moins, bien sûr, que vous ne preniez en charge ces frais supplémentaires, suggère West respectueusement.

Cette proposition, on l'imagine, ne fait pas l'affaire de Jackie. Elle redoute la colère de son mari, d'où cette étonnante réplique :

— Nous n'avons pas d'argent pour ça. Mon mari n'est qu'un employé fédéral [*sic*] comme les autres membres de l'équipe de la Maison-Blanche[23]...

En tout cas, lorsqu'il s'agit de réaliser son gigantesque projet de rénovation, Jackie ne manque pas d'esprit d'initiative. Elle sait trouver de l'argent, elle obtient que le Congrès vote une loi conférant à la Maison-Blanche le statut de musée d'État : ainsi le montant des dons est-t-il déductible des impôts. Ce ne sera pas suffisant. Cette restauration se révèle un gouffre.

Elle imagine alors de faire publier le premier guide de la Maison-Blanche. « Il ne se vendra pas », lui objecte-t-on. Elle fait fi de cette mise en garde. Elle sera le maître d'œuvre de l'ouvrage, avec une volonté et une détermination implacables. Pour en assurer le succès, elle fait d'abord faire aux Américains, sous l'égide de CBS, une visite télévisée des lieux. Le succès est énorme : quarante-six millions de téléspectateurs suivent l'émission. Ils s'accoutument après quelques minutes d'étonnement à l'étrange voix enrouée de Jackie et à son regard de biche prise dans la lumière des phares. Tous les records d'audience sont battus et c'est pour la jeune femme un très vif succès personnel.

John lui-même est très impressionné par cet exploit et encore davantage par le fait que sa femme soit parvenue à imposer l'idée de rénover complètement la Maison-Blanche. Quant à son livre, *The White House : an historic guide*, il sera vendu en quelques années à 4 400 000 exemplaires. Ce best-seller aura rapporté beaucoup plus que n'a coûté la seule restauration du palais présidentiel.

Absorbée par les travaux de restauration auxquels elle s'est consacrée, Jackie supporte mal les recommandations de son entourage concernant les prétendus « devoirs » de la *First Lady*. Elle est toujours décidée à les ignorer.

— Pourquoi irais-je traîner dans les hôpitaux à jouer les dames de charité, alors que j'ai tant à faire ici pour rendre cette maison vivable ? Je me contente de leur envoyer des fruits, des noisettes et des fleurs[24].

Pour éviter ces corvées, elle envoie à sa place Lady Bird Johnson, l'épouse du vice-président. N'est-elle pas le personnage idéal pour remplir cette noble fonction ? Au surplus, elle a, pense-t-elle, l'âge et le physique de l'emploi. Aussi, en 1961, c'est à plus de cinquante reprises que Jackie demande à Mrs Johnson de la remplacer.

Contrairement à Mamie Eisenhower ou à Eleanor Roosevelt, Jackie exècre par-dessus tout les déjeuners de dames, avec tout ce qu'ils comportent à ses yeux de conventionnel, d'attendu, de profondément ennuyeux en somme. Lorsque les femmes des « représentants » (députés) donnent un dîner en son honneur, elle n'y assiste pas, c'est John qui la remplace et leur présente ses excuses. Un peu plus tard, on apprendra – horrible scandale – qu'elle avait préféré aller à New York pour assister à un ballet. Une autre fois, plutôt que d'accueillir des milliers d'étudiants étrangers venus visiter la Maison-Blanche, elle préfère se rendre à une partie de chasse au renard...

En ce qui concerne les femmes, à l'exception de sa sœur Lee, Jackie ne les aime guère. Est-ce la conséquence des relations tendues qu'elle a connues avec sa mère ? Ou bien parce qu'elle sent bien que, de leur côté, les femmes ne l'apprécient pas. D'ailleurs, il suffit de lire les témoignages qu'elles apportent. Même parmi ceux qui lui sont le plus favorables, on trouve souvent ici et là quelque remarque perfide, quelque observation blessante plus ou moins destinée, sinon à la rabaisser, du moins à réduire fortement la portée des éloges qu'elles ont pu par ailleurs lui adresser. Que lui reprochent-elles au juste ? *First Lady,* certes, il est difficile de trouver plus enviable mais l'être si jeune, à la trentaine, ce l'est encore davantage et – c'est un comble – être si belle, si séduisante, si élégante, si intelligente et cultivée et si riche, décidément ce n'est pas pardonnable. Enfin *the last but not the least,* être l'épouse d'un John Kennedy, l'un des hommes les plus séduisants de la planète...

On ne s'étonnera pas que Jackie, dont les activités à la Maison-Blanche sont si absorbantes, veuille s'assurer périodiquement quelques jours de repos, du moins d'indépendance, loin de l'agitation qui règne à Washington. Il lui faut une maison de campagne où ses enfants et elle-même puissent se retrouver pendant quelques longs et tranquilles week-ends, ne serait-ce, par exemple, que deux fois par mois. Pour elle et sa famille, n'est-ce pas une question d'équilibre ? Si, comme elle l'espère, John vient l'y rejoindre, ce sera peut-être un moyen de maintenir l'harmonie du couple réuni dans une commune affection des deux enfants. Tâche d'autant plus indispensable qu'elle n'ignore pas le tempérament volage de son mari.

Elle demande donc à John de lui louer la propriété de Glen Ora : un petit château à la française, avec un joli parc au milieu de 160 hectares de bois et de prairies que Jackie pourra parcourir à cheval. Le domaine est situé à une heure de Washington, près de Middleburg en Virginie. La nouvelle locataire est ravie : elle préfère même cette propriété à Merrywood. Elle n'a obtenu qu'un bail d'un an. N'importe ! Elle en profitera pleinement, faisant de longues promenades à pied ou à cheval, et enseignant l'équitation à la petite Caroline. Mieux encore, comme elle l'a espéré, John y passe la plupart de ses week-ends.

Il s'agit d'une location meublée, assortie, on l'a vu, d'un bail très bref. Pourtant, Jackie, très exigeante en matière de décoration, ne se satisfait pas, même pour un an, du cadre de vie que lui offre la propriétaire. Sans même l'en informer, elle engage d'importants travaux et à grands frais, fait redécorer entièrement les lieux. Résultat : lorsque les Kennedy quittent Glen Ora, ils sont aussitôt priés de tout remettre en état : nouvelles dépenses qui, bien entendu, exaspèrent John…

Dans un tout autre domaine, l'omniprésence des agents de la sécurité chargés de les protéger lui et sa famille l'agace. Où qu'ils se rendent, ils sont là. Ils savent à chaque minute à quel endroit exactement chacun d'eux se trouve. Aussi échangent-ils continuellement des *messages* où il est question de *Lancer* (le président), de *Lace* (Jackie) de *Lyric* (Caroline) ou de *Lark* (John Jr) et de leurs faits et gestes*. Et ce n'est pas un hasard si ces noms de code commencent tous par la lettre qui dans l'alphabet suit immédiatement le K de Kennedy.

* *Lancer* : le lancier ; *Lace* : la dentelle ; *Lark* : l'alouette.

À Glen Ora, en pleine campagne, la présence de ces hommes est forcément beaucoup plus visible qu'à Washington. Si évidemment elle frappe Jackie, elle l'inquiète surtout, car elle lui rappelle sans cesse les dangers qui menacent John, les enfants et elle-même.

Encore ne sait-elle pas tout : quelques mois plus tôt, au Georgetown University Hospital, malgré la présence de nombreux policiers en civil, un individu s'était introduit dans l'établissement et était parvenu sous la fenêtre de Jackie. Elle venait d'accoucher de John. Une infirmière l'avait repéré. Il était porteur d'un paquet renfermant cinq bâtons de dynamite. Sur les ordres du président, on n'en avait pas soufflé mot à Jackie, ni d'ailleurs à la presse[25].

Cet exemple n'est pas isolé. La vie du couple Kennedy en est même parsemée.

Dimanche 11 décembre 1960, un mois avant l'investiture de Kennedy. Palm Beach (Floride), résidence de Joe Kennedy – où Jackie passe quelques jours de repos, après la naissance de son fils, en compagnie de son mari, de Caroline et du nouveau-né.

À 9 h 50, une voiture noire s'approche lentement de l'entrée du bâtiment. Au volant, un certain Richard P. Pavlick. Originaire du New Hampshire, il est descendu la veille dans un motel des environs. Son véhicule, bourré d'explosifs, est doté d'un ingénieux système de mise à feu. C'est une sorte de cran d'arrêt analogue à celui des couteaux à lame pliante. Il suffit de le refermer.

Pavlick sait que peu avant 10 heures Kennedy va monter dans sa voiture pour se rendre à la messe. À ce moment-là, il précipitera son véhicule contre celui de JFK et actionnera le dispositif. Ce sera une terrifiante explosion.

Elle lui coûtera la vie ainsi qu'au chauffeur et au garde du corps de celui qu'il vise, il le sait mais il aura atteint son but : tuer Kennedy.

Effectivement arrive la grande Lincoln présidentielle. Bientôt la porte de la résidence s'ouvre, livrant passage à Kennedy mais aussi à Jackie, à Caroline, à John Jr dans les bras de sa nurse.

Pour le kamikaze c'est la catastrophe. Il n'avait pas songé à la présence éventuelle de Mrs Kennedy et des enfants. Il n'est pas question qu'il leur fasse le moindre mal.

Alors il s'en va.

Trois jours après, il se fait arrêter pour conduite dangereuse. On découvre qu'il figure sur la liste des gens qui ont proféré des menaces contre le président. Les agents du Service secret se chargent de lui : il avoue tout. Condamné pour tentative de meurtre, il passera six ans en prison, puis en hôpital psychiatrique. Quand il sortira en 1967, il y aura trois ans que son sinistre projet aura été exécuté… par un autre.

Incontestablement, Jackie, par sa seule présence au moment opportun, aura sauvé son mari. Sans elle – cas unique dans l'histoire de ce pays –, le président des États-Unis serait mort avant même d'être investi.

Quelques jours plus tard, un geste mal interprété par les gardes du corps fait croire à un attentat. Cette fausse alerte cause une vraie panique chez la pauvre Jackie.

— Nous ne sommes que de vulgaires marionnettes dans un tir forain[26], se plaint-elle.

Elle est d'autant plus inquiète qu'elle a malheureusement entendu la réponse de l'un des gardes à son mari ; il lui demandait jusqu'à quel point on pouvait garantir sa sécurité et celle des siens.

— Oh ! Vous savez, il y a toujours des failles dans nos dispositifs. Si quelqu'un veut vraiment le faire, il risque bien d'y parvenir.

Pendant les trois années qui vont suivre, contrairement à son mari, Jackie vivra sans cesse avec cette crainte latente de l'imprévisible attentat.

Sans jamais le laisser paraître.

Quelle idée le public se ferait-il d'elle sinon ? Mrs Roosevelt, Mrs Trumann, Mamie Eisenhower avaient su garder une attitude d'extrême dignité, fût-ce dans les pires moments. Elle se doit d'avoir un comportement identique.

Il est d'autres domaines dans lesquels elle se gardera bien de les imiter. Jusque-là, les réceptions à la Maison-Blanche étaient tristement célèbres pour leur atmosphère guindée, en particulier sous les Eisenhower. Jackie veut changer tout cela : à présent, au lieu de se borner à accueillir les invités à l'entrée, le couple présidentiel se mêlera à eux, de façon à engager tout de suite des conversations familières. C'est d'autant plus nécessaire d'ailleurs que Jackie, par sa beauté, son allure, son élégance, intimide et même pétrifie parfois ceux qu'elle rencontre.

Pour y remédier, elle décide que l'on servira désormais de l'alcool – champagne et cocktails – à ses hôtes, ce qui ne se faisait pas jusqu'alors. Rien de tel pour détendre l'atmosphère. Au sein de cette Amérique encore puritaine, cette innovation ne plaira pas à tout le monde. Jackie s'en moque. Autre nouveauté : remplacer l'immense et traditionnelle table en U par toute une série de tables à huit ou dix, infiniment plus conviviales. Pour créer un climat plus intime, elle fait multiplier bougies et fleurs. Et la musique ? Ce sera en général un quatuor à cordes qui, en jouant de manière discrète, contribuera largement à l'agrément des dîners. Naguère ennuyeuses corvées, ils se métamorphosent en fêtes par la grâce de Jackie.

Cependant, pareils résultats ne s'obtiennent pas sans des changements profonds dans bien d'autres domaines. Ainsi Mrs Eisenhower – était-ce sous l'influence de son mari – avait pris l'habitude de s'adresser aux membres du personnel sur un ton quasiment militaire. Elle ne demandait pas, elle ordonnait. Sur un tel ton qu'on n'osait même pas solliciter le moindre éclaircissement sur la façon d'appliquer ses ordres. Beaucoup plus souple, Jackie, on l'a vu, semblait au contraire suggérer plutôt qu'imposer ce qu'au fond elle exigeait avec autant de force que sa devancière. Dans cette volonté de changement, au lendemain de réceptions officielles, elle ne manque jamais de remercier par écrit les membres du staff qui ont concouru à la réussite de la soirée.

D'autre part, elle avait noté que l'huissier annonçait l'arrivée du président des États-Unis et de son épouse, mais ne soufflait mot de celle du vice-président et de Mrs Johnson, comme s'ils n'en valaient pas la peine. Désormais, sur ses instructions, on le fera. Est-il besoin de dire que les Johnson lui en seront toujours reconnaissants ?

Autre révolution : Jackie a partiellement « francisé » le mobilier de la Maison-Blanche. Elle ose agir de même pour la cuisine. Elle recrute un chef français, René Verdon, et un chef pâtissier, René Louvat, qui faisaient les beaux soirs de la Caravelle, l'un des meilleurs restaurants de Manhattan. Naturellement la presse reprochera à la *First Lady* d'avoir engagé des « étrangers ». Qu'à cela ne tienne, elle leur obtiendra une naturalisation – express. Ce qui ne désarmera pas entièrement les critiques d'autant plus que, paraît-il, René Verdon, exalté par cette fulgurante promotion, sombrerait dans la mégalomanie et, affligé d'une susceptibilité de *prima donna*, se rendrait pénible par son mauvais caractère. Peu importe ! Soutenu par Jackie, aux yeux de laquelle il représente la gastronomie française, il est intouchable.

Reste à Jackie ce qui à ses yeux est la mission la plus importante qu'elle s'assigne : faire de la Maison-Blanche un exemple de ce qui existe de plus raffiné dans le monde de la culture. Elle n'ignore pas – et elle le déplore – que si aux États-Unis de riches particuliers sont souvent d'efficaces mécènes, le gouvernement, pour sa part, ne fait pas grand-chose en faveur des arts.

Nul doute que cette excellente connaisseuse de la civilisation française n'ignore pas le rôle décisif qu'a joué à cet égard Louis XIV qui s'était voulu le grand protecteur des arts et des lettres, l'ami des plus grands artistes et des meilleurs écrivains, ce qui a donné à son pays dans le monde d'alors un éclat sans égal. Elle sait aussi que John, accaparé par des problèmes internationaux d'une extrême importance, ne peut accorder à cette question l'attention voulue.

C'est à elle de s'en occuper : elle en est immédiatement convaincue. Dans ce domaine, elle accomplira ce que jamais aucune *First Lady* n'avait entrepris. La liste de ses invités à ses réceptions est significative. Quelques noms ? Tennessee Williams, Igor Stravinski, Robert Frost, Greta Garbo, André Malraux, George Balanchine, Rudolf Noureev, Carl Sandburg, Elia Kazan, Gian Carlo Menotti... Un soir, c'est un dîner en l'honneur de tous les lauréats américains du prix Nobel.

Après le dîner ont lieu des concerts, dont les interprètes sont célèbres dans le monde entier. On peut y écouter le violoncelliste Pablo Casals, ou le violoniste Isaac Stern. Leonard Bernstein y donne des versions orchestrales de ses œuvres. D'autres fois, les dîners sont suivis de lectures littéraires. Où des acteurs interprètent des scènes extraites de Shakespeare par exemple. Ce sont aussi des séances de cinéma au cours desquelles sont projetées des œuvres de Truffaut, de Resnais ou de Fellini.

Sous l'impulsion de Jackie, la Maison-Blanche n'est plus seulement le centre de la vie politique américaine. Elle anime désormais très brillamment la vie artistique et littéraire de son pays. La Première dame s'est métamorphosée en ministre officieux de la Culture : elle est le Malraux US.

Le président, même s'il suivait avec intérêt les efforts de son épouse, ne s'attendait pas à la voir si brillamment triompher. Elle avait réussi à obtenir ce qu'aucune autre de ses devancières n'avait osé entreprendre – si tant est qu'elles en aient jamais eu l'idée.

John découvre ainsi une nouvelle épouse dont il est particulièrement fier. Lorsque, devant ses amis, il évoque ses initiatives et réussites, qu'il s'agisse de la restauration de la Maison-Blanche ou de la façon dont elle est parvenue à lui donner un lustre artistique et intellectuel jusqu'alors inconnu, ses yeux brillent d'une flamme nouvelle. Le talent dont Jackie a fait preuve en la circonstance parvient à renforcer l'union du couple.

Cette harmonie est d'autant plus indispensable que la vie quotidienne des deux époux ne peut qu'être profondément bouleversée par les immenses responsabilités dont John est à présent investi et par le cadre dans lequel il exerce ses fonctions. Si à la Maison-Blanche, les Kennedy disposent d'importants privilèges, nombreux et accablants sont les devoirs et les contraintes que comporte leur situation dans la société américaine d'alors.

Leur vie de famille va être rythmée par un emploi du temps qui restera à peu près inchangé pendant la période d'environ mille jours qu'ils vont passer à la Maison-Blanche, au « Château » comme l'appellent les personnes qui y travaillent.

Chacun des époux a sa chambre. C'est le président qui est le premier debout, vers les huit heures, pour prendre un solide petit déjeuner à l'anglo-saxonne. Il lit ensuite les journaux dans son bain, s'habille et, dès neuf heures, gagne le Bureau ovale, escorté par la petite Caroline. De son côté, celle-ci rejoint ensuite l'école que Jackie a organisée au troisième étage, école dont profitent aussi seize autres enfants, fils de membres du personnel et de quelques amis du couple.

Pendant la matinée, les époux n'ont guère l'occasion de se voir. Jackie se lève un peu – ou même beaucoup – plus tard que son mari, selon ses occupations de la soirée précédente. On lui apporte son petit déjeuner sur un plateau. Après avoir feuilleté les journaux, elle dicte à Mary Gallagher[27], sa secrétaire, pendant plus d'une heure, une foule de notes, de mémentos et de lettres portant sur quantité de sujets. L'heure suivante est consacrée à une marche rapide – et solitaire – dans le parc qui entoure la Maison-Blanche. De retour, Jackie s'assied aussitôt pour travailler à son secrétaire Empire, le meuble le plus précieux de la Maison à ses yeux, puisqu'elle l'a hérité de Black Jack.

C'est seulement vers une heure et demie que John sort de son bureau. Ce n'est pas pour déjeuner ; auparavant, il faut, selon la prescription du docteur Travell, qu'il nage chaque jour une demi-heure dans une eau à 25 °C. Fort heureusement, une spacieuse piscine couverte est à sa disposition dans la Maison-Blanche même. Cet exercice quotidien se déroule dans des conditions un peu particulières : John, qui n'a jamais eu de problèmes de pudeur physique, tient à se baigner entièrement nu. D'autre part, détestant nager seul – il craint de s'ennuyer – il tient à tout prix recruter un compagnon qui puisse le distraire pendant ce qu'il aurait vite fait de considérer comme une corvée. Il va sans dire qu'il n'a pas trop de mal à trouver dans son entourage un homme qui veuille bien faire plaisir au président des États-Unis… Le plus assidu d'entre eux n'est autre que Dave Powers, l'un de ses plus proches conseillers. Dave sera vite surnommé le « bouffon du Roi » tant sont remarquables sa jovialité, son humour, sa façon irrésistible de narrer les « potins » dont John est si friand : ils lui font oublier momentanément la gravité des problèmes de politique intérieure ou extérieure dont il lui a fallu s'occuper toute la matinée.

Vêtu d'un simple peignoir de bain, John regagne alors par un itinéraire discret le deuxième étage où se situent ses appartements privés : il y retrouve Jackie, laquelle l'attend dans le salon. C'est là qu'ils déjeunent, très sobrement, d'ailleurs : Jackie se contente en général d'un sandwich au fromage passé au four et lui d'un hamburger.

Pendant les deux heures qui suivent l'arrivée de John, les Kennedy tiennent à être seuls : pas de domestiques, pas de coups de téléphone, pas de messages qui puissent troubler leur intimité ! C'est le moment de la sieste, qu'ils font chacun dans leur chambre, parfois ensemble. Dans ce dernier cas, le valet de chambre George Thomas, qui a ordre de réveiller le président à trois heures et demie, fait en sorte de ne pas déranger la *First Lady* qui sommeille à ses côtés.

Pendant que John retourne à son travail, Jackie consacre quelques minutes à Caroline et à John Jr (ou John, double prénom dont l'affligeait la presse depuis qu'un journaliste avait un jour entendu son père l'appeler avec impatience John ! John !). Elle adore jouer avec eux et, fait assez rare pour qu'il mérite d'être signalé, elle semble retrouver pleinement son âme d'enfant, s'amusant comme une gamine… Malheureusement, il lui faut retourner à son bureau où l'attend une montagne de courrier. Il est si abondant que Mrs Gallagher devra apprendre à imiter la signature de Jackie pour y répondre à sa place.

Ensuite Jackie assiste au bain de ses enfants, bavarde avec eux pendant qu'ils dînent ou leur lit une histoire, et va les coucher.

Pendant ce temps-là, le président, qui a quitté ses bureaux vers cinq heures et demie, retourne un moment à la piscine, toujours avec Dave Powers – ou avec Ken O'Donnell –, puis se douche et change de costume. On ignore généralement que John, maintenant très soucieux d'élégance, en change trois fois par jour, et ne s'adresse qu'aux tailleurs américains les plus réputés. Très attentif à son image, il s'arrange pour ne jamais porter de lunettes en public. Il s'emporte violemment contre un photographe de *Newsweek* par la faute duquel on apprend qu'il en a besoin.

De son côté, Jackie, habillée très simplement d'un pantalon et d'un pull, s'oblige à mettre une robe pour le repas du soir, même en dehors des nombreuses réceptions que donne le couple et des soupers qu'ils ont avec quelques amis de longue date comme les Cooper, les Bradley ou les Bartlett grâce auxquels ils se sont connus. Ils prennent très souvent en tête-à-tête leur repas du soir. Après quoi ils lisent ou se font projeter des films : ce sont, à la demande du président, des films de guerre, d'aventures ou des westerns. Quoiqu'ils ne répondent guère aux goûts de Jackie, celle-ci, en épouse dévouée, feint de s'y intéresser. Curieusement, John est un de ces hommes qui ne peuvent rester en place : il s'éclipse au bout de vingt ou vingt-cinq minutes. En définitive, il préfère lire.

Il est évidemment difficile d'évoquer avec fidélité l'atmosphère qui règne au sein du couple Kennedy, les sentiments qui les animent. D'autant plus que, dans les riches milieux du Nord-Est où chacun d'entre eux avait été élevé, il n'était pas habituel et il semblait vulgaire de laisser paraître ses émotions – fût-ce dans l'intimité. John lui-même, dès son enfance, avait horreur qu'on l'embrasse. Même qu'on le touche. Il ne pouvait supporter la vue de couples qu'on eût dit, raillait-il, « collés l'un à l'autre », alors qu'ils se trouvaient sous les yeux du public.

Une chose est certaine : ils aiment rire ensemble. Écoutons Tish Baldridge, la jeune femme chargée des relations publiques de Jackie : « Elle avait l'habitude de laisser des petits billets amusants dans toute la Maison-Blanche pour lui remonter le moral.

Il arrivait à John d'éclater de rire en les lisant. Il s'agissait de plaisanteries intimes [...]. Il y avait beaucoup de moments tendres où je les ai surpris, lui en train de la prendre par la taille, ou elle, reposant la tête sur son épaule. »

L'admiration qu'éprouvait John pour son épouse augmentait au fil du temps : quoiqu'il en coûtât à son amour-propre, il lui arrivait de reconnaître que son élection à la présidence – obtenue de justesse, rappelons-le – était due, pour une grande part, à la présence à ses côtés d'une jeune femme nimbée d'une telle aura...

Il y avait cependant des points sur lesquels les deux époux étaient en désaccord, par exemple en ce qui concerne leur attitude à l'égard de la presse. On l'a vu, bien qu'ayant naguère travaillé pour le *Times Herald,* Jackie supportait mal la présence constante, autour d'elle et de ses enfants, des journalistes accrédités à la Maison-Blanche. Elle le leur montrait bien. Un jour, un nouveau chien arrive du chenil, un jeune berger allemand. Immédiatement la presse est là, harcèle Jackie.

— Qu'allez-vous lui donner à manger, lui demandent les journalistes ?

— Des reporters, bien sûr ! leur répond-elle, féroce.

Et elle court passer un savon au responsable du chenil coupable d'avoir trop parlé.

Il est des moments où elle montre moins d'humour. Lors d'un concours hippique, un cliché la montre tombant de sa monture. Elle demande à John de faire interdire cette photo.

— Voyons, c'est impossible, chérie, lui répond-il. Quand la *First Lady* tombe sur le cul, après tout, est-ce que ce n'est pas un événement[28] ?

D'autre part, Jackie, si l'on excepte quelques clichés de ses enfants qu'elle autorise dans certaines conditions précises qui lui conviennent, ne supporte pas que les « voyeurs » – c'est ainsi qu'elle les qualifie – les prennent à tout bout de champ en photo alors qu'ils sont en train de jouer. Il est d'autant plus difficile de les en empêcher que l'espiègle Caroline et le joli John-John sont devenus pour le peuple américain de véritables idoles. On fabrique même des milliers de poupées à leur image. Exaspérée, Jackie tire même un jour la langue à un groupe de touristes en train de visiter la Maison-Blanche, car nombreux sont ceux qui parmi eux tentent de photographier les enfants.

Elle va jusqu'à entrer en conflit avec tous ceux qui, dans son entourage, lui paraissent entretenir des rapports trop familiers avec les journalistes. Ainsi Tish Baldridge dont c'est pourtant la fonction normale – puisqu'elle est son attachée de presse. De même elle s'attaque à Pierre Salinger, pris entre deux feux, puisqu'il exerce les mêmes fonctions auprès du président. Ce dernier, à l'opposé de sa femme, comprend bien l'intérêt politique qu'il peut tirer de l'omniprésence de ses enfants dans la presse quotidienne et les magazines. Salinger profite donc des absences de Jackie pour organiser des séances de photos. Plus tard, devant les violents reproches de la *First Lady*, il tente de rejeter la faute sur le président. C'est tout ce qu'il peut faire. Ses amis le plaignent…

L'attitude de Jackie agace bien entendu son mari qui se voit contraint de la chapitrer. Un soir, au cours d'un cocktail, comme elle lance des regards peu amènes aux journalistes présentes, John la saisit fortement par le bras, l'entraîne vers leur groupe et lui intime de sa voix la plus suave :

— Dis bonjour à ces dames, ma chérie !

Quand elle a, sans enthousiasme, murmuré un petit « Hello », il lui relâche le bras et l'on peut distinguer l'empreinte légèrement bleue de ses doigts sur la peau de la *First Lady*[29].

Notons au passage que l'agressivité de Jackie à l'égard des journalistes se manifeste surtout envers les femmes. Elle les qualifie aimablement de « harpies ». Imaginons son état d'esprit lorsque, pour obéir à la tradition, elle est contrainte de donner le déjeuner annuel aux dames de la presse ; elles ne sont pas moins de deux cents, venues de tous les États. Elle ne se montre alors aimable qu'avec celles d'entre elles qui ne sont pas accréditées à la Maison-Blanche. Ce qui, d'ailleurs, est très exactement contraire à ses intérêts les plus évidents. Sa haine contre ces maudites « fouineuses » l'a emporté sur toute autre considération et même le plus élémentaire bon sens.

Autre phénomène étrange, les nombreuses aventures extraconjugales de Kennedy ne semblent pas ébranler sérieusement la solidité du couple. Pourtant, contrairement à toute attente, l'accession de John à la présidence des États-Unis n'a nullement diminué la fréquence de ses escapades sexuelles. Bien au contraire, semble-t-il. Et il faudrait des volumes pour rendre compte valablement de sa vie amoureuse pendant la période 1960-1963.

D'abord, il y a les liaisons qui continuent, comme celle avec Mary Pinchot-Meyer, l'artiste-peintre, belle-sœur de Ben Bradlee, ou avec des employées qui travaillent à la Maison-Blanche, telles – on l'a vu plus haut – que les jeunes Fiddle et Faddle ainsi surnommées dans une certaine presse. Et puis Pamela Turnure, ex-standardiste du bureau de Jackie quand il était sénateur, bref toutes celles que Jackie surnommait, paraît-il, « les chiennes de la Maison-Blanche ». N'oublions pas Judith Campbell qui, dans une interview recueillie plus tard par le magazine *People,* révèle jusqu'à quel point de désinvolture la frénésie sexuelle du président pouvait le mener. « Un jour, dit-elle, faire l'amour dans le lit conjugal de John m'a mis mal à l'aise, mais le besoin d'être avec lui fit taire mes remords. »

On raconte que Jackie, ayant découvert un slip de soie noire sous son oreiller, le tend d'un air méprisant à son mari en lui disant :

— Il n'est pas à ma taille ! Rends-le donc à sa propriétaire !

Les nombreuses autres chambres que comportait la Maison-Blanche eussent pu offrir aux amours de John un asile un peu plus convenable. C'était d'ailleurs parfois le cas, sauf un jour, dans une circonstance très particulière où le lieu adopté scandalisa une call-girl new-yorkaise, Leslie Devereux, qui, pourtant, en avait vu d'autres… Laissons-la raconter elle-même ce qui lui advint.

« Un agent des services secrets m'introduisit dans une pièce sombre remplie de meubles en bois massif et me dit :

— Mettez-vous à votre aise, il vous rejoindra dans quelques minutes.

Il me désigna du geste un énorme lit sculpté en bois de rose en précisant :

— C'est le lit d'Abraham Lincoln.

— Vous voulez dire que je suis censée m'allonger sur le lit d'Abraham Lincoln ? demandai-je.

— Madame, me répondit-il sans sourciller, c'est le meilleur que nous ayons ici.

La porte s'ouvrit bientôt, et un valet de chambre en gants blancs apporta du champagne. Puis le président apparut. Je lui dis qu'il me paraissait sacrilège de violer le lit d'Abraham Lincoln. Il s'esclaffa et me raconta la légende selon laquelle si on fait un vœu sur son lit, il se réalise toujours.

— Alors fais un vœu ! lui dis-je.

Il a fermé les yeux et je suis montée sur lui.

— Tu vois, ça ne rate jamais ! remarqua-t-il[30]. »

D'autres fois, les amours présidentielles se déroulent tout simplement dans une petite pièce adjacente au Bureau ovale, en particulier lorsque John, accaparé par sa tâche, ne dispose que d'un quart d'heure de détente.

Il arrive aussi que de jeunes femmes disant vouloir « parler deux minutes au président » ne reparaissent que quelques heures plus tard, sans que cela provoque le moindre étonnement au sein d'un personnel blasé ou… complice.

Le danger existe, cependant, que des reporters trop curieux ne prennent des photos des filles que Kennedy fait introduire à la Maison-Blanche, photos qui risquent de paraître dans les magazines à grande diffusion comme *Look*. Quel coup ce serait pour l'image que les Kennedy entendent donner à leurs compatriotes d'une famille américaine exemplaire ! Alors on trouve un subterfuge : chaque jour, par le portail sud-ouest, entrent des camionnettes de livraison chargées de victuailles, de plantes, de gerbes de fleurs, de marchandises diverses : c'est le moyen idéal d'introduire clandestinement dans la place les distractions du président.

On sait que, pour des raisons médicales, John utilisait quotidiennement la piscine de la Maison-Blanche. On apprendra sans surprise que le vaste bassin normalement dévolu à la natation ne lui permet pas seulement de remédier à ses problèmes dorsaux. Chaque fois que Jackie s'absente de Washington, il devient le théâtre d'activités toutes différentes : deux ou trois jeunes femmes, vêtues, ou plutôt dévêtues, tout comme le président, s'évertuent de leur mieux à lui faire oublier les soucis du pouvoir. Les employés de la piscine ont été, bien entendu, mis à l'écart et les agents des services secrets interdisent l'accès des lieux. Le garde du corps de Jackie est en contact permanent avec ceux de John, si bien qu'ils sont informés avec précision du moment où la voiture de l'épouse franchit le portail de la Maison-Blanche. On évacue alors rapidement les filles par des itinéraires discrets et on fait disparaître toute trace de ces réceptions libertines : cocktails, verres et gobelets, bouteilles[31]...

Certes, ces divertissements ne peuvent bénéficier longtemps d'un secret absolu, mais John profite d'une sorte de conspiration du silence. Car son charme opère aussi bien sur les hommes que sur les femmes. Il est impensable pour eux de révéler quoi que ce soit qui puisse lui nuire. Ils deviennent tout naturellement les complices d'un homme qui, malgré l'énorme importance de ses fonctions, leur parle, toujours sans la moindre morgue, avec bonne grâce, et presque amicalement. Au fond, son inconduite les rapproche d'eux, le rend plus humain. Il est des leurs. Pas question de le trahir.

C'est souvent à un membre des services de protection rapprochée que s'adresse John ou son entourage lorsque surviennent des voyages présidentiels dans le pays ou à l'étranger. En particulier lorsque Mrs Kennedy n'accompagne pas son mari. Dans ce cas, trois ou quatre jours avant le déplacement, on envoie un agent en éclaireur avec mission d'arranger discrètement un rendez-vous pour John, lors de chacune des étapes de son voyage. À vrai dire, sa tâche, recruter des jolies filles qui consentent à coucher avec le président des États-Unis, est loin d'être insurmontable : la soirée dont elles bénéficieront avec lui ne sera-t-elle pas le grand souvenir de leur vie, celui qui illuminera leur passé ? La difficulté consiste plutôt pour l'agent – ou le rabatteur – à choisir parmi les multiples candidates celle qui satisfera le mieux le destinataire de ses faveurs, le « boss »... Tâche particulièrement délicate. Mais s'il y réussit, c'est la certitude de rester dans ce service envié de tous par ses collègues. Bien rémunéré, cet emploi lui permet de mener une existence attrayante et remplie d'imprévus. Et puis, quand on se déplace, c'est évidemment dans des conditions luxueuses, à bord d'Air Force One, un Boeing 707, véritable palais volant. On y a l'occasion de parler au président et les repas préparés par un chef de talent sont exactement les mêmes que les siens.

Ces hommes ne doivent pas seulement garder le secret sur tout ce à quoi ils assistent. Il leur faut aussi veiller à ce que les autres témoins éventuels restent discrets : ils préviennent systématiquement barmen, serveuses, gardiens d'immeubles ou de parkings...

« Vous verrez des choses, mais vous ne verrez rien, leur disaient-ils. Vous entendrez des choses, mais vous n'entendrez rien. »

Comme ils n'ont pas l'air de plaisanter, on se le tient pour dit.

Lorsque Jackie entra à la Maison-Blanche, elle ne songeait pas le moins du monde à y jouer un rôle politique quelconque : c'était l'affaire de son mari.

La suite des événements va la faire peu à peu changer d'opinion. Au printemps 1961, quelques mois après le début de sa présidence, Jack, accompagné de Jackie, entreprend une série de voyages diplomatiques. Dès le début de juin, il se rend à Paris pour s'entretenir avec de Gaulle. De là, il doit passer à Vienne pour rencontrer Nikita Khrouchtchev. Ces voyages vont révéler à Jackie les incroyables pouvoirs dont elle était, sans le savoir, l'heureuse détentrice. L'arrivée du couple présidentiel à Orly est saluée par 101 coups de canon. Dès que Jackie se trouve sur le sol de France, c'est vers elle que se tournent tous les regards.

Bien plus que sur John qui, conscient de cette situation inédite, dira ces mots qui passeront à la postérité : « Il n'est peut-être pas inutile que je me présente : je suis l'homme qui accompagne Jackie à Paris. » Le président estimait déjà beaucoup sa femme. Cette fois, il se rend compte que son exceptionnelle popularité, dépassant les frontières de son pays, s'étend à l'Europe et probablement à la planète tout entière. Déjà, à Cuba, des pancartes disaient : « Kennedy no, Jackie yes »... Là, il l'admire encore davantage, pleinement satisfait de l'aide qu'elle lui apporte en matière de politique étrangère. Elle facilite beaucoup ses rapports avec de Gaulle qui d'ailleurs n'apprécie pas seulement sa beauté.

— Votre femme connaît mieux l'histoire de France que la plupart des Françaises, dit-il au président américain.

— Et des Français, ajoute celui-ci en souriant.

De Gaulle en effet a pu, à la faveur de ses conversations avec Jackie, apprécier la culture de la *First Lady,* et son évidente francophilie. Et c'est d'autant plus utile à Kennedy que le président français n'a pas de lui, a priori, une opinion très favorable : il le compare à un apprenti coiffeur.

— Il peigne les cheveux, mais il ne les démêle pas, constate-t-il.

Plus tard, le général de Gaulle, s'entretenant avec Malraux, dira d'elle : « Elle a joué un jeu d'une grande intelligence ; sans se mêler de politique, elle a donné à son mari un prestige de mécène qu'il n'aurait pas trouvé sans elle : pensez au dîner des cinquante Prix Nobel. »

À Paris, c'est donc le triomphe de Jackie. Devenue la coqueluche des habitants, elle est particulièrement heureuse d'avoir fait la conquête du Général. Elle lui a d'ailleurs confié qu'elle avait lu ses *Mémoires* dans le texte. Ce qui est parfaitement exact. Au Quai d'Orsay, on lui donne la chambre de la reine, et c'est en reine d'ailleurs qu'on la traite. Sa voiture est escortée par des gardes républicains à cheval. N'est-elle pas la reine de ce dîner somptueux partagé avec cent cinquante invités dans la galerie des Glaces au château de Versailles, dîner suivi par un ballet et un sublime feu d'artifice dans les jardins ?

John lui-même est ébloui. Comprenant beaucoup mieux le sens des efforts de Jackie pour restaurer la Maison-Blanche.

— Il va falloir faire quelque chose là-bas, lui dit-il, c'est urgent.

Jackie à Versailles observe tout. Elle ne peut prendre de notes, bien entendu, mais enregistre une foule de détails dont elle se promet de tenir compte à son retour, qu'il s'agisse des services de table, de l'organisation du personnel ou des couleurs de tissus et de mille autres choses.

En France, elle se sent chez elle. Elle va jusqu'à visiter des pouponnières, démarche qu'elle n'accomplit jamais aux États-Unis. Chaque fois que le public la reconnaît, c'est un enthousiasme indescriptible et la foule hurle et scande son nom. Elle préfère utiliser une voiture banalisée qui va lui permettre de revoir incognito les lieux qu'elle a fréquentés une dizaine d'années plus tôt, alors jeune étudiante à la Sorbonne. Son voyage à Paris est un vrai conte de fées. Si son mari est un homme d'État, elle-même, partout où elle se rend, est bien davantage ; c'est une star… plus populaire encore que celles d'Hollywood.

C'est avec des bagages de superstar – trente-cinq malles – qu'elle s'envole pour Vienne à bord d'*Air Force One*. On est alors en pleine guerre froide. L'entretien avec Khrouchtchev porte notamment sur le statut de Berlin.

L'entrevue est décevante pour Kennedy, car le Russe, plus âgé et plus expérimenté que lui, réussit à l'intimider. D'autant plus facilement qu'après l'échec encaissé quelques mois plus tôt par les anticastristes à la baie des Cochons, l'Américain n'est guère en position de force.

En revanche, au cours du banquet officiel, qui a lieu à Schönbrunn, le Versailles autrichien, Jackie fait la conquête de Khrouchtchev, qui la trouve « exquise » et le lui dit, discute, se détend et plaisante avec elle. Comme un photographe lui propose de poser avec Kennedy, il répond qu'il aimerait mieux que ce soit « avec son épouse ».

Plus tard, connaissant son amour pour les animaux, il lui enverra en cadeau un des chiens que les Soviétiques envoient alors dans l'espace.

Tous ces succès ou plutôt ces triomphes de la *First Lady* en Europe vont faire naître une nouvelle Jackie : surprise et ravie, elle découvre qu'elle n'est pas seulement la femme du président. Elle existe, elle existe par elle-même.

Mieux encore, elle s'est aperçue qu'en matière de politique étrangère elle était loin d'être inutile à son pays. Si on l'applaudit, c'est aussi l'Amérique que l'on fête, une certaine image de l'Amérique jeune et dynamique qu'elle représente. N'a-t-elle pas rapproché la France des États-Unis ? Et pas seulement en servant d'interprète entre John et le général de Gaulle, mais aussi en faisant naître entre eux, par sa culture et son charme, une atmosphère de confiance qui n'allait pas de soi. De même, vu le climat de tension qui existait entre les États-Unis et l'Union soviétique, sa présence avait probablement contribué à atténuer la violence du contact. Elle avait dans une certaine mesure apprivoisé l'ours soviétique et détendu l'atmosphère. Si la rencontre des deux hommes s'était finalement soldée par un échec, Jackie avait cependant contribué à éviter une dangereuse rupture.

Quelques mois plus tard, à la mi-décembre 1961, elle accompagne à nouveau son mari au cours d'un voyage officiel en Colombie, au Venezuela et à Porto Rico. L'accueil qui lui est réservé est aussi triomphal qu'en Europe. Écoutons Jerry Bruno, un homme de la présidence chargé d'organiser les déplacements de Kennedy : « C'est stupéfiant, dit-il. C'est impossible à décrire. Et ce n'est pas uniquement parce qu'elle a fait plusieurs discours en espagnol [...] et parce qu'elle est catholique, élégante et américaine. J'étais sur place deux semaines auparavant, et la plupart des questions posées par les membres des gouvernements de ces pays ou par les représentants des Églises concernaient Jackie plutôt que JFK. Comment serait-elle habillée ? Que ferait-elle pendant que le président assisterait aux réunions ? Comment était-elle en privé ? Elle suscitait un incroyable intérêt[32]. »

En somme, à la fin de 1961, Jackie n'est plus la jeune femme qui a épousé un homme célèbre. Elle est devenue une femme célèbre mariée au président des États-Unis.

Consciente de cette situation exceptionnelle, Jackie se met à considérer son rôle d'un autre œil. Elle se rend compte que son ascendant sur les populations et les gouvernants des pays étrangers lui donne de nouvelles responsabilités. Aussi les activités politiques auxquelles elle ne se livrait que par devoir, pour aider son mari, commencent-elles à l'intéresser vraiment. Elle se documente avec zèle sur les divers problèmes qui préoccupent le gouvernement, empruntant nombre d'ouvrages à la bibliothèque du Congrès. Elle peut désormais, sans paraître ridicule, donner son avis à John, suggérer une solution, souligner les dangers de telle ou telle initiative.

De son côté, Kennedy sait maintenant quel atout politique représente une épouse aussi populaire dans le monde entier – phénomène sans précédent dans l'histoire du pays. Homme pragmatique, il n'hésitera pas à l'écouter – il sait le faire – et à tenir compte de ses avis – souvent différents des siens – lorsqu'il lui faudra prendre une décision.

Cette influence de Jackie sur le président est d'autant plus ignorée qu'elle s'exerce dans le cadre de leur vie privée. Ni le public ni les journalistes n'en ont donc la moindre idée.

De surcroît, le charme, la grâce et l'élégance de Jackie paraissent – tels sont les préjugés sexistes – incompatibles avec la réflexion politique dans ce qu'elle peut avoir d'austère et de spécifiquement masculin.

Préciser ce qu'a été l'influence de Jackie sur des points particuliers est donc impossible. Il eût fallu être le témoin invisible des discussions du couple. D'une manière générale, il semble que, centriste dans l'âme, Jackie ait tendance à cautionner les positions modérées, et à mettre en garde John contre les dangers en politique des solutions extrêmes. Par exemple, en ce qui concerne l'attitude à adopter à l'égard de l'Union soviétique, contrairement à plusieurs de ses conseillers, elle le pousse à accepter le traité d'interdiction des expériences nucléaires prévu avec la Grande-Bretagne et l'Union soviétique. D'ailleurs, le général Clifton, conseiller militaire du gouvernement, est formel sur ce point : « JFK prenait conseil auprès de sa femme dès qu'une crise survenait : le mur de Berlin, la crise des missiles, la baie des Cochons. Elle ne donnait aucun conseil à son staff, elle lui en donnait à lui. Et c'est pour cela que personne ne le savait[33]. »

Il faut dire que, très discrète sur ce point, Jackie ne faisait jamais état du rôle politique qu'elle jouait auprès de son mari : elle sentait bien qu'on le lui aurait reproché, que cela aurait abîmé son image. De quoi se mêlait-elle ?

Bonne épouse, bonne mère de famille : voilà ce que l'Américain moyen lui demandait d'être.

Élever ses enfants quand on est marié au président des États-Unis n'est pas sans poser quelques problèmes. Il ne faut surtout pas que les conditions spéciales dans lesquelles ils vont vivre pendant quatre – ou huit – ans les marquent pour toute leur vie. Aussi Jackie estime qu'ils ne doivent pas être élevés « comme des enfants officiels ». D'où sa fureur quand les journalistes essaient de les photographier à toute heure de la journée et en toutes circonstances. Quelle opinion auraient-ils plus tard de l'existence et d'eux-mêmes, juge-t-elle, s'ils en déduisent que chacun de leurs faits et gestes est d'une importance capitale ?

Toujours dans l'intention d'élever ses enfants dans des conditions qui se rapprochent de la normale, elle a tenu à ce qu'ils n'aient pas de précepteurs particuliers mais qu'ils se rendent à l'école qu'elle a fondée pour eux à la Maison-Blanche. Parce qu'ils y ont pour condisciples des enfants de condition modeste, dont les parents font partie du personnel de la maison. Il y a même, en cette période encore ségrégationniste, un enfant noir.

Bonne épouse ? C'est ce que Jackie doit être officiellement. Qu'en est-il en réalité lorsque son mari se montre d'une infidélité permanente ? Bien souvent, cette situation est catastrophique pour l'entente d'un couple, et entraîne brouilles, disputes, altercations, séparation de corps, divorce... Dans le cas présent, il ne saurait en être question. Le peuple américain ne le pardonnerait ni à l'un ni à l'autre. En fait, John est persuadé – s'est persuadé – que sa femme ne sait rien, ou presque. Même dans le cas contraire, il serait incapable de changer d'attitude : ses pulsions sexuelles – de caractère quasi pathologique – sont irrésistibles.

De son côté, Jackie sait... tous ses biographes sont d'accord sur ce point. Mais elle n'a pas pris conscience de l'ampleur du phénomène, du nombre incroyable des conquêtes de son mari. Souvent elle se doute, soupçonne, s'enquiert à l'occasion, puis se lasse. Elle ne veut pas savoir. Quelque temps après, elle recommence à s'inquiéter. Elle préfère souvent s'absenter, respirer, oublier. Par exemple, elle se rend à New York, se livrant à un shopping frénétique, dépensant des dizaines de milliers de dollars en vêtements de luxe, bijoux, objets d'art. Le montant annuel de ses achats dépasse largement la rémunération du président !

D'autres fois, elle se retire dans sa maison de Virginie, à Wexford, qu'elle préfère nettement à Hyannis Port où elle rencontrerait sa belle-famille : soucieuse avant tout d'indépendance, elle tient à y être en tête-à-tête avec elle-même. C'est d'ailleurs grâce à ces escapades, à ces séparations provisoires que son mariage tiendra le coup. Bien des fois, d'ailleurs, elle se rend à Palm Beach quand son mari se trouve à Hyannis Port et vice versa.

Par dessus tout, le couple reste car Jackie, triste témoin des ravages causés par la mésentente et le divorce de ses parents, se refuse à l'idée que ses enfants en soient à leur tour les victimes.

En dépit des vacances indépendantes que s'offre Jackie, les relations des Kennedy ne sont pas toujours faciles. Parfois un regard glacial, un ton sec et froid, des réponses monosyllabiques, des bouderies prolongées viennent rappeler à John que sa femme n'apprécie pas sa conduite.

1960 Jackie, profitant du soleil au cours d'un pique-nique.

1935 Jackie à cheval avec sa mère, à Long Island.

1934 Avec ses parents.

1935

Avec son danois King Phar, lors d'une exposition canine à Long Island.

1941

Avec sa jument, Danseuse.

1951 Avec sa sœur, au retour de leur voyage en Europe.

1952 Jackie, reporter-photographe pour le *Times-Herald*.

1953

Avec John, à Hyannisport, peu après l'annonce de leur engagement.

1953

Le mariage de Jackie et John, à Hammersmith Farm.

1954

Rose et Joe avec leur belle-fille à Palm Beach, en Floride.

1958

À Boston,
pendant la campagne
de John pour
sa réélection
en tant que sénateur.

1960

Jackie chez
elle, en train
de peindre
tandis que
Caroline
dessine
à ses côtés.

1958

Couverture
du magazine
Life :
les Kennedy
nous présentent
leur fille,
Caroline.

1960 Avec le général de Gaulle, pendant la visite officielle du couple Kennedy en France.

1961

La Première dame avec l'ambassadeur Galbraith, lors d'une visite en Inde.

1960

Peu après le succès de JFK aux primaires du Parti démocrate, dans le Massachusetts.

1963

Les Kennedy devant la propriété de Palm Beach.

1963

Aux funérailles de John : Jackie avec Caroline (6 ans) et John Jr (3 ans), entourés de Ted et Bob.

1967

Jackie, avec Bob, lors d'une cérémonie à la bibliothèque JFK.

1968 Onassis avec Jackie, qu'il est allé chercher à l'aéroport d'Orly.

1968 Avec Caroline et John-John.

1970 Jackie à Paris.

© David McGough/DMI/Time Life Pictures/Getty Images

1989

Avec Maurice Templesman, à New York

1992

De gauche à droite : Ted, Jackie, John Jr, Caroline et son mari.

© Jim Bourg/Liaison/Getty Images

Création Studio Flammarion

Des scènes violentes même qui, si elles étaient connues du grand public, anéantiraient aussitôt l'image que le couple est parvenu à lui donner.

Un dimanche de Pâques, alors que les Kennedy se trouvent à Palm Beach et que John se montre peu enthousiaste à l'idée d'assister à la messe, on a la surprise d'entendre :

— Amène-toi, espèce d'ordure ! C'est toi qui l'as voulu et c'est toi que les gens réclament. Alors mets une cravate, enfile une veste et allons-y !

Une autre fois, perdant son sang-froid, pour mettre John dans l'embarras et manifester son mécontentement, elle se rend à l'église un Vendredi saint en tenue de plage – ou peu s'en faut. Elle fait des grimaces à la meute de journalistes qui la mitraille. Heureusement, la presse, prisonnière du mythe qu'elle a fabriqué, n'osera pas publier les clichés[34]...

Très ingénieuse lorsqu'il s'agit d'inventer de nouveaux moyens de « punir » son mari, elle s'arrange pour que, lors d'un dîner à la Maison-Blanche, il se trouve placé entre deux de ses maîtresses. Elle jouit de la situation vaudevillesque dans laquelle elle a placé son *bunny* (lapin).

Car tel est le surnom qu'elle a donné à John, allusion transparente à ses appétits sexuels immodérés.

En présence de leurs amis, elle est trop bien élevée pour leur donner le spectacle de leurs dissensions. Cependant, elle laisse parfois deviner ses problèmes. Un jour vient sur le tapis la question de savoir ce que pourra bien faire John lorsqu'il aura quitté la présidence des États-Unis. Histoire de rire, on imagine les professions les moins adaptées à sa personnalité. Jackie, quant à elle, finit par trouver :

— Au fond, je te verrais très bien directeur d'école...

— Comment ça ?

— Une école... de filles, naturellement[35]...

De temps à autre, Jackie n'hésite pas à utiliser à l'égard de John une tactique vieille comme le monde : le rendre jaloux. Au cours de soirées dansantes – particulièrement s'il y a des danses latines, tangos et rumbas –, si elle se trouve sous les yeux de son mari, elle se colle lascivement à celui de ses cavaliers dont le physique est le plus remarquable. John réagit alors de la façon escomptée : il se montre beaucoup plus attentionné à l'égard de Jackie. Il craint visiblement la loi du talion. Il ne le sait que trop : ne mérite-t-il pas cent fois que sa femme la lui applique ?

L'a-t-elle fait ? On imagine bien que la question a été surabondamment discutée par ses biographes. Comment en eût-il été autrement ? Objet de l'attention du monde entier, elle donnait lieu à des articles très détaillés sur ses toilettes, la vie de ses enfants, mais aussi sur ses moindres déplacements, les noms des personnes avec lesquelles on l'apercevait, des boutiques où on la voyait entrer. On scrutait aussi les traits de son visage, essayant d'y déchiffrer son humeur du moment, mais, en vain, car elle avait découvert la parade : elle accrochait à sa physionomie un perpétuel demi-sourire à l'abri duquel elle pouvait donner libre cours à des émotions dont elle n'était évidemment pas dépourvue. Elle était alors dans son monde particulier tout en offrant au public ce qu'il était heureux de trouver, l'image gracieuse d'une sorte de souveraine idéale dont son pays pouvait être fier.

Si la presse de l'époque restait extrêmement discrète sur la question de la fidélité réciproque des époux Kennedy, cela n'empêchait nullement les rumeurs de circuler, non pas bien entendu au fin fond du Nebraska ou du Dakota, mais dans les milieux dits « bien informés ». Jackie s'en plaignait, comme le rapporte Tony Bradlee[36] : « Qu'est-ce que je peux y faire ? lui disait-elle. Il suffit que je dîne avec quelqu'un, que je danse plus d'une fois avec quelqu'un, que je me promène avec quelqu'un, que je sois photographiée avec quelqu'un sans Jack… Et immédiatement les gens s'exclament : “Seigneur, ils doivent avoir une liaison !” »

On lui prête donc toute une série d'aventures, notamment avec Franklin Roosevelt Jr, l'avocat Clark Clifford ou l'acteur William Holden, on le verra, pendant toute la période qui s'étend jusqu'à la mort de son mari. On va jusqu'à évoquer une aventure avec l'un des agents du Service secret chargé de la protéger : en fait, le pauvre garçon était devenu si amoureux de la belle Jackie qu'il en avait perdu la tête et la *First Lady* dut exiger sa mutation. Une autre fois, c'est un chauffeur de taxi de Palm Beach qui raconte l'avoir surprise avec un inconnu à la sortie de l'hôtel Biltmore, à trois heures du matin. Leurs adieux étaient, à l'en croire, ceux de deux amants. Il aurait alors transporté sa passagère jusqu'à une demeure qu'il savait appartenir à des amis du président. Il l'aurait interpellée familièrement :

— Salut Jackie, ça va ce soir ?

— Je ne suis pas Jackie, aurait-elle répondu, niant l'évidence, toujours à en croire ledit chauffeur[37]...

Ce n'est qu'un échantillon des multiples ragots qui circulent ici ou là. Bien entendu, la presse ne se permet pas de s'en faire l'écho de manière directe. Cependant, les journalistes, sans cesse à l'affût d'informations nouvelles, ne sont pas gens à laisser inexploités les filons potentiels. Leur façon de procéder est toujours la même : l'insinuation, l'euphémisme, la litote, le sous-entendu ; par exemple, on parlera d'« ami très cher », de « chevalier servant », d'« inséparable » et autres formules qui mettent à l'abri d'éventuelles poursuites judiciaires. Mais leur signification est parfaitement claire pour l'immense majorité des lecteurs. Ne parlons pas des photographies et de leurs légendes qui, adroitement et perfidement utilisées, permettent encore plus efficacement de faire rêver à de romanesques intrigues.

Cela dit, saura-t-on jamais la vérité ? D'un naturel très réservé, Jackie n'a jamais révélé ou même laissé entendre à personne quoi que ce soit sur ce qu'avait été sa réaction devant les infidélités de son mari et si elle s'était autorisée à lui rendre la pareille. Ayant sur ce point emporté son secret dans la tombe, elle a réduit ses biographes aux simples conjectures...

On peut penser cependant, à l'instar de la majorité des gens qui l'ont fréquentée, qu'elle persistait à considérer l'infidélité masculine comme une inévitable composante de tout mariage : sa vie familiale l'avait, sur ce point, largement édifiée. Parfois humiliée, elle se révoltait. Réaliste, elle savait bien que les innombrables aventures de John ne comportaient rien, au fond, de véritablement inquiétant. Elle se rendait compte d'ailleurs qu'il l'admirait profondément pour toutes sortes de raisons, ce qui la rassurait.

De plus, à sa grande surprise, Jackie avait découvert en son compagnon un excellent père qui adorait ses enfants – meilleurs père que mari, assurément. Cet aspect du personnage l'aidait à lui pardonner son inconduite, et à rendre leur union plus solide.

En échange, Jackie sentait bien qu'elle pouvait mener une vie indépendante, s'absenter quand elle le voulait, sortir avec qui lui plaisait. Son mari, pensait-elle, eût été bien mal placé pour lui en adresser le reproche : il ne le ferait pas. Et cette compensation n'était pas négligeable.

Si le peuple américain, comme le reste du monde, ignorait tout des frasques sexuelles du président Kennedy, il ne connaissait pas davantage certains aspects de sa vie privée qui, s'ils avaient été connus, auraient tout autant ruiné son image et peut-être celle de son épouse.

Reportons-nous au 31 mai 1961 :

New Jersey. Aéroport d'Idlewild (le futur aéroport John-F.-Kennedy). Le couple présidentiel vient d'embarquer à bord d'*Air Force One,* à destination de Paris, où, on l'a vu, il sera admirablement fêté – Jackie tout particulièrement. Ce qui va se passer dans les minutes qui suivent l'envol du Boeing des Kennedy restera longtemps ignoré de tous. Quelques instants plus tard, un gros appareil d'Air France, se présentant sur la piste, décolle à son tour pour Paris… ce qui, après tout n'aurait rien d'étonnant, s'il n'était totalement vide de passagers.

Vide, à l'exception d'un personnage clandestin, accompagné de sa femme, qui va jouer un rôle considérable au cœur même de l'existence des Kennedy. Une éminence grise, non pas avec la signification politique que l'on donne habituellement à ce terme, mais dans un sens médical et psychologique. Non moins important. Il s'agit de ce docteur Max Jacobson, juif allemand réfugié aux États-Unis, auquel, on s'en souvient, John avait eu recours en novembre 1960 – une semaine avant son débat télévisé avec Nixon. À cette époque-là, il était épuisé par des semaines, des mois de campagne électorale. Le candidat n'était d'ailleurs pas seulement fatigué physiquement, victime du manque de sommeil, en proie même à des vertiges, mais intellectuellement affaibli, lui semblait-il. C'est alors que son vieux camarade et ami Chuck Spalding et le photographe Mark Shaw lui vantèrent les mérites de ce Jacobson. Ce praticien les avait merveilleusement aidés à surmonter leurs tensions professionnelles. Il exerçait depuis les années 1950. Son cabinet du 155 East Street à Manhattan ne désemplissait pas.

Qu'en est-il de sa clientèle ? Tout simplement le *Who's Who* : Marlene Dietrich, Cecil B. DeMille, Otto Preminger, Anthony Quinn, Yul Brynner, Winston Churchill, Tennessee Williams, Anaïs Nin, Truman Capote, Stavros Niarchos, et des dizaines d'autres célébrités. Celui qu'on appelait « Miracle Max » ou « Dr Feelgood » avait bien d'autres patients qui s'entassaient dans les nombreuses pièces de son officine. Il y travaillait dix-huit heures par jour, dimanches compris. Malgré des rendez-vous précis, on l'y attendait parfois des heures. Alors que l'on désespérait, il surgissait brusquement portant de vieux pantalons tire-bouchonnés et une blouse blanche tachée de sang. Il posait quelques questions, choisissait en vitesse un liquide à injecter et vous piquait aussitôt sans vous fournir la moindre explication. Si on se permettait de lui en demander une, il avait disparu, parti s'occuper d'un autre patient...

Le Dr Jacobson, impérieusement dogmatique, avait de son rôle de médecin une conception peu orthodoxe. Guérir ceux qui venaient le consulter ? Foutaises ! Il s'agissait bien plutôt de leur insuffler une énergie dont ils n'avaient pas idée et qui métamorphoserait leur existence. Écoutons les propos de l'écrivain Truman Capote sur les effets miraculeux de son traitement : « C'est un bonheur immédiat. Vous croyez être Superman. Vous avez l'impression de voler. Les idées vous parviennent à la vitesse de la lumière. On tient la forme pendant soixante-douze heures d'affilée, avec tout juste une pause-café. Vous n'éprouvez pas l'envie de dormir, ni celle de manger. Et si c'est du sexe que vous voulez, vous pouvez bander pendant une nuit entière[38]. »

Ensuite ? « On s'effondre. C'est comme si on tombait au fond d'un puits, comme si on sautait d'un avion sans parachute. On voudrait se raccrocher à quelque chose, mais il n'y a rien autour. Sauf de l'air. Alors on se précipite de nouveau 72e Rue, pour aller voir ce moustique allemand à la piqûre magique. Il vous pique et vous repartez en flèche. »

Malgré ces inconvénients, John commençait à devenir quelque peu dépendant de ce qui se révèle comme une drogue. C'est pourquoi, en ce 31 mai, l'avion présidentiel était suivi d'un autre appareil qui, secrètement, emmenait l'homme qui leur était devenu indispensable. Il avait pour mission de les accompagner pendant toute la durée de leur voyage en Europe. À la demande du président, il interviendrait à plusieurs reprises, notamment à Vienne, un peu avant son entrevue avec Khrouchtchev qu'à juste titre Kennedy prévoyait difficile.

En agissant de la sorte, John prend de gros risques : la presse pourrait bien révéler que l'actuel président des États-Unis, symbole incarné de la jeunesse et de la vigueur du Nouveau Monde, n'est en réalité qu'un pitoyable malade réduit à se faire l'esclave d'un charlatan. Pis encore, tout récemment immigré d'Europe, ledit charlatan voyage avec un luxe indécent : un appareil d'Air France conçu pour 200 passagers à sa seule disposition, des suites somptueuses dans les palaces des capitales et tout cela aux frais du contribuable américain.

Quelle est au juste la nature des produits qu'injecte le Dr Feelgood à ses patients ? S'il est difficile de fournir des précisions sérieuses sur ce point, il est certain qu'il s'agit surtout d'amphétamines et de stéroïdes, de cocktails de vitamines, d'hormones et d'enzymes, et même de cellules animales, de mouton entre autres. Toutes ces substances font de sa part l'objet de combinaisons hasardeuses dont il n'a jamais songé une minute à évaluer les effets secondaires. Grâce à quoi il prétend traiter nombre d'affections diverses : n'aide-t-il pas trois cents patients affligés de sclérose en plaques, qui, désespérés par l'inefficacité des thérapeutiques classiques, comptent avec une foi imbécile sur ses potions magiques ?

Ce n'est pas seulement John qui a recours à ses services : en mai 1961, quelques jours avant que le couple présidentiel entreprenne son périple en Europe, Jacobson se rend à Palm Beach pour soigner Jackie, à la demande de son mari. Il est inquiet : après son accouchement malheureux, passablement déprimée, pourra-t-elle l'accompagner dans l'important voyage diplomatique auquel il s'apprête ? Tout d'abord la Première dame se montre méfiante... Le médecin lui pose quelques questions. Puis, comme elle se plaint d'une légère migraine.

— Ce n'est rien du tout, lui affirme-t-il d'un ton assuré.

Comme ce magicien a toujours tout ce qu'il faut dans la mallette de cuir noir dont il ne se sépare jamais, il lui fait avec prestesse une injection *ad hoc.* Non moins rapidement son mal a disparu comme par enchantement. C'est fait, Jackie est conquise et, désormais, le couple recourra – à titre gracieux, il faut le dire – jusqu'à la mort de John aux services de Miracle Max.

On aura l'occasion de le voir, ce ne sera pas sans poser quelques problèmes...

Des problèmes d'une tout autre nature, il est vrai, existent aussi entre Jackie et certains membres de sa famille. Elle adore sa sœur certes, mais on comprend la *First Lady,* elle n'aime pas beaucoup lire dans tel ou tel journal que Lee s'habille plus élégamment qu'elle. Aussi écrit-elle à l'une des jeunes femmes qu'elle charge de l'informer sur ce qui se fait de mieux à Paris :

> Ce que j'aimerais plus que tout, c'est que vous me teniez au courant de vos découvertes avant Lee. Ne l'oubliez pas, je vous prie [...]. Elle prend de l'avance sur moi. C'est pourquoi, cet automne, dites-moi en priorité quels sont les plus jolis modèles.

C'est bien peu de chose. Les vraies difficultés viennent plutôt des rapports que Jackie entretient avec certains membres de la famille Kennedy. Rose, d'abord : si, en tant qu'épouse, elle a renoncé à tout, elle se montre en revanche très autoritaire et directive avec les enfants et leurs conjoints, y compris la première dame. Connaissant la forte personnalité de Jackie, on imagine de quelle façon sont accueillies les remarques, observations et conseils de la belle-mère. Détail amusant, quand le désaccord tourne au vinaigre, spontanément, par discrétion les deux femmes règlent leurs comptes en français.

Rose se mêle de tout. La nourriture des enfants, par exemple. On ne leur donne pas l'alimentation qui leur convient. Ne parlons pas de leur éducation religieuse. Elle est trop laxiste. Ils ne savent même pas correctement leurs prières. Quelle honte !

Elle fait pire : elle écrit aux conseillers du président pour critiquer et dénoncer Jackie : ainsi à O'Donnell, pour l'informer que sa belle-fille aurait fait envoyer *Air Force One* à Palm Beach pour récupérer des disques qu'elle y avait oubliés : « C'est scandaleux ! », commente-t-elle. Elle n'ose pas s'adresser directement à Jackie pour une misérable histoire d'assiettes sales, mais écrit à ce sujet une lettre sévère à J. B. West, le chef du personnel de la Maison-Blanche, ce qui ne contribue guère à faciliter l'entente entre belle-mère et belle-fille.

Citons un fragment de cette lettre dont le ton est révélateur :

> Lorsque le président a utilisé la maison de Palm Beach à la fin du printemps dernier, il y avait un tas d'assiettes, de marmites et de casseroles sales qui traînaient dans la cuisine. J'apprécierais que vous demandiez au personnel de tout laisser propre à l'avenir, car nous avons des ennuis avec les rongeurs. Je compte sur votre doigté pour leur en parler, car je ne voudrais pas qu'ils pensent que c'est notre personnel qui s'est plaint[39].

Les relations de Jackie avec Eunice Shriver, l'une des sœurs de John, et avec Ethel, la femme de Bob, ne sont pas meilleures. Une anecdote rapportée par David Heymann nous éclaire sur ce qui motive l'attitude de la sœur de John. Alors que le couple présidentiel se trouve au Mexique, la radio annonce l'excellent accueil réservé à Kennedy, Eunice s'écrie :

— N'est-ce pas merveilleux que ce soit mon frère qui attire l'attention, cette fois, au lieu de Jackie ? Franchement ! Quand je pense qu'elle n'a jamais levé le petit doigt pour aider John politiquement et qu'elle lui a raflé la vedette en Europe !

Tels ne sont pas les sentiments qu'éprouve le vieux Joe à l'égard de Jackie. Il n'a jamais cessé de l'apprécier, de plaisanter avec elle et de lui montrer son affection.

Jackie, de son côté, adore toujours son beau-père. Elle aura bientôt l'occasion de le prouver : le 19 décembre 1961, Joe, en train de jouer au golf à Palm Beach, est frappé d'une attaque cérébrale qui le laisse hémiplégique. Cet homme de soixante-treize ans, jusque-là si actif et si intelligent, se voit condamné à la chaise roulante. Pis encore, incapable de parler, il restreint son vocabulaire à deux mots : « Non ! » ou « Merde ! » qu'il répète sans cesse. Son visage est affreusement déformé, et il bave continuellement. Malgré l'aspect rebutant qu'il présente, Jackie insiste pour qu'il participe à toutes les réceptions de la Maison-Blanche. Elle s'assied à ses côtés, lui parle en souriant, le taquine comme au temps où il était en parfaite santé. Elle lui essuie le menton sans dégoût. Elle s'occupe de lui comme elle l'eût fait de son propre père.

Si bien que les femmes Kennedy, qui ne l'aimaient guère jusqu'alors, commencent à modifier leur point de vue. Elle leur a prouvé qu'elle faisait vraiment partie du clan. On doit au moins la respecter…

Mais ni Ted ni Bob, devenu ministre de la Justice (*attorney general*), n'ont à changer d'attitude. N'ont-ils pas toujours apprécié et admiré Jackie, Bob surtout. Homme à femmes comme tous les Kennedy, il est particulièrement sensible au charme de sa belle-sœur. Ils aiment plaisanter, rire ensemble et il trouve toujours du temps à lui consacrer.

La restauration de la Maison-Blanche est achevée. En février, sa visite télévisée a été un gros succès. Jackie, femme active, est à présent en quête de nouveaux projets. Justement, John lui propose une importante mission : il s'agit d'une tâche à laquelle

elle ne se serait pas spontanément intéressée. Car, pour la première fois, il lui faudra être vraiment seule et exposée en première ligne. C'est d'ailleurs, d'après elle, un travail d'homme : celui de son président de mari.

Il s'agit d'un important voyage diplomatique sous le prétexte de visites amicales. D'abord à Jean XXIII. John, dont les concitoyens sont en majorité protestants, juge peu opportun de rappeler trop visiblement son appartenance à la religion catholique. Envoyer Jackie au Vatican apparaît comme une excellente solution. La Première dame devra également se rendre aux Indes, puis au Pakistan. C'est d'autant plus indispensable que les relations de Kennedy avec le Pandit Nehru ne sont pas bonnes. Cela se sait et, même, cela se voit. Le charme irrésistible de Jackie, qui a déjà fait ses preuves aussi bien en Europe qu'en Amérique, réparera les dégâts. John en est certain et son épouse n'a pas le choix. On le comprend, elle meurt d'inquiétude. Réussira-t-elle à remplir correctement cette délicate mission ? Pas sûre d'elle, elle a obtenu que sa sœur ainsi que son amie Joan Braden fassent partie du voyage.

Aéroport de New York, 8 mars 1962. Une bonne soixantaine de journalistes et de photographes escaladent la passerelle de l'avion qui, parti de Washington, va transporter Jackie, accompagnée de sa soeur. À bord se trouvent déjà Provi, sa femme de chambre, son coiffeur, et Clinton Hill, l'homme du *Secret Service* qu'elle préfère, sans compter vingt-quatre gardes et ses soixante-quatre malles et valises : il faut bien qu'elle mérite sa réputation de parfaite élégance. Dans ce domaine, on peut compter sur elle.

À Rome, Jackie a droit à une audience privée de Jean XXIII : il est moins impressionnant que son prédécesseur, le pape Pie XII qu'elle avait rencontré en 1951, son visage moins austère est beaucoup plus accueillant : « Il a des siècles de bonté dans le regard », dira-t-elle plus tard. De fait, alors qu'elle s'apprête à s'agenouiller (elle s'y est soigneusement préparée), Jean XXIII, faisant fi de tout protocole, se précipite sur elle, ouvrant les bras et s'écriant « Jackie ! » en l'étreignant… L'entretien a lieu en français. L'audience durera une bonne demi-heure et sera, semble-t-il, surtout consacrée aux enfants de Jackie pour lesquels Sa Sainteté avait préparé de modestes cadeaux.

Pour ce qui est du voyage aux Indes, Jackie est saisie d'angoisse. Elle avait déjà repoussé trois fois la date de son déplacement sous des prétextes de santé qui n'avaient trompé personne, mais qui avaient irrité les milieux diplomatiques. En fait, elle craignait de décevoir les espoirs mis en elle. Le genre d'activités auquel John l'avait contrainte était si peu sa « tasse de thé ! ».

Elle se trompait…

Car, dès son arrivée à l'aéroport de Delhi où l'attend Nehru, elle reçoit un merveilleux accueil. Elle est accompagnée partout par John Kenneth Galbraith, l'économiste devenu ambassadeur des États-Unis en Inde. On lui a organisé la visite classique du Taj Mahal qu'on lui montre au clair de lune comme à l'aube. Puis on lui fait descendre le Gange en bateau, se hisser sur un éléphant de 2,50 m de haut nommé Bibi et se balader à dos de chameau. Rien ne lui est épargné. C'est ensuite une visite au maharadjah et à la maharani de Jaipur. Elle doit également nourrir des pandas, et assister à un combat sans merci entre un cobra et une mangouste. Elle en éprouve une telle peur qu'elle se réfugie dans les bras du Premier ministre, auprès duquel elle s'excuse. Cela ne la rend que plus sympathique.

Naturellement, elle reçoit une foule de cadeaux, entre autres un sari de soie d'or, un collier d'or incrusté de perles et deux bébés tigres jumeaux.

Le plus beau présent qu'elle reçoit, c'est l'accueil populaire. Des centaines de milliers de personnes l'acclament. Elle est considérée comme un visiteur royal : on l'assimile à Durga, la déesse du Pouvoir, rien de moins : on la prend pour la reine de l'Amérique. « Tant que Mme Kennedy s'est trouvée ici, écrit le *Times of India*, rien d'autre ne s'est passé. »

L'accueil n'est pas moins triomphal lorsque Jackie rend visite au président du Pakistan, Ayub Khan. Celui-ci avait été impressionné par le dîner d'apparat donné en son honneur à Mount

Vernon, l'ancien domaine de George Washington. Il tient à exprimer sa gratitude. « Toute ma vie, dira Jackie, j'avais rêvé de venir dans les jardins Shalimar. C'est encore plus beau que ce que j'imaginais. » Ils l'impressionnent encore plus que le Taj Mahal. Le chef d'État lui offre un superbe collier de diamants, d'émeraudes et de rubis et mieux encore : Sardar, un hongre pur-sang bai de dix ans, qui a remporté de multiples prix. Pour elle, si férue d'équitation, pouvait-il y avoir plus beau présent ?

Jackie et Lee regagnent Washington après avoir fait un saut à Londres pour déjeuner avec la reine Elizabeth à Buckingham Palace. Ce qui lui permet d'ajouter une nouvelle cible à l'irrésistible série d'imitations de personnages célèbres auxquels elle se livre.

Ainsi, tout s'est passé à merveille et les menus problèmes qui se sont posés relèvent de l'anecdote. Par exemple *Newsweek* observe que Jackie a rencontré trop de princes indiens, mais pas suffisamment « l'Inde profonde ».

— C'est ridicule, explose JFK. Quand les Français vous invitent à Paris, est-ce qu'ils vous montrent leurs égouts ? Ils vous emmènent à Versailles.

Malgré tout, il prie John Galbreith d'ajouter au programme de Jackie quelques visites d'hôpitaux…

Une autre fois, comme Jackie prétend examiner les bas-reliefs érotiques de la pagode de Konarak, l'ambassadeur, affolé, écrit au président : il exprime sa crainte qu'un photographe saisisse Jackie devant « une femme faisant l'amour en même temps avec deux hommes violemment tumescents ».

— Quel est le problème ? demande John. Vous trouvez qu'elle n'est pas assez grande[40] ?

Certains journaux américains font remarquer que le voyage de Jackie a coûté cher aux contribuables, ou qu'il est scandaleux que Sardar, le cheval, ait été transporté aux États-Unis dans un avion militaire, aux frais de l'État.

Mais quelle popularité n'a-t-elle pas gagné dans le monde entier, popularité qui rejaillit bien entendu sur John, son gouvernement et les États-Unis ? Pendant des semaines, journaux et magazines de la planète seront remplis de photos représentant Jackie dans toutes sortes d'attitudes et de décors, que ce soit debout à l'arrière d'une voiture décapotable, à dos d'éléphant ou encore sous un dais fait de pétales de roses. Elle y révèle un sens aigu de la mise en scène.

Ayant vaincu en la circonstance ses appréhensions et sa timidité foncière, elle acquiert une certaine assurance. D'autant plus que, pour la première fois, elle se trouve seule à représenter son pays. Elle ne doit son succès qu'à elle-même.

Quant à Kennedy, déjà convaincu qu'il possédait en sa femme une alliée indispensable, sa satisfaction est sans bornes...

Celle de Jackie ne l'est pas. Son plaisir est gâté par l'idée que son mari a profité de son absence pour batifoler avec d'autres femmes. Qui sait si ce n'est pas précisément dans cette perspective qu'il a tenu à l'envoyer faire ce voyage ? N'eût-il pas été plus normal qu'elle ne fît que l'accompagner dans ce déplacement. On ne saura jamais ce qui avait motivé le président, mais une chose est certaine : les craintes de Jackie étaient loin d'être injustifiées.

De toute façon, lorsqu'elle réside à Washington, cela n'empêche nullement John de « womanizer », malgré les risques. C'est simplement plus commode lorsque la Première dame ne se trouve pas dans les parages. Il lui suffit au cours d'une soirée de s'éclipser quelques minutes : il « opère » dans quelque coin discret. Une penderie ou un simple placard lui suffisent.

Parmi les conquêtes de John, il faut revenir sur la dernière d'entre elles, Mary Pinchot-Meyer, la belle-sœur de Ben Bradlee, un ami de Kennedy. Mary était la sœur de Toni, épouse de Ben. Très jolie blonde au visage mutin, appartenant à une riche famille d'industriels, elle mène une vie de bohème chic. Disposant d'un atelier, elle peint des toiles géométriques violemment colorées qu'elle expose à la Jefferson Place Gallery. Divorcée depuis 1959, elle mène une vie très libre. En janvier 1962 débutera sa liaison avec John ; sa vivacité d'esprit, l'originalité de ses idées, sa fantaisie, son absence totale de préjugés le séduisent. Avec elle il se laissera aller en juillet 1962 à fumer quelques joints, mais il entend se limiter.

— Imagine que les Russes lancent un missile, dit-il en riant, conscient tout de même de ses responsabilités de chef d'État[41].

Il n'en a pas moins déjà goûté à la cocaïne et au LSD, à l'instigation de Peter Lawford, son beau-frère.

Cette liaison, qui durera jusqu'à sa mort, restera si secrète que lorsque son beau-frère et la sœur de Mary, des années plus tard, en apprendront l'existence, ils tomberont des nues.

Tragique fut la fin de Mary : le 12 octobre 1964, après la disparition du président, elle fut elle-même assassinée alors qu'elle se promenait à Georgetown, sur le chemin de halage du Chesapeake and Ohio Canal. Le meurtrier présumé, un jeune ouvrier noir, fut acquitté. Le mystère planera toujours sur sa mort, comme sur celle de son amant…

De même d'ailleurs que sur celle de Marilyn Monroe. Il n'est possible de parler de sa liaison avec le président qu'avec une extrême prudence tant les écrits qui lui sont consacrés sont différents, si ce n'est contradictoires[42]. On peut penser que leur *love affair* débuta en 1958 ou en 1959. Inutile de dire qu'en 1962 le FBI est de longue date au courant, ainsi, bien entendu que le Service secret chargé de la protection de JFK. Les problèmes que peut poser l'état psychologique de l'actrice, dont la santé est ruinée par l'alcool, les somnifères et la drogue, les inquiètent beaucoup. Les cures de désintoxication suivies à la clinique new-yorkaise Payne Whitney se sont révélées inefficaces. Perdant la tête, elle s'imagine que John va divorcer pour l'épouser : elle raconte à Peter Lawford qu'elle a téléphoné à Jackie pour l'en informer et que celle-ci n'en aurait été nullement affectée. Elle l'aurait loyalement avertie qu'il lui faudrait alors s'installer à la Maison-Blanche et se plier à toutes les corvées qui s'imposaient à la Première dame : c'était à prendre ou à laisser. Qu'elle y réfléchisse bien avant de se décider.

Affabulation ou pas, on imagine sans peine qu'il eût été difficile à Jackie de rester imperturbable en la circonstance… Jugeant Sinatra plus ou moins responsable d'avoir favorisé les aventures extraconjugales de son mari – ce qui était tout à fait exact –, elle se réjouit qu'à la demande de Bob, ministre de la Justice, le président renonce à passer un week-end chez le crooner à Palm Spring entre le 24 et le 26 mars pendant qu'elle-même séjournera aux Indes. Bob en effet savait « Franckie blue eyes » trop proche des caïds de la mafia. Et lui, qui avait entrepris d'en débarrasser le pays, ne pouvait tolérer que son propre frère se compromît avec l'ami fidèle de Sam Giamcano, Santo Trafficante (le bien-nommé), John Roselli et tant d'autres individus du même acabit.

Certes, à l'instigation de Joe, ces gens-là avaient beaucoup fait pour l'élection de John et attendaient des Kennedy qu'ils manifestent leur gratitude. Tant pis pour eux ! On imagine la colère de Sinatra : n'avait-il pas tout préparé pour la visite du président, y compris une piste d'hélicoptère et même une plaque de cuivre destinée à commémorer la nuit qu'il devait passer chez lui. Au lieu de quoi c'est chez son rival Bing Crosby qu'il descendra – un homme qui n'est « même pas démocrate », observe-t-il avec rage.

C'est chez lui que Marilyn Monroe, toujours amoureuse de John, viendra le rejoindre. Bien des fois elle l'avait fait, notamment dans sa suite du Carlyle à New York. Elle s'y rendait déguisée : perruque noire, bandana, lunettes de soleil…

Quelques semaines plus tard, le 19 mai 1962, un gala de charité est organisé à Madison Square Garden, à l'occasion du quarante-cinquième anniversaire de Kennedy. Doivent s'y produire entre autres Jimmy Durante, Harry Belafonte, Maria Callas et Ella Fitzgerald. Lorsque Jackie apprend que Marilyn, la déesse mondiale du sexe, sera le clou de la soirée, elle décide – bien que presque personne à cette époque ne soit au courant de sa liaison avec Kennedy – de ne pas participer à ce qu'elle considère comme une terrible humiliation pour elle : l'apothéose de la maîtresse de son mari. Elle préfère rester en Virginie avec ses enfants et prendre part à un concours hippique.

C'est à la fin de la soirée que Marilyn fait son apparition – il n'y a pas d'autres mots – sur la scène, elle est follement applaudie. Elle est vêtue, si l'on peut dire, d'une robe couleur chair, étroitement moulante et littéralement cousue sur sa peau par Jean-Louis, son couturier*, et ornée de pierres scintillantes. Comme d'habitude elle ne porte aucun sous-vêtement. Comme d'habitude, elle arrive en retard… la dernière, ce qui était prévu d'ailleurs, et ne fait qu'accentuer l'importance de sa venue. La voici qui s'avance à petits pas, un peu titubante, car assommée par les médicaments et l'alcool. Elle s'approche du micro. C'est alors qu'elle chante le fameux *Happy Birthday, Mister President*, d'une voix si chaude et avec une présence charnelle si puissante – et même indécente pour certains – que le film qui la saisit deviendra un authentique morceau d'anthologie. Le passage où elle apparaît se caressant les seins, se passant la langue sur les lèvres sera représenté dans le monde entier, et l'est encore un demi-siècle après l'événement.

Quittant le Madison Square Garden, Marilyn se rend chez Arthur Krim, chairman de l'United Artists, qui donne une fête en l'honneur du président, elle y fait la connaissance de Bob. Après quoi, John emmène l'actrice dans son appartement du Carlyle. Ni l'un ni l'autre ne se doutent alors qu'ils se voient pour la dernière fois.

En effet, John apprend bientôt que la mafia a fait filmer leurs ébats dans la maison de vacances de Peter Lawford en Californie. Flairant le danger, il décide aussitôt de rompre avec Marilyn. Comme celle-ci, indignée, menace de parler, il lui envoie Bob pour la calmer : celui-ci remplit si bien sa mission qu'elle devient rapidement sa maîtresse et se prend de passion pour lui. En proie au même fantasme qu'à l'égard de John, elle se persuade dès juin 1962 que Bob va divorcer d'Ethel pour l'épouser. Pis encore, elle en fait part à tous ses amis. De surcroît, le FBI, apprend Bob, est déjà au courant, comme pour John, et dispose, à la suite de mises sur écoute, de bandes enregistrées de chacun des deux frères en pleine action avec Marilyn.

Quelle catastrophe, quel scandale si le peuple américain apprenait que ces deux Kennedy, mariés et pères de famille,

* Mise en vente en 1999 chez Christie's, elle atteindra un million de dollars.

exigeants défenseurs de la morale et censés représenter ce que les États-Unis ont de meilleur, se partageaient les faveurs du sex-symbol international.

Alors à son tour, Bob décide de rompre. Le 4 août, alors qu'il passe quelques jours de vacances avec sa famille en Californie, accompagné de Peter Lawford, il se rend en hélicoptère à Brentwood chez Marilyn pour lui signifier sa décision. D'où une violente dispute si l'on en croit le rapport des techniciens des écoutes et Lawford lui-même. Dès le lendemain matin, l'actrice meurt d'une overdose de médicaments. Entre-temps, son psychanalyste de Beverly Hills, le Dr Ralph Greens, qui était aussi son amant, lui avait fait une injection de tranquillisants. Elle avait déjà bu beaucoup d'alcool et pris des somnifères. En outre, il y avait des années que sa santé psychique était très fragile.

Il semble bien que Lawford soit revenu sur les lieux très vite, le matin même, pour « faire le ménage », supprimer toute trace de document, correspondance ou autre susceptible d'établir le moindre lien entre la défunte et les frères Kennedy.

Bientôt, la mort de l'actrice, annoncée comme un suicide, fait les gros titres de la presse mondiale. À aucun moment il n'est fait la moindre allusion aux rapports qu'elle entretenait avec le président des États-Unis et l'*attorney general*...

Les questions dérangeantes ne viendront que des années plus tard quand on apprendra ces liaisons. Nombre de journalistes et d'écrivains – entre autres Anthony Summers, Norman Mailer, Earl Wilson – échafauderont une foule d'hypothèses, y compris l'assassinat, sur ce qui s'était passé dans la nuit tragique du 4 au 5 août 1962.

Quoi que pût penser Jackie, interrogée par la presse, elle se contentera de répondre :

— Elle restera éternellement parmi nous.

On peut la croire...

John, après la mort de Marilyn, entretient encore une liaison avec Judith Campbell, mais commence à ralentir le rythme de leurs rendez-vous. Le fait qu'elle est aussi et en même temps la maîtresse de Sam Giancana rend sa fréquentation aussi dangereuse au fond que celle de Marilyn. Est-il exact, comme elle le racontera plus tard dans son autobiographie[43], qu'au moment de la présidentielle elle apportait au mafioso des valises remplies de dollars que lui remettait John ? Vrai ou faux, c'est en tout cas ce qu'elle avait l'imprudence de raconter à qui voulait l'entendre. Jusqu'alors John avait du mal à se passer d'elle : il la rencontrait non seulement à New York et à Palm-Springs, mais aussi à la Maison-Blanche elle-même où on note ses visites une bonne vingtaine de fois entre mai 1961 et mai 1962 et ses multiples appels téléphoniques. John mettra encore une dizaine de mois à cesser complètement de la voir.

Est-ce à dire qu'à partir de ce moment il redevint fidèle à Jackie ? Ce serait mal le connaître. Car, si l'on excepte ses passades habituelles, il continue, comme on l'a vu, à fréquenter jusqu'à son voyage fatal au Texas, Mary Meyer, jusqu'au bout irréprochablement fidèle à son infidélité...

Après son voyage aux Indes, Jackie n'en a pas terminé avec ses devoirs de *First Lady*. Dès le 8 mai 1962, il lui faut baptiser à New London, dans le Connecticut, le *Lafayette*, sous-marin nucléaire de 7 000 tonnes. La présence de la *First Lady* y déchaîne l'enthousiasme de la foule. De même, lorsqu'elle se rend à la première d'une pièce de Noël Coward. Elle a eu beau réserver sa place sous un faux nom et porter une perruque, la chose se sait. Ce jour-là, un maelstrom de photographes et de journalistes accourt, si bien que, bénéficiant d'une publicité inespérée, la pièce fera salle comble pendant longtemps.

Si Jackie n'aime guère tout ce tapage, elle est ravie, en revanche, d'accueillir à Washington André Malraux. D'autant plus que celui-ci est, depuis le voyage des Kennedy en France, particulièrement sensible à son charme et à sa culture, ce qu'il exprimera d'ailleurs publiquement par cette formule : « Elle est toujours présente quand il est question d'unir l'art, les États-Unis et mon pays. »

Comblée, elle l'a été également lorsqu'elle est parvenue à réunir au palais présidentiel cinquante Prix Nobel du monde entier. Quelle belle promotion culturelle pour son pays ! C'est à l'occasion de ce dîner que John eut cette phrase – éloge implicite de son épouse : « C'était le plus extraordinaire rassemblement de savoirs et de talents humains qu'eût jamais accueilli la Maison-Blanche, à l'exception, peut-être, de l'époque où Thomas Jefferson y dînait seul. » Jackie fut d'ailleurs très satisfaite de l'allusion à Jefferson. Ils en avaient parlé la veille au dîner et elle avait insisté sur l'intérêt de ce personnage qui lui paraissait représenter la meilleure incarnation américaine de l'esprit du XVIIIe siècle.

John a d'autant plus de motifs de satisfaction qu'en juin 1962 le voyage officiel qu'il entreprend au Mexique suscite l'enthousiasme des foules. Cela en grande partie grâce au charme de Jackie et à sa bonne connaissance de l'espagnol, langue qu'elle utilise exclusivement lorsqu'elle fait la tournée des institutions caritatives pour enfants.

On devine aisément que les innombrables séances de photos, conférences de presse, réceptions, voyages sont épuisants pour eux. Ils en arrivent à ne plus pouvoir se passer des injections d'amphétamines du Dr Jacobson. Ils ne semblent nullement conscients du danger de cette situation. Aussi le Dr Travell, Pierre Salinger et Bob Kennedy joignent-ils leurs efforts pour que John se débarrasse du Dr Feelgood. Bob, en tant qu'*attorney general*, obtient que la FDA (Federal Drug Administration) analyse le contenu des flacons utilisés par Jacobson. Le président ne veut rien savoir.

— Je me fiche que ce soit de la pisse de panthère, dit-il sans ambages, du moment que ça marche.

D'ailleurs la FDA, qui a tôt fait de repérer les composants utilisés, amphétamines et stéroïdes, ne conclut pas à leur nocivité et ne met pas le public en garde contre la dangereuse dépendance qu'ils provoquent. Tel était le point de vue de l'époque...

Si bien que Jacobson ne cessera de se déplacer pour soigner le couple présidentiel : non seulement à la Maison-Blanche, mais à Glen Ora, à Wexford, à Palm Beach, à Hyannis Port, à New York, au Carlyle. Il refuse fermement toute rémunération. L'entourage des Kennedy n'a qu'une crainte : que la presse découvre la vérité.

Salinger s'inquiète et suggère une solution : puisque les visites de Jacobson à la Maison-Blanche doivent rester secrètes, pourquoi ne pas lui demander de s'y installer en permanence ? Mais il s'y refuse.

— Je suis prêt à faire n'importe quoi pour eux, à prendre un avion n'importe quand pour n'importe où. Mais j'ai une quantité de patients, notamment 400 d'entre eux, qui souffrent de scléroses en plaques et comptent sur moi. Non, je ne peux pas abandonner mon cabinet de New York...

Au fil du temps, Max apparaît de plus en plus dangereux : pas seulement à cause des substances qu'il injecte – et qu'il s'injecte à lui-même – mais aussi par son désordre et son manque d'hygiène. Ses multiples flacons sont sales et dépourvus d'étiquettes, sale est aussi sa blouse (il n'en met une convenable que pour ses visites aux Kennedy), ses doigts sont noircis par les produits qu'il utilise. Certains de ses patients contractent une hépatite ou le quittent, y compris Chuck Spalding, un des amis intimes du couple, de ceux qui avaient recommandé Max à John et le regrettent. Malgré tout, le président lui garde sa confiance. Il soignera les Kennedy jusqu'au bout. Le 15 novembre 1963, quelques jours avant l'assassinat, il prendra l'avion pour Palm Beach afin de s'occuper d'eux. L'atmosphère y est tendue, notera-t-il. Ce sont alors les préparatifs du voyage au Texas, et le médecin écrira plus tard : « Je me souviens de ma déception de ne pas avoir été invité à y participer[44]. »

La mort de Marilyn Monroe, le 4 août 1962, avait bouleversé le monde entier et empli les colonnes des journaux et magazines. L'inquiétude de John et de son frère à l'idée que l'existence de leurs liens intimes avec l'actrice puisse être révélée par la presse (le FBI s'étant procuré des bandes magnétiques particulièrement suggestives) avait sans doute été perçue par Jackie, bien qu'elle ne sût rien de précis. Elle avait passé tranquillement tout le mois de juillet à Cape Cod avec ses enfants. Puis, devenue à son tour nerveuse et inquiète, elle ne voulut pas prolonger ce séjour. Elle avait besoin, sinon d'oublier, du moins de changer d'air.

Il se trouvait qu'à ce moment-là sa sœur et son beau-frère Stas Radziwill avaient loué à Ravello, près d'Amalfi – en Italie –, une somptueuse villa dominant la Méditerranée. Elle adorait l'Europe dont elle avait la nostalgie. Elle décide de les rejoindre.

Elle part avec Caroline et une bonne douzaine d'agents du *Secret Service*. Là-bas, elle nage, fait du ski nautique, se promène dans les rues du village. Innombrables sont les paparazzi qui la suivent, la guettent, l'espionnent, la harcèlent : n'est-elle pas, à cette époque, la femme la plus importante de la jet-set, la cible idéale ? D'autant plus que parmi les hôtes des Radziwill se trouve Gianni Agnelli, le grand patron de la Fiat, dont le beau yacht blanc mouille près d'Amalfi. Jackie, d'ailleurs, avait déjà fait sa connaissance à la Maison-Blanche. Une vive amitié naît entre eux – sans plus, d'ailleurs – et la presse les montre souvent ensemble ici et là. Évidemment, on commence à jaser… Si bien que John s'inquiète « un peu moins d'Agnelli et un peu plus de Caroline[45] », lui télégraphie-t-il. Que l'épouse du président passe ses vacances sans son mari a déjà aux yeux du public quelque chose d'insolite. Si, de surcroît, on la montre fréquemment gaie et détendue avec un autre homme, beau garçon, séduisant, riche et célèbre, il y a de quoi ternir l'image de John et expliquer qu'il s'en inquiète. De son côté, Jackie n'est pas mécontente que son mari éprouve à son tour les affres de la jalousie. Dès le lendemain de la réception de son télégramme, comme par provocation, elle se livre avec Agnelli à une partie de pêche sous-marine, plaisante revanche sur un homme dont l'infidélité lui était si connue.

Partie initialement en Italie pour une quinzaine de jours, Jackie s'y plaira au point d'y rester un bon mois. Ce qui lui permettra de retrouver son équilibre, et d'aider efficacement son mari dans les épreuves qu'il aura bientôt à traverser : dès septembre 1962, en effet, ce sont les émeutes raciales du Mississippi au cours desquelles il lui faut, lourde responsabilité, engager la Garde nationale. Encore n'est-ce rien par rapport aux événements qui vont bientôt se dérouler.

La Maison-Blanche, 16 octobre 1962. Des agents secrets américains informent le président que des avions-espions ont décelé en territoire cubain la présence de missiles nucléaires d'attaque à 200 kilomètres de la Floride. La crise durera treize jours pendant lesquels les Kennedy s'enfermeront dans la Maison-Blanche avec les hommes du Pentagone et des Affaires étrangères – qui dorment sur des lits de camp. On est à deux doigts d'une guerre mondiale et il est prévu que le gouvernement se réfugiera dans un abri souterrain situé à une cinquantaine de kilomètres de Washington… Or, dans ces moments dramatiques, Jackie, si elle augmente sa consommation de cigarettes, reste étonnamment calme. Pour détendre l'atmosphère, elle organise un dîner intime, invitant Lee et Stas, Bobby et Ethel, Cassini également. Son attitude contraste avec celle de John qui, tout en gardant son sang-froid, se montre fataliste et croit la guerre toujours possible. On sait que, face au blocus institué par les États-Unis, les navires soviétiques porte-missiles rebrousseront chemin. La guerre n'aura pas lieu. Mais Kennedy reste persuadé qu'à la suite de quelque maladresse émanant de l'une ou l'autre des superpuissances un conflit finira par éclater avec ses épouvantables conséquences. En ce qui concerne son propre destin – est-ce pour conjurer le sort, est-ce par bravade – il évoque souvent devant ses amis son assassinat dans une voiture découverte, au centre d'une ville « au milieu des gens et du tumulte ».

Au plus fort de la crise, alors que John prie Jackie de se rapprocher avec les enfants de l'abri antinucléaire qui leur est destiné, elle refuse catégoriquement. Selon les témoignages d'O'Donnell et de Sorensen, elle lui déclare qu'il n'est pas question qu'elle le laisse seul à Washington dans ces dramatiques circonstances. Ainsi ce couple, qui connaît bien des difficultés dans la vie quotidienne, se soude-t-il dans l'épreuve. On aura encore l'occasion de le constater.

Le bruit court depuis plusieurs semaines que la Première dame attend à nouveau un enfant. C'est seulement le 18 avril 1963 que Jackie en fait l'annonce officielle.

C'est aussi à cette époque qu'elle se décide à se séparer de Tish Baldridge, sa secrétaire particulière. Travaillant tous les jours durant une douzaine d'heures au moins, celle-ci était épuisée. Elle avait surtout une tâche ingrate : répondre aux innombrables personnes qui sollicitaient la présence de la *First Lady* dans une multitude de circonstances. Même si elle s'efforçait de protéger Jackie, elle était assez souvent obligée de lui dire : « Vous *devez* assister à ceci ou cela, prendre la parole au cours de telle ou telle cérémonie, dîner avec tel ou tel... » Or, la femme du président exécrait toutes ces contraintes. Elle en était venue à ne plus supporter la personne qui prétendait les lui imposer.

Elle la remplace donc par une de ses meilleures amies, Nancy Tuckerman, une ancienne camarade de classe. Prenant prétexte de sa grossesse, elle lui écrit : « J'en ai assez d'être la Première dame en permanence, et je veux maintenant consacrer plus d'attention à mes enfants. Je veux que tu fasses cesser *toutes* mes activités extérieures – qu'il s'agisse de boire un verre de xérès avec un poète ou un café avec un roi. Plus d'intervention pour des galeries d'art, plus rien, à moins que ce ne soit absolument nécessaire[46]. »

Elle fait une exception évidemment quand il s'agit de fêter le quarante-sixième anniversaire de John au Waldorf Astoria fin mai 1963, bien que, comme l'année précédente, ce soit une de ses anciennes maîtresses, Audrey Hepburn, qui chante le traditionnel *Happy Birthday*. De même, lors de la fête qu'elle a prévue peu après, en organisant une croisière sur le Potomac à bord du yacht présidentiel *Sequoia*.

En revanche, elle ne voudra pas accompagner son mari dans ses déplacements politiques ou diplomatiques. Il en est ainsi du célèbre voyage, qu'il effectue à Berlin-Est, le 26 juin, au pied du Mur, où il proclame pour soutenir la RFA :

— *Ich bin ein Berliner* * [Je suis un Berlinois].

Lorsqu'il revient à Washington au début de juillet, il rejoint sa femme et ses enfants dans une propriété qu'il a louée à Squaw Island, au Cape Cod. Elle a le mérite d'être plus à l'abri des foules estivales que Hyannis Port. John y vient souvent jouer au golf ou faire de la voile dans le détroit de Nantucket.

Jackie, enceinte de sept mois, semble en excellente santé. Cependant, elle persiste à se faire injecter des cocktails d'amphétamines par Jacobson, et à fumer. On ne connaissait pas aussi bien que de nos jours les dangers du tabac pendant la grossesse, mais on savait déjà qu'il nuisait au développement normal du fœtus. Il est impensable que le Dr J. Walsh ne l'en ait pas avertie. Sans doute intoxiquée depuis longtemps, elle était incapable de s'arrêter !

7 août 1963. Pendant la matinée, alors que l'accouchement n'était prévu que pour la mi-septembre, Jackie ressent les premières douleurs. Elle est stupéfaite… et inquiète surtout : un passé comme le sien – un mort-né, une fausse couche, deux grossesses difficiles –, cela ne présage rien de bon. Elle téléphone aussitôt au Dr Walsh qui, par un heureux hasard, passe ses vacances dans la région. Il accourt. Dès onze heures, on la transporte en hélicoptère à l'hôpital militaire de la base aérienne d'Otis. Au début de l'après-midi, elle y accouche, de nouveau par césarienne, de Patrick Bouvier Kennedy, un enfant prématuré de quatre livres. Le nouveau-né souffre malheureusement de graves difficultés respiratoires : on le transporte à l'hôpital de Boston, puis à Harvard où on le place dans une tente à oxygène. John est prévenu malgré les souhaits de Jackie. Il ramène Patrick

* Il aurait dû s'abstenir d'utiliser *ein,* car le *Berliner* étant une pâtisserie locale, cela lui faisait dire : « Je suis un beignet à la confiture. »

dans la chambre de celle-ci, avant qu'il soit transporté à Boston. Elle le serre contre elle quelques minutes. C'est la première et dernière fois qu'elle l'aura vu. John, bouleversé, passe la nuit du 8 au 9 à l'hôpital de Harvard. On l'appelle vers deux heures du matin au chevet de l'enfant : il va mourir… Il n'aura vécu qu'une quarantaine d'heures. Dave Powers l'ami de toujours, est aux côtés de John…

— C'était un si beau bébé, lui dit le président, d'une voix qu'il ne lui connaissait pas. Il s'est vraiment battu jusqu'au bout.

Puis John retourne à la chambre de l'hôpital qui lui avait été attribuée. S'asseyant sur le lit, il éclate en sanglots. Sa peine redouble quand bientôt il retrouve Jackie à Otis. Celle-ci savait déjà : tous deux sont effondrés. Ils communient dans la même douleur.

— Oh, Jack ! dit-elle en larmes. Il n'y a qu'une seule chose que je ne pourrais supporter maintenant : c'est de te perdre, toi.

Très affaiblie, elle est incapable d'assister au service funèbre et à l'enterrement qui ont lieu à Brooklyn. C'est leur ami, le cardinal Cushing, qui dit la messe. Jack est lui-même tellement bouleversé qu'il saisit le petit cercueil de Patrick entre ses bras, comme s'il voulait l'emporter avec lui… Le cardinal doit intervenir :

— Allons Jack, partons d'ici. Dieu est bon…

Avant l'enterrement, il avait placé sur le corps de son fils la petite médaille de saint Christophe que sa femme lui avait offerte pour leur mariage.

À partir de ce triste jour, John ne sera plus jamais le même. Le malheur rapproche ces deux êtres si distants qu'on ne les voyait jamais manifester leur tendresse publiquement – si tendresse il y avait eu. Leur attachement devient visible. On n'en croit pas ses yeux… John prend Jackie par la taille en public, il la *regarde* au sens plein du terme, ils se téléphonent continuellement. Elle sort le 14 août de l'hôpital pour aller se reposer à Hyannis Port et à Hammersmith farm, son mari s'arrange pour être la plupart du temps à ses côtés, ce qu'il n'a jamais fait jusqu'alors. Lorsque, le 12 septembre, le couple célèbre son dixième anniversaire de mariage, leur nouvelle intimité frappe leurs amis. Les efforts qu'ils font pour dissimuler leur chagrin pendant cette fête et paraître gais les touchent profondément.

Inutile de dire que Lee Radziwill, très sensible aux malheurs de sa sœur, cherche à tout prix à la réconforter. À cette époque, la jeune femme est au mieux avec Aristote Onassis, l'armateur milliardaire. Lequel, mis au courant de la situation par Lee, suggère qu'elle-même et sa sœur fassent, avec les amis de leur choix, une croisière à bord de son yacht, le *Christina.* On s'en souvient, les Kennedy y avaient déjà été reçus. Onassis, par discrétion, resterait à terre. Lee n'a aucun mal à convaincre Jackie d'accepter cette proposition qui devrait lui permettre de reprendre goût à l'existence : sillonner la mer Égée, visiter les îles grecques comme le propose l'armateur...

— C'est le rêve de ma vie, s'écrie cette femme éprise de culture antique.

Mais pas question que leur hôte reste à quai.

— Nous n'allons tout de même pas le punir de sa générosité, observe-t-elle.

On imagine sans peine que les points de vue de John – et de Bob, l'*attorney general* – sont bien différents. Car ils songent déjà, en cet été 1963, à la présidentielle de l'année suivante. Quelle sera la réaction de la presse et des électeurs devant cette situation scandaleuse : la Première dame, épouse du futur candidat, en deuil de leur enfant, part en croisière avec Onassis, un richissime étranger, un play-boy, dont la vie privée s'étale dans les journaux et magazines du monde entier... Pis encore, un armateur dont l'honnêteté est très sujette à caution* ?

Qui est-il, au juste, cet Aristote Socrate dont les prénoms eux-mêmes semblent dénoncer la prétention ? À l'époque, il a

* Ayant violé ses engagements envers la Commission maritime américaine, il avait dû payer sept millions de dollars de dédommagement pour éviter les poursuites criminelles.

cinquante-sept ans. Il est né à Smyrne, d'une famille grecque persécutée par les Turcs. Ari a une sœur, Artemis, et, deux demi-sœurs issues d'un second mariage de son père. S'étant exilé en Argentine, il y a d'abord vécu chichement de petits emplois tels que plongeur dans un restaurant ou standardiste. Doué en affaires, il s'enrichit rapidement dans le commerce du tabac. Plus tard, il achète à crédit et à très bas prix des cargos en très mauvais état, notamment ces *Liberty ships* hâtivement construits à la fin du conflit pour remédier aux dégâts de la guerre sous-marine. Certains d'entre eux coulent opportunément tout près des côtes. Ce qui lui permet de toucher d'importantes indemnités de ses assurances. Comme il l'avait très judicieusement prévu, il profite de la pénurie de navires alliés pour transporter à prix d'or les marchandises et le pétrole dont ont besoin nombre de pays du monde. À quarante ans, il épouse la très jeune Athina Livanos – fille d'un riche armateur – dont il aura deux enfants, Alexandre et Christina. Sa liaison avec Maria Callas entraînera son divorce. Il possède des parts largement majoritaires dans plusieurs compagnies internationales dont Olympic Airways, et sa fortune est estimée à 300 millions de dollars*.

C'est un homme vif physiquement, de petite taille, aux traits sombres et au visage buriné, non dépourvu de charme. Sa conversation, intelligente, nourrie d'anecdotes plaisantes, est des plus agréables. Il est, en dehors bien entendu de ce qui concerne le monde des affaires, d'une folle générosité : ses amis et ses invités en savent quelque chose. Afin de les recevoir comme il faut, il a acheté l'île de Skorpios pour 110 000 dollars et en a dépensé plus de 10 millions pour la rendre plus hospitalière.

John finit par accepter que sa femme fasse cette croisière avec « le Grec » malgré sa réputation, mais il pose ses conditions : il tient à ce que ses amis Franklin D. Roosevelt Jr, sous-secrétaire d'État au Commerce, et sa femme Suzanne fassent partie du voyage pour servir de chaperons. Il le leur demande. Impossible pour eux de refuser, bien entendu. John redoute aussi, dit-on,

* Chiffre à multiplier par 15 au cours actuel.

que Lee se rapproche d'Onassis. Cet homme d'une ambition effrénée serait ravi, pense-t-il, de jouer ce bon tour au président des États-Unis. John chapitre donc sa femme : les deux sœurs devront faire profil bas et ne pas prêter le flanc aux critiques. Il faut aussi que Stas fasse partie de la croisière. En réalité les passagers seront relativement nombreux : on y trouvera la princesse Galitzine, créatrice de mode, et quelques autres.

Le 1er octobre 1963, Jackie s'envole des États-Unis pour Le Pirée où l'attend l'extraordinaire *Christina*. C'est peu de dire que le yacht d'Onassis est luxueux. Ce navire, de près de cent mètres de long, ne comporte pas moins de neuf vastes suites – toutes pourvues de salles de bains à robinets d'or. Chacune porte le nom d'une île grecque. Onassis a attribué à Jackie la suite Chios où avaient séjourné Greta Garbo, Winston Churchill, le prince Rainier et la princesse Grace. Les tabourets du bar sont recouverts de scrotum de baleines (véridique). Et il y a une grande piscine recouverte le soir d'un plancher en mosaïque. Si bien que l'on y danse chaque nuit au son de l'orchestre du bord. Une soixantaine de domestiques sont au service de moins d'une douzaine de passagers. Il existe aussi une bibliothèque, une salle de jeux, une salle de bal, un cabinet médical, une salle d'opération, un salon de massage, un salon de coiffure avec tout le personnel adéquat. Faut-il parler de la restauration ? On a embarqué quantité de champagne, de vins millésimés, de caviar (huit variétés), de homards, de foies gras, et la cuisine est dirigée pas deux chefs, un Grec et un Français.

Au port du Pirée, discrétion oblige, une voiture aux vitres teintées a emmené Jackie jusqu'au quai, au pied de la passerelle. L'itinéraire prévu est enchanteur : les passagers visiteront Istanbul, Lesbos, Ithaque, la Crète, Smyrne, Skorpios, Delphes et, pour finir... Marrakech. Malheureusement, il faut bien le constater, au début de la croisière l'atmosphère qui règne dans le petit groupe est assez lourde, et le luxe du décor n'y peut rien : le prince Radziwill est l'hôte d'un don Juan qui pourrait bien séduire les femmes présentes. D'ailleurs, il quittera prématurément le navire. Franklin Roosevelt Jr, qui est là en service commandé, juge son rôle – digne du théâtre comique – quelque peu humiliant. Et songe à sa réputation : qu'est-ce que le sous-secrétaire d'État américain au Commerce peut bien avoir à faire avec un play-boy milliardaire, un Levantin à l'honnêteté que d'aucun affirme douteuse ? Un homme que d'ailleurs méprise la princesse Galitzine. Artemis, la sœur d'Onassis, quant à elle, n'aime guère Lee qu'elle soupçonne d'avoir des vues sur son frère. Et Jackie ? Cette croisière ne peut que contribuer à rétablir la santé de la convalescente qu'elle est, et à apaiser le chagrin que lui a causé la mort du petit Patrick. Ce voyage n'est-il pas, par la même occasion, une façon de régler ses comptes avec son mari ? Elle sait qu'il a repris ses relations avec Mary Pinchot-Meyer. Alors il n'est pas mauvais qu'à son tour il s'inquiète. Il le mérite amplement... D'autant plus que, cette fois-ci, la Callas n'ayant pu venir, Onassis a le champ libre. Kennedy le sait.

Pour sa part, le Megalos, comme on le surnomme, a tout lieu d'être satisfait : ses espoirs sont comblés : le Captain Ari – autre surnom que lui donnent ses amis – a à son bord, et en quelque sorte à sa merci, rien de moins que l'épouse et la belle-sœur du président des États-Unis. Toutes les deux... pensez donc ! Va-t-il en abuser ?

Si les tout premiers jours, le climat de la croisière est un peu tendu – et pour cause –, il ne le demeurera pas très longtemps. La bonne humeur et l'entrain d'Ari, son talent de conteur, sa courtoisie, la splendeur de la mer Égée, la douceur du climat méditerranéen en ce début d'automne, la beauté des soleils marins le soir... Tout cela peu à peu endort les consciences, apaise les tensions, calme les esprits. Et Onassis, qui adore les lieux, se révèle un guide fascinant : il faut l'entendre, à Smyrne, évoquer l'enfance qu'il y a vécue, sa grand-mère Gethsemané et sa sagesse orientale, son exil forcé en Argentine, les durs moments qu'il y a passés pour échapper à la misère. Il arracherait des larmes. Il retrace ensuite les étapes de son ascension, de quelle façon il est parvenu à s'enrichir. Comment Jackie pourrait-elle ne pas songer au passé de sa propre famille ? Mieux encore,

Ari, vu la différence d'âge qui les sépare – vingt-trois ans* –, lui fait irrésistiblement penser à Black Jack : son côté pirate, son visage sombre et énergique. C'est bien le même genre d'homme. D'ailleurs, il a dans sa relation avec elle un je-ne-sais-quoi de paternel qui la rassure. Onassis est un Black Jack qui aurait prodigieusement réussi...

Ce qui le rend beaucoup plus intéressant.

Une passion commune pour la civilisation grecque antique rapproche également ces deux êtres. Sur ce point, Ari, même si son instruction, dans sa jeunesse, a été passablement sommaire, se montre incollable et son savoir n'est pas seulement livresque, comme celui de Jackie. Il se trouve vivifié par la connaissance concrète qu'il possède de ces côtes de la Méditerranée orientale qu'il adore.

Souvent, dans la nuit constellée d'étoiles, après le dîner, lorsque les autres invités sont allés dormir, Jackie prolonge la conversation avec Ari, à la proue du navire qui laisse derrière lui un long sillage d'écume.

Un matin, le *Christina* fait escale à Skorpios, l'île privée d'Onassis. Un vrai paradis avec ses collines rocailleuses, ses cyprès, ses eucalyptus, ses multitudes de plantes odoriférantes, ses petites criques bien abritées. C'est là que Jackie longeant une plage avec Ari lui avoue qu'elle aurait aimé voir ce séjour merveilleux ne jamais se terminer.

Inutile de dire que cette croisière est du pain bénit pour la presse du monde entier. Onassis a-t-il pris toutes les précautions nécessaires pour qu'elle reste à l'abri de la curiosité des médias ? On n'oserait l'affirmer tant sa vanité y gagne. De toute façon, des zodiacs chargés de photographes tournent autour du yacht à chaque escale et le suivent en pleine mer...

Un beau matin, consultant la presse, le président aperçoit, s'étalant en première page de presque tous les journaux, une photo de la Première dame en train de se baigner en Bikini sur le pont du *Christina*. C'en est trop ! Il lui expédie aussitôt un

* Vingt-neuf ans s'il est exact qu'il soit né en 1900.

télégramme la mettant en demeure de rentrer au plus vite à Washington. Elle n'en tient aucun compte, pas plus qu'elle ne l'avait fait à l'occasion de ses sorties avec Agnelli, l'été précédent. Pourquoi se gênerait-elle ? A-t-il lui-même tant de scrupules quand il s'agit de ses plaisirs ?

Naturellement la presse, la presse républicaine surtout, mais pas exclusivement, se scandalise : « Ce genre d'attitude est-il convenable pour une femme en deuil ? », écrit le *Boston Globe*. D'autres journaux demandent pourquoi Jackie ne voyage pas dans son pays natal au lieu d'aller s'exhiber en Europe. Quelle idée de se pavaner aux côtés d'un homme qui est tout à la fois un séducteur patenté et un homme d'affaires au passé trouble. Certains membres du Congrès évoquent publiquement la question.

Il est bien évident que l'image du président en est altérée. Il gouverne son pays mais gouverne-t-il sa femme ? Consciente du tort qu'elle lui fait, Jackie lui écrit régulièrement de longues lettres où elle lui dit combien elle regrette de ne pouvoir partager avec lui ces vacances idylliques.

Lee, de son côté, se demande si elle a bien fait d'inviter sa sœur ? Manifestement Ari est très attiré, trop attiré par Jackie. Il lui prodigue des attentions. Il la couvre de cadeaux, lui offre notamment un somptueux collier de diamants et de rubis, alors que, se plaint Lee dans une lettre à John, elle n'a eu droit elle-même qu'à « trois petits bracelets ridicules que Caroline n'oserait pas porter pour son anniversaire ».

Reste une question à laquelle l'Histoire ne peut répondre avec certitude : au cours de cette croisière, Jackie est-elle devenue la maîtresse d'Onassis ? Légitime interrogation, quand on sait que, cinq ans plus tard, elle sera sa femme. Sur ce point, les opinions des proches de Jackie sont partagées. Ainsi, à entendre Franklin Roosevelt Jr, il est certain que Jackie, pendant cette croisière, ne fit que « se reposer ». En revanche, Evelyn Lincoln, la secrétaire et amie de la Première dame, est persuadée du contraire. Dans ce cas, Onassis eût bénéficié *a minima*, à son bord, des faveurs de la Première dame des États-Unis, situation ô combien flatteuse si l'on songe à la personnalité de cette conquête, mais qui risquait de devenir explosive.

Il est vrai qu'Ari, homme d'affaires génial, était dans tous les domaines un joueur invétéré – qui pariait gros.

Alors ? Alors, sur ce point, les deux personnages en cause ont emporté leur secret avec eux. Aucun de leurs biographes n'a d'ailleurs apporté d'arguments décisifs en faveur de sa thèse.

Lorsque Jackie revient à Washington, John fait tout pour effacer la mauvaise impression que l'escapade de son épouse a pu faire sur l'opinion publique américaine. Il y parvient. À l'aéroport, il l'accueille au pied de la passerelle, avec Caroline et John. La voici qui descend, élégante et rayonnante, avec ce sourire qui illumine tout autour d'elle. Il la prend dans ses bras… Les photographes sont là. En un instant, elle vient de reconquérir toute sa popularité… et pour plusieurs années.

Cependant, elle ne va pas s'éterniser à la Maison-Blanche, car l'atmosphère conjugale n'y est pas des plus sereines. John a quelque peine à s'abstenir d'adresser des reproches à une épouse qu'il juge pour le moins imprudente. Jackie, de son côté, après ces deux semaines sur le *Christina*, parenthèse féerique, commence à éprouver un certain sentiment de culpabilité. Mal à l'aise, elle préfère prendre le large et se réfugier avec ses enfants dans sa nouvelle résidence de Virginie, à Atoka.

En cette fin d'octobre 1963, John songe surtout à la présidentielle de 1964. Les républicains se montrent particulièrement actifs. À Dallas se sont produits des événements plutôt inquiétants pour les démocrates : Adlai Stevenson * et le sénateur Fulbright y ont été fort mal reçus par la foule. On leur a craché au visage, on leur a lancé des œufs pourris. Le gouverneur démocrate du Texas, John Conally – soutenu par le vice-président Lyndon B. Johnson – est brouillé à mort avec le

* Ex-gouverneur de l'Illinois et alors délégué à l'ONU.

sénateur Ralph Yarborough, bien qu'il soit du même camp. John se persuade – et ses amis le lui suggèrent – qu'il lui faut absolument se rendre sur place. Il ne le fera pas de gaieté de cœur mais il pourra ainsi régler une situation devenue très périlleuse pour les démocrates alors que la présidentielle se rapproche. Dans cette perspective, la présence de Jackie au Texas serait extrêmement précieuse : elle parviendrait sûrement à réconcilier les deux hommes et, grâce à son charme, à séduire les foules les plus hostiles aux démocrates.

— M'accompagneras-tu là-bas ? lui demande John, dissimulant son inquiétude.

Les voyages politiques, comme les tournées électorales, Jackie les déteste : passablement timide au fond, elle s'y trouve mal à l'aise. Être toujours en représentation, toujours le point de mire et dans la crainte permanente de l'erreur fatale. Il est vrai que, fine comédienne, elle parvient à donner le change. Mais quelle corvée !

Peu importe, elle entend se racheter...

— Je te suivrai où tu me le demanderas, promet-elle...

— Tu vas leur montrer à ces péquenots du Texas ce que c'est que l'élégance ! se réjouit-il.

Est-ce à dire qu'à présent, en cette fin d'automne 1963, l'harmonie du couple est sans faille ? Loin de là. La mort du petit Patrick avait, quelques semaines plus tôt, semblé, dans le malheur, ressoudé des liens alors très distendus. Mais, pendant la croisière du *Christina*, John est revenu à ses vieilles habitudes : il persiste à tromper activement son épouse.

Du reste, il n'a guère changé non plus de philosophie : vivre le jour présent comme si c'était le dernier, tel est toujours son credo. La mort ? Il l'envisage comme pouvant le frapper à tout instant. Il n'aime guère les précautions que le *Secret Service* tente de prendre pour la lui éviter, persuadé qu'elles sont trop souvent inefficaces. Il refusera qu'à Dallas on dispose sur sa Lincoln un toit vitré à l'épreuve des balles. Pressent-il la fin qui l'attend ? Quelques semaines auparavant, faisant de la voile en compagnie de Bartlett et de Billings, il leur demande, alors que le vent était tombé et leur yacht immobilisé :

— D'après vous, quelle sera l'attitude de Lyndon (Johnson) si je me fais tuer ?

Peu après, évoquant avec son ami Torby MacDonald l'horreur du sort de ceux qui, tel Joe Kennedy, sont frappés par une attaque cérébrale, Torby veut savoir quel genre de mort John souhaiterait pour lui-même.

— Oh ! répond-il, un coup de fusil. On ne se rend pas compte de ce qui arrive : un coup de fusil, c'est parfait !

Ce propos, le président le tient avec un parfait sang-froid. Et on l'a vu, ce n'est pas la première fois. Avec la même sérénité, de temps en temps il chante sans état d'âme l'un de ses airs préférés, *September Song,* qui semble terriblement prémonitoire : *And the days dwindle down, to a precious few** (« Et les journées s'écoulent petit à petit, il n'en reste plus que quelques-unes… »).

Il est loin malgré tout de mesurer à quel point le texte de sa chanson le concerne personnellement – et dans l'immédiat.

Arrivent les derniers jours qui précèdent leur départ pour le Texas : San Antonio, Houston, Fort Worth et Dallas, la ville fixée par le destin, au terme du fatal itinéraire.

L'histoire du couple Kennedy est hélas marquée sur sa fin par un incident qui vient en ternir le cours. Le 20 novembre, la veille du funeste voyage, a lieu à la Maison-Blanche la réception annuelle des juges de la Cour suprême. C'est aussi la première fois que Mrs Kennedy se montre en public depuis la mort de Patrick. C'est dire à quel point les journalistes sont aux aguets. Le couple doit apparaître solennellement en haut du grand escalier d'honneur. Ils vont arriver au son du *Hail to the Chief,* exécuté par la fanfare des marines qui les précède. Soudain, comme le note la journaliste Jessie Stearns, correspondante accréditée à la Maison-Blanche, on entend comme un bruit de bousculade et on aperçoit le président, chevelure ébouriffée d'un seul côté, qui tente de se recoiffer, tandis qu'auprès de lui les traits de la Première dame trahissent une évidente nervosité… On écarte

* De même, il demande souvent à Jackie de lui réciter « *I have a rendez-vous with death* », d'Alan Seeger.

aussitôt les journalistes pour une minute ou deux, puis tout rentre dans l'ordre.

On saura plus tard, beaucoup plus tard, le fin mot de l'histoire : Jackie avait passé la journée à Atoka en Virginie à faire de l'équitation. À peine rentrée, elle apprend par l'indiscrétion d'une femme de chambre que son mari vient de passer une heure dans la chambre de Lincoln avec Mary Pinchot-Meyer… Alors que, malgré son peu de goût pour la politique, elle se dévoue au point de participer à la campagne de John, celui-ci continue à la tromper sans vergogne, qui plus est, à la Maison-Blanche même ! Elle qui le croyait assagi depuis la tragédie du 7 août ! Comme elle avait été stupide ! C'en est trop ! Lorsqu'elle le retrouve à l'heure prévue pour la réception, elle l'accable d'insultes. Ce n'est pas la première fois, loin de là, mais, dans le cas présent, vraiment… elle lève alors la main sur lui.

On imagine ce que doit être son état d'esprit lors du voyage au Texas. Fidèle à ses engagements, elle fera cependant ce que le président attend d'elle. À bord d'*Air Force One,* elle se montre très nerveuse et fume un plein paquet de Salem en travaillant consciencieusement à un discours qu'elle devra prononcer en espagnol à Houston, comme promis. Elle a hâte d'en avoir terminé.

San Antonio, Houston, Fort Worth. Le voyage est un succès et le différend qui sépare les politiciens du Texas est bientôt réglé. Reste l'étape à Dallas, où le président espère bien – en partie grâce à Jackie – regagner les faveurs de la population.

Il est prévu que tout finira, après un passage à Austin, par un grand barbecue au ranch du vice-président Lyndon Johnson, suivi d'une belle promenade à cheval dans son domaine… Cela ne se fera jamais.

Les événements qui se sont déroulés du 22 au 25 novembre 1963 ont fait et font encore l'objet de tant de commentaires dans le monde entier depuis près d'un demi-siècle, qu'il paraît bien vain de les rappeler une fois de plus : les coups de feu qui retentissent à Dallas au passage du cortège présidentiel, les balles qui pulvérisent une partie du cerveau de John. Jackie elle-même, prise de panique, qui rampe sur le capot arrière du véhicule, comme le montre le film de Zapruder*, l'arrivée au Parkland Hospital, la voiture du drame, le tailleur Chanel rose de Jackie maculé de sang avec lequel elle assiste à la prestation de serment de Johnson qui succédera à Kennedy, le rapatriement du corps à Washington à bord d'*Air Force One*.

Faut-il évoquer une fois encore l'arrestation du tueur présumé, Lee Harvey Oswald, et Jack Ruby qui, sans que l'on en connaisse jamais vraiment les motivations, l'abat quarante-huit heures après devant les caméras de la télévision ?

À qui exactement faut-il attribuer la responsabilité de l'assassinat du président ? À un individu isolé ou à une conspiration ? À la CIA, à la mafia, aux Soviétiques, aux anticastristes ou aux castristes, à un groupe de ségrégationnistes américains comme la John Birch Society ? Des dizaines de volumes ont été en vain consacrés à ce problème qui risque fort de rester pour toujours non résolu, laissant Jackie Kennedy sans réponse face à ce drame.

* Abraham Zapruder, qui tenait une boutique de mode, avait filmé le cortège présidentiel au moment de l'assassinat. Il vendit son film à *Time Life* pour la somme de 50 000 dollars.

III

Madame veuve Kennedy

Lundi 25 novembre 1963. Les chaînes de télévision du monde entier montrent un spectacle extraordinaire : les 250 000 personnes qui suivent le cortège funèbre. Et aussi tous les chefs d'État de la planète depuis Hailé Sélassié, l'empereur d'Éthiopie, jusqu'à Charles de Gaulle ; ils suivent le cercueil tiré par la même prolonge d'artillerie que celle qui avait transporté le corps de Franklin Roosevelt en 1945. Tout le monde se souviendra de la veuve voilée de noir, aux yeux gonflés de larmes, qui se montre d'une dignité si exemplaire. Et aussi du tout petit John en manteau bleu se mettant au garde à vous devant le drapeau américain qui recouvre le cercueil de son père. A lieu ensuite l'inhumation au cimetière national d'Arlington, où une flamme permanente maintiendra pour toujours le souvenir du grand homme…

Au cours de la période qui a précédé les funérailles, Jackie a été atrocement bouleversée, s'en prenant avec colère au père John Canavaugh, un vieil ami des Kennedy :

— Pourquoi ? Pourquoi ? Comment Dieu a-t-il permis une chose pareille ?

Elle a pleuré sans relâche, appelant son mari, lui écrivant une lettre comme s'il pouvait encore la lire et a été incapable de trouver le sommeil. Le Dr Walsh a dû, pour la calmer, lui administrer deux injections d'amytal.

Ayant recouvré son équilibre, Jackie n'a pas voulu laisser à d'autres – sa famille ou le nouveau président – le soin d'organiser les obsèques de son mari. On le lui eût à coup sûr pardonné, vu l'horreur de ce qu'elle avait vécu. Mais ce n'était pas dans sa nature. L'énergie, la volonté dont elle a si souvent fait preuve lui sont à présent revenues. Elle sent qu'elle a des devoirs envers son mari, ses enfants, la nation, l'Histoire même. Elle veut faire partager à tous l'admiration qu'elle a éprouvée pour son mari, quels que soient les reproches personnels qu'elle ait eu à lui adresser. Si cela ne la console pas, au fond, cela la valorise. Dix ans durant n'aura-t-elle pas été la compagne et le soutien de ce héros ?

Elle se documente alors sur la façon dont ont été organisées les obsèques des plus célèbres présidents des États-Unis, notamment d'Abraham Lincoln. Elle demande au personnel de se référer aux livres de 1865 relatifs à ses funérailles, aux gravures qui les illustraient et pouvaient lui en fournir une idée précise. Elle a recours à son beau-frère, Sargent Shriver, pour organiser le défilé militaire, mais choisit elle-même les éléments qui devront y participer. C'est elle encore qui opte pour le cimetière d'Arlington, malgré les vœux des Kennedy – qui eussent préféré celui de leur famille à Brooklin, dans le Massachusetts –, car Arlington domine superbement la ville de Washington qui s'étale à ses pieds. Tous ces préparatifs feront dire à Stas Radziwill venu d'Angleterre pour la circonstance :

— C'est exactement comme à Versailles quand le roi mourait[1] !

Jackie obtient encore que derrière la famille du président suivent à pied, en cortège, tous les chefs d'État et de gouvernements invités, malgré l'inquiétude des services de sécurité : ils redoutent quelque attentat aux conséquences tragiques visant ces cibles aussi importantes que vulnérables.

Faut-il résumer l'impression générale que Jackie donna à tous en ces heures douloureuses ? On ne saurait trouver meilleure formule que celle de Charles de Gaulle : « Elle apprit au monde entier comment porter le deuil. »

Elle s'inquiète beaucoup du sort de ses enfants, bien consciente du terrible choc que provoquent en eux les récents événements : en témoigne Salinger auquel cette femme, d'ordinaire si réservée, se confie.

— Pierre, lui dit-elle, je n'ai plus rien d'autre à faire, à présent, que de bien élever mes enfants, de les aider à traverser cette horrible période, sinon ils seront à jamais paralysés par la mort de leur père. Il faut absolument qu'ils survivent[2].

Très seule dans son désarroi, la *First Lady* – qu'elle n'est plus – va jusqu'à demander à son majordome, J. B. West, si, à son avis, elle a « bien élevé » Caroline et John…

— Je ne les ai pas trop gâtés ?

— Mais non, vraiment pas, répond West.

Puis, avant de partir, elle se retourne et, surmontant sa timidité, lui dit :

— Oh ! M. West, est-ce que vous serez mon ami pour la vie[3] ?

Cet excellent serviteur, qui a voué un culte à la belle Jackie, s'en trouve si ému qu'incapable d'articuler un seul mot il pose simplement sa main sur son bras, et hoche la tête en signe d'acquiescement.

Un grave problème tourmente Jackie : où va-t-elle loger à présent ? Elle a vendu en 1960 sa maison de Washington. Bien sûr, il y a Hyannis Port, mais c'est une maison d'été. Atoka ? C'est une résidence de week-end dans un lieu isolé. Elle n'est certes pas jetée à la rue, mais les réglementations de la Maison-Blanche sont impitoyables. Les familles qui ne sont plus en poste doivent libérer *immédiatement* le palais présidentiel pour faire place au successeur. Assurément, Johnson s'est montré d'une extrême courtoisie à son égard, restant dans sa résidence de Washington, et ne cherchant pas à hâter son départ. Mais son staff, lui, doit rapidement s'installer. Ce n'est rien de moins que la continuité de l'État qui se trouve en question…

Par bonheur, John Kenneth Galbraith, très dévoué à Jackie, trouve une solution : demander à Averell Harriman, le sous-secrétaire d'État, s'il ne pourrait pas lui louer sa maison de Georgetown, 3038 N Street, car il en possède une autre et s'absente souvent de la capitale. Il accepte tout en précisant que la demeure ne sera disponible qu'une quinzaine de jours plus tard, le 6 décembre. Jusqu'à cette date, Jackie va se trouver dans une situation qui la met très mal à l'aise. La voici contrainte de demander l'hospitalité du gouvernement et de la famille Johnson, laquelle, à cause de Jackie, ne peut elle-même emménager. Alors que le cercueil de John est encore exposé à la Maison-Blanche, les déménageurs ôtent du Salon ovale les objets personnels de son mari, son fauteuil à bascule, ses maquettes de bateaux, les portraits de John et de Caroline, pour installer le mobilier du nouveau président. Et Jackie, désemparée, erre au milieu d'eux.

— Je sens que je dérange, murmure-t-elle.

Et elle quitte vite la pièce...

Elle aura pourtant le courage d'écrire, entre autres, des lettres de remerciements aux 114 membres du personnel de la Maison-Blanche qui lui ont adressé leurs condoléances. Malgré sa peine, elle refuse d'annuler les fêtes prévues pour les anniversaires de ses enfants : pourquoi les plonger dans le deuil et les priver des petits cadeaux qu'ils attendent ? Quel n'est pas son soulagement lorsque, à sa requête, Lady Bird Johnson intervient pour que la petite école installée à la Maison-Blanche reste ouverte jusqu'aux vacances de Noël ! Elle accueillait, on s'en souvient, Caroline et quelques autres enfants. Ainsi leurs études ne seront-elles pas interrompues.

Jackie, qui avait toujours bénéficié de très bons rapports avec l'épouse du nouveau président, l'avait invitée à prendre le thé. Elle lui fait visiter les lieux.

— Cette maison ne doit pas vous faire peur, lui dit-elle. J'y ai vécu les années les plus heureuses de mon mariage. Vous y serez heureuse aussi[4].

Très vite, Jackie entend faire de son mari l'un des grands héros de l'Histoire américaine. Elle s'y applique avec une constance et une détermination peu communes. Elle avait commencé à le faire à l'occasion de ses obsèques. Elles ont été, grâce à elle, d'une simplicité grandiose qui a impressionné le monde entier. Elle ne s'arrête pas là ! À la Maison-Blanche, une plaque de bronze signalait déjà la pièce où Abraham Lincoln avait dormi jusqu'à son assassinat. Jackie, forte de cet exemple, en fait ajouter une seconde où on peut lire :

> Dans cette chambre vécut John Fitzgerald Kennedy avec son épouse, Jacqueline. Durant deux ans, dix mois et onze jours, il fut président des États-Unis – 20 janvier 1961 – 22 novembre 1963.

Voilà John hissé au rang des grandes figures historiques du pays.

Elle veut faire davantage. Une semaine après la mort de son époux – le 29 novembre –, elle téléphone à Teddy White, reporter du magazine *Life,* qui écrit un article sur son assassinat. Elle souhaite lui en parler : elle l'invite à venir à Hyannis Port, où elle s'est rendue, s'échappant de Washington pour être à l'abri des foules. Le journaliste s'empresse d'y aller. L'entretien ne durera pas moins de quatre heures. Elle lui donne des détails privés, et horribles, sur les blessures au cerveau subies par John. Désireuse avant tout de bâtir la légende de John et de le rendre inoubliable, elle a l'ingénieuse idée de reconstituer son existence autour de la notion de *Camelot**, du nom de la fameuse comédie musicale américaine évoquant le roi Arthur et les chevaliers de la Table ronde qui l'entouraient à Camelot, Lancelot, Perceval, Yvain, etc. Quant à la Maison-Blanche, elle serait tout simplement assimilée au lieu magique qu'ils avaient illuminé de leur présence. Et Jackie de citer le texte de l'air final de l'œuvre : « Que l'on n'oublie jamais qu'il y eut, un jour, pendant un bref moment étincelant, un lieu connu sous le nom de Camelot. »

L'ex-première dame, qui d'ailleurs appréciait et connaissait bien les belles légendes du passé, met une telle conviction à développer cette métaphore que White, sans être convaincu par

* Œuvre d'Alan Jay Lerner.

cette réinterprétation aventureuse de l'Histoire, ne voit nul inconvénient à en faire la conclusion de son article. Elle lui épargne le souci d'en trouver une… Et celle-ci ne manque pas d'originalité. Le journaliste nous confiera plus tard : « Je me dis en moi-même pourquoi pas ? Si c'est tout ce qu'elle veut, donnons-lui satisfaction. »

C'est ainsi que naquit et se développa la légende Kennedy, le mythe Kennedy. Quoi d'étonnant ? Un président bel homme, séduisant, jeune encore, une *First Lady* d'allure royale, comme on n'en avait encore jamais vue et, de surcroît, mère exemplaire de beaux enfants. Le héros tragiquement assassiné en pleine gloire, la veuve éplorée d'une dignité parfaite, des obsèques qui ont ému le monde entier. Tout était réuni, à la fois simple et frappant pour que l'imagination collective s'emparât de cette belle et dramatique histoire…

Ne nous étonnons pas alors que Jackie ait procédé à cette reconstruction trop idéalisatrice d'une réalité qui sans doute n'en méritait pas tant. N'y voyons pas une vulgaire tentative de falsification. Comme chaque fois que disparaît un être cher, on ne veut se souvenir que de ses vertus. Jackie, enfant et adolescente, s'était éprise des grandes légendes du Moyen Âge. Sa passion pour elles avait été revivifiée par ses visites des châteaux d'Irlande, d'Écosse ou de Cornouailles. Depuis trois ans, la famille Kennedy était assimilée par les médias aux familles royales d'Europe. La restauration, et la redécoration de la Maison-Blanche organisée par la Première dame, les brillantes réceptions qu'elle y donnait n'avaient d'autre objectif, et elle ne s'en cachait pas, que de faire du palais présidentiel un nouveau Versailles, un Versailles américain. Alors grande pour elle était la tentation de relier cette merveilleuse période de trois ans à celle où régnait le roi Arthur, qui l'avait fait rêver jadis.

On s'explique que Jackie n'ait jamais manifesté la moindre curiosité pour les causes de l'assassinat de son mari. Et pas davantage le moindre désir d'en châtier les instigateurs.

Quelques mois plus tard, elle acceptera sans broncher les conclusions simplistes de la commission Warren* : pas de conspiration, un unique assassin à l'esprit plus ou moins dérangé, c'est tout. Elle n'a qu'une crainte : qu'une enquête approfondie devienne l'occasion de révéler au monde stupéfait le libertinage compulsif de son mari. Libertinage qui le conduisait à fréquenter intimement des femmes qui se révélaient des agents des pays de l'Est, ou travaillaient pour eux. Libertinage qui l'amenait à prendre des maîtresses qu'il partageait avec des caïds de la mafia. Elle a peur également que l'on apprenne l'aide que cette organisation criminelle lui avait apportée lors de son élection à la présidence, ou pour l'élimination de Castro, alors que d'un autre côté le frère du président traquait cette même mafia… N'y avait-il pas là pourtant de quoi permettre une enquête sérieuse et de quoi mener à des pistes très intéressantes ?

Quand on parlait de ce genre de sujet, Jackie, comme Lee d'ailleurs, préférait toujours changer de conversation. Ou bien elle usait de cet argument imparable d'après lequel peu importait le nom des responsables, car rien ne rendrait la vie à John.

Le plus étonnant est que la belle légende, en grande partie créée par Jackie, non seulement se diffusera très vite mais se révélera relativement durable malgré les découvertes que l'on aura faites plus tard sur le véritable JFK, un être pourtant bien éloigné du personnage idéal qu'elle avait fabriqué. Aujourd'hui encore, chez les peuples du monde entier, l'image qu'on se fait du couple Kennedy relève de cette mythologie plutôt que de l'Histoire proprement dite.

Si Jackie fait de tels efforts pour magnifier le personnage de son mari, c'est en partie, au moins, pour évacuer un certain sentiment de culpabilité qu'elle éprouve à son égard. Les reproches qu'elle peut s'adresser sont loin de manquer. Ne s'était-elle pas

* Cette commission d'enquête fédérale, présidée par Earl Warren, avait rendu son rapport en septembre 1964.

tout récemment, dans sa colère, jetée sur lui pour le frapper ? Ah ! Si elle avait su qu'il vivait alors ses derniers jours ! Lorsque, dans la voiture, il avait été si affreusement blessé, tout ce qu'elle avait trouvé à faire était de ramper sur le capot arrière du véhicule – lui avait-on dit, car personnellement elle ne se souvenait de rien. Ce geste insensé ne s'expliquait-il pas tout bonnement par son désir de sauver sa peau ? Quelle lâcheté !

Maintenant que Jackie a rempli ses premiers devoirs de veuve, la cruelle réalité la frappe de tout son poids. Elle est à présent seule devant elle-même.

— Ma maman pleure tout le temps, répète constamment la petite Caroline à la sœur Joanne Frey qui tente de lui enseigner le catéchisme.

Jackie se confie à une amie :

— Je suis une plaie vivante. Je suis au bout du rouleau [...]. Il y a des jours où je n'arrive même plus à me lever. Je pleure nuit et jour jusqu'à ce que je sois tellement épuisée que je ne parviens plus à réagir. Alors je bois[5].

Ou encore à Mary Gallagher, sa secrétaire :

— Je noie mon chagrin dans la vodka[6].

Il arrive même que dans son égarement elle appelle John comme s'il était là… encore vivant…

Et elle écrit à ses amis Bradlee :

> Vous avez dit quelque chose à la campagne qui m'a sidérée. Vous espérez qu'un jour je me remarierai. Vous avez été si proches de nous en tant d'occasions. Il y a une chose que vous devez savoir : je considère que ma vie est finie et je vais passer le reste de mon existence à attendre qu'elle soit vraiment terminée[7].

On ne saura jamais ce que seraient devenus au fil du temps les rapports de John et Jackie. Du moins peut-on tenter d'analyser ce qu'ils furent pendant la dizaine d'années que dura leur vie commune. Faut-il parler de mariage de convenance comme on l'a souvent affirmé ? En fait, le terme ne convient guère, du moins au sens banal du terme. Il s'agissait plutôt de l'union très complexe et évolutive de deux êtres qui avaient au fond besoin l'un de l'autre… Il lui fallait une femme brillante, capable de l'accompagner dans ses ambitions. Une femme qui par ailleurs – semblable à sa mère Rose sur ce point – tolérât, au moins en apparence, ses habitudes donjuanesques. Pour sa part, Jackie trouvait en lui un nouveau Black Jack, ce père idolâtré, mais qui, lui, ne l'abandonnerait pas, et réussirait dans toutes ses entreprises. « Solide comme un roc », se répétait-elle à propos de John.

Grâce à elle – pour une bonne part –, il était parvenu au plus haut sommet de l'État. Grâce à lui, elle était devenue aux yeux du monde entier la reine de l'Amérique. Entre ces deux êtres plus que d'une convenance, avec ce que ce terme comporte de social, il s'agissait au fond d'une profonde complémentarité psychologique : elle avait donné des fruits magnifiques. Alors pour Jackie, en définitive, peu importaient les incidents de parcours : ils n'avaient été qu'inévitables anicroches de ce qui, ces derniers mois, était en train de devenir une parfaite harmonie.

Hélas, l'attentat du 22 novembre avait soudain pulvérisé l'union grâce à laquelle Jackie s'était peu à peu construite.

Il ne lui restait plus rien…

Elle retrouvait toutes les angoisses de sa jeunesse.

Se remarier ? Quelle idée ridicule ! On ne remplace pas John Kennedy.

Elle se retrouve, à trente-quatre ans, chassée de cette Maison-Blanche dont elle a fait, et avec quelle passion, un palais de conte de fées. À présent, elle est seule, avec deux enfants qu'il lui faut élever et protéger, alors qu'elle-même est soudain privée de protection.

Il y a aussi la question d'argent : elle reçoit du gouvernement américain une allocation de 10 000 dollars par an en tant que veuve du président, auxquels s'ajoutent 70 000 dollars (correspondant au salaire de novembre de John, à la prime de décès, etc.), plus diverses sommes (comptes en banque, actions et obligations etc.). Il y a encore 10 millions de dollars, mais partagés en fidéicommis par l'épouse et les enfants, donc immobilisés.

Elle touche le revenu – environ 150 000 dollars – d'une partie de la somme qui lui est reversée, somme qu'elle devra abandonner si elle se remarie. Par ailleurs, elle hérite la maison de John dans le « complexe Kennedy » à Hyannis Port et la propriété de Wexford en Virginie.

Ces sommes peuvent paraître considérables. À ses yeux, ce sont des ressources terriblement limitées qui ne correspondent guère aux habitudes de grand luxe qu'elle a prises. Elles sont d'ailleurs dérisoires par rapport à l'immense fortune de la famille Kennedy qui s'est montrée singulièrement mesquine en l'occurrence. Il faudra désormais que Jackie tienne ses comptes, surveille son budget, épluche les factures. Maintenant que John est mort, le vieux Joe continuera-t-il à lui accorder à tout bout de champ les rallonges indispensables à son train de vie royal, plus coûteux que celui de la reine d'Angleterre ? C'est pour elle un cauchemar. Alors que l'argent avait toujours constitué à ses yeux une sorte de rempart tutélaire contre ses peurs, ses angoisses existentielles, elle n'en possède, relativement, presque plus. Ce qui, venant s'ajouter à la perte qu'elle vient de faire, contribue à accentuer son désarroi.

Ses enfants sont une véritable consolation. Ils la relient intimement à John dont elle leur parle le plus souvent possible, parvenant ainsi du même coup à restituer provisoirement à son mari une manière d'existence substitutive qui lui apporte quelque apaisement.

Elle trouve dans l'attitude des Johnson à son égard un réel réconfort, à un moindre degré, bien entendu. Le nouveau président s'est donné la peine d'écrire des lettres à ses enfants et, pendant les obsèques, il a tenu, malgré les recommandations du service de sécurité, à marcher derrière le cercueil. Elle lui écrit pour l'en remercier. Avec l'approbation de Johnson, le Congrès alloue à Jackie, pour une année, des bureaux et une équipe de son choix. Un peu plus tard, il versera une souscription substantielle à la future bibliothèque John F. Kennedy destinée à conserver tous les ouvrages et documents qui le concernent. Conçue par l'architecte Ieoh Ming Pei, elle sera construite à Boston*. Si Johnson se montre aussi attentionné pour Jackie et lui facilite à ce point la traversée de cette douloureuse période, on ne doit pas s'imaginer pour autant que son attitude est totalement désintéressée. La popularité de Jackie, due à la fois à l'extraordinaire dignité qu'elle a montrée dans l'épreuve et à la compassion qu'inspire l'illustre veuve, fait que le nouveau président a absolument besoin de son appui. Aussi lui propose-t-il, entre autres postes prestigieux, celui d'ambassadeur des États-Unis en France. Un astucieux calcul, mais qui ne rencontre pas le succès escompté. Chaque fois, elle refuse : elle dit adieu à la politique. Elle ne s'y était d'ailleurs jamais intéressée que pour seconder son mari. Malgré tout, Johnson lui fait continuellement envoyer des fleurs, et aussi des cadeaux pour Caroline et John. Il l'invite à la Maison-Blanche. Pour elle, pas question d'y revenir : ce serait remuer le couteau dans la plaie. Mais le président s'énerve, il insiste au téléphone :

— Écoutez, *Sweetheart*, nous tenons absolument à vous avoir ici pour le prochain dîner à la Maison-Blanche. John était un grand homme, mais il faut que vous repreniez goût à la vie.

Un témoin, Franklin Roosevelt Jr, s'est souvenu de la réaction de Jackie à cet appel : la colère. À cause, certes, de l'incompréhension de son interlocuteur mais pas seulement :

— Comment ose-t-il m'appeler *Sweetheart***, ce gros péquenot de cow-boy ! Mais qui se croit-il[8] ?

Aux yeux de Jackie, Johnson, au fond, est resté un simple vice-président, un subalterne sans importance. Par un mécanisme psychologique assez naturel, elle lui en veut inconsciemment d'être resté en vie et d'avoir en somme usurpé la présidence légitimement dévolue à son mari. De toute façon, elle n'aimait guère la personne même du président qu'elle jugeait inculte et sans

* Toutefois, elle n'ouvrira qu'en 1979. Elle est située à Columbia Point à proximité immédiate du campus de l'université du Massachusetts.
** Équivalent de « mon chou » ou « chérie », appellation trop familière selon elle.

manières. Elle raillait son fort accent du Texas, surnommait le couple « le colonel pain de maïs et sa petite côte de porc ». Leurs relations ne cesseront de se détériorer.

On a vu plus haut que Jackie, obligée de quitter la Maison-Blanche, avait trouvé à se loger provisoirement chez Averell Harrimann. Elle occupait sa demeure depuis le 6 décembre. Ne voulant pas s'y incruster, elle acheta une maison située en face, 3017 N Street : un édifice de style colonial, briques rouges, porte et fenêtres encadrées de blanc, 14 pièces, qu'elle paya 195 000 dollars. Elle y emménagea le 1er février 1965. Elle avait fait appel au décorateur Billy Baldwin qui se souvient avec émotion de l'état dans lequel il la rencontra. Disposant ses livres dans les bibliothèques, elle lui dit :

— C'est si triste de faire ça. C'est comme un jeune couple qui s'installe dans sa première maison…

Mais l'homme aimé n'était plus là, hélas ! S'effondrant dans un fauteuil, elle dissimula son visage dans ses mains et se mit à sangloter devant Baldwin, plongé dans l'embarras. S'essuyant les yeux, elle poursuivit :

— Comment expliquer à quelqu'un ce que c'est que d'avoir vécu à la Maison-Blanche et de se retrouver, brutalement, veuve de président et seule dans une maison ? [...] Et les enfants ? Alors que le monde entier est à leurs pieds, en adoration, je tremble pour eux. Ils sont tellement exposés. Comment vais-je pouvoir les éduquer normalement[9] ?

Et, dans une tentative désespérée de ressusciter le passé, elle demanda à Baldwin de faire des chambres de John et de Caroline des copies exactes de celles dans lesquelles ils vivaient à la Maison-Blanche, photos à l'appui.

La plupart de ses amis sont stupéfaits de voir cette femme, d'ordinaire si maîtresse de soi et de ses émotions – au point de croire qu'elle est dépourvue de toute sensibilité –, si fragile, si inconsolable. Elle se bourre d'antidépresseurs et de sédatifs, auxquels elle ajoute des somnifères chaque soir. Elle repasse sans cesse sur l'écran de sa mémoire le film de l'attentat, revoyant les épisodes les plus horribles, se reprochant de ne pas avoir fait tout ce qu'il fallait pour protéger son mari. Où qu'elle se rende, elle tombe partout sur des photos de John encadrées de noir : tout le lui rappelle. Chaque fois, elle fond en larmes. Ses amis se désolent de la voir si souvent pâle, les yeux rougis par les pleurs, les ongles rongés, fumant encore plus que d'habitude, ce qui n'était pas peu dire.

Elle en vient par moments à devenir hargneuse et méfiante. Elle ne monte pas dans un taxi sans l'avoir fait vérifier par son garde du corps. Elle s'en prend à ses domestiques, qu'elle soupçonne de profiter de son désarroi pour la voler… Hantée par la crainte de manquer d'argent, elle entend réduire leurs gages. Aussi lorsque Mrs Gallagher, la secrétaire de Jackie, a le malheur de solliciter une petite augmentation, elle est aussitôt renvoyée – et sans la moindre indemnité. Parfois ses amis subissent sa mauvaise humeur. Un jour, la femme du journaliste Joseph Alsop, Susan, venue prendre le thé chez elle et désirant la consoler, lui dit, assez maladroitement, il faut l'avouer :

— Au moins, John repose en paix auprès du Seigneur.

— Comment ! répond Jackie, furieuse. C'est bien, Susan, la chose la plus idiote que j'ai entendue depuis longtemps !

C'est tout juste si elle ne la met pas à la porte. C'en sera fini définitivement de leurs relations malgré les tentatives de Mrs Alsop de renouer avec elle[10].

Il lui arrive même d'accepter des déjeuners auxquels elle ne se rend pas. Comportement impensable chez cette femme si courtoise.

Pendant cette période si pénible où elle se montre à l'occasion si désagréable, Jackie reçoit cependant, durant plusieurs mois, la visite d'un petit groupe de solides amis parmi lesquels Franklin Roosevelt Jr, Averell Harrimann, Charles Bartlett. Ils se relaient auprès d'elle pour la réconforter, de même évidemment que Janet et Lee.

Et les Kennedy ? Fait-elle encore partie de leur famille maintenant que John est mort ? On a vu que les femmes Kennedy, qu'il s'agisse de Rose ou de ses filles – Ethel, Eunice, Pat et

Jean –, ne l'avaient pas toujours appréciée. Mais il y a ses enfants, leurs neveux qui sont aussi ceux de leur frère chéri. Jackie a acquis un tel prestige, une telle importance dans l'opinion publique qu'elles ne peuvent pas ne pas en tenir compte.

Bien différente est l'attitude des hommes de la famille. Ainsi Joe : malgré le triste état physique dans lequel il se trouve, et le désespoir où l'a plongé la mort de son fils, il ne cache pas sa profonde affection pour Jackie. Pour lui, elle sera toujours une Kennedy dont il est fier, ainsi d'ailleurs qu'aux yeux de Ted et surtout à ceux de Bob qui est depuis longtemps sous le charme de sa belle-sœur. Leur vive amitié, leur tendresse étaient de longue date parfaitement réciproques. On se souvient que, dans les moments les plus difficiles, Jackie pouvait toujours compter sur son beau-frère. Quand elle avait accouché d'une fillette mort-née, c'est Bob qui s'était rendu à son chevet et non son mari qui faisait une croisière en Méditerranée sur un voilier chargé d'une cargaison de jolies filles.

Bob avait été d'ailleurs très courageux dans les jours qui avaient suivi l'assassinat de John : alors que toute la famille ressemblait à une petite troupe de rescapés échappés d'un naufrage, il avait été le seul à tenir le coup, réconfortant chacun, sachant trouver les mots qu'il fallait, le geste consolateur.

Hélas, il était incapable de s'appliquer à lui-même les sages recommandations qu'il distribuait aux autres. En quelques jours, il paraissait avoir vieilli de dix ans. Ses yeux s'étaient enfoncés dans leurs orbites, son visage émacié semblait s'être allongé, il avait maigri. Parviendrait-il jamais à s'en sortir ? À le voir, on pouvait en douter, il était inconsolable.

— Je ne peux plus dormir, je ne peux plus dormir, répétait-il sans cesse, comme mécaniquement.

Et les agents du service secret qui étaient de garde à Hickory Hill en témoignaient : « Toute la nuit, les lumières de sa chambre ne cessaient de s'allumer et de s'éteindre. Ou bien il prenait sa voiture et errait sans but dans les rues désertes, pour calmer sa détresse… »

Pendant toute cette période, il se sent coupable.

— C'est moi qu'ils auraient dû tuer, pas John, déclare-t-il, accablé.

Il se repent de n'avoir pas réussi à empêcher le voyage de son frère à Dallas, malgré les risques dont il était averti. Et surtout il se demande si toutes les opérations qu'il a menées au nom de la justice contre Jimmy Hoffa et contre la mafia ne sont pas pour quelque chose dans l'assassinat de John. N'accordant aucune confiance aux conclusions de la commission Warren, il mène sa propre enquête. Il veut savoir, mais ne trouve rien. Au fond, il a peur de trouver.

Il souffre tellement qu'à la mi-janvier il prévoit d'abandonner ses fonctions d'*attorney general*. Il se sent désormais incapable de les remplir et songe, quittant Washington, à s'établir comme simple avocat à New York. Jackie va l'en dissuader. Elle lui écrit :

> À présent que John n'est plus là, mes enfants ont plus que jamais besoin de toi. Et le pays, par-dessus tout, a besoin de toi. Il est temps d'honorer le souvenir de John – de cesser de le pleurer : Toi comme moi manquerions à nos devoirs envers ce souvenir si nous faiblissions. John voudrait que tous les deux nous poursuivions ce qu'il défendait et pour quoi il est mort[11].

Inutile de dire que les événements du 22 novembre ont considérablement rapproché Jackie et Bobby, cimentant leur intimité. Ensevelis dans un chagrin commun, ils se rencontrent souvent, ils s'épaulent mutuellement. Cette lettre montre cependant qu'à ce moment-là Jackie est peut-être plus avancée que son beau-frère sur la voie de la guérison.

Logé pour la circonstance à la Maison-Blanche, Onassis avait assisté aux funérailles de Kennedy. Il tient à revoir Jackie et lui rend visite deux fois à Georgetown. Ce qui provoque la colère de Bob : il déteste Ari et met sa belle-sœur en garde contre celui qu'il appelle « le Grec ». Son irritation redoublera lorsqu'il lira l'article du chroniqueur Drew Pearson, spécialiste des scandales, qui insinue qu'Ari est son amant. Jackie ne tiendra pas compte de l'avis de Bob. Lequel n'eût peut-être pas non plus été très satisfait d'apprendre ce qui se passa le soir du 3 février : Lee Radziwill avait organisé au Jockey Club de Washington un dîner avec Marlon Brando et George England, son agent. Trente ans après cette soirée, en 1994, l'acteur, dans son autobiographie, *Les Chansons que m'apprenait ma mère*[12], relatera en quelques pages une aventure qu'il aurait eue avec Jackie. À la demande d'un éditeur de Random House, qui était l'un des amis de Jackie, les passages trop explicites du manuscrit seront supprimés. David Heymann, dans un tout récent ouvrage[13], nous cite des extraits de certaines de ces pages expurgées qu'un proche de l'acteur, William Trion, lui a confiées : selon Brando, Jackie aurait, en prévision de la soirée galante, envoyé ses enfants et leur gouvernante chez sa mère. Comme une foule de photographes se presse à la porte du restaurant, les deux femmes en sortent discrètement par l'arrière et se rendent chez Jackie où leurs compagnons les rejoignent peu après. Ils boivent abondamment. Jackie danse avec Brando d'une manière si lascive que celui-ci est quelque peu surpris par son attitude. Certes, Jackie a la réputation d'être une coquette, une « allumeuse », peut-être, mais sans plus. Et il n'en croit pas ses oreilles lorsqu'il s'entend poser la question magique :

— Voulez-vous passer la nuit avec moi ?

À quoi il répond galamment :

— Je n'osais espérer que vous me le demanderiez.

Quelques jours plus tard, elle va passer le week-end à New York, au Carlyle, et rejoint Brando dans un appartement de Sutton Place qu'un ami lui a prêté. Dans ses mémoires, l'acteur décerne un satisfecit à sa partenaire, écrivant : « Sur le plan sexuel, je ne suis pas sûr qu'elle savait ce qu'elle faisait, mais elle le faisait bien. »

Cependant, après ces deux nuits passées avec l'acteur, Jackie ne cherchera pas à le revoir. L'observation de Marlon Brando : « Je ne suis pas sûr qu'elle savait ce qu'elle faisait » est très judicieuse. Depuis la mort de son mari, en effet, elle n'était plus toujours maîtresse d'elle-même. L'épreuve avait été trop forte, ce qu'elle avait vécu trop atroce pour qu'elle n'en fût pas quelque peu déséquilibrée. Alors il lui arrivait de partir à la dérive. Si sobre jusque-là, elle s'était mise à boire whisky, daiquiri, Martini, peu importait : il lui fallait s'étourdir, oublier l'horreur et, pourquoi pas, outre la boisson, goûter à ces plaisirs du sexe dont son mari était si avide et par lesquels, peut-être, elle le rejoindrait en quelque sorte… Tout cela, bien entendu, relevait d'une conduite instinctive, sans qu'elle eût vraiment conscience de ce qu'elle faisait. D'ailleurs n'était-ce pas sans qu'elle l'eût cherché que l'occasion s'était présentée : Marlon Brando, la vedette la plus « sexy » des années 1960. Mais, avec lui, on l'a vu, pas question pour Jackie d'une relation durable. C'était juste pour tenter d'effacer, ne serait-ce qu'un court moment, l'obsédant chagrin.

Quelle chance pour l'illustre veuve qu'aucune information n'ait filtré alors sur ce point ! Quel scandale c'eût été !

C'est à la même époque que Jackie s'installe dans sa nouvelle demeure de Georgetown, N Street. Quelle déception ! Sa vie devient un enfer. Elle avait acquis cette maison pour y être vraiment chez elle. Or, elle n'y aura jamais moins été. Les cars de touristes avec guides ont l'autorisation de s'arrêter devant sa maison et ne s'en privent pas – non plus que de faire fonctionner leurs haut-parleurs. Une foule de curieux y stationne en permanence dans l'espoir de voir Jackie en sortir ou y entrer. Certains d'entre eux pique-niquent sur la pelouse qui borde la maison d'en face. D'autres grignotent, assis sur les marches de l'escalier de bois qui mène à la porte d'entrée ou même tentent, surtout la nuit, de regarder par l'une des fenêtres du rez-de-chaussée. Il a fallu installer d'épais rideaux protecteurs.

De temps en temps, Jackie échappe à ce calvaire en passant deux ou trois jours à New York, au Carlyle où elle a ses habitudes. Elle constate avec bonheur qu'à Manhattan elle est beaucoup moins l'objet de la curiosité générale qu'à Washington. Quand on l'y reconnaît, on se montre beaucoup plus discret. Depuis le 22 novembre « pour la première fois, dit-elle, j'ai pu me promener dans les rues sans être montrée du doigt ». D'ailleurs New York est une ville qu'elle a toujours adorée.

Elle a bien d'autres sujets de préoccupations. Ainsi, dès le début de l'année, elle a demandé à William Manchester, un écrivain, qui avait déjà publié un livre très élogieux sur JFK*, d'écrire une sorte de récit officiel de son assassinat, un texte qui fît autorité sur le sujet. Bien entendu, était-il besoin de le dire, très louangeur. Le contrat avait été l'objet de négociations serrées. L'auteur pourrait, en vue de sa documentation, interviewer Jackie autant qu'il le voudrait. Mais il ne serait autorisé à transcrire le texte de ses entretiens qu'avec son approbation et celle de Bob. En outre, il devrait verser un considérable pourcentage de ses droits d'auteur au fonds destiné à la future bibliothèque John F. Kennedy.

Au même moment, l'écrivain Jim Bishop, déjà venu à la Maison-Blanche pour y préparer son ouvrage *Un jour dans la vie du président Kennedy,* qui venait de paraître, s'apprête lui aussi à écrire un livre sur l'assassinat de John. Jackie l'apprend avec colère, car elle n'aime pas le personnage, trop indiscret selon elle. À la Maison-Blanche, il « fourrait son nez partout ». Ne l'avait-elle pas surpris en train de compter ses robes dans ses placards, ou d'assister au bain que la nurse donnait à Caroline ?

Alors elle harcèle Bennett Cerf, le directeur des éditions Random House, pour qu'il ne publie pas son livre...

— Impossible, s'entend-elle répondre, il a un contrat !

Ne disposant d'aucune possibilité de contrôle sur le texte de Bishop, Jackie redoute qu'il ne contienne des détails qui nuisent à la réputation de John – ou à la sienne. Au comble de l'angoisse, elle lui téléphone, elle le supplie.

— Il ne peut pas y avoir deux livres sur le sujet, lui fait-elle valoir.

— Et pourquoi pas ? objecte-t-il.

Il refuse de céder : « Elle n'a qu'à demander à Manchester de ne pas publier le sien. » La conversation tourne à l'aigre et Jackie

---

* *Portrait of a President : John F. Kennedy in profile,* Boston, Little Brown, 1962.

termine l'entretien sur des menaces qui se révéleront d'ailleurs sans effet.

Avec Manchester, les choses ne vont pas mieux. Comme il est entendu que Jackie a un droit de regard sur son texte, ce qui devait arriver arrive : Jackie épluche son récit. Il est fondé sur ce qu'elle lui a raconté au cours de nombreux entretiens. De façon à se donner le courage d'évoquer de si douloureux événements, elle avait, chaque fois auparavant, absorbé un peu trop d'alcool pour avoir la pleine maîtrise de ses propos. Elle est maintenant choquée par le moindre détail susceptible, à son avis, de nuire à la représentation qu'on se fait de son mari ou d'elle-même, d'entraîner de mauvaises interprétations. Comme sa sensibilité est alors celle d'une écorchée vive, Jackie est forcément un fort mauvais juge. Ainsi, Manchester, évoquant la Première dame à la sortie de l'hôpital Parkland, où elle vient de voir le cadavre de son mari, la montrait se remettant – machinalement – du rouge à lèvres...

— Ce n'est pas possible ! proteste-t-elle, qu'est-ce que les lecteurs vont imaginer ? Que je me moque de sa mort et ne pense qu'à moi ?

Et ce seront, pendant des mois, des accrochages continuels, à propos de vétilles, qui retarderont considérablement la publication.

Plus sérieuse est l'objection selon laquelle la personnalité du président Johnson apparaît dans l'ouvrage comme noircie à l'excès. Son portrait effectivement frise l'insulte. Si le reste du livre est de la même encre, quel crédit voudra-t-on lui accorder, vont en conclure les lecteurs. Même Bob, qui ne peut supporter Johnson et commence à nourrir des ambitions présidentielles, se rend compte que Manchester, en dépassant la mesure, risque de nuire à sa situation dans le Parti démocrate. Voici l'écrivain prié d'adoucir ses propos. Sauf qu'il en a assez de devoir céder sur tout... Il résiste. Les Kennedy l'attaquent alors en justice, et la publication du livre est interdite. En 1967, elle est enfin autorisée ! Manchester a accepté de faire encore quelques concessions. Pendant un certain temps, les échos de ces incidents parviennent par la presse à la connaissance du public, nuisant quelque peu à Jackie. Le soupçon s'installe. Ne voudrait-elle pas dissimuler certains aspects de sa vie privée qui ne sont pas à son honneur ?

Finalement, les deux ouvrages seront publiés : *The Death of a President,* de William Manchester, en 1967, et *The Day Kennedy was shot,* de Jim Bishop, en 1968. Tous deux deviennent des best-sellers, salués par la critique...

L'image de Jackie... Elle était si belle ! On conçoit avec quel soin, comme on vient de l'observer, elle veille à ce qu'elle reste intacte, quelle que soit la conjoncture. Depuis plusieurs années déjà, ne l'a-t-elle pas rendue inséparable de son personnage officiel ? Comment a-t-elle pris naissance ? Elle ne sait pas trop : elle s'est peu à peu imposée, sans qu'elle s'en rendît compte, alors que, épouse du candidat, elle commençait à faire campagne à ses côtés, enthousiasmant les foules. Il n'est pas interdit de penser que son aura avait été décisive lors de cette présidentielle que John n'avait remportée que d'extrême justesse. Très tôt, elle avait compris... et avait tout fait pour que son image fût parfaite. Elle y était parvenue. Passer pour une bonne mère de famille n'avait pas été compliqué : elle l'était. Une épouse comblée ? L'exercice était plus difficile avec un mari comme le sien. Mais, devant les photographes et les cinéastes, elle savait afficher un sourire radieux qui ne laissait pas de prise au doute. Par sa beauté si photogénique, sa prestance, son allure, elle avait rendu insignifiantes toutes les premières dames qui l'avaient précédée. Mieux encore, dans ce pays si attaché au régime démocratique, elle était devenue dans l'imagination populaire la reine de l'Amérique, celle dont on pourrait enfin rêver à l'instar de ces Anglais qui, eux, avaient la chance de disposer de leur Elizabeth. Quant à l'attendrissant petit John, à présent l'idole des foules, n'avait-il pas déjà tout ce qu'il fallait pour devenir dans cette monarchie virtuelle le petit dauphin ?

Cette popularité de Jackie, qui s'apparentait à celle des plus grandes stars de cinéma – et même les dépassait –, va se révéler pour elle le plus terrible des pièges. La presse, les photographes, les cinéastes ont créé une image si idéalisée d'elle-même qu'elle s'éloigne de plus en plus de la femme qu'elle est dans la réalité quotidienne. De même qu'ils en avaient fait au cours des années précédentes une merveilleuse Première dame, ils attendent d'elle à présent qu'elle soit une non moins admirable veuve : celle qui doit servir d'exemple à toutes les autres par sa dignité, son courage, l'austérité d'une existence désormais exclusivement consacrée à la mémoire du grand disparu.

Le malheur est que cette idéalisation excessive de sa personne contraint Jackie à mener une double vie. Elle doit porter un masque face au public, celui du personnage dont elle est la prisonnière. Et, à l'abri de ce déguisement, il lui faut tenter de vivre selon ses goûts, d'être elle-même et non ce qu'on veut qu'elle soit.

Dès son adolescence, elle manifestait déjà quelque goût pour la comédie, elle aimait se livrer à ces imitations qui faisaient le régal de ses amis. Évidemment, quand elle avait fait campagne avec son mari, il lui avait bien fallu jouer par devoir, sur une autre scène, la comédie politique. Mais ensuite, quelle récompense ! Cette fois-ci, à l'inverse, un triste destin l'attend. À trente-quatre ans, dans le grand théâtre du monde, l'actrice qu'elle doit être est condamnée à jouer durant toute son existence le même rôle, vivant, vieillissant et mourant en veuve illustre.

Ce n'est pas celui dont elle rêvait…

Elle qui pendant dix ans avait eu à ses côtés un homme de très forte personnalité qui, quelle que fût par ailleurs sa conduite, lui procurait le sentiment qu'il la protégeait comme personne au monde n'aurait pu le faire, éprouve à présent un douloureux sentiment d'abandon ou de vide…

Fort heureusement pour elle, dès le début, Robert Kennedy avait partagé au plus haut point avec sa belle-sœur cette tragique impression. À présent ils se rapprochent encore davantage dans leur détresse. Ils ne manquent pas une occasion de se téléphoner, de se parler, de se rencontrer. En 1964, tandis qu'Ethel emmène ses enfants et ceux de Jackie skier à Sun Valley – la célèbre station de l'Idaho –, Jackie emmène Robert et les Radziwill chez ses amis Paul et Bunny Mellon dans les Caraïbes, à Antigua, où ils possèdent une belle propriété. Ils y séjournent une semaine. Bains de mer, ski nautique, et même sorties dans les night-clubs sont au programme.

Là-bas, cette communion des sentiments se manifeste par des gestes doux. Dans leur entourage, on s'interroge... Ethel Kennedy, pendant ce temps-là, ne semble pas s'étonner que son mari ait, pendant les vacances, préféré la compagnie de Jackie à la sienne et à celle de ses enfants.

Dès 1990, David Heymann, l'un des meilleurs biographes de la Première dame, fit référence à une liaison entre Jackie et Bobby[14]. Andersen l'évoqua lui-aussi en 1998[15]. Tout récemment, Heymann apporta un faisceau de témoignages à propos de cette liaison[16]. Longtemps considérée comme figurant parmi les racontars dont les personnages célèbres font toujours l'objet, elle est d'après lui authentique. À mesure que le décès de Jackie s'est éloigné dans le temps, les langues se sont déliées. Heymann a aussi pu consulter les archives du FBI et du Service secret. A-t-il pour autant raison ? Que chacun se fasse son opinion...

Fin mai 1964. Washington. Le yacht présidentiel, le USS *Sequoia,* quitte lentement le quai du Potomac pour un dîner-croisière auquel le président Johnson a convié plusieurs dizaines de personnalités, parmi lesquelles tous les Kennedy, Red Fay, ex-sous-secrétaire d'État à la Marine, des journalistes, ainsi qu'Arthur Schlesinger Jr, historien et ex-rédacteur des discours de JFK.

Dans son dernier ouvrage[17], Heymann relate une anecdote racontée par Schlesinger : au cours du dîner Jackie et Bobby quittent leurs places sans raison apparente et ne réapparaissent qu'un quart d'heure plus tard. Ethel s'en étonne un peu. Chez les proches, bientôt aussi chez les amis, puis chez les échotiers, toujours à l'affût, on commence à murmurer. La presse commente, parle des « inséparables ». Ethel, inquiète, s'enquiert auprès des amis de Jackie tels Hervé Alphand, l'ancien ambassadeur de France à Washington, ou Lord Harlech, ambassadeur de Grande-Bretagne. Ils ne savent rien, assurent-ils. Cette démarche maladroite ne peut que contribuer à faire jaser encore davantage...

Parmi les témoins que David Heymann présente, voici Mary Harrington, ancienne maîtresse de Bobby, qui, aux vacances de Noël 1964, passera quelques jours chez des amis dont la demeure est voisine de celle des Kennedy à Palm-Beach. De la fenêtre de sa chambre, elle dispose, raconte-t-elle, d'une vue plongeante sur la pelouse de leur propriété. Alors que Jackie s'expose au soleil, vêtue du seul slip d'un Bikini, Bob survient : ils s'embrassent, il pose une main sur son sein et glisse l'autre sous le Bikini. Puis le couple se lève et rentre dans la maison.

— J'étais choquée, prétend Mary au biographe américain. Bobby couchait avec sa belle-sœur, c'était clair, selon elle.

Quelques jours plus tard, questionné par Mary, Bobby lui aurait expliqué, sans exprimer la moindre gêne, qu'il partage son temps entre Jackie, à New York, et Hickory Hill à MacLean (Virginie) où résident Ethel et leurs enfants. Comme si, pratiquement, il avait deux familles et deux domiciles. Et, à l'en croire, s'il aime Ethel, il n'en apprécie pas moins profondément sa belle-sœur. Ne s'est-il pas persuadé que les deux femmes – et leurs enfants – ont besoin de lui ? C'est un homme sincèrement dévoué...

Curieux personnage que ce Robert Kennedy. Cet homme à principes, sans être aussi actif sexuellement que son frère, et sans avoir connu en dehors d'Ethel – et sans doute de Jackie si l'on adopte cette thèse –, aucun attachement véritable, se permet souvent de brèves aventures.

— Je ne l'ai jamais connu sans maîtresse, confie l'un de ses amis.

Il est, comme son père, très amateur de stars et de starlettes d'Hollywood. Entre autres, les gazettes avancent qu'il a été, en 1962, l'heureux mais bref bénéficiaire des faveurs de Kim Novak, et le sera – murmure-t-on encore – en 1965 de celles de Candice Bergen.

Jackie, qui a subi les innombrables infidélités de John, n'ignore pas, forte de son expérience, qu'il est certaines qualités qu'il est vain de demander aux Kennedy. Elle s'est fait une raison. Selon Heymann, si parfois elle se brouillait avec Bob lorsque son inconduite était vraiment trop ostensible, ils se réconciliaient rapidement.

C'est au cours du printemps 1964 que Robert Kennedy annonce sa décision de démissionner de son poste d'*attorney general* pour quitter Washington et s'installer à New York. Il y briguerait le siège de sénateur, dont le titulaire était alors le républicain Kenneth B. Keating, tâche difficile en face d'un rival très apprécié dans sa circonscription.

Cette décision semble signifier que, après une période d'abattement, Bob s'est repris. La sollicitude de Jackie n'y serait pas pour rien. Quelque temps auparavant, elle lui avait offert l'ouvrage d'Edith Hamilton, *The Greek Way.* Il comporte des essais sur les grands écrivains et philosophes athéniens de l'Antiquité. Il y avait trouvé, comme l'avait fait Jackie, de belles leçons de courage qui l'aidèrent à surmonter les tragiques épreuves que le destin leur avait infligées. Il en avait fait sa Bible, soulignant des passages, apprenant certains d'entre eux par cœur, les citant à tout propos. Naturellement, Jackie s'était bien gardée de préciser que ce livre lui avait été offert et recommandé par Onassis, l'été de l'année précédente, lorsqu'il l'avait invitée à bord du *Christina* pour la consoler de la mort de Patrick…

Ainsi Bob va habiter Manhattan. Jackie l'imite d'autant plus facilement que, de toute façon, lasse d'être harcelée par les curieux, elle y était déjà pleinement décidée.

Le 6 juillet, son attachée de presse fait savoir qu'elle va vendre sa propriété de Wexford en Virginie pour s'installer à New York, où elle compte mener une existence plus tranquille.

Pour lui trouver un appartement, elle s'est adressée à André Meyer, un brillant financier – le directeur de la banque Lazard. Elle se décide pour celui qui se trouve merveilleusement situé, 1040 Cinquième Avenue – à l'angle de la 85e Rue. Il s'agit d'un quinze pièces dont la plupart des fenêtres (14 sur 23) donnent sur Central Park – notamment le Réservoir et sur le Metropolitan Museum of Art. Le prix ? 250 000 dollars. Elle en dépensera 125 000 de plus pour son réaménagement et sa décoration. Cinq chambres et cinq salles de bains lui permettront de recevoir éventuellement des amis de passage. L'atmosphère et le style des lieux auraient pu faire croire que l'on se trouvait à Paris. Des meubles de valeur – du XVIIIe siècle principalement –, des aquarelles et des dessins de maîtres français et italiens, une collection de dessins animaliers du XVIIe siècle. L'ensemble, loin de la solennité de la Maison-Blanche, était d'un luxe discret, confortable, accueillant : un asile de paix, comme il y en avait peu au cœur de Manhattan. Les enfants y vivaient agréablement et les visiteurs se sentaient chez eux. Tel était le décor où Jackie allait vivre encore trente ans : près de la moitié de son existence. Sans, par ailleurs, faire la moindre tentative pour le renouveler, ou l'adapter aux modes qui allaient se succéder.

Jackie n'avait pas choisi au hasard cette adresse : les Radziwill habitaient à quelques pas, aux 969 Cinquième Avenue, son demi-frère Yusha Auchincloss aux 1105 Park Avenue, les Lawford et les Smith, respectivement aux 950 et 990 Cinquième Avenue. Bob n'ira pas bien loin non plus, au 40 place des Nations-Unies où il achètera un appartement de neuf pièces. Sa femme ne l'y suivra pas, préférant rester avec ses 10 enfants à Hickory Hill.

C'est seulement à la fin de l'automne 1964, après les travaux prévus, que Jackie peut s'installer dans le nouvel appartement. En attendant, elle loue une vaste suite au 18e étage du Carlyle, puis une maison à Glen Cove – à Long Island. À la fin de juillet, elle fête ses trente-cinq ans au cours d'une soirée que Bobby organise.

Aussitôt après, elle part en croisière sur l'Adriatique, invitée par le richissime Charles Wrightsmann et sa femme Jayne, visiter les pittoresques côtes de la Yougoslavie. Elle en revient pour venir en aide à son beau-frère : elle assiste à la Convention nationale démocrate qui se tient à Atlantic City dans le New Jersey. Elle y est follement applaudie. Les deux Kennedy provoquent l'inquiétude de Johnson. Car Robert ne brigue pas seulement un siège de sénateur à New York : il vise certainement beaucoup plus haut. Peut-être songe-t-il, comme lui-même, à se présenter à la prochaine présidentielle, pour succéder à son frère. Alors il entreprend de le faire surveiller. J. Edgar Hoover, le patron du FBI, ne demande pas mieux. Pendant toute la durée de la Convention, il le fait mettre sur écoute. Selon Heymann, il récolte une information très intéressante, qui peut se révéler extrêmement utile – et très dangereuse pour Bob : « Le sujet semble passer tout son temps libre avec Mme John F. Kennedy. Même si cela ne peut pas être confirmé, ils semblent partager la même suite à l'hôtel. » Quelle précieuse bombe à retardement, quel merveilleux instrument de chantage ! Encore faut-il que ce soit vrai…

Après la Convention, Bobby, qui a battu sans problème lors des primaires son rival démocrate, se consacre à sa campagne, sillonnant systématiquement tout le vaste État de New York jusqu'à Buffalo, près des chutes du Niagara. En de nombreuses occasions, Jackie vient le soutenir. De toute façon, Bob est triomphalement accueilli, autant que s'il s'agissait de son frère. « Les gens s'accrochaient à ses boutons de manchette, à sa montre, à ses vêtements, à ses cheveux… à tout ce qu'ils pouvaient attraper », dira un témoin.

Il trouve néanmoins le temps, au cours de cette campagne, d'avoir une aventure brève mais passionnée avec une femme mariée – dont la mère, new-yorkaise de la bonne société, a, savoureux détail, elle-même figuré parmi les innombrables conquêtes de JFK. « On est en famille », commentent sarcastiquement les mauvaises langues.

De son côté, Jackie a une aventure avec John Carl Warnecke, un brillant architecte, un homme de dix ans plus âgé qu'elle, et divorcé. Elle avait eu recours à lui, deux ans plus tôt, pour restaurer Lafayette Square, cet ensemble de bâtiments anciens, situé devant la Maison-Blanche, et une autre fois pour concevoir le Memorial Kennedy au cimetière d'Arlington.

Cette liaison sera brève, de même que celle de Bobby, et Jackie revient bientôt épauler son beau-frère. Elle se consacre notamment à la levée des fonds, organisant des soirées particulièrement huppées, invitant une multitude de stars, grâce à quoi elle récolte plus d'un million de dollars de dons. La campagne se déroule sans anicroches, mais avec une absence très remarquée, celle d'Ethel Kennedy. Sans savoir rien de précis, l'épouse du candidat – soupçonnant quelque chose – se refuse à assister à des manifestations d'affection.

Au début de novembre, comme prévu, Bob remporte les élections, surpassant le républicain Keating. Le voici sénateur de l'État de New York. Le lendemain, on fête la victoire en famille. Au cours du dîner, Jackie, tout heureuse, s'écrie :

— Eh bien, nous avons réussi !

— Que veux-tu dire par « nous » ? réplique Ethel[18]...

Décidément, Jackie ne fera jamais pleinement partie du clan des Kennedy – et moins encore à présent qu'à l'époque où elle était l'épouse de l'un d'entre eux.

À la fin de l'automne, elle s'installe dans son nouvel appartement, Cinquième Avenue. Quelques semaines plus tôt, en septembre, elle a inscrit Caroline, qui va avoir sept ans, au couvent du Sacré-Cœur, école catholique réputée, située 91e Rue. Un peu plus tard, c'est l'école St David qui accueillera John Jr – quatre ans – en maternelle. Elle prend soin d'aller les y conduire et les y rechercher chaque jour. De son côté, Bob passe les voir très fréquemment. Il sait à quel point, sinon un père, du moins son image, est indispensable à leur équilibre. Il deviendra le substitut de son frère, dont il parle sans cesse à ses neveux, non sans être payé de retour : Caroline et John, qu'il aime autant que ses propres enfants, adoreront toujours « l'oncle Bobby ».

Malheureusement, comme la plupart des personnalités trop célèbres, Jackie est souvent la cible de névrosés de toute espèce, et, par ricochet, ses enfants aussi. Le 22 novembre 1964, jour anniversaire de l'assassinat de leur père, Jackie est venue chercher le petit John à l'école. Elle s'aperçoit qu'un groupe d'élèves, dont certains sont ses camarades de classe, les suit. L'un d'entre eux, à haute voix pour être certain qu'on l'entendra bien, dit :

— Ton père est mort... Ton père est mort.

Alors, commente Jackie, John, ce jour-là, écouta cette phrase, ne dit pas un mot : il « se rapprocha de moi, me prit la main et la serra dans la sienne, comme s'il essayait de me protéger et de me faire comprendre que tout irait bien. Et nous sommes rentrés à la maison avec ces enfants à nos trousses ».

Une autre fois, à la Toussaint, quand Jackie sort de l'église St Ignace, une folle se précipite sur Caroline, effrayée, et lui crie en écumant :

— Ta mère est une salope qui a tué trois personnes. Et ton père est encore vivant !

Les policiers du *Secret service* la maîtrisent à grand-peine et la conduisent à l'hôpital psychiatrique Bellevue où les médecins reconnaissent en elle l'une de leurs clientes les plus assidues...

Faut-il dire quelle place importante tiennent ses enfants dans l'existence de Jackie ? Ils contribueront largement à apaiser ses angoisses, à la rassurer, à l'empêcher de sombrer dans une stérile et douloureuse évocation du passé.

Elle a, au demeurant, des idées précises sur leur éducation, qu'elle exposera plus tard dans une lettre à l'une de ses amies :

> Je ne veux pas que mes enfants soient deux gamins qui habitent la Cinquième Avenue et fréquentent des écoles chics. Il y a tellement d'autres choses dans le monde que le cocon dans lequel

nous vivons. Bobby leur a parlé des enfants de Harlem. Il leur a parlé des rats et des horribles conditions de vie qui peuvent exister au milieu d'une ville riche. Il leur a parlé des vitres cassées qui laissent entrer le froid, et John a été tellement ému qu'il a dit qu'il allait remettre des carreaux aux fenêtres de ces maisons. À Noël dernier, les enfants ont fait un tas de leurs plus beaux jouets et les ont donnés aux pauvres.

Cela dit, Jackie tient également à leur apprendre qu'ils courent, en tant que Kennedy, des risques spécifiques. Elle écrit :

> Je désire qu'ils sachent ce qu'est la vie dans le reste du monde mais je veux aussi les protéger quand ils en ont besoin, pouvoir leur donner un refuge dans lequel ils puissent se mettre à l'abri des incidents qui n'adviennent pas forcément à d'autres enfants. Par exemple, Caroline a été renversée par une foule de photographes quand je l'ai emmenée faire du ski. Comment expliquer cela à une enfant ? Et les regards inquisiteurs, et les gens qui vous montrent du doigt et les histoires... les histoires les plus extravagantes dans lesquelles il n'y a pas un mot de vrai, d'authentiques reportages confectionnés par des gens que vous n'avez jamais ni rencontrés ni même aperçus. Je sais bien qu'ils ont à gagner leur existence, mais que reste-t-il de la vie privée d'une personne ou du droit d'un enfant à l'anonymat[19] ?

Hélas, même avec le soutien de son beau-frère, elle ne peut parvenir à combler l'horrible vide creusé par la disparition de son mari et son propre départ de la Maison-Blanche. John était sa raison de vivre. Certes, ils avaient mis longtemps à mettre au point des modalités d'existence commune. Ils étaient sur le point d'y parvenir. Elle sait aussi combien il était fier d'elle. Et elle est certaine, à juste titre, qu'elle comptait infiniment plus pour lui qu'aucune autre de toutes les femmes qu'il avait connues. Son mal risque bien d'être incurable.

La période 1964-1968 va être marquée par les tentatives qu'elle fait pour sortir de ce néant. Elle essaie à présent de bénéficier d'une vie « bien à elle », pour reprendre son expression. Au début de 1965, elle commence à recevoir, à donner de petites fêtes. Elle organise à Manhattan des dîners ou des réceptions dans des restaurants à la mode. Un coup d'œil sur la liste de ses invités montre à quel point ses choix sont éclectiques et ses curiosités variées : Leonard Bernstein, Adlai Stevenson, Sammy Davis Jr, Maurice Chevalier, Andy Warhol, Mike Nichols – le réalisateur de *Qui a peur de Virginia Woolf* –, l'ex-secrétaire général adjoint à la Défense Roswell Gilpatric, Randolph Churchill, le fils de Winston, Hailé Sélassié, l'empereur d'Éthiopie, Hassan II, Rudolf Noureev, Franklin Roosevelt Jr, Bunny Mellon et son mari, les Wrightsman, l'écrivain Truman Capote et George Plimton, Cecil Beaton, l'ex-ambassadeur de France Hervé Alphand...

En revanche, il est des amis de longue date auxquels elle fait de la peine. Car, au fil des ans, elle les écarte, ainsi les Bartlett ou Ben et Tony Bradlee. Visiblement, elle entend couper les ponts avec un passé trop douloureux. Par exemple, n'était-ce pas les Bartlett qui lui avaient fait connaître John ? Ils ne méritaient pas ce traitement. Elle pense d'abord à elle, sans tenir compte des sentiments d'amitié qui se sont formés entre eux pendant toutes ces années. Peut-être figure-t-elle, comme le suggère Tony Bradlee, parmi ces personnages qui n'ont pas d'authentiques amis et n'en ont nul besoin, mais adorent, malgré leur superficialité, ces nombreuses relations mondaines. Elles leur permettent de satisfaire leur curiosité et de s'étourdir à bon compte sans se mettre martel en tête : ces liens n'ont-ils pas le mérite de se former, de se détendre, de se distendre, de se rompre, et de se reprendre sans histoire...

Après tout, au cours de cette période douloureuse de son existence, pour parvenir un jour à la paix du cœur et à la sérénité, Jackie a-t-elle tant de choix ? On l'a vu, elle s'investit activement – avec le concours de Bob – dans son projet de bibliothèque JFK. Elle s'intéresse aussi à d'autres causes. Après les inondations de Florence, elle fait partie du CRI, comité qui vient au secours des bâtiments anciens, des œuvres d'art et des livres précieux gravement endommagés par le débordement de l'Arno. Elle n'a pas son pareil pour *lever des fonds* : quand elle s'y met, les cordons des bourses les plus hermétiques se dénouent comme par miracle. Elle s'active également au sein d'un comité qui s'emploie à sauver de la démolition le New York Metropolitan Opera, construit dans les années 1880. Ses interventions sont-elles toujours pertinentes ? Par exemple, sur ce dernier point, Rudolf Bing, directeur du Metropolitan Opera House, la critique sévèrement et l'accuse d'ignorer l'état dangereux dans lequel se trouve l'édifice vétuste*. Il déclare à la presse qu'« on ne la voit pas souvent à l'Opéra » et regrette, conclut-il, « qu'une personne si en vue se permette de parler d'un sujet qu'elle connaît si mal ».

Il est en revanche des domaines qui lui sont beaucoup plus familiers, comme la décoration. C'est bien pourquoi elle répond de manière détaillée à Lady Bird Jonhson qui lui demande de la guider en ce qui concerne la poursuite des travaux de restauration de la Maison-Blanche. Toujours égale à elle-même, elle lui conseille de tout faire pour que les personnes qui ont prêté des tableaux à la Maison-Blanche les y laissent définitivement, au besoin en usant de menaces !

On pourrait s'imaginer que Jackie est à présent sur les chemins de l'apaisement. En fait, ce débordement d'activités dissimule une profonde dépression . son état psychique ne s'améliore que très lentement. Au dire de Provi, sa femme de chambre, elle passe des nuits à pleurer. Le 22 novembre 1964, anniversaire de l'assassinat de son mari, alors qu'elle se trouve chez Kenneth son coiffeur, elle éclate en sanglots. Puis, de nouveau, quelques heures plus tard, toute seule, prostrée sur un banc de Central Park. Depuis plusieurs mois d'ailleurs, elle est en analyse. La durée de la cure lui ouvre des perspectives si lointaines qu'elle se décourage.

Pour s'étourdir, elle ne se borne pas à recevoir des amis ou à organiser des soirées, elle déjeune ou dîne souvent à Manhattan dans des restaurants à la mode. On la voit au Colony, à la Côte basque, chez Sardi's, au Mistral, à la Grenouille, à la Caravelle, chez Orsini, au Lafayette, au Russian Tea Room. À

* Effectivement, l'édifice sera entièrement reconstruit.

l'occasion, elle n'hésite pas à terminer la soirée dans une « boîte » et à y danser ; par exemple chez Arthur, la discothèque en vogue, ou au Copa. On l'aperçoit presque toujours avec des personnalités de premier plan, appartenant de moins en moins au monde politique, et de plus en plus à la jet-set internationale.

S'il est en tout cas une activité qu'elle n'a jamais abandonnée, fût-ce aux pires moments, c'est bien le sport. Essentiellement l'équitation, qu'elle pratique depuis sa prime enfance et dont Janet lui a pour toujours communiqué la passion. De façon à pouvoir s'y consacrer pleinement, elle louera une ferme à Bernardsville dans le comté de Somerset (New Jersey). Ainsi pourra-t-elle chevaucher des heures durant, seule le plus souvent, dans les collines avoisinantes. Afin de varier ses sorties, elle amène son cheval dans un van, par les petites routes qui lui permettent d'accéder aux coins les plus pittoresques. Elle s'est inscrite, pour maintenir sa bonne condition physique, au club de gym de Kounovsky, 57e Rue, l'un des rares ouverts aux femmes à l'époque, mais probablement le plus élitiste de New York.

Évidemment, le genre d'existence qu'elle mène à Manhattan la désigne à l'attention de la presse. L'illustre veuve d'un illustre président, femme d'une beauté et d'une allure remarquable, injustement frappée par les tragiques événements de 1963, mère de deux délicieux enfants, constitue pour les médias de l'époque un sujet autrement intéressant que les faits et gestes de Lady Johnson. Malheureusement, aux yeux de Jackie, plus que *sujet* le terme *cible* est approprié. Dès le début de 1964, elle ne peut plus faire un pas sans être l'objet d'un compte-rendu détaillé et de commentaires. Passe encore pour les magazines populaires qui sont dans leur rôle traditionnel, mais même le *Washington Post* et surtout le très sérieux *New York Times* en viennent à faire paraître des articles dont les titres dénoncent la ridicule insignifiance[20]. Qu'on en juge d'après ce savoureux florilège :

« Mme Kennedy III a attrapé la grippe » (5 novembre 1965)

« Mme Kennedy passe un nouvel an tranquille à Aspen » (1er janvier 1965). (S'il est tranquille, pourquoi en parler ?)

« Mme Kennedy prend le télésiège » (2 janvier 1965)

Veut-on un échantillon de la teneur de ce genre de littérature ? Voici l'article du 24 mars 1966 paru sous le titre « Mme Kennedy fait du shopping » :

« Vêtue d'un manteau à rayures blanches, orange et jaunes, Mme John F. Kennedy s'est arrêtée hier dans le salon de couture "Chez Ninon", 487 Park Avenue, pour une heure d'achats qui aboutirent à la commande de sept modèles. »

Cet article suppose évidemment la présence de reporters qui prennent Jackie en filature dès qu'elle quitte son appartement et n'hésitent pas à interroger le personnel des magasins dans lesquels elle fait ses achats. Le *Women's Wear Daily* va même jusqu'à préciser le montant de ses factures.

On conçoit que Jackie, qui déplorait depuis des années déjà l'indiscrétion de la presse, s'en plaigne encore davantage. Sans doute pouvait-elle la comprendre quelque peu lorsque son propre destin était lié à celui du président des États-Unis… Mais elle ne s'attendait pas du tout à ce que, une fois John disparu, elle se vît encore plus traquée qu'auparavant. Quel intérêt ses faits et gestes pouvaient-ils encore présenter pour le public ? C'est ce qu'elle ne parviendra jamais à comprendre.

D'un autre côté, les tentatives maladroites qu'elle fait pour préserver sa vie privée aboutissent paradoxalement à susciter un mystère qui excite encore davantage les curiosités. Par exemple, elle porte systématiquement de grandes paires de lunettes de soleil ovales et arbore un perpétuel demi-sourire qui la fait bientôt appeler la « Mona Lisa de Manhattan ». Ce déguisement naïf ne parvient pas à tromper longtemps les reporters – ni même les passants. Pire : il la désigne encore plus sûrement à leur vigilance.

Il est un type de presse qui l'agace particulièrement : les magazines de cinéma. Car ils se sont mis à la ranger, elle qui n'a jamais tourné de film, parmi les vedettes de l'écran. Bien entendu, elle est pour eux la plus grande, la plus prestigieuse d'entre elles, si bien qu'elle « fait » souvent la couverture de ce type de publication. Elle s'en accommoderait à la rigueur. Mais il y a pire : traitée comme les stars d'Hollywood, exactement comme elles, elle voit sa vie privée étalée dans ce qu'elle a de plus intime, examinée, commentée, fouillée sans scrupule… Grâce à *Motion Picture*, elle apprend par exemple que sa sœur Lee exerce sur elle une « influence néfaste » : c'est elle, paraît-il, qui la pousse à fréquenter les discothèques. *Screen Album* connaît mieux qu'elle-même le fond de son âme : elle apprend, avec le plaisir qu'on devine, qu'elle est comparable à un « jardin à l'intérieur duquel tout est flétri » (*sic*). Et si jamais Jackie se demande quelle conduite adopter, pas de problème : les lecteurs de *Photoplay* le lui diront dès qu'ils auront répondu aux questions que le journal leur pose : Jackie doit-elle « ne se dévouer qu'à ses enfants et à la mémoire de son mari » ? ou bien : « Commencer à fréquenter un homme ? Publiquement ou en privé ? Et un jour, se remarier ? » Et « tout de suite ou [...] après un certain temps ? »

Jackie a beau être douée d'un solide sens de l'humour, on conçoit aisément qu'elle ait pu, à la longue, vouer une haine obsessionnelle à ces médias qui par leur harcèlement et leurs intrusions ne font qu'aggraver sa peine.

Depuis son départ de la Maison-Blanche et durant plusieurs années, Jackie ne cesse de se déplacer, dans son pays d'abord : si elle se rend souvent à Bernardsville, elle va aussi à Newport, à Hammersmith Farm, à Hyannis Port, à Hickory Hill, chez Bob en Californie, ainsi que dans diverses stations de sports d'hiver comme Aspen ou Sun Valley, avec Caroline et John.

Elle est également avide d'horizons nouveaux et beaucoup plus lointains, comme s'ils pouvaient mettre un terme à son insatisfaction et éloigner ses problèmes en même temps que sa personne. La liste de ses voyages est d'ailleurs impressionnante : en 1965, elle se rend à Nassau, aux Bahamas, puis au Mexique, à Acapulco, ensuite à Kingston en Jamaïque, à Londres d'où elle revient fin juin pour emmener ses enfants en vacances à Honolulu, aux îles Hawaii. En 1966, la voilà en Suisse, à Gstaad, à Rome, en Argentine, à Buenos Aires puis à Madrid et Séville, à Hawaii de nouveau, à Paris. L'année suivante, on la voit encore à Acapulco et à Londres, à Paris, en Irlande, au Cambodge et en Thaïlande. L'inventaire est loin d'être complet !

Pour être juste, il faut reconnaître qu'il y a, exceptionnellement, un important voyage, le dernier de la liste précédente, qui n'est pas à porter au compte de cette frénésie de déplacements. En effet, elle ne serait probablement jamais partie pour le Cambodge s'il ne s'était agi en réalité – sous le couvert d'un voyage privé – d'une mission diplomatique voulue et organisée par le département d'État. C'était l'époque de la guerre du Vietnam. Il s'agissait d'infléchir la politique trop anti-américaine du prince Norodom Sihanouk, le chef d'État du Cambodge. L'idée était venue de McNamara, secrétaire d'État à la Défense et avait été approuvée par Lyndon Johnson. On compte sur le charme de Jackie, qui a fait ses preuves, comme on sait, avec le président de Gaulle et même avec Khroutchtchev. Malgré la présence de Michael Forrestal, expert de l'Asie du Sud-Est, la presse ne soupçonne rien, obnubilée qu'elle est par son désir d'évoquer la vie sentimentale de l'ex-Première dame. D'après les journaux, Lord Harlech, fin diplomate, ex-ambassadeur de Grande-Bretagne à Washington, est le chevalier servant de Jackie et compte bien l'épouser là-bas, ce qui serait le véritable objectif du voyage. Quel bonheur pour le public américain avide de belles histoires ! Jackie deviendrait une vraie *Lady* ! Elle l'aurait bien mérité !

En fait, si Lord Harlech est véritablement amoureux d'elle, il ne semble pas que ses sentiments aient vraiment été partagés, et surtout pas au point d'aboutir à un mariage. Quant à la mission politique de Jackie, elle n'obtiendra malheureusement qu'un demi-succès, elle le reconnaîtra elle-même. Sihanouk a, malgré tout, donné le nom de JFK à un boulevard de Phnom Penh, ce qui est, dira-t-elle « un pas dans la bonne direction ». Elle est peut-être parvenue, selon ses propres termes, à lui montrer que « les Américains ne sont pas si mauvais que ça » !

Du moins aura-t-elle pris un vif plaisir, avec son compagnon, à visiter les ruines du temple d'Angkor Vat, à prendre de multiples photos, à acheter une foule de souvenirs.

Après quoi, alors que Lord Harlech est reparti pour la Grande-Bretagne, Jackie et Forrestal s'embarquent à bord d'un appareil de l'US Air Force pour Bangkok. Là-bas, accueillis par le couple royal, ils restent deux ou trois jours. Magnifiquement reçus, ils sont logés dans le palais. On illumine pour eux en permanence le fameux temple du Bouddha d'Émeraude. Jackie trouve en la reine Sirikit une quasi-sœur jumelle, puisque sa beauté et son élégance l'ont fait surnommer la « Jackie de l'Orient »...

Hélas, ces déplacements incessants, pas plus que les « sorties » en ville, la fréquentation de la jet-set internationale, l'investissement dans de nobles causes ou le shopping compulsif ne lui permettent de retrouver l'équilibre qu'elle recherche désespérément. Comment chasser de soi l'afflux des pensées destructrices ? Ce n'est certainement pas en fumant encore davantage, comme elle le fait, pas plus qu'en se rongeant les ongles encore plus que d'habitude. Malgré le triste exemple de son père, elle a même essayé la boisson, modérément et pas trop longtemps. Dieu merci, le bon sens a repris le dessus !

Et les hommes ? On a vu que, trois mois après le drame, Jackie elle-même bénéficie d'une brève aventure avec Marlon Brando, aventure qu'elle avait provoquée, bien décidée à ne pas la prolonger. S'il lui faut s'étourdir, ce doit être brièvement et discrètement, non en s'engageant dans une liaison qui ne pourrait que lui causer ennuis et complications.

À la vérité, trouver et troubler les hommes ne lui pose aucune difficulté. Un coup d'œil sur sa personne suffit à l'expliquer. Sans doute pourrait-on objecter que son allure « royale » en impose suffisamment pour paralyser nombre d'entre eux. Mais si elle l'a décidé, elle devient irrésistible. Elle est, affirment souvent ceux qui l'ont connue, une « coquette » autrement dit une « allumeuse » qui n'éteint pas souvent les feux qu'elle fait naître. On a plus d'une fois parlé de cette fameuse « voix de petite fille » qu'elle sait adopter à sa guise et qui, si elle agace prodigieusement les femmes, séduit et attendrit bien des hommes qui en perdent la tête...

De toute façon, une veuve aussi célèbre que belle et jeune de surcroît (trente-quatre ans) ne peut qu'attirer vers elle un grand nombre d'hommes importants, Américains ou non. Malgré la discrétion de Jackie, leurs noms ne peuvent manquer d'apparaître dans la presse.

Parmi ces soupirants, dont il est parfois difficile de savoir si leurs tentatives de séduction ont été couronnées ou non de succès, il faut compter, on s'en souvient, l'architecte Carl Warnecke, un ami de la famille Kennedy qui venait de créer au cimetière d'Arlington un monument commémoratif en l'honneur de John. Quarante-cinq ans, divorcé depuis longtemps, follement épris de Jackie, il espérait bien l'épouser, a-t-il confié à l'un de ses amis, Red Fay. Il était au demeurant un parti tout à fait honorable. En 1966, alors qu'il travaillait à Hawaii où il était chargé de faire les plans du Capitole local, Jackie y avait emmené ses enfants : c'était loin d'être une coïncidence. Malgré tout, ce mariage n'eut pas lieu : il semble que Bobby y ait été hostile, et que d'autre part Warnecke ait vu dans sa situation d'éternel prétendant un obstacle à ses ambitions professionnelles.

Les choses iront moins loin avec Adlai Stevenson qui lui aussi est très attiré par Jackie et lui fait, notamment par lettres, une cour assidue mais respectueuse. Elle lui répond par des billets humoristiques et assez ambigus pour qu'il ne sache plus très bien où il en est avec elle. Il finit par s'apercevoir que, bien décidée à repousser ses avances, elle tient tout de même à jouer avec lui un jeu cruel et en fait à se jouer de lui. Il en est d'autant plus humilié qu'il a mis un temps excessif à s'en apercevoir.

Un autre cas intéressant est celui du grand poète américain Robert Lowell * dont Jackie apprécie les œuvres et avec lequel elle aime discuter littérature. Sur ses recommandations, elle s'est mise à lire Juvénal et Caton. Une soirée théâtrale où ils ont été aperçus ensemble par des journalistes leur vaut de voir leur photo s'étaler à la première page du *Women's Wear Daily*. Le pauvre Lowell, éperdu d'amour, annonce partout qu'il va divorcer pour épouser Jackie. Celle-ci ignorait que le poète souffrait de crises maniaco-dépressives et séjournait fréquemment dans des hôpitaux spécialisés. Il avait fait une fixation sur Jackie, dont on devine l'embarras lorsqu'elle apprend la vérité. Elle continue néanmoins à le fréquenter jusqu'au jour où, en février 1966, au cours d'un dîner offert par Rudolf Noureev au Russian Tea Room à New York, il se livre à des propos anti-sémites d'une telle violence que, prétextant aussitôt un malaise, elle préfère quitter l'établissement. Elle ne le reverra plus jamais.

Avec Roswell Gilpatric, c'est une autre affaire. Né en 1906, donc de vingt-trois ans plus âgé que Jackie, diplômé de droit de l'université Yale, ministre adjoint de la Défense sous l'administration Kennedy, il est bel homme, grand, très élégant et très distingué, ce qui ne l'empêche pas d'être intelligent et cultivé. Il a connu John lors de ses débuts en politique, puis a rencontré Jackie une fois devenue Première dame. Il était fréquemment invité à la Maison-Blanche : leur amitié évolue petit à petit après l'assassinat. Elle devient une liaison si discrète qu'il est malaisé de déterminer le moment où elle commença. Elle est évidente lors du séjour qu'ils effectuent ensemble au Mexique pour visiter les ruines mayas en mars 1967. La journaliste Agnès Ash, chargée par le *Women's Wear Daily* de couvrir le voyage, se rappelle que « Jackie et Gilpatric se pelotaient souvent et se tenaient la main en public ». Jackie ne semblait nullement gênée par la présence de la presse mexicaine qui, du reste, la couvrait de fleurs. Mais elle détestait celle de la journaliste

* Robert Lowell, né en 1917 à Boston, avait obtenu le prix Pulitzer avec *Lord Weary's Castle* (1946).

américaine. Effectivement, le *Women's Wear Diary* devait illustrer l'article d'Agnès Ash d'une photo représentant Jackie et Roswell suggestivement enlacés. Fort heureusement, Rose Kennedy, avertie on ne sait trop comment, parvint à persuader le directeur du journal, John Fairchild, de ne pas publier la photo, « à cause des enfants » qu'elle risquait de traumatiser, prétexta-t-elle[21].

En tout cas, lorsque Gilpatric revint à New York, ce fut pour trouver dans son courrier les papiers de divorce que lui adressait sa femme, Madelin...

C'est encore un autre type de relation qu'entretient Jackie avec le vieil André Meyer, ce riche banquier français, l'un des dirigeants de Lazard Frères. C'est à lui qu'elle s'était adressée pour qu'il lui trouve un appartement à New York. Elle l'accompagne très souvent au théâtre, dans les vernissages, à l'opéra, au restaurant. Surtout, elle est de tous ses cocktails du vendredi après-midi. Il les donne très régulièrement avec sa femme Bella, dans sa suite du Carlyle. Là se presse, en même temps que ses amis, quantité de jeunes femmes qui espèrent attirer l'attention de cet homme célèbre et puissant. Elles n'ont aucune chance contre Jackie, qu'elles détestent aussitôt. Rien d'étonnant : dès qu'elle apparaît dans une pièce, toutes les conversations s'arrêtent. Sa présence fascine d'emblée la partie masculine du public. Plusieurs hommes se précipitent à sa rencontre, d'autres, intimidés, n'osant pas le faire, en sont malades de jalousie.

Bien entendu, André Meyer est tombé amoureux de Jackie. Aux yeux de celle-ci, il est essentiellement un grand ami. Elle a en lui une confiance absolue. Il est d'abord son conseiller financier : c'est lui qui gère son argent, elle compte sur lui pour lui indiquer les investissements les plus fructueux. Il est aussi son confident et la conseille sur l'éducation de ses enfants, sur ses voyages et dans bien d'autres domaines.

Leurs relations restèrent du côté de Jackie purement amicales, à l'exception, semble-t-il, d'une nuit qu'elle lui accordera, et qui fut dans son esprit comme un cadeau destiné à récompenser son amoureux de toute l'attention dont il avait fait preuve et de tout le temps qu'il lui avait accordé[22].

Jackie eut beaucoup plus d'amants qu'on ne le croit d'habitude. La brièveté de ses aventures et, sauf exception, la discrétion qu'elle manifestait et qu'elle exigeait de ses partenaires expliquent cette ignorance. Sur ce dernier point un exemple significatif ressort : lasse des infidélités répétées de Bobby, elle cherche à se venger en prenant pour amant le fameux Charles Addams, caricaturiste du *New Yorker.* Malheureusement, l'heureux élu est si satisfait du « miracle » dont il a bénéficié qu'il ne peut s'empêcher d'en parler à tout le monde. Sur cette terre, il a « goûté les joies du paradis », répète-t-il à l'envi. Si bien qu'en plus de Bobby, qu'il s'agissait de rendre jaloux, des dizaines de personnes se trouvent au courant dans les milieux dits « bien informés ». Un ami dévoué de Jackie, l'écrivain George Plimpton, l'informe du déplorable manque de tact du dessinateur. Elle rompt immédiatement avec l'indélicat et lorsque, l'ayant rencontré dans un restaurant de Manhattan, il lui adresse de la main un petit salut, elle passe devant lui l'air hautain : elle le regarde comme s'il était transparent...

Depuis que Jackie possède un appartement à New York, Onassis lui rend régulièrement visite : lui-même dispose d'une suite à l'hôtel Pierre pas très loin de chez elle (5e Avenue et 61e Rue). Et on les voit assez souvent dîner dans les restaurants à la mode, la plupart du temps en compagnie de quelques amis. Ari figure souvent parmi les invités de Jackie lorsqu'elle donne des dîners chez elle, 5e Avenue. Malgré leur flair et leur curiosité professionnelle, les paparazzi ne soupçonnent pas qu'il puisse y avoir quoi que ce soit entre l'armateur grec et la veuve Kennedy. Pour une fois, ils manquent d'imagination. À leurs yeux, l'unique et grand amour d'Onassis ne peut être que Maria Callas, la célèbre diva. Ils en sont restés là !

En février 1965, invitée par Ari, Jackie embarque sur le *Christina* pour cinq jours de croisière qui la mèneront jusqu'à Nassau aux Bahamas. Elle a de plus en plus la conviction qu'Onassis est un homme sur lequel elle peut compter. Il a d'ailleurs à son égard et à celui de ses enfants une attitude protectrice. Il est son aîné de vingt-trois ans. Cette fois-ci, elle sent qu'elle ne peut plus repousser ses avances : elle risquerait de perdre une amitié qui lui est singulièrement précieuse dans le désarroi où elle se trouve. David Heymann cite le témoignage de John Karavlas, le second du capitaine du *Christina*[23]. Un beau matin, alors que le navire est ancré au large de Nassau, son supérieur lui demande de chercher Onassis avec lequel il désire discuter de l'organisation d'un dîner prévu à bord le soir même.

— On n'arrive pas à le trouver, précise-t-il, et Mme Kennedy non plus.

Le second obtempère aussitôt.

« J'ai fait, raconte-t-il, le tour de toutes les cabines, de tous les ponts : pas d'Onassis, pas de Mme Kennedy, puis j'ai entendu du bruit provenant d'un petit bateau de pêche à fond plat que le patron gardait attaché au flanc du *Christina.* M'approchant du bastingage pour jeter un coup d'œil, j'ai aperçu à bord de l'embarcation un dos animé d'un mouvement de va-et-vient. C'était Onassis. Il était dessus. Mme Kennedy était sous lui. »

— Qu'est-ce que vous me voulez ? crie Onassis, sur un ton rogue.

— Je vous cherchais, c'est tout, monsieur.

— Eh bien, vous m'avez trouvé...

Revenu aux États-Unis, s'adressant à son conseiller Johnny Meyer *, Ari, dont on ne peut pas dire qu'il fait preuve, lui non plus, d'une grande délicatesse, lui dit :

— Vous serez heureux, mon cher, d'apprendre que je me suis tapé la reine [*sic*][24].

Deux semaines plus tard, voici Jackie, en compagnie de Bobby venu sans sa femme, à Montego Bay en Jamaïque, chez

* Qu'il ne faut pas confondre avec le banquier André Meyer.

Audrey Zauderer, une riche mondaine qui possède là une magnifique propriété. D'après David Heymann[25], tout à fait à l'aise, ils s'y comportent en complices. Ils savent que leur hôtesse est une femme trop bien élevée et trop discrète pour ébruiter quoi que ce soit. Elle sait vivre, elle.

Il en est un auquel l'éventualité de ce rapprochement est particulièrement odieuse, c'est, bien sûr, Onassis. De toute façon, il détestait depuis longtemps RFK, et pour cause : n'avait-il pas été membre de la commission d'enquête qui avait fait saisir ses navires amarrés dans les ports américains ? Un jour, le Grec prétendra devant quelques amis qu'il lui serait facile de ruiner la carrière de Bobby. Il lui suffirait de révéler son comportement avec sa belle-sœur. « Je pourrais couler l'enfoiré, ajoute-t-il, quoique j'y perdrais Jackie. Mais imaginez les gros titres[26] ! » Il en brûle d'envie tant l'hypothèse de devoir partager sa maîtresse avec l'homme qu'il hait le torture. Il ne manque jamais une occasion d'en dire du mal, allant dans sa rage jusqu'à affirmer à Jackie – qu'en sait-il ? – que son beau-frère est affligé d'un sexe de taille exiguë (il use d'un vocabulaire plus grossier). Ce que celle-ci aurait démenti en usant d'une formulation plus distinguée, sans se départir de son calme :

— Ça ne lui correspond pas anatomiquement.

Onassis est, au surplus, sûr que Marilyn Monroe, loin de s'être suicidée, a été assassinée par Bob pour l'empêcher de parler. Il va jusqu'à engager un détective privé pour s'en convaincre. À sa grande déconvenue, l'homme ne parvient pas à réunir de preuves suffisantes. Ce qui ne le fait pour autant pas changer d'avis…

En définitive, toujours d'après l'ouvrage d'Heymann, Jackie bénéficierait, en plus d'aventures plus ou moins durables, de deux liaisons parallèles avec des hommes dont chacun connaît l'existence de l'autre et doit s'en accommoder. Bobby, marié et père de famille, doit – selon le biographe – prendre garde qu'Ethel n'apprenne le genre de relation qu'il entretient avec sa belle-sœur. Non seulement Ethel, d'ailleurs, mais aussi la presse et le public qui seraient scandalisés. Onassis, pour sa part, est passionnément aimé par sa maîtresse en titre, la Callas, qui ne pourra manquer de réagir violemment contre la trahison de celui qu'elle aime.

Qui va l'emporter dans la lutte sans merci que se livrent les deux hommes ? Quel sera le sort des femmes rivales, Jackie, la Callas ? Ne croit-on pas se trouver ici devant l'intrigue d'un feuilleton populaire ? Ou plutôt d'une comédie, voire d'une tragédie si, par hasard, les choses tournaient mal ?

Durant les années 1966 et 1967, la situation évolue quelque peu, dans la mesure où les ambitions politiques de Bobby se précisent. Grâce à Jackie, il a vaincu sa dépression, et repris confiance en lui. Il estime à présent qu'il a le devoir de briguer la présidence des États-Unis, devoir envers son frère John, qu'il a toujours admiré et respecté et dont il veut poursuivre la tâche si tragiquement interrompue. Devoir envers son père aussi, dont la volonté a toujours été de voir l'un de ses fils accéder à la magistrature suprême. Bien que Jackie et lui soient proches l'un de l'autre, il faut dans ces conditions qu'ils prennent quelque distance. Il ne faut surtout pas que l'on en vienne à soupçonner une relation entre eux. Désormais, ses moindres faits et gestes vont être épiés par la presse. Le plus petit faux pas pourra entraîner des conséquences catastrophiques. Jackie, d'ailleurs, apprécie trop Bobby pour l'empêcher de réaliser ses rêves politiques.

À cette époque, malgré tout le travail auquel l'astreint la gestion de ses affaires, Onassis se rend très souvent à New York – une ou deux fois par mois – pour rencontrer Jackie. Il la couvre de cadeaux : d'après Christian Cafarakis, il lui aurait offert, uniquement pour la période 1967-1968, sept montres, dix-huit colliers, vingt-trois bracelets, dix-sept boucles et une bonne vingtaine de bagues[27]. Il se montre aussi d'une extraordinaire générosité avec Caroline et John, dont il cherche à s'attirer les bonnes grâces. Il y parvient. Sans insister, car il sent qu'il ne faut pas brusquer Jackie, il lui confie qu'il serait prêt à l'épouser. Est-il sincère lorsqu'il évoque l'amour qu'il éprouve pour elle ? En fait, ses motivations sont complexes. Nul doute, comme on l'a vu, que son orgueil est en jeu : ce *self-made-man*, épousant la veuve du président des États-Unis, quel couronnement pour sa carrière ! Quelle revanche sur ces Kennedy qu'il déteste ! Leur ravir ce qu'ils ont de plus remarquable grâce à cet argent qui lui permet de tout acheter, les consciences comme les femmes. D'un autre côté, comme bien d'autres, cet homme, si dur en affaires, si peu scrupuleux sur les moyens de s'enrichir, perdant soudain tout sang-froid, est tombé sous le charme de la belle Jackie. Il l'assimile à un diamant en la décrivant « froide, aiguë aux contours, fougueuse et ardente sous la surface ». Ce coup de foudre était advenu en 1963, lorsque, après la perte du petit Patrick, il l'avait invitée à bord du *Christina*. C'est ce qu'il avoue un soir à Willi Frischauer, son biographe, en le priant de garder absolument secrète cette confidence. Sans doute estime-t-il qu'elle nuirait à l'image d'homme fort qu'il tient à conserver dans le public comme au sein des milieux d'affaires.

Comme c'était à prévoir, Maria Callas n'apprécie pas. Un jour, en novembre 1966, Jackie séjourne à Paris dans l'hôtel particulier d'Onassis, avenue Foch. La diva survient inopinément. Son entrée jette un froid. Le dialogue d'abord aigre-doux ne le reste pas longtemps. Il tourne bientôt à l'échange d'insultes et les deux femmes en viendraient aux mains si Aristote ne les séparait.

— Geisha ! lance la Callas à sa rivale comme une dernière flèche avant de sortir avec fracas...

De son côté, Ethel supporte très mal l'ambiguïté des relations de son mari avec sa belle-sœur.

En novembre 1967, lorsqu'elle fête le quarante-deuxième anniversaire de son mari, elle n'y invite pas Jackie.

À partir d'octobre 1967 se pose pour Bobby la question de savoir s'il doit se porter candidat à l'élection présidentielle de 1968 – et d'abord bien sûr, aux « primaires » du Parti démocrate auxquelles va sûrement se présenter l'actuel président, Lyndon Johnson, encore que sa popularité soit au plus bas. À Hickory Hill, ses amis se réunissent à sa demande pour en discuter, mais leurs avis sont si divergents que Bobby se révèle incapable de prendre une décision. Vouant une confiance absolue en Jackie, il va prendre conseil auprès d'elle et suivre son avis[28]. Elle l'incite à se présenter, mais aussi à « être lui-même ». Il ne ressemble que trop à son frère dont il a l'apparence physique et jusqu'à certains tics :

— Tu gardes comme lui une main dans la poche de ton veston quand tu fais un discours, comme lui tu t'exprimes avec l'accent un peu snob de la Nouvelle-Angleterre. Tu reprends même certaines de ses expressions favorites du genre : « J'ai besoin de votre aide » ou : « Nous devons remettre le pays en activité… » Mais on ne voudra pas d'une simple copie de John : ce qui plaira, c'est un homme nouveau… et non pas quelqu'un qui marche dans l'ombre de son frère.

Jackie désirait-elle sincèrement que Bobby se présentât ? On peut en douter. Son mari n'avait-il pas payé de sa vie ses ambitions politiques ? Voulait-elle que son frère reprît le même tragique itinéraire ? Certainement pas, mais estimant qu'embrasser cette carrière et y réussir étaient sa véritable vocation, le bonheur auquel il aspirait, elle n'avait pas le cœur de briser son rêve – tout en n'ignorant nullement les risques qu'il courait. Elle avait, cette fois, parié sur sa chance.

Après tout, l'aurait-il écoutée si elle lui avait donné le conseil inverse ? Rien n'était moins sûr.

Pendant cette année 1967, marquée comme les précédentes par de nombreux voyages (Mexique, Angleterre, Irlande, Thaïlande), Jackie continue à mener une vie mondaine active, et à pratiquer le « pillage » systématique (pour reprendre l'expression de John) des magasins de Manhattan, où, chaque fois, son arrivée constitue un véritable événement.

— Avec vous, on a l'impression de sortir avec un monument historique, observera son ami, le réalisateur Mike Nichols qui l'accompagne chez Bergdorf Goodman.

— Oui, mais comme c'est amusant, vous ne trouvez pas ? réplique-t-elle un jour où elle est de bonne humeur, ce qui n'est pas toujours le cas, car elle reste passablement lunatique comme elle l'a toujours été.

Étonnante comédienne, elle le reste également, comme a l'occasion de le constater l'éditeur de William Manchester[29], lors d'une visite de travail qu'elle lui fait et au cours de laquelle elle finit par autoriser la publication de son livre. Elle ne manifeste aucune émotion lorsqu'il s'agit de relire les passages les plus horribles du récit de l'assassinat de son mari à Dallas. Mais alors qu'ils sortent dans la rue, une masse de photographes se rue sur eux, brandissant leurs Rolleiflex. Immédiatement, redevenue la célèbre veuve Kennedy, elle se met à sangloter avec une stupéfiante apparence de naturel.

Dès le lendemain paraissent des articles bouleversants – et illustrés – sur son chagrin. C'est qu'elle tient à soigner son image. Somme toute, puisque la presse ne la lâche pas, mieux vaut que ce soit à son bénéfice : telles sont probablement ses vraies motivations. Cette crise de larmes compensera peut-être la fâcheuse impression de frivolité que peuvent donner les articles évoquant ses razzias dans les boutiques de Madison Avenue…

Dans la même optique, en mai 1967, elle va baptiser aux chantiers navals de Newport le lancement d'un énorme porte-avions, le *John F. Kennedy*, son ami McNamara se chargeant du discours d'inauguration. En cette époque de guerre froide, la signification patriotique de son geste ne peut manquer de plaire au public américain, tandis que sa participation au lancement d'un navire portant le nom de son défunt mari la statufie dans son rôle de veuve impeccable…

Washington, 16 mars 1968. Le Sénat. Robert Kennedy, accompagné d'Ethel son épouse, vient d'y faire son entrée, l'air grave. Quelques minutes plus tard et dans le même salon où l'avait fait son frère, il annoncera sa candidature à la présidence. C'est évidemment l'étape capitale de son existence : il va se consacrer entièrement à sa tâche. Il a compris, et Jackie également, qu'ils ne devaient plus se montrer si proches. Jackie, de son côté, doit accepter que si Bobby est élu, elle qui a été pendant trois ans la Première dame des États-Unis, et bénéficié du prestige et de tous les avantages que cela comporte, verra Ethel occuper à son tour cette position. La veuve de JFK ne sera plus la seule Première dame du clan.

Bien entendu, sa liaison avec Onassis se poursuit et, en janvier de la même année, ils passent leurs vacances ensemble. Jusque-là, elle a repoussé aimablement ses propositions de mariage. Mais le fera-t-elle toujours ? Car, étant donné les nouvelles ambitions politiques de son beau-frère, ses relations avec Bob, quelles qu'elles aient été par ailleurs, doivent cesser. Elles donneraient lieu à des commentaires susceptibles de nuire à sa candidature.

Alors Onassis ? Les familles sont au courant. Janet, très snob et qui n'apprécie que la haute société de la Nouvelle-Angleterre, ne peut que mépriser cet aventurier sans scrupule, ce Levantin vulgaire et inculte qui se croit tout permis parce qu'il a de l'argent.

Du côté des Kennedy, même son de cloche : si jamais la veuve de JFK épouse « le Grec », c'en est fait des ambitions de Bobby. Ils imaginent avec horreur les commentaires de la presse mondiale ! Bientôt, Jackie reçoit, Cinquième Avenue, la visite de Joan et d'Ethel : ses belles-sœurs l'implorent de ne pas accepter la proposition d'Onassis. Elles évoquent les conséquences catastrophiques d'une telle union. Quelques jours plus tard, c'est Bob lui-même qui prend le relais :

— Si tu tiens absolument à l'épouser, au moins, ne le fais qu'après la présidentielle ! Pour l'amour de Dieu, Jackie, ça pourrait me coûter cinq États [30] !

Elle est incapable de lui refuser. Comment pourrait-elle ruiner un projet devenu sa raison de vivre ? Elle promet...

5 avril 1968. « Martin Luther King assassiné », tel est le titre qui fait la une de tous les journaux. Jackie assiste à Atlanta aux funérailles du leader noir. Plusieurs observateurs de la vie politique américaine discernent dans cet événement une preuve de la violence latente qui règne dans la société d'outre-Atlantique. Jackie elle-même est terrifiée. Se reportant cinq années plus tôt,

elle revit par la pensée la tragédie de Dallas. Elle se rappelle aussi l'étonnement de Bobby après l'assassinat de son frère. Il s'était écrié : « J'avais cru qu'ils commenceraient par moi ! » Et s'ils finissaient par lui ? se dit-elle. Cette pensée la ronge : elle s'en ouvre à Arthur Schlesinger :

— Savez-vous, lui dit-elle, ce qui, je le crains, va arriver à Bob ? La même chose qu'à John... Il y a tant de haine dans ce pays et les gens qui détestent Bob sont plus nombreux que ceux qui haïssaient John. Je l'ai dit à Bob, mais il ne partage pas mon fatalisme[31].

En vérité, Bobby rejoignait son avis. Refusant de solliciter une protection policière, il disait lui-même : « Si quelqu'un veut m'avoir, il m'aura ! » Et, dans un moment de découragement, alors que Ted, en 1964, avait été grièvement blessé dans un accident d'avion, il affirmait, désignant le ciel : « Il y a quelqu'un là-haut qui ne nous aime pas. »

Bientôt Jackie s'inquiète encore davantage, car Lyndon Johnson annonce, dès le 31 mars, qu'il ne compte plus se présenter. Dès lors, les chances que Bob remporte les primaires puis obtienne la présidence deviennent infiniment plus grandes, et le danger qu'il court s'accroît dans les mêmes proportions.

Jackie va pourtant tout entreprendre pour l'aider dans sa campagne. Notamment lever des fonds. Elle sait y faire : elle parvient à trouver d'importants financements, sollicitant avec succès, entre autres, l'architecte Pei, Doris Duke, la fille de James B. Duke, le roi du tabac, qui passe pour la plus riche héritière du monde, les Wrightsman, ses amis...

Cela ne l'empêche pas d'être de plus en plus déterminée – mais après l'élection comme elle l'a promis – à épouser Onassis. Elle n'hésite pas à s'en ouvrir auprès de Roswell Gilpatrick qu'elle continue à fréquenter – comme ami, à présent. Gilpatrick donnera plus tard son opinion sur les relations qu'entretiennent Onassis et Jackie. Il confiera qu'il eût volontiers lui-même épousé celle-ci, mais n'avait malheureusement pas les moyens de lui offrir le train de vie auquel elle était habituée.

Elle n'était pas amoureuse du Grec, selon lui, mais l'admirait profondément pour la prodigieuse énergie qu'il avait déployée, partant de rien pour devenir l'un des hommes les plus puissants et les plus riches de la planète. De surcroît, elle percevait chez lui un réel désir de la protéger, ainsi que ses enfants auprès desquels il multipliait les preuves de sollicitude et, bien entendu, de générosité.

Écoutons aussi Atlanta Politis, un grand ami d'Onassis et de Jackie qui nous permet de mieux comprendre l'attitude de celle-ci : « Vous ne pouvez imaginer, dit-il, la force, le magnétisme qui émanent de lui, et quelle est sa puissance de vitalité. » Or, après l'épouvantable drame de 1963, Jackie, totalement désespérée, n'est plus à elle-même : c'est à l'Histoire qu'elle appartient désormais. C'est elle qui lui dicte non seulement ce qu'elle doit faire mais ce qu'elle doit être aux yeux du public. Ses véritables sentiments, ses idées, sa personnalité profonde ont cessé d'exister. Il lui faudra tout le reste de sa vie s'enfermer dans la belle image de la veuve tragique. Elle en a d'ailleurs une claire conscience : comme son amie Joan Braden la met en garde :

— Fais attention : si tu l'épouses, tu vas tomber de ton piédestal.

— Ça vaut mieux que de mourir pétrifiée dessus, lui répond-elle.

Le Grec la convainc qu'elle est toujours jeune et belle et que rien n'est terminé pour elle. La vie l'attend, une seconde vie aussi belle, plus belle même que la précédente. Il l'entraîne dans un tourbillon de prévenances, de fêtes, de cadeaux qui lui ôte toute velléité de résistance.

Oui, c'est vrai, Aristote est beaucoup plus âgé qu'elle, mais peu lui importe dans ces conditions. Au reste, elle s'est toujours attachée à des hommes qui étaient de beaucoup ses aînés (ne recourons pas ici à la psychanalyse). C'est ainsi.

Bob se consacre tout entier à la campagne électorale qui se déroule sous les meilleurs auspices. Mais c'est plus fort que lui, malgré ses activités épuisantes, il ne peut s'empêcher de vouloir séduire encore. Et ce, alors que sa femme l'accompagne la plupart du temps.

Pendant la campagne, Jackie, restée à New York, fait tout pour soutenir Bob. Ils se téléphonent chaque soir. Elle lui prodigue toutes sortes de conseils, sur la manière dont il doit s'y prendre pour conquérir son public, selon les régions où il s'exprime et la composition sociale des auditoires. S'il a affaire par exemple à un électorat blanc et sans problèmes financiers, ne pas l'ennuyer avec ses continuels discours sur le racisme, le chômage et la pauvreté. Elle lui adresse pour le détendre de courts poèmes humoristiques de sa composition ou encore des recettes de milk-shakes énergétiques qui lui feront le plus grand bien pendant ces journées éreintantes. Il doit, pour avoir le feu vert des démocrates, battre ses confrères Eugene McCarthy* et Hubert Humphrey. Mais le voici en Californie, l'État le plus important dans cette compétition. S'il y est vainqueur, tous les espoirs lui sont permis. Il peut l'emporter.

Et, de fait, presque partout l'accueil est enthousiaste. À Los Angeles, le candidat et son équipe sont descendus à l'hôtel Ambassador. Dans la suite royale réservée à Bobby l'attendent fleurs et magnum de champagne, avec un billet ainsi libellé : « Les fleurs sont pour la chambre et le champagne pour quand tu auras remporté les primaires. Jackie. » Ethel dira à Pierre Salinger : « Cette femme ne s'arrêtera donc jamais[32] ? »

Le vote a lieu le 4 juin. Vers 22 heures, les principales chaînes de télévision donnent Bobby vainqueur. Celui-ci demande à Stephen Smith d'appeler Jackie. Elle ne le savait pas mais c'était le dernier message qu'elle devait recevoir.

À minuit quinze, il doit donner une conférence de presse prévue dans le même hôtel, à la Colonial Room. Connaissant les lieux, il prend un raccourci, et passe par les cuisines. Il serre les mains des garçons de salle : c'est parmi eux qu'un Palestinien de vingt-quatre ans, Sirhan Sirhan, après l'avoir insulté : « Kennedy, fils de pute ! », lui tire trois balles en pleine tête, à bout portant. Il reprochait à RFK son soutien à Israël… Voilà Bob qui

---

* Que l'on ne confondra pas avec Joseph McCarthy, l'homme du « maccarthysme ».

gît sur le sol, au milieu d'une flaque de sang, apportant ainsi une tragique confirmation à tous ceux de son entourage qui prévoyaient et redoutaient l'assassinat d'un second Kennedy. On le transporte à l'hôpital du Bon Samaritain. Jackie arrive de New York à la fin de l'après-midi. En état de mort cérébrale, Bobby est maintenu en vie sous respiration artificielle. Mais personne n'ose prendre la responsabilité de faire débrancher le respirateur. Pourtant aucun espoir n'est permis. Ethel est effondrée, Teddy, à genoux, abîmé dans la prière. Seule Jackie aura le courage de faire le nécessaire – au nom de la famille – auprès du médecin. Robert Francis Kennedy décédera le 6 juin 1968, à 1 h 44 du matin. Il était âgé de quarante-deux ans *.

Son corps est transporté par avion à New York.

Ethel et Jackie ont toute les deux connu le même cauchemar. Plus tard, ce chagrin partagé les rapprochera quelque peu. Elles finiront par manifester une sorte de sollicitude réciproque. Les enfants des deux femmes se rapprochent à leur tour. John Jr qui n'a pas oublié la tragédie de Dallas, est frappé par la similitude des drames qui ont frappé leurs familles. Il demande à son cousin Christopher, le fils de Bob, si son père continuera à se rendre comme auparavant à son « bureau du Sénat ».

— Oh ! Bien sûr, répond Christopher. Il est au ciel le matin et il va au bureau l'après-midi[33].

New York, 7 juin 1968. Cinquième Avenue. Cathédrale Saint-Patrick. Des dizaines de personnes défilent devant le cercueil en acajou de RFK, dont le corps a été acheminé par avion depuis Los Angeles. Certains auront dû attendre près de sept heures avant de pouvoir entrer dans l'édifice.

8 juin. Messe de requiem célébrée sous l'autorité du cardinal Cushing. Deux mille personnes y ont été invitées, et cent mille

* On cherche encore les commanditaires de cet assassinat, exactement comme dans les cas de John Kennedy. Une foule d'hypothèses a été émise. Aucune n'est satisfaisante et le mystère reste entier.

se sont rassemblées autour de la cathédrale. Jackie avait choisi la musique avec son ami Leonard Bernstein. Ted Kennedy prononça l'oraison funèbre. On imagine en ces circonstances le bouleversement de Jackie, elle qui devait dire : « Bob était pour moi plus que la vie même. » Lady Bird Johnson en est témoin : au moment des condoléances, elle lui tend la main, lui rappelle son nom. Mais, racontera la Première dame : « Elle m'a regardée comme si j'étais une apparition très lointaine. J'ai alors prononcé quelques mots pour lui dire mon émotion et j'ai poursuivi mon chemin[34]... » Jackie, habituellement si maîtresse d'elle-même, s'était trouvée, en ces douloureux instants, dans un état semi-conscient, une sorte de brume de chagrin qui l'avait coupée du monde réel.

Elle ne reprendra ses esprits qu'un peu plus tard, lorsqu'elle se trouvera à bord du train spécial de vingt-et-une voitures affrété pour transporter la dépouille de Bobby jusqu'à Washington. Avant d'y monter, ayant croisé son ami McNamara, elle fond en larmes dans ses bras et il la laisse quelques instants sangloter sur son épaule. Ensuite, elle saura se montrer aussi digne et grave tout le reste du temps, ainsi qu'elle l'avait fait cinq ans plus tôt lors de l'enterrement de John. Bobby sera inhumé au cimetière national d'Arlington, sous un magnolia. À quelques mètres seulement de la tombe de son frère où depuis 1963 brûlait une flamme, jour et nuit.

IV

Madame Onassis

Après l'assassinat de Bobby, Jackie s'est persuadée qu'une sorte de machine infernale animée par le destin s'acharne sur les Kennedy, spécialement conçue pour les exterminer jusqu'au dernier. Elle prend même en haine les États-Unis...

— Je déteste ce pays, dit-elle le 9 janvier à Salinger. Je méprise l'Amérique et ne veux plus que mes enfants y vivent puisqu'on y massacre les Kennedy ; mes enfants sont les prochains sur la liste. Il faut que je quitte ce pays[1].

En ce qui concerne ses projets de mariage, elle n'a plus le choix. Naguère, elle était quasi décidée à épouser Onassis. À présent, ses dernières hésitations sont balayées. Elle avait promis à Bobby de ne pas le faire avant la présidentielle, mais cet engagement n'a plus désormais aucun sens. Heureusement pour elle, elle ignorait au demeurant à quel point son beau-frère haïssait Onassis. « Avant qu'il épouse Jackie, il faudra qu'il me passe sur le corps », avait-il déclaré, hors de lui...

Onassis lui rendait d'ailleurs la pareille. À la nouvelle de sa mort, il exulte :

— La voilà enfin libérée des Kennedy. Le dernier lien est rompu.

Et à Johnny Meyer il confie :

— Un jour ou l'autre, quelqu'un devait régler son compte à ce petit enfoiré !

La question se pose : l'armateur contribua-t-il plus ou moins à ce règlement de comptes ?

Faut-il croire le biographe Peter Evans[2] ? Selon lui, quelques jours avant de mourir, Christina, la fille d'Onassis, lui révéla que son père avait versé de l'argent à Mahmoud Amshari, terroriste palestinien, pour protéger d'éventuels attentats les appareils d'Olympic Airways, sa compagnie aérienne. Cet argent aurait en fait servi à faire assassiner Bob. Il aurait permis de chercher et de recruter un Palestinien fanatique, désireux après la guerre des Six Jours, de se venger de ceux qui avaient soutenu Israël. Onassis aurait en fait versé à Amshari une somme de 1,2 million de dollars bien supérieure au montant des 300 000 dollars réclamés par cet homme pour la protection d'Olympic Airways. Pourquoi ? Cet énorme supplément n'aurait-il pas été destiné à payer un *contrat* secret d'une tout autre nature ? C'est l'une des hypothèses formulées pour expliquer le drame du 6 juin. À rapprocher des propos de Costa Gratsos, l'ami et associé d'Onassis : « Ari s'est toujours emparé de ce qu'il voulait, mais, pour la première fois de son existence, il trouvait en face de lui un homme jeune, dur, aussi résolu et déterminé que lui. Désormais cet homme était mort. »

Après cette terrible épreuve, Jackie est décidée à quitter le monde cruel où elle a vécu jusqu'alors. À ses yeux, seul Ari est capable de lui offrir ce refuge, cette protection et cette sécurité financière, morale également, auxquels elle aspire – à la fois pour elle et pour ses enfants. Il semble bien que la fréquentation d'Onassis commence à la détendre, à la libérer de ses angoisses. Elle l'avait déjà invité à Hammersmith Farm. Elle l'y reçoit à nouveau au début de juillet pour qu'il fasse plus ample connaissance avec les Auchincloss. Le Grec semble s'intéresser vraiment à Caroline et à John qu'il gâte sans relâche comme s'il les avait adoptés. Il est vrai que ses relations avec ses propres enfants, Christina (dix-sept ans) et Alexandre (vingt ans), sont passablement décevantes. Chercherait-il une compensation avec ceux de sa future compagne ?

À la fin de juillet, Jackie invite Ari à Hyannis Port : elle tient aussi à présenter son « fiancé » aux Kennedy. Elle lui fait rencontrer Rose, mais également Ted et Joan. Elle tient à bénéficier de l'approbation de sa belle-famille. C'est à cette époque qu'un voisin des Kennedy, Larry Newman, rencontre Jackie en compagnie d'Ari. Son témoignage[3] est précieux, car il nous montre ce qu'étaient leurs relations au moment où ils s'apprêtaient à unir leurs destins. Il les aperçoit dans les environs « main dans la main, esquissant quelques pas de danse, jouant comme des gamins. Je les voyais, dit-il, déjeuner – poisson grillé et champagne –, et ils avaient l'air très heureux ». Bref, ils lui paraissent amoureux...

La famille Kennedy n'est pas hostile au projet de mariage. Et Rose se félicite du fait que son mari n'aura plus à régler les factures impressionnantes que Jackie faisait envoyer à leur bureau de New York. En revanche, elle est très consciente du problème religieux qui va se poser. Jacqueline, veuve du premier Président catholique, elle-même catholique, prétend épouser un homme qui est non seulement divorcé mais aussi orthodoxe. Heureusement le cardinal Cushing fera tout pour aplanir les difficultés qui se présenteront et apaiser les inquiétudes de Rose – avec laquelle Jackie tient absolument à rester en bons termes.

En revanche, Janet, qui ne peut évidemment s'opposer à cette union, n'apprécie guère Onassis. À ses yeux, le Grec manque de distinction. Il n'a rien d'un gentleman comme Lord Harlech. Sa fille, si raffinée, méritait mieux, estime-t-elle. Pis encore, il est de basse extraction. C'est un homme à femmes dont les aventures avec des personnalités comme Veronica Lake, Evita Peron ou Maria Callas ont défrayé la chronique. Jackie ne risque-t-elle pas de se trouver la énième femme sur la liste copieuse de ses conquêtes, liste que les magazines populaires se feront un plaisir de dresser.

Au début d'août, Ted Kennedy téléphone à Onassis : il désire s'entretenir avec lui. Celui-ci l'invite alors à Skorpios, avec Jackie naturellement. Pendant que celle-ci séjourne à

Athènes où elle s'est rendue pour deux jours pour se livrer aux joies du shopping, les deux hommes auront tout loisir de parler affaires… « Comme je n'attendais pas de dot, avait plaisanté Ari, je n'étais pas inquiet. » En fait, Ted n'était pas venu spécialement pour parler contrat mais pour montrer à Ari que tous les Kennedy n'étaient pas comme Bob, hostiles à ce mariage. Il entendait faciliter les rapports entre les deux parties. Très attaché à sa belle-sœur, il effectuait pour elle cette démarche. Cependant, il ne pouvait pas ne pas aborder la question financière. D'autant plus qu'Onassis passait pour être très dur en affaires.

— En se remariant, Jackie perdra tous les revenus qu'elle percevait sur l'héritage de son mari, fait observer Ted.

— De quelle somme s'agit-il ?

— À peu près 150 000 dollars par an, plus une pension de veuve de 10 000 dollars qu'elle perdrait également.

Onassis est trop courtois pour manifester son ahurissement, mais estime que, s'agissant de l'une des plus riches familles des États-Unis, ces sommes sont ridicules. Il rassure son interlocuteur : il entend bien garantir à Jackie un avenir heureux et stable : non seulement il compensera amplement les revenus dont elle disposait mais il lui assurera aussi chaque mois une confortable allocation. Quant à sa sécurité physique, qu'il se rassure. Il étendra bien entendu à son épouse les dispositions qu'il a prises pour sa protection personnelle.

Le mois suivant, le 25 septembre, les négociations ont lieu à New York au Carlyle entre le Grec et André Meyer. Le conseiller financier et ami de Jackie, bien qu'il soit de longue date en bons termes avec Onassis, n'y va pas de main morte : il demande 20 millions de dollars, somme que l'armateur juge nettement excessive. Il consent tout de même à verser 3 millions, plus 1 million pour chacun des deux enfants. C'est nettement plus que ce qu'il avait promis à Ted. Il prévoit aussi en cas de divorce ou de son propre décès une allocation annuelle de 250 000 dollars.

De son côté, Jackie acceptera de renoncer à l'application de la loi grecque selon laquelle la veuve hérite du quart des biens de son conjoint. Onassis craint, en effet, de s'aliéner définitivement Christina et Alexandre s'il les dépouille d'une partie de son héritage, d'autant plus qu'ils répugnent à l'idée de voir leur père se remarier. Ils espèrent toujours – c'est une pure chimère – le retour de Tina, leur mère.

Il faut ici mettre fin à une légende ridicule selon laquelle il aurait existé un contrat comportant 170 clauses, l'une d'elles allant jusqu'à stipuler le nombre des rapports sexuels auxquels l'épouse devrait se soumettre par périodes d'un mois.

Dans sa dernière biographie, David Heymann reproduit le texte d'une note détaillée d'Onassis qui a servi de base au contrat ultérieurement signé. Sa lecture donne l'irrésistible impression qu'il s'agit d'un acte de vente plutôt que d'un contrat de mariage. Cependant, l'armateur pouvait-il se débarrasser subitement d'habitudes d'homme d'affaires contractées depuis des décennies ?

S'en rend-il compte ? Sans doute pas et on s'amusera à lire l'argumentation qu'il développe pour rejeter comme « excessive » la somme de 20 millions de dollars initialement demandée par Meyer. « Elle pourrait être interprétée, écrit-il, comme l'objet d'une transaction plutôt que d'un contrat de mariage. »

Après la signature, Ari, de retour à ses bureaux du 647 Cinquième Avenue, se montre quelque peu nerveux : se serait-il fait « avoir » ? Certes, le versement d'une dot est bien conforme à la vieille tradition grecque, il n'y a rien à dire. Sauf que, cette fois, c'est le marié qui la paie !

— Trois millions, vous trouvez que c'est trop ? demande-t-il à sa secrétaire, Lynn Alpha Smith.

— Avec cet argent, vous auriez pu vous acheter un pétrolier géant, répond-elle en riant !

Onassis prend lui aussi le parti d'en rire de bon cœur. Au bureau, c'est le surnom que l'on donne désormais à Jackie et, quand celle-ci lui téléphone, Lynn dit à son patron : « Vous avez “le pétrolier” en ligne[4]. »

15 octobre 1968. Boston. Les premiers acheteurs du *Herald Traveler* ont à peine déplié leur quotidien habituel qu'ils s'arrêtent stupéfaits. Que lisent-ils en première page ? Que Jacqueline Kennedy s'apprête à épouser Aristote Onassis. À peine Jackie a-t-elle lu cet article qu'elle téléphone à Onassis. Elle lui demande de célébrer le mariage le plus rapidement possible : de quoi aurait-elle l'air si les choses traînaient ? Ari est quelque peu embarrassé, il a besoin de temps. A-t-il raison d'ailleurs d'épouser Jackie ? Il fallait préparer tranquillement la Callas à ce mariage. Les enfants aussi, bien sûr, mais sans les heurter…

Puisqu'il en est ainsi, il s'incline. Comment faire avec la Callas ? Ne sommes-nous pas dans le pays même où est née la tragédie ? Cet homme qui n'a peur de rien ni de personne craint de la part de la diva une scène atroce. Il n'ose l'informer : il laissera ce soin à la presse, lâchement. Pour ses enfants, pas moyen de garder le silence. Il les affronte. Christina explose littéralement de colère. Quant à Alexandre, il ne dit pas un mot, mais, bondissant dans sa décapotable Alfa Romeo, il roule hagard, sans but, à toute vitesse dans les environs d'Athènes. C'est un miracle s'il parvient à rentrer sain et sauf chez son père dans sa résidence de Glyfada toute proche de la capitale.

C'est donc dans la précipitation que va avoir lieu le mariage, le dimanche 20 octobre. Le soir même du 17, alors qu'un Boeing d'Olympic Airways – dont Onassis est le propriétaire – se trouve déjà en mouvement sur la piste d'envol de l'aéroport John-F.-Kennedy, pour gagner Athènes, il s'immobilise subitement. Les hôtesses annoncent aux 90 passagers, avec le plus de ménagements possibles, que le vol est annulé. Ils sortent, en proie à des sentiments divers. Quelques instants après, plusieurs limousines noires arrivent sur le tarmac, à proximité de la passerelle. En descendent Jackie avec John et Caroline, ses parents, ses belles-sœurs, Peter Lawford et Hugh Auchincloss.

Onassis les attendra à l'aéroport d'Andravida. Un autre appareil les mènera à celui d'Aktion d'où des hélicoptères les achemineront à l'île de Skorpios. Lee, Stas Radziwill et leurs enfants viennent directement de Paris.

Jackie, qui cherchait la tranquillité, n'en a pas fini, hélas, avec les journalistes. Son mariage étant considéré comme un événement mondial, plus de trois cents d'entre eux se pressent dans les environs, et notamment dans l'île de Leucade située à trois kilomètres de Skorpios. Le gouvernement grec fait alors dépêcher sur les lieux des bâtiments de guerre avec ordre de tirer à vue sur toute embarcation qui se rapprocherait à moins de mille mètres de l'îlot. C'est à l'intervention d'Onassis que Jackie doit ce privilège. Elle se félicite d'épouser un aussi puissant personnage.

Le 20 octobre, la cérémonie se déroule dans une petite chapelle toute blanche au milieu des cyprès. Quatre reporters seulement ont été autorisés à y assister. Les prières sont dites au milieu des bouffées d'encens par l'archimandrite barbu Polykarpos Athanassiou, en grec puis en anglais.

La tenue de Jackie ? Un ensemble deux pièces de Valentino (devenu l'un de ses amis). Des manches longues de dentelle beige et mousseline. Un catogan blanc noue ses cheveux. Aristote, lui, a revêtu un complet d'alpaga bleu foncé. De petite taille, il n'arrive qu'à la hauteur du nez de la mariée. Une pluie froide tombe sur les invités mais, en Grèce, dit-on, c'est dans ces circonstances un excellent présage. Jackie ne cesse de se retourner d'un air inquiet sur Caroline et John. Comme si elle était anxieuse de savoir ce qu'ils pensent de son remariage. Quant à Christina et Alexandre, qui avaient d'abord refusé d'assister à la cérémonie, l'insistante pression de leurs trois tantes n'a pas été de trop pour les persuader de revenir sur leur décision. Ils affichent toutefois un visage renfrogné dont on n'éprouve aucun mal à déchiffrer la signification.

Après la messe, la réception traditionnelle a lieu à bord du *Christina* amarré au bord du quai tout proche. Tous les invités repartent le lendemain matin, ayant reçu chacun un somptueux cadeau. Jackie, de son côté, a bénéficié d'un anneau de rubis et de diamants d'une valeur de plus d'un million de dollars. Elle va maintenant rester seule dans l'île avec Ari : c'est pour elle le début d'une nouvelle existence.

Évidemment exceptionnel et quasi historique, ce mariage aura battu simultanément deux records : celui dont on parla le plus au XXe siècle ; ce fut également celui qui suscita les réactions les plus hostiles qu'on ait jamais vues...

Une anthologie des formules utilisées pour fustiger Jackie ne manque pas de pittoresque : c'est un fabuleux inventaire, un catalogue quasi exhaustif de tout ce que l'imagination journalistique a pu trouver de plus désagréable et de plus méchant envers la personne qu'elle a décidé d'abattre. L'infortunée Jackie souhaitait descendre de son piédestal : sur ce point, elle sera « servie » au-delà de ses espérances par la presse du monde entier. Aux États-Unis : « Ici c'est la colère, le choc et la consternation », s'exclame le *New York Times.* Ailleurs, c'est pareil ou pire : « Jackie, comment peux-tu ? », interroge le *Stockholm Express. France-Soir* estime ce mariage « triste et honteux ». *Le Monde* administre lui aussi son coup de pied à la victime : « La seconde Mme Onassis fera tomber dans l'oubli la radieuse Blanche-Neige [*sic*] qui contribua tant à la popularité de son premier mari. » « L'Amérique a perdu une sainte », s'attriste le journal allemand *Bild Zeitung**. « Jackie épouse un chèque en blanc », constate un quotidien britannique. « John Kennedy est mort une seconde fois », surenchérit *Il Messaggero* et, pour en terminer avec cette énumération qui ne représente qu'une infime partie des critiques faites à Jackie, lisons cette condamnation à l'enfer qui émane de *L'Osservatore della domenica* : « Cette femme vit à présent

* Dans cet ordre d'idée, un journaliste, faisant allusion à son mariage avec Onassis, écrivait que chacun des mots qu'elle avait alors prononcés (« Yes, I do ») lui avait rapporté un million de dollars.

dans un état de dégradation spirituelle. C'est une pécheresse publique. »

Faut-il parler des commentaires individuels ? Cette fois encore, on a l'embarras du choix. Certes, on ne s'étonnera pas qu'Alexandre Onassis s'écrie :

— Mon père a peut-être besoin d'une femme mais, moi, je n'ai nul besoin d'une belle-mère !

Et que Maria Callas trouve une formule vengeresse :

— Jackie a fini par trouver un grand-père à ses enfants !

On ne compte plus ceux qui tiennent à lui jeter la pierre. Coco Chanel vient nous rappeler qu'elle peut avoir la dent dure, même à l'égard d'une bonne cliente :

— Tout le monde savait que la dignité n'était pas son fort. On ne peut pas demander à une femme un peu vulgaire de passer le reste de son existence à pleurer un mort.

En fait de vulgarité, que dire de cette critique de Joan Rivers * :

— Allons, sincèrement, coucheriez-vous avec Onassis ? Et croyez-vous qu'elle couche avec lui ? Pourtant, il a bien fallu qu'elle fasse quelque chose... On ne peut pas passer toutes ces journées à faire du shopping chez Bergdorf.

Quant à Lady Bird Johnson qui éprouvait une sorte de complexe à l'égard de Jackie, elle se sent désormais « libérée »...

Une autre façon de s'attaquer à elle consiste à insister sur le physique d'Onassis de façon que l'on en tire les conclusions appropriées. Il n'est pas seulement « vieux », il ressemble à un « crapaud ». Il n'est pas grand, mais, pour faire bonne mesure si l'on peut dire, on l'ampute encore de quelques dizaines de centimètres.

— Il devait mesurer 1,20 m, affirme sans sourciller Sylvia Blake, épouse d'un diplomate américain en poste à Paris qui a eu l'occasion de le rencontrer.

---

* Femme de Larry Rivers, un artiste ami de Jackie. Généralement, les épouses de ses amis ne peuvent la supporter...

Onassis est « plus petit que sa fiancée », dit un autre, « mais il est plus grand lorsqu'il se tient sur son argent ». Ou : « Il est beau comme Crésus »... Ou encore : « Elle est passée d'un dieu grec à un bon Dieu de Grec ! » Et, à propos de Jackie : « Ses lunettes de soleil ont dû l'aveugler ! »

Incités par les médias, les commentateurs de la télévision accusent Jackie de cupidité maniaque, d'autres vont jusqu'à condamner la « trahison » [*sic*] qu'elle commet envers sa patrie. Nombreux sont les Américains qui prennent la peine de lui adresser des lettres d'insultes. Elles arrivent par sacs entiers au 1040 Cinquième Avenue.

Malgré tout, quelques défenseurs de Jackie osent donner leur opinion. Pierre Salinger, qui la connaît bien, lui écrit pour lui dire qu'« elle ne fait de tort à personne et a bien le droit d'agir comme elle l'entend ». Le cardinal Cushing, on l'a vu, la soutient contre les attaques de certains milieux catholiques. Elizabeth Taylor juge Ari « charmant et attentionné » et ajoute :

— Je pense que Jackie a fait un excellent choix.

Ethel Kennedy demande à Ari :

— Vous n'auriez pas un petit frère ?

Rose donne son aval.

— Si c'est ce que tu estimes le mieux pour toi, n'hésite pas, lui dit-elle.

Il n'est pas jusqu'au vieux Joe qui ne fasse comprendre comme il peut qu'il approuve le choix de sa belle-fille. Lee Radziwill se fait son avocate auprès de la presse. Elle fait valoir que Jackie a besoin d'un mari comme Onassis, « capable de la protéger de la curiosité du monde ». Elle est lasse, explique-t-elle, de devoir se surveiller constamment, de ne pouvoir faire le moindre geste sans crainte d'être jugée, ou de se déplacer sans être suivie, en un mot de ne pouvoir vivre comme tout le monde. « Elle en a vraiment assez d'être une personnalité publique et de faire partie de la vie politique. La politique ne l'a jamais vraiment intéressée. Même pas du tout. » Elle l'a fait quand cela a été nécessaire. « Mais il n'est pas bon à présent qu'elle soit obligée de forcer sa nature. Ma sœur est très jalouse de sa vie privée, elle est aussi très réservée. Vous pouvez traiter Onassis de tout ce que vous désirez mais pas de “vieux”, dit-elle. Au contraire, il est très jeune, énergique et dynamique. Il suffit de le rencontrer pour le constater. Malgré leur différence d'âge, je suis persuadée que ma sœur sera heureuse avec lui [...]. Les Américains ne peuvent comprendre un homme comme Onassis. Si le nouvel époux de ma sœur avait été blond, jeune, riche et anglo-saxon, la plupart des Américains auraient été beaucoup plus satisfaits, j'imagine. »

L'homme qui a écrit le plaidoyer le plus sensé et le plus brillant en faveur de la nouvelle mariée est à coup sûr l'écrivain Romain Gary dans le magazine *Elle*. Il montre à quel degré d'injustice le public en est venu, exigeant de Jackie qu'elle soit à la hauteur de l'image d'Épinal qu'il s'est fabriqué de toutes pièces. « Lorsqu'il s'agit des autres, rien n'égale notre soif d'histoires exemplaires », observe-t-il, ironiquement. Et encore ignore-t-il à cette époque les secrets de la vie privée de JFK. Sinon, comment eût-il qualifié cette fidélité absolue qu'on exige à l'égard d'un homme dont l'infidélité systématique était la règle de vie ?

Tous ces épisodes sanglants qui ont frappé le clan Kennedy (trois garçons sur quatre) évoquent à ses yeux la malédiction qui dans la mythologie antique s'abattait sur certaines familles comme les Atrides. « Elle en a assez de la tragédie grecque, elle épouse un Grec sans tragédie », commente Romain Gary.

Protégée par un homme puissant, elle a choisi cette fois de l'être par un personnage tout aussi puissant mais, elle l'espère, moins exposé aux coups du destin. Le seul, d'ailleurs qui ne risque pas de se faire appeler M. Jackie Kennedy... Veuve du président des États-Unis, elle se voyait mal, disait-elle en riant, « épouser un dentiste du New Jersey ».

Les nouveaux mariés vont rester trois semaines dans leur île. Il semble que tout se passe agréablement au cours de cette période. Ils s'attendent à vivre avec plaisir leur union. Les personnes qui ont eu l'occasion de les rencontrer à ce moment-là, et plus tard pendant la première année de leur mariage, trouveront effectivement Jackie détendue et gaie comme elle ne l'avait pas été depuis bien longtemps. Elle avait dû néanmoins se séparer de ses enfants qui avaient regagné New York pour y poursuivre leurs études, accompagnés par sa mère et son beau-père. Sur leur île, les nouveaux époux font de longues promenades. Depuis les chemins tracés en corniches sur les collines, ils bénéficient de panoramas marins admirables. Ils circulent autour de Skorpios en chris-craft, se baignant dans les pittoresques criques rocheuses qui s'offrent sur les côtes comme autant de minuscules asiles de bonheur. Ils sont, dira Onassis, « comme Adam et Ève au paradis terrestre »...

Quelques mois plus tard, elle invitera à Skorpios sa famille et ses amis. Ce sera alors une succession d'« excellents repas, d'extraordinaires pique-niques arrosés de Dom Pérignon à volonté », se souvient un témoin ébloui. Cette nouvelle vie apparaît à Jackie comme une authentique renaissance : c'est ce qu'elle explique à son amie Viviane Crespi[5] qu'elle avait invitée.

— As-tu conscience de la chance que nous avons, Vivi ? Nous nous sommes échappées de ce monde d'où nous venons, ce petit monde de Newport. Tout cet antisémitisme, toute cette bigoterie, celle de tous les jours dans le même club avec les mêmes personnes ! Toi et moi nous avons mordu la vie à pleines dents.

L'entente des deux époux s'explique : Jackie, beaucoup plus jeune qu'Ari, lui permet de satisfaire son besoin inné de protéger (qu'il n'éprouve pas, hélas, pour Christina, sa propre fille). Écoutons-le :

— Jackie est un petit oiseau qui a besoin à la fois de sécurité et de liberté et qui les obtient avec moi. Elle peut faire exactement ce qu'elle souhaite.

Il est vrai qu'il ajoute :

— Et moi, évidemment, je ferai exactement ce que bon me semble[6].

Quoi qu'il en soit, leur lune de miel semble avoir été passablement active si l'on en croit ce qu'Ari raconte à son associé Costa Gratsos :

— Nous avons fait l'amour cinq fois dans la nuit et encore deux fois le matin, lui précise-t-il.

Quel contraste avec JFK pour lequel l'opération était expédiée en quelques dizaines de secondes !

Onassis ne sait que faire pour contenter Jackie. Chaque matin, elle découvre sur son plateau de petit-déjeuner billets doux et cadeaux divers, bagues, boucles d'oreilles, bracelets, pendentifs… Il loue pour elle seule le théâtre d'Épidaure afin qu'elle y assiste une nuit à l'un de ses opéras préférés. Il est d'accord pour qu'elle fasse venir en Grèce son décorateur attitré, Billy Baldwin, celui qu'elle avait recruté à Georgetown. Elle lui confiera le soin de refaire la décoration de la villa de Glyfada, laquelle avait été précédemment conçue par Maria Callas. Elle le chargera de la même tâche pour celle que l'on construit à Skorpios – en prévision de la venue à Noël de Caroline et de John. Ari paye sans sourciller les honoraires énormes de Baldwin. Bientôt il lui faudra régler aussi les factures de deux décorateurs new-yorkais (canapés, chaises, fauteuils, tables, etc.) chargés de remeubler la demeure de Glyfada.

Dès la mi-novembre, Onassis, absorbé par ses affaires, doit quitter Skorpios. Il passe beaucoup de temps à discuter de grands projets industriels pour la Grèce avec le Premier ministre Georgios Papadopoulos (c'est l'époque de la dictature, dite « des colonels »). Toujours pour ses affaires, il voyage sans arrêt, se rendant à Londres, Paris, New York, Los Angeles, Montevideo ou Singapour. Quand il n'est pas en avion, il est sur les mers ou… au téléphone.

D'autre part, tout marié qu'il est, il recommence à fréquenter la Callas, son ancienne maîtresse. D'abord en ami, probablement. Elle consent à oublier la terrible humiliation qu'il lui a fait subir : non seulement se remarier avec une autre mais ne même pas l'en informer personnellement.

Souvenons-nous : elle était tombée éperdument amoureuse d'Onassis une dizaine d'années auparavant alors qu'il n'avait pas encore divorcé de Tina (Athina), sa première femme. La diva s'était alors séparée de Meneghini, son mari – à qui elle devait tout – dans l'espoir que son amant l'épouserait. Au lieu de quoi c'est à Jackie qu'il venait de s'unir. Que pouvait-il faire valoir auprès d'elle pour justifier une conduite aussi révoltante ? Qu'il ne s'agissait pas d'un mariage d'amour mais qu'il avait voulu accroître son prestige de manière à favoriser ses affaires ? Ou qu'il avait tenté par là d'améliorer ses relations depuis longtemps difficiles avec les autorités américaines ? C'était d'autant plus plausible après tout que c'était là des hypothèses qui circulaient dans le public et comportaient une bonne part de vérité...

Dès les premiers jours qu'elle passe à Skorpios, Jackie procure quelques soucis aux domestiques du *Christina* dans lequel elle réside à cette époque. Ils oublient qu'ils ont affaire à une ex-Première dame. Comment se fait-il qu'au moment du *breakfast* elle ne puisse lire la presse américaine ?

— J'ai dû attendre l'heure du thé, s'indigne-t-elle.

Elle demande à son mari d'intervenir. Finalement, un hydravion devra se rendre très tôt chaque matin sur le continent pour attendre les journaux venus d'Athènes et les rapporter à Skorpios ; il en profite pour se charger aussi des croissants qui accompagnent rituellement le café et les œufs de Jackie.

Celle-ci tient à assister chaque dimanche à la messe. Là encore, cela pose quelques problèmes : il faut l'emmener en hydravion à Corfou (six heures de bateau, il n'y faut pas penser) et, c'est tout simple, un hélicoptère d'Olympic Airways lui tiendra lieu de taxi pour l'emmener jusqu'à l'église.

Mère attentive, elle souffre de l'absence de ses enfants. Chaque jour, très exactement à deux heures de l'après-midi – huit heures du matin à New York –, elle leur téléphone quelques minutes, juste avant qu'ils ne partent en classe. Caroline pour le Sacré-Cœur et John pour une école du West Side...

Jackie, au demeurant, est fort occupée : très soucieuse de sa forme et de l'élégance de sa silhouette, elle s'astreint – comme elle le faisait aux États-Unis – à un implacable programme quotidien de culture physique d'une durée d'une heure. Le reste du temps est occupé à redécorer, outre la résidence de Skorpios dont elle redessine les jardins, le *Christina* où mobilier et tableaux ne lui semblent pas toujours d'un très bon goût. Elle déteste les salles de bains du yacht revêtues de marbre rose bonbon ou les extravagants tabourets du bar. Le reste du temps, elle parcourt en Jeep les petites routes sinueuses de l'île. La nature encore vierge n'y est déparée par aucune construction récente. Pendant toute la journée quand elle n'est pas en maillot, elle est en jean et tee-shirt, à peine coiffée. En revanche, pour le dîner, habitude du milieu d'où elle sort, elle s'habille élégamment contrairement à ce que fait Ari, vêtu, si l'on peut dire, d'un short qui a connu des jours meilleurs et devrait être blanc, ainsi que d'une chemise du même « blanc » dont les manches ont été relevées sans soins excessifs...

Comment ce couple dont l'union a étonné le monde entier va-t-il la vivre ? Il est évident que quelles que soient les motivations qui ont amené chacun des époux au mariage, ils aimeraient mener ensemble l'existence la plus agréable possible. Même s'il ne peut s'agir entre ces deux êtres au passé tumultueux, qui ont déjà vécu des expériences éprouvantes, de l'une de ces passions romantiques qui sont plutôt le lot des jeunes gens, ils peuvent espérer une existence harmonieuse. Mais la différence de leur mode de vie leur permet-elle de le faire ? On peut se le demander, car toutes les conditions semblent réunies pour les contraindre à mener des existences séparées. Pour diriger son empire, Onassis, on l'a vu, doit circuler sans cesse à travers le monde. De son côté, Jackie, elle s'en rend compte, ne supporte pas de s'éloigner longtemps de John et de Caroline. Elle s'était juré, après la mort de Bob, de quitter pour toujours avec eux un pays dans lequel l'assassinat des Kennedy était devenu un sport national. Aujourd'hui, elle s'aperçoit qu'en fait sa terre natale lui manque. Et les enfants ? A-t-elle le droit de les déraciner, avec tout ce que cela comporte de risques pour leur équilibre ? Qu'en eût pensé John ? Aurait-il approuvé leur exil, lui, si typiquement américain ? Elle-même, si imprégnée de culture européenne, et française surtout, avait pu quelque temps l'envisager. Mais lui ?

Ce seront alors des allers-retours continuels entre la Grèce et New York. Rien de plus facile puisque son mari est aussi le patron d'Olympic Airways. Pour être tranquille au cours de ces voyages, elle prend quatre places. Et s'il n'en reste plus qu'une ? Eh bien, c'est très simple.

— Qu'on annule trois réservations... dit-elle.

Elle est ainsi...

Finalement, elle ne séjourne guère à Skorpios que si elle peut y retrouver ses enfants, c'est-à-dire aux vacances de Pâques et pendant une partie de celles d'été. Aristote s'y rend quand il le peut et il emmène alors Jackie, John et Caroline en croisière à bord du *Christina*. Les Onassis ne passent pas toujours ensemble les vacances de Noël et les fêtes du Nouvel An. Il arrive que Jackie et ses enfants soient alors à Londres chez les Radziwill tandis que, de son côté, Aristote reste en famille à Athènes.

Mais ils ont l'habitude de se rendre tous deux à Paris, vers la fin du printemps, et logent alors chez Aristote, 88 avenue Foch. En définitive, les époux, si l'on prend pour exemple l'année qui suit leur mariage, n'auront passé ensemble que deux cent vingt-trois jours, c'est-à-dire nettement moins des deux tiers de cette période. Comment eût-il pu en être autrement vu les contraintes de la profession d'Aristote et les préoccupations essentielles de Jackie ? N'y avait-il pas là une incompatibilité foncière ?

Y avait-il un moyen de changer les choses ? Ce n'était peut-être pas impossible, comme l'expliquera Ari à ses amis : sa femme, selon lui, est passionnée de voyages, de randonnées à pied ou à cheval, d'ascensions, de ski, et d'une foule d'occupations qui ne le tentent guère lui-même.

— Si j'allais partout avec elle, elle n'aimerait probablement pas me voir constamment fermer la marche. Je sais bien que pour m'être agréable et rester avec moi, elle finirait par cesser de faire ce qui lui plaît mais elle ne serait plus Jackie. Quel dommage !

Et avec beaucoup de sagesse, il conclut :

— J'ai remarqué que plus nos séparations étaient longues, plus nous avions de plaisir à nous retrouver[7] !

Ce point de vue se révélera d'abord satisfaisant : Jackie, du temps où elle s'appelait Mme Kennedy, ne voyait pas souvent son mari accaparé par ses activités politiques – ou autres... D'ailleurs, elle se lassait assez vite de la compagnie continuelle d'une même personne, sauf s'il s'agissait de ses enfants. Elle était éprise de solitude. Lire, dessiner, peindre, se promener à cheval ou à pied le long de grèves, bref ses plaisirs les plus vifs étaient des plaisirs solitaires. Elle pouvait s'accommoder de ce type d'existence, même s'il ne répondait pas aux schémas traditionnels du mariage.

D'un autre côté, Onassis était bien décidé, il ne s'en cachait pas, à « faire ce qui lui plaisait » (c'était son expression favorite) et à mener exactement la même vie qu'auparavant. L'étonnant est que ces façons peu communes de concevoir le mariage ne firent pas obstacle à une bonne entente, du moins pendant un certain temps. Cela s'expliquait : chacun d'eux venait d'obtenir une part importante de ce qu'il cherchait. Jackie disposait à présent de la protection et de la sécurité – pas seulement financière – dont elle ressentait le besoin depuis la mort de JFK. Pour sa part, le souverain des mers qu'était devenu Onassis, mais dont la trop modeste origine et quelques ennuis judiciaires entachaient la réputation, avait désormais à ses côtés une véritable reine, une sorte de Cléopâtre dont le lustre éclatant rejaillirait sur lui et ferait oublier tout le reste...

Il faut ajouter à cela une admiration réciproque, celle de Jackie pour ce *self-made man,* devenu par son énergie et son intelligence, un puissant personnage qui la protégerait, mais aussi pour un homme âgé qui représentait l'image du père disparu.

Admiration, également, de la part d'Onassis pour l'allure, la « classe », l'élégance, la culture de cette femme sans doute la plus célèbre de la planète. D'où, incontestablement chez eux, à défaut d'un authentique amour conjugal, le plaisir de s'être « trouvés », la satisfaction d'une complémentarité réussie.

Du moins initialement.

C'est d'ailleurs l'impression qu'en retirait l'écrivain George Plimpton, ami de Jackie, qui connaissait le couple : « Elle l'adorait disait-il, et il lui vouait beaucoup de tendresse. On a souvent dit que leur union n'était qu'un arrangement pécuniaire, mais, lorsque je me trouvais avec eux, j'étais surpris par la chaleur et la tendresse qu'ils dégageaient. Les gens qui ne sont pas liés par une certaine complicité ne se parlent pas ou s'asseyent à une certaine distance l'un de l'autre. Je ne les ai *jamais* vus se comporter ainsi surtout pendant cette première année. Ils avaient *toujours* l'air de prendre plaisir à se trouver ensemble. Jackie ne cessait de rire quand elle se trouvait avec lui. Il avait énormément de charme[8]. »

Un an après leur mariage, en novembre 1969, il semble que l'entente du couple soit encore très bonne. Onassis entreprend à cette époque de célébrer au 1040 Cinquième Avenue ce Thanksgiving si cher aux Américains. Il s'informe sur ce rituel inconnu de lui et qui lui semble passablement farfelu, raconte une amie de Jackie, Kitty Hart.

— Ça y est, j'ai compris… D'abord on fourre la dinde et ensuite on fourre la dinde avec le mari.

Alors Jackie lève les bras au ciel et éclate de rire.

Selon Peter Duchin, qui les connaissait bien tous deux pour avoir passé beaucoup de temps en leur compagnie à New York et à bord du *Christina*, « ils éprouvaient l'un pour l'autre une grande tendresse [...]. Ils s'aimaient vraiment et je crois qu'aucun d'eux n'avait jamais aimé comme cela. Ils s'intéressaient vraiment l'un à l'autre et ils étaient si gais. Il était formidablement heureux et fier de l'avoir conquise et les yeux de Jackie brûlaient de passion quand elle le regardait[9] ».

Voilà des témoignages qui peuvent paraître surprenants à ceux – et ils sont les plus nombreux – qui estiment que l'union de ces deux êtres n'étant qu'une association d'intérêts qui avait la chance d'arranger chacun d'entre eux. En vérité, les choses étaient infiniment plus complexes que ce qu'un jugement hâtif et superficiel pouvait laisser croire.

Indubitablement cette harmonie initiale entre Jackie et Ari va progressivement s'altérer... Pour de multiples raisons qui vont peu à peu s'accumuler.

Dès le début, les enfants « du premier lit » – pour reprendre l'expression traditionnelle – vont poser des problèmes.

Caroline et John ont été élevés par Jackie dans le culte de leur père qui est, à leurs yeux, le héros absolu. L'intrusion soudaine dans leur vie intime d'un étranger, qui plus est d'un étranger très typé, d'un Grec, ne peut que difficilement recueillir leur approbation. Car il est par son aspect physique, par son accent, par ses manières, si différent de leur père qu'ils en sont décontenancés. Même s'ils respectent la décision de leur mère, ils ne la comprennent pas très bien. Bien sûr, Onassis va tenter l'impossible pour se faire accepter, sinon aimer. Du reste, il n'a pas besoin, pour ce faire, de jouer la comédie. Il a toujours adoré les enfants, et la situation de ces deux orphelins dont le père a été si atrocement assassiné le touche vraiment. Pour gagner leur affection, malgré la gestion si absorbante de ses affaires, il prend le temps de leur faire visiter tous les recoins de Central Park, les emmène à des matchs de base-ball et choisit pour eux des films susceptibles de les amuser qu'il fait projeter à bord du *Christina*. Il les couvre de présents de toutes sortes. Lorsqu'il vient à New York, c'est toujours chargé de cadeaux de prix. Il leur offre même un juke-box ou encore des poneys de bonne race, des Shetland, sachant que Jackie les initie à l'équitation. Lui qui déteste les chevaux, le crottin et la boue, il les emmène faire leurs exercices équestres dans le New Jersey, lorsque leur mère n'en a pas le loisir.

Malheureusement, ses efforts ne sont guère récompensés. Si John, bien qu'intimidé par cet homme qui demeure pour lui, à tous points de vue, un étranger, lui accorde quelque sympathie et quelque gratitude, Caroline, pour sa part, reste très réservée d'abord, puis devient franchement hostile à son beau-père. Elle ne manque pas une occasion d'en dire du mal à ses petites camarades de classe.

D'un autre côté, Aristote estime que Jackie « gâte » à l'excès ses enfants, satisfaisant trop facilement leurs moindres caprices. Bertrand Meyer-Stabley nous livre sur ce point une anecdote particulièrement savoureuse[10] : la scène se passe un peu avant Noël 1970. Jackie signale à son mari un cadeau qui ferait « vraiment plaisir » à sa fille :

— Une couverture de vison…

— Elle dormirait mieux avec, tu crois ?

— Mais non, voyons ! C'est pour son cheval !

— Pour son cheval ! s'indigne Aristote.

Éclat de rire de Jackie. Il s'agit, précise-t-elle, d'un très beau cheval de bois offert jadis à sa fille par le gouvernement soviétique. Et Caroline serait tellement heureuse si une couverture de vison venait tenir bien chaud à son cheval…

Alors Onassis, réprimant sa colère, lui répond d'un ton ferme :

— Non ! Jackie, ce n'est pas une bonne idée. Les enfants doivent avoir le sens de l'argent : une couverture en lapin fera très bien l'affaire, je te garantis que son cheval ne s'enrhumera pas.

Malgré tout, Aristote ne se laisse pas décourager tout de suite. Il reste très attentif aux propos des enfants, n'a-t-il pas entendu le petit John parler avec émotion du voilier de son père ? Il se renseigne alors sur ce qu'il est advenu du bateau. Ayant appris qu'il avait été vendu, il parvient à joindre le propriétaire. Il s'identifie, lui explique la situation, puis lui propose de l'acheter au prix qu'il fixera. Mais l'homme reste inflexible.

— Nous y tenons beaucoup, je ne suis pas vendeur, répond-il.

On s'imagine bien que, pour un Onassis, trouver un autre voilier n'est pas un problème insoluble. Si bien que quelques semaines plus tard, au pied du sapin de Noël, une lettre adressée aux deux enfants les invite à venir au port du Pirée où les attend une « surprise ». Il s'agit bien entendu d'un très élégant voilier. D'une longueur de douze mètres, il ressemble étonnamment à celui que barrait jadis leur père. Évidemment Ari n'a pas manqué d'apporter la traditionnelle bouteille de champagne que Caroline va briser sur la proue. Aussitôt après, Onassis démasque la bande de tissu qui dissimule le nom du bateau : le *Caroline.*

À ce moment-là, bien sûr, les enfants sont ravis. Mais la joie d'Aristote est un peu ternie par les réflexions très réalistes qu'il se fait : n'est-ce pas en l'occurrence le souvenir même du disparu qui a fait plaisir aux enfants plus que celui qui leur a fait revivre le passé ? Lui sont-ils reconnaissants de son geste ? Il en doute… et il a tout à fait raison, comme il ne tardera pas à s'en apercevoir.

De son côté, Jackie a encore moins de chance avec les enfants de son nouveau conjoint. Il est vrai qu'Alexandre et Christina n'ont jamais cessé de croire au retour dans le giron familial de Tina, leur mère divorcée, qu'ils adorent toujours. Toute personne qui leur paraît prétendre la remplacer ou lui succéder devient donc pour eux une ennemie : c'était le cas pour la Callas, ce l'est à présent pour Jackie, avec cette circonstance aggravante que cette courtisane, cette *geisha*, est parvenue, elle, à épouser leur père. Il faut dire que Christina (dix-huit ans), jeune fille dont on a toujours satisfait les moindres caprices, est un « cas ». Bourrée d'amphétamines et d'antidépresseurs, elle souffre d'obésité. Inculte, elle ne s'intéresse pas à grand-chose, même pas à sa toilette. Comment Jackie pourrait-elle s'entendre avec elle ? Aristote lui-même ne se préoccupe plus guère de sa fille, la traitant comme une quantité négligeable. D'ailleurs, en bon Méditerranéen, c'est surtout son fils qui lui importe. Son fils, c'est-à-dire l'héritier de son empire.

Jackie se montrera d'abord bienveillante envers Christina, efforts qui seront mal perçus par elle. À ses yeux, seule sa mère aurait eu le droit de lui prodiguer des conseils en matière de santé ou de mode, surtout pas « la chanteuse », comme elle appelle la Callas, et encore moins son actuelle belle-mère, « la veuve », comme elle la nomme avec une moue de mépris.

Il est hors de doute que les rapports médiocres ou franchement mauvais qui règnent dès le début entre les quatre enfants et leurs beaux-parents – relations que le temps sera loin d'améliorer – joueront un rôle capital dans la vie du couple. Ils contribueront largement à sa désagrégation progressive.

Bien d'autres facteurs entrent en jeu. Par exemple, la nature même du travail de son mari entraîne chez Jackie un sentiment de solitude particulièrement éprouvant. Lorsque JFK débattait avec ses collaborateurs de problèmes politiques, elle était capable alors, même si elle ne participait pas directement à la discussion, de comprendre les enjeux dont il était question et les arguments échangés. À présent, il en est tout autrement, car Onassis est un génie de la finance – un domaine qui n'est vraiment pas familier à Jackie. C'est un homme d'affaires international qui a dans sa mémoire – laquelle est prodigieuse – les comptes de ses multiples entreprises. Son « bureau » est partout et nulle part dans les villes du monde où ses activités le font se rendre. Il rencontre au cours de ses voyages les membres de son état-major, une douzaine de conseillers au total. Lorsqu'il arrive à Jackie d'être aux côtés de son mari, elle les entend s'exprimer dans des langues qu'elle ignore. Même quand elle les connaît, elle ne comprend pas davantage les mystérieux problèmes dont il est question, qui leur semblent, à eux, parfaitement clairs. Nombre de ces financiers lui disent à peine bonjour et parlent à voix basse au patron lorsqu'elle se trouve dans les parages. Au fond, le monde d'Onassis est un monde d'hommes dont Jackie se sent exclue. Dans ce domaine, aux yeux d'Ari et de son équipe, elle n'existe pas. C'est humiliant. Elle n'a pas seulement besoin d'être gâtée, choyée : elle réclame aussi de l'estime.

Avec Onassis, elle éprouve l'impression de n'être qu'une fantaisie, un jouet qu'il s'est offert, un coûteux ornement de son existence, non la confidente qu'elle eût aimé être. Sur ce point, les espoirs de Jackie n'étaient-ils pas déraisonnables ? Sans doute ne prétendait-elle nullement être la collaboratrice de son mari, mais son incompétence et sa naïveté dans le domaine des « affaires » étaient telles qu'il était impensable qu'Aristote en discutât avec elle, même superficiellement. Il y eût perdu son temps et sa patience...

Malheureusement, il n'existait guère de solution à ce problème : les personnalités profondes des deux époux étaient si différentes ! Businessman, Onassis l'avait été, l'était et le resterait toute son existence. C'était sa raison de vivre et il consacrerait toujours la majeure partie de son temps à ce genre d'activités, totalement étranger aux préoccupations de sa femme. D'autre part, on voit mal comment Jackie, si éprise de culture artistique et littéraire, eût pu, pour se rapprocher de son mari, abandonner des goûts qui, dès son adolescence, avaient toujours si profondément correspondu à son caractère.

Il y avait là une source intarissable de conflits. Malgré leurs mutuels efforts, les deux époux appartiendraient toujours à des mondes séparés. Si Jackie avait pu, dans le domaine politique, travailler avec Kennedy, l'aider si efficacement qu'il lui devait en partie ses victoires électorales, une collaboration aussi étroite avec Onassis était absolument impensable.

Alors ?

Alors Jackie, passablement humiliée par ce qu'elle prend pour du dédain, en conclut de manière un peu abusive que ce que lui demande Aristote se résume à : « Sois belle, tais-toi et dépense ! »

Dépense !

Onassis, tout le monde est d'accord là-dessus, est, sorti du monde des affaires, un homme particulièrement généreux – contrairement à JFK. Il ne se contente pas de couvrir Jackie de bijoux et de lui permettre de redécorer à grands frais ses propriétés. Il lui offre toute une série de cartes de crédit, l'engageant à en user largement.

— Tu as subi tant de malheurs, ma chérie, lui dit-il, que tu mérites bien maintenant de t'offrir tout ce qui te plaît.

Elle ne se le fera pas dire deux fois. Elle suit à la lettre les conseils de son mari. Elle n'a jamais eu, quand elle s'appelait encore Mrs Kennedy, la possibilité de satisfaire à ce point ses goûts de luxe. Son mari, se sentant coupable d'être si souvent absent dès les premiers temps de leur mariage, voit dans la générosité dont il fait preuve une façon de se faire pardonner. Il est si riche... Comme il le confie à José Luis de Villalonga : « À quoi servirait l'argent s'il n'y avait les femmes ? »

Quelle joie à Manhattan pour les commerçants de Madison Avenue, ou, à Paris, pour ceux du faubourg Saint-Honoré, de revoir leur célèbre cliente multiplier ses visites et tripler le montant de ses achats depuis qu'elle a changé de nom. Divine surprise pour eux... Pour Jackie, quel soulagement de ne plus voir son plaisir gâché comme par le passé par la perspective d'avoir à subir les remontrances de John et, tout récemment encore, de Rose, sa belle-mère. Son passage dans les magasins chics est en un sens quasi dévastateur. Car tel ou tel modèle, qu'elle achète dans *toutes* les couleurs, devient du coup totalement indisponible pour les autres clientes. Autre exemple du comportement de Jackie et de ses coûteuses fantaisies ? Chez Hermès, à Paris, elle passe un temps fou avec la responsable de la maroquinerie. Elle lui apporte de grandes feuilles de papier où elle s'est amusée à dessiner ses propres modèles de sacs ou de ceintures Ces modèles originaux, elle les fait fabriquer afin d'être absolument certaine de ne pas les retrouver portés par d'autres femmes.

À l'inverse de Jackie, Onassis se moque éperdument de la façon dont il est vêtu. À bord du *Christina,* il se promène torse nu, Jackie doit souvent le forcer à porter une chemise. Ses vêtements sont faits par un vieux tailleur grec, si bien qu'ils sont toujours démodés. Il peut porter deux semaines de suite le même costume, et sa femme le lui reproche en vain. Très superstitieux, lorsqu'il a combiné une bonne opération financière, il tient à réaliser la suivante avec exactement la même tenue, la même cravate, la même paire de chaussures de manière à obtenir le même succès. Jackie, agacée, juge ces pratiques ridicules et le lui fait savoir sans détours.

Bien qu'il ne méprise pas le luxe, Onassis – est-ce à cause de ses origines modestes – a dans maints domaines des goûts très simples. Il préfère aux grands restaurants les petits bistros. Son plat préféré ? Le bœuf braisé... Quand, à New York, il se rend au Zi, que commande-t-il ? Une paire de saucisses et une canette de bière. Il se rend parfois, pour faire plaisir à Jackie, au Coq hardi, à Bougival sur les bords de la Seine. Là, dans ce célèbre restaurant gastronomique, il se contente d'un Martini accompagné d'olives, d'une salade de bœuf et d'une grillade, le tout arrosé de bordeaux. Il ne cherche pas à goûter de nouveaux plats, ne jette jamais le moindre coup d'œil sur la carte. Au grand désespoir du chef, qui s'attendait à une autre attitude de la part d'un homme comme lui. Son seul luxe consiste, et encore est-ce à titre exceptionnel, à remplacer le dessert par une bonne bouteille de champagne.

Qu'en pense Jackie ? On n'a guère de peine à l'imaginer.

De même, lorsqu'il prétend faire la fête dans les restaurants grecs, ceux d'Athènes ou de New York, parmi lesquels le Mykonos. Sa femme est pétrie de honte lorsqu'elle l'y voit boire à l'excès, chanter – faux d'ailleurs –, s'amuser, jeu stupide, à casser des dizaines d'assiettes, se déguiser en femme ou, pis encore, danser le sirtaki, et hurler en compagnie de bringueurs de rencontre. Elle voudrait être à cent pieds sous terre. Après avoir assisté deux ou trois fois à ces navrants spectacles, elle refuse d'accompagner Ari dans ce genre de sorties. Elle souffre trop de découvrir chez lui une vulgarité qui lui avait jusqu'alors plus ou moins échappé.

Elle consentira tout juste à l'accompagner – très rarement – dans des boîtes classiques comme El Morocco, Raffles, Le Privé, ou à Paris chez Régine. Mais généralement, il s'y rend seul. Il est d'ailleurs un authentique noctambule. Pas seulement quand il s'agit de ses divertissements. Il aime vraiment travailler la nuit, il lui arrive souvent de donner des coups de téléphone à trois ou quatre heures du matin – ce qui peut être pratique vu les décalages horaires.

Jackie préfère passer la soirée chez elle, se coucher tôt et se lever de même. Ari, à l'inverse, ne quitte son lit qu'à onze heures. À bord du *Christina,* il exige de son personnel – domestiques et marins – un silence complet, ce qui agace beaucoup Jackie.

Là encore, les habitudes si différentes de ces deux êtres vont devenir d'importants facteurs de mésentente.

Il en est bien d'autres.

Il existe, c'est un fait, des dissemblances de mentalité qui séparent les personnes issues de populations différentes : ainsi un Méditerranéen comme Aristote, volontiers macho, a tendance à se comporter avec le beau sexe de façon autoritaire. Il aime montrer qu'il est « le maître », tâche singulièrement difficile avec Jackie. Il confiera un jour à un ami : « Tu vois, je crains qu'un Grec ne puisse jamais être vraiment heureux dans les bras d'une étrangère. Tu sais comment sont les Américaines : elles adorent donner des ordres, exigent le respect, décident toutes seules de la vie du couple. Mais c'est bien casse-pieds de passer sa vie à leur ouvrir les portières[11]. »

À cet égard, Maria Callas, toute diva qu'elle fût, répondait davantage à ses attentes : il est vrai qu'elle était grecque…

Il est mille petites circonstances où le désaccord des Onassis apparaît : par exemple Ari estime, on l'a vu, que sa femme cède trop facilement aux caprices de John ou de Caroline. Pour sa part, Jackie constate avec agacement que les membres américains de son personnel sont peu à peu, sans qu'on la consulte, remplacés par des Grecs. Cependant, elle n'ose pas s'en plaindre.

Autre illustration de ces désaccords : l'histoire des canaris. Un jour, à Paris, lorsque Jackie pénètre pour la première fois avenue Foch dans l'appartement d'Onassis, elle remarque dans la cuisine une grande et magnifique cage remplie de ces volatiles :

— Quelle horreur ! s'écrie-t-elle.

— Ce sont les canaris de Monsieur, répond avec fierté la cuisinière. Il y en a trente.

Or, Jackie éprouve depuis longtemps une sorte d'obsession sanitaire. À l'en croire, microbes, bactéries, virus sont omniprésents, et tout particulièrement chez les canaris. Son sang ne fait qu'un tour :

— Mais vous ne savez donc pas que ces oiseaux sont porteurs d'une quantité de maladies contagieuses ? Je ne veux plus les voir ici.

Onassis, qui n'aime pas les querelles domestiques, préfère céder, malgré l'affection qu'il porte à ses canaris. On les retrouvera dès le lendemain chez un oiseleur de sa connaissance. Il lui en aura coûté.

Très conscients de tout ce qui risque de les séparer, les deux époux s'efforcent très sérieusement d'éviter les heurts. Ils tentent de se rapprocher de leurs univers culturels réciproques. Si Onassis a célébré consciencieusement le Thanksgiving, Jackie s'est plongée dans l'histoire de la Grèce et s'intéresse aux traditions folkloriques de ce pays. Dans les premiers temps, elle a même pris des leçons de sirtaki auprès des marins du *Christina.* Elle, qui est si peu portée sur la cuisine, apprend à confectionner des *dolmades*, ces feuilles de vigne farcies de riz et imbibées d'huile d'olive, très populaires là-bas. Enfin, elle assiste, avec Alexis Miotis, le directeur du Théâtre national grec, à plusieurs représentations d'Euripide et d'Aristophane. Elle visite des quantités d'îles, dont Ithaque, la préférée d'Ari.

Sa bonne volonté, malgré tout, peut se révéler maladroite : jugeant inélégant l'uniforme des hôtesses d'Olympic Airways, elle en fait dessiner un autre par Pierre Cardin. Il s'agit de petites robes sans manches. Hélas, il faudra au plus vite les retirer de la circulation, car Jackie avait oublié de préciser au couturier que les femmes grecques n'avaient pas l'habitude de se raser les aisselles. Onassis préfère rire de ces efforts aussi touchants qu'inopportuns.

En juillet 1969, Ari tient à fêter royalement les quarante ans de Jackie, laquelle, inquiète, est obligée de lui demander de modérer ses projets qu'elle juge trop fastueux. Car, si Aristote fait de son immense fortune un étalage trop ostentatoire, la presse et l'opinion publique ne le pardonneront ni à lui, ni à elle. Néanmoins, il ne peut s'empêcher de lui offrir un diamant de quarante carats, un carat pour chaque année de sa vie. Estimant que c'est insuffisant, il y ajoute un cadeau extravagant : la fusée Apollo 11 vient alors de se poser sur la lune. Il a donc fait fabriquer pour Jackie une étonnante paire de boucles d'oreilles représentant ladite fusée alunissant. Malheureusement, elles sont si pesantes que les oreilles de Jackie sont incapables de les supporter. Elle doit se borner à les montrer de temps en temps enfouies dans leur luxueux écrin de velours comme une curiosité. Elle en plaisante volontiers : « Ari, dit-elle, avait un peu hésité à ne m'offrir que ces babioles. Il m'a promis que si j'étais gentille, il m'offrirait la lune, la vraie cette fois[12]. »

En dehors des périodes de vacances scolaires, Jackie vit la plupart du temps à New York, au 1040 Cinquième Avenue. Néanmoins, son mari continue à louer sa suite de l'hôtel Pierre. Cet arrangement paraît d'abord convenir aux deux époux. Car il en est à New York comme à Skorpios : malgré de louables efforts de part et d'autre, les deux époux n'en ont pas moins des centres d'intérêt très différents, des habitudes de vie et des horaires difficilement conciliables.

Les conséquences ? Elles n'augurent rien de bon pour l'avenir du couple : chez sa femme, Ari, chose étonnante, n'est qu'invité à dîner et toujours avec d'autres convives. Des convives qu'il n'apprécie guère d'ailleurs. Une bonne moitié des amis newyorkais de sa femme sont des « tantes », dit-il. Et il sent bien que ces gens cultivés, ou qui prétendent l'être, méprisent l'homme d'affaires qu'il est. Les lunettes noires que ce petit homme porte constamment le font trop ressembler à un mafioso, à Al Capone plus précisément. Ce qui n'arrange rien. En réalité, Onassis souffre d'une dégénérescence pigmentaire qui fragilise la rétine et rend le port de ces verres indispensable. Dans notre civilisation de l'image, il sera toujours victime de ces fâcheuses apparences.

De temps à autre, Aristote aimerait bien séjourner chez sa femme. Mais quand il lui téléphone d'Europe, elle invoque trop souvent des travaux de décoration :

— Les ouvriers sont là en ce moment, lui dit-elle, ils n'en finissent pas.

Prétexte ou vérité ? Faut-il rappeler que déjà JFK s'en plaignait souvent.

Il arrive aussi qu'on ne puisse loger Ari parce que Caroline a invité ses petites camarades de pension à passer le week-end à New York chez sa mère. Il y a toujours une excellente raison. Les très rares nuits où il reste chez elle, il n'a droit qu'à une modeste chambre tapissée de papier à fleurs, avec des meubles en rotin. Elle correspond mal, il faut le reconnaître, au train de vie luxueux auquel sa fortune l'avait accoutumé...

De toute façon, voyageant sans cesse, il ne reste que peu de temps à New York et ne pourrait recevoir commodément ses collaborateurs et s'occuper de ses affaires dans l'appartement de Jackie. Quant à ses distractions du soir – dîner ou souper à Manhattan, fréquenter les boîtes à la mode –, elles le mènent fréquemment jusqu'à trois ou quatre heures du matin. Est-il besoin d'évoquer les problèmes que causeraient alors des sorties conjugales ?

Le mariage de Jackie ne l'empêche pas de vouloir maintenir solidement les liens qu'elle entretenait avec la famille Kennedy. Lorsqu'elle a voulu épouser Onassis, Rose et Ted, loin de l'en blâmer, l'ont vraiment soutenue. Aussi est-elle affectée par l'accident survenu à Ted en juillet 1969, lorsque, manquant le pont de Dyke à Chappaquiddick, il avait provoqué involontairement la mort d'une de ses anciennes maîtresses, la jeune Marie-Jo Kopechne, restée enfermée dans l'Oldsmobile qu'il conduisait. C'était au retour d'une soirée trop arrosée passée à « remercier », avec des amis tous mariés, six jolies jeunes femmes

– dont Marie-Jo – qui s'étaient particulièrement dévouées lors de la campagne de Bob.

Après l'accident, Ted avait téléphoné à quelques amis, s'efforçant en vain de les persuader de prétendre qu'ils étaient au volant de la voiture. Le lendemain, quand il apprit qu'on avait découvert le corps, il prévint enfin la police Il n'écopa que d'une amende mais perdit toutes les chances d'accéder à la présidence des États-Unis. Il continua ouvertement, des années, à s'enivrer et à courir les filles. Sa femme obtint le divorce.

Décidément, ses frères n'avaient pas eu tort de ne lui accorder, sur le plan politique, qu'une confiance relative. Dans la circonstance, Jackie tient à lui montrer son affection. Elle lui demande de bien vouloir remplacer Bob comme parrain de Caroline.

Il est un autre événement qui affecte Jackie et bien davantage encore : la mort à quatre-vingt-un ans du vieux Joe. Quand elle était à la Maison-Blanche, n'avait-elle pas dit : « Après mon mari et mon père, Joe Kennedy est l'homme que j'aime le plus au monde ? » Comment aurait-elle pu oublier que, si mal accueillie par le clan, elle avait été distinguée, appréciée, aimée et finalement imposée comme épouse à son fils par le patriarche. Que dire de cette étonnante complicité née entre ces deux êtres que tout semblait séparer, à commencer par leur âge ?

Elle se rappelle avec émotion l'époque où tous deux s'amusaient comme des gamins à lancer des côtelettes de mouton sur la bonne…

À présent, en ce soir de novembre 1969, Joe, terrassé par le coma, git dans son lit, le visage émacié. Un tube d'oxygène est introduit dans une de ses narines. Elle lui baise le front… presque amoureusement.

Mai 1970. Onassis lit dans la presse américaine le texte de cinq lettres intimes que sa femme avait écrites à Roswell Gilpatric, quatre d'entre elles du vivant de John, la cinquième envoyée quelques jours après son propre mariage avec Jackie.

Ces lettres avaient été dérobées et vendues à Charles Hamilton, un marchand d'autographes new-yorkais. Le projet de remariage de Jackie avait été tenu si secret que plusieurs de ses amis n'avaient appris la nouvelle que par la presse. Aussi avait-elle cru devoir leur écrire pour s'excuser. Elle disait à Gilpatric :

> J'aurais voulu te prévenir avant de partir, mais tout s'est passé si vite. J'ai lu quelque part ta réaction, cher Ross, elle m'a beaucoup touchée. J'espère que tu sais tout ce que tu as été, tout ce que tu es et seras toujours pour moi.
> Affectueusement. J.

Le fait que Jackie ait écrit cette lettre pendant sa lune de miel avec Onassis à un homme avec lequel elle avait eu tout récemment une liaison le choque profondément. L'idée que le monde entier en est à présent informé heurte violemment son amour-propre. Il ne décolère pas. À ses yeux, c'est comme s'il avait été publiquement cocufié.

Il décide alors de se venger : il téléphone à Maria Callas et passe la nuit chez elle, avenue Georges-Mandel. Il s'arrange pour se faire remarquer plusieurs soirs de suite en sa compagnie. Le 21 mai, il obtient ce qu'il voulait : des photos de presse le représentant chez Maxim's en tête à tête avec Maria.

Le lendemain marin, Jackie téléphone à son mari de New York : elle l'informe qu'elle arrivera le jour même à Paris. Elle exprime le désir de souper... chez Maxim's justement. Dûment prévenus, les photographes y seront à nouveau. La contre-attaque de l'épouse a réussi : on imagine la détresse de la Callas qui croyait avoir retrouvé l'amour d'Aristote. Trois jours plus tard, elle tente de se suicider en absorbant une forte dose de barbituriques. On doit l'emmener d'urgence à l'Hôpital américain de Neuilly.

Aux reporters qui les interrogent, les Onassis, chacun de leur côté, répondent qu'ils ne se sont jamais aussi bien entendus et que les rumeurs les concernant sont parfaitement stupides...

Celles-ci vont bientôt se répandre à nouveau car, trois semaines après avoir, fin juillet 1970, célébré à New York le quarante et unième anniversaire de Jackie, Onassis se rend en Grèce pour souhaiter la fête de Maria. Il lui fait la surprise de se poser en hélicoptère sur la petite île de Tragonisi où elle est en train de se dorer sur la plage. Il l'embrasse longuement et lui remet un cadeau : des boucles d'oreilles anciennes. Tout cela, bien entendu, est photographié et même filmé. Il y a notamment un baiser sous un parasol qui est particulièrement réussi. Jackie, ne pouvant supporter ce qui risque de porter atteinte à son prestige, court rejoindre Ari pour éviter de nouvelles rumeurs. Le public est-il dupe ? Pas tous les journalistes en tout cas, puisque, à propos de cette affaire, un reporter du *Times Magazine* compare irrespectueusement Jackie à « un chien de pompier » qui se précipite quand sonne le tocsin, pour éteindre les rumeurs.

Est-il besoin de dire que ce genre d'incident ne contribue guère à l'harmonie du couple ? Jackie se retrouve donc dans une situation qu'elle avait déjà connue avec son premier mari. Contrainte de veiller à ne pas paraître publiquement une épouse trompée, trompée sinon ridiculisée. Ari éprouve une inquiétude aussi forte. Tout cela augure bien mal de l'avenir.

Il existe un autre sujet de mésentente, ce sont encore une fois ses rapports avec la presse. Elle s'était naïvement imaginé que son mariage avec ce puissant personnage qu'était Onassis l'en protégerait, elle et ses enfants. Elle ne serait plus ni la Première dame, ni la veuve du Président, seulement l'épouse d'un armateur.

Elle se trompait...

Outre son passé de Première dame, sa personnalité, son charme continueront à faire d'elle la cible des reporters. Le blâme quasi universel dont on l'a accablée après son mariage avec le Grec n'y fait absolument rien, bien au contraire.

La violence de ses réactions face à la presse va considérablement agacer son mari : à l'inverse de sa femme, il accueille volontiers les journalistes, plaisante avec eux, se laisse photographier de bonne grâce. Aussi comprend-il mal l'attitude de

Jackie qui, elle, est excédée par leur continuel harcèlement. Elle en veut particulièrement au photographe américain Ron Galella. Celui-ci, en automne 1969, avait importuné sa fille Caroline – alors âgée de douze ans. Lors de la fête de son école d'Upper-East Side, Brearley School, où sa mère l'avait inscrite après son passage au couvent du Sacré-Cœur, il avait pénétré dans l'établissement, pris plusieurs clichés de la fillette, se moquant d'elle devant ses camarades. Caroline en avait été bouleversée. Ce n'était pas tout. Quelques jours plus tard, alors que Jackie et John se promenaient à bicyclette dans Central Park, Ron Galella, surgissant d'un fourré, Rolleiflex en main, avait bondi sur l'enfant, manquant de la faire tomber. À bout de nerfs, Jackie pria ses gardes d'intervenir. Malgré leur demande, il refusa de donner la pellicule. Elle le fit arrêter. Elle ne veut pas qu'il photographie ses enfants et que leurs photos paraissent dans les magazines. Outre les risques de kidnapping, il y a celui de leur troubler l'esprit, de les angoisser : n'ont-ils pas le droit de mener une vie normale ? Jackie traîne donc Galella devant les tribunaux. Le premier procès n'a lieu qu'en 1972, et Jackie obtient que le photographe ne puisse s'approcher à moins de 50 mètres d'elle, à 75 mètres de ses enfants et à 100 mètres de son appartement de la Cinquième Avenue. Toute la presse en parle. Galella fait appel. Le jugement est moins sévère : il pourra s'approcher jusqu'à 10 mètres de Jackie et 8 mètres de ses enfants.

Onassis estime inopportune l'attitude de Jackie. Elle n'en aura jamais fini avec les photographes, argue-t-il.

— Quand on est trempé jusqu'aux os, quelques gouttes de plus ou de moins, qu'est-ce que ça peut bien faire ? Si tu t'obstines, les gens risquent de te juger vindicative et mesquine.

Malgré tout, Jackie ne veut rien entendre[13].

On devine la rage d'Aristote lorsqu'il reçoit des avocats de sa femme, le cabinet Paul Weiss, Rifkind, Wharton & Garrison, le montant de leurs honoraires : 500 000 dollars qu'elle prétend lui faire régler. Il refuse d'abord de le faire. Poursuivi par eux, il négocie un compromis à 235 000 dollars et finalement fait au profit de Jackie un chèque de cette somme, à charge pour elle de régler sa dette. On imagine la vive tension que provoque cette affaire entre les époux.

Quant à Galella, il récidivera. Il aura fait en tout 3 000 clichés de Jackie. En 1982, il lui faudra renoncer à tout droit de la photographier. Il s'était approché à... 50 centimètres d'elle. Il devra régler une amende de 10 000 dollars, sanction singulièrement légère : pour la seule année 1971, il en avait gagné 40 000 pour les 20 photos qu'il avait prises de son « sujet préféré » – pour reprendre son expression. Bien qu'il fît d'elle d'excellentes photos – toujours à son avantage – on comprend la colère de Jackie, car il la poursuivait dans le monde entier. Un jour, elle tombe sur lui à Capri. Il est vêtu d'un uniforme blanc de marin.

— Salut Jackie, lui dit-il, tu es surprise de me voir ici ? Tu me trouves bien comme ça ? Je me suis engagé dans la Navy...

Et il la mitraille une fois de plus...

Bien entendu, on le trouve aussi près de Skorpios. Il séjourne durant un mois à Nidri, petit port, le plus proche de l'île d'Onassis. Il se déguise cette fois en pêcheur et réussit à prendre Jackie en train de se baigner. Une autre fois à New York, dans un restaurant de Chinatown, avec la complicité du patron, il se dissimule derrière un porte-manteau pour photographier Jackie déjeunant avec Ari, Doris Duke et l'architecte Pei.

Malgré tout, comme l'observe James Kalafatis, l'un des gardes du corps de Jackie, les paparazzis d'Europe sont encore plus coriaces que les Américains. Ils sévissent souvent par groupes de vingt ou trente. Impossible de les arrêter. Même lorsqu'ils agissent seuls, ils peuvent être redoutables. Un jour, alors qu'elle fait du ski nautique, l'un d'entre eux, Dimitri Koulouris, passe avec sa vedette entre le bateau et la skieuse, sectionnant le câble de traction et, pendant que sa victime se débat dans les flots, prend d'elle une foule de clichés. Une autre fois, il jette des pierres sur John, espérant qu'il lui répondra, lui permettant ainsi de le photographier. Jackie sait par ailleurs se défendre. En attaquant. Comme en octobre 1969, deux reporters l'attendent à la sortie d'un cinéma de Manhattan, elle se dirige vers l'un des deux, Mel Finkelstein – un mètre soixante-quinze et quatre-vingt-dix kilos. « J'ai pensé qu'elle allait me dire quelque chose », racontera-t-il plus tard. En fait, de sa main droite, elle lui saisit le poignet, le tire brusquement en avant en retroussant sa mini-jupe et le fait passer par-dessus sa hanche. Il se retrouve par terre. Les journaux, le lendemain, le montrent étendu sur le bitume du trottoir tandis que Jackie s'éloigne souriante, toute fière de sa victoire. Quelque peu humilié par sa mésaventure, Finkelstein dira plus tard qu'il avait buté sur un caillou.

Si l'on prétend faire l'historique des rapports de Jackie avec la presse, l'événement majeur, celui qui défraya la chronique, fut, fin 1972, la diffusion fantastique par les magazines du monde entier de photos de nus, celles de Jackie et d'Ari, prenant leur bain de soleil à Skorpios. Les gardes du corps d'Onassis n'avaient rien pu faire, car ils n'avaient tout simplement rien vu. D'un bateau de pêche parti de Nidri, une équipe d'une dizaine de plongeurs, équipés de caméras sous-marines, avait pu opérer sans se faire remarquer. Le résultat : un cahier spécial d'une vingtaine de pages qui paraît dans *Playmen*, une publication italienne dite de « charme », puis aux États-Unis, dans deux magazines pornographiques *Screw* et *Hustler* et ensuite dans toute la planète. Infortunée Jackie qui, prétendant mener une existence tranquille et discrète, voyait son anatomie étalée dans la presse ! Avec, accompagnant les clichés, une légende dont la délicatesse n'était pas le mérite essentiel : « La touffe qui vaut un millier de dollars. »

Que pouvait faire Jackie ? Elle qui s'imaginait naguère qu'avec Skorpios Ari la ferait disposer d'un petit paradis de calme et de paix, que sa tranquillité et celle de ses enfants lui étaient définitivement assurées ! Sur ce point encore, sa déception est grande. C'est bien pire qu'auparavant. Et que dire de l'attitude d'Ari en cette circonstance ? Lorsqu'elle lui demande de poursuivre en justice, outre les photographes, les publications qui ont osé reproduire les odieux clichés :

— Il y en a trop ! lui répond-il.

— Poursuis-les tous ! rétorque Jackie.

Il n'en fera rien et provoquera la colère de sa femme. Il les attaquera d'autant moins que c'est lui-même qui avait tout organisé, comme il l'avouera un peu avant sa mort à Roy Cohn, son avocat. Il avait remis aux reporters une carte de l'île en leur précisant les dates de leur séjour à Skorpios. Il s'était bizarrement imaginé qu'une fois Jackie connue d'une façon aussi intime par l'univers entier et n'ayant en somme plus rien à cacher, elle n'aurait plus rien à craindre...

Folie de la logique...

En tout cas, chacun des deux époux avait, en la circonstance, parfaitement joué sa petite comédie devant les amis. À Manhattan, au restaurant La Côte basque où ils dînaient, Ari faisait mine de s'indigner :

— Je ne peux pas supporter de voir les fesses de mon épouse dans des journaux aussi vulgaires.

De son côté, Jackie, laquelle, malgré son exaspération, ne perdant pas son sens de l'humour répliquait :

— Ne t'en fais pas, chéri, ils réservent les tiennes pour leur numéro spécial de Noël !

Au fil du temps, l'humeur d'Aristote s'assombrit. Ce n'est pas seulement à cause des problèmes de couples, mais à la suite d'événements qui touchent plus ou moins à sa vie privée, et qui l'inquiètent ou le blessent. Ainsi en mai 1970, Eugénie Niarchos, son ex-belle-sœur (la sœur de Tina), est retrouvée morte un matin dans des conditions suspectes. Ne serait-ce pas Niarchos, l'ennemi intime d'Ari, qui l'aurait assassinée ? Le même Niarchos épousera, en octobre 1971, Tina, l'ex-épouse d'Aristote, qui était déjà sa maîtresse du vivant d'Eugénie. On la retrouvera morte à son tour à Paris dans des conditions si troublantes que Christina est persuadée que sa mère a été elle aussi assassinée par Niarchos. On conçoit à quel point tout cela perturbe l'équilibre d'Onassis.

Pis encore pour lui, sa fille Christina lui réserve une terrible surprise. Mal dans sa peau, ne s'intéressant à rien, elle déteste

Jackie et elle exècre aussi son père pour l'avoir épousée et la lui avoir imposée. Comment se venger de lui ? Elle a du caractère. Elle cherche, elle trouve : elle est décidée à se marier, sans demander l'avis de son père, à un homme qui représentera exactement l'inverse de ce qu'il aurait voulu. Il s'agit d'un Juif américain de quarante-huit ans, rencontré dans une piscine de Monte-Carlo, deux fois divorcé et père de quatre enfants. Un agent immobilier de Los Angeles, un homme aisé mais sans plus. Il s'appelle Joe Bolker.

Lorsqu'il apprend le projet de sa fille, Aristote explose. Il téléphone dans le monde entier à ses conseillers. Savent-ils qui est cet individu, ce Bolker ? Personne n'a jamais entendu parler de Bolker ! Ari est furieux :

— Si tu l'épouses, je le jure, je te déshérite !

Il lui destinait en fait Peter Goulandris, l'héritier d'une riche famille grecque d'armateurs qui « pesait » deux milliards de dollars. Mais le jour des fiançailles avec Peter, elle s'enfuit à Monte-Carlo et rencontre ce Bolker. Malgré les menaces, le 28 juillet 1971 – veille même du jour où son père va fêter le 42ᵉ anniversaire de Jackie – elle l'épouse à Las Vegas. Fou de colère, Aristote tient parole : Christina devait, à sa majorité, toucher 75 millions de dollars. Elle ne les aura pas. Comme cette mesure se révèle insuffisante, il envoie son ami Johnny Meyer, préposé aux basses œuvres, négocier avec ce maudit gendre : adroitement formulées mais assez nettes cependant pour être bien comprises, promesses d'argent et menaces physiques alternent. En homme aussi prudent que raisonnable, Joe Bolker se montre prêt à divorcer. « Quand une montagne d'un million de dollars vous attaque, dira-t-il plus tard, croyez-moi, vous le sentez passer[14] ! »

Malheureusement, c'est Christine qui s'y refuse, menaçant de se suicider. Elle a cru trouver en Joe, plutôt qu'un mari à proprement parler, ce père qu'Ari n'a pas su être. Les pressions exercées pendant des semaines sur le couple, et qui lui rendent la vie impossible, sont telles qu'enfin elle cèdera…

Durant toute cette période, à la fois occupé par ses affaires et obsédé par le comportement de sa fille, Onassis est loin d'être pour Jackie l'époux qu'elle eût souhaité. Elle a découvert en lui des aspects sombres et inquiétants qu'elle ne soupçonnait pas, des colères monstrueuses qu'elle n'eût jamais crues possibles. Quel contraste avec le flegme de John !

En ce qui concerne Christina, qui la déteste, elle a renoncé à s'en occuper. En l'occurrence, avec raison. Lorsqu'à la prière d'Ari elle avait tenté de convaincre sa fille d'épouser Goulandris, elle avait été très mal accueillie. De quoi se mêlait sa belle-mère ? Elle n'avait pas obtenu plus de succès lorsqu'elle avait voulu améliorer son aspect physique, l'emmener chez le diététicien, dans un institut de beauté ou choisir des vêtements : quelle haine elle avait lue alors dans ses yeux !

Au milieu de ces tourments, Jackie fume de plus en plus, ronge ses ongles de plus belle et, fin 1974, maigrit en une quinzaine de dix kilos. Cette perte de poids n'échappe pas à la presse. « Jackie aurait-elle un cancer ? », titrent certains journaux. Elle-même se le demande et, sous un nom d'emprunt, se soumet à toute une série de tests à l'hôpital de Villejuif où elle est soignée par le Pr Georges Mathé, qui fait autorité en la matière. En définitive, il s'agit d'une simple crise passagère d'anorexie qui s'associe d'ailleurs parfois à des crises de boulimie. Est-ce par esprit de rivalité avec sa sœur, dont elle envierait la silhouette ? Lee, de son côté, se plaint de ne pouvoir prendre de poids et a fait pour remédier à ce défaut, sans succès, un séjour dans une clinique de Lausanne. Jackie, saisie au contraire d'une rage de minceur, se désespère de voir Caroline victime d'un début d'embonpoint, et lui fait prescrire par son médecin habituel, le Dr Lax, des pilules amaigrissantes. Obsédée par ces questions de poids, elle ne cesse de lui répéter ce contre quoi Janet la mettait elle-même en garde :

— Tu deviendras si grosse qu'aucun homme ne voudra de toi.

Sans s'en plaindre expressément, Onassis ne voit pas d'un très bon œil ce qui se passe l'été à Skorpios. Jackie s'était plainte auprès de ses relations new-yorkaises d'être enfermée toute une saison dans les quelques hectares de cet îlot. Elle redoutait de s'y ennuyer. Aussi invite-t-elle un assez grand nombre de ses amis de Manhattan à venir y passer leurs vacances. Parmi eux figurent le journaliste David Frost, la chanteuse Diahann Carroll, Peter et Cheray Duchin... On y rencontre aussi le photographe Peter Beard, très bel homme, « mi-Tarzan, mi-lord Byron », paraît-il, à tel point que, selon Christopher Andersen[15], Lee apprécie son charme. Ari se méfie beaucoup de ce Beard : car Jackie, manifestement, s'est également entichée de lui. Le Grec, jaloux, en supporte mal l'idée.

Tous ces pique-assiette qu'invite sa femme commencent à le lasser. Alors qu'il avait, de ses deniers, acheté cette île pour s'y trouver chez lui, il éprouve maintenant l'impression paradoxale d'être un étranger invité par erreur dans ce Manhattan de la mer Égée. Lui qui avait espéré y bénéficier, avec Jackie, d'un peu de cette intimité qu'elle ne lui accordait pas Cinquième Avenue ! Quelle déception !

Jackie lui offre bien d'autres sujets d'insatisfaction. Dans les premiers temps, on s'en souvient, Ari l'avait encouragée à s'offrir toutes les fantaisies qui lui passaient par la tête. Son immense fortune était à sa disposition. Quelle imprudence ! Ce qui devait arriver arrive. Elle en abuse. Exemple : « Un jour qu'à New York je donnais une réception, raconte l'écrivain Truman Capote, mon chien mangea avec délice le manteau de zibeline de Lee Radziwill. Alors que son mari était furieux, Jackie, elle, s'amusait comme une folle :

— T'en fais pas, dit-elle à Stas, on en achètera un autre demain aux frais d'Ari. Qu'est-ce que ça peut lui faire[16] ?

C'est cette mentalité qu'Ari va bientôt détester. N'était-ce pas déjà celle de Jackie lorsqu'elle était la première dame ? Quoi que ce fût à un moindre degré car, à l'époque, son statut la contraignait à une certaine retenue. À présent, à mesure que le temps passe, sa folie dépensière s'accroît vertigineusement. Voici, à ce sujet, le cas du directeur d'un magasin chic de

Madison Avenue, dont Jackie faillit involontairement provoquer la mort. Stupéfait par l'incroyable montant des achats qu'elle y avait effectués, le malheureux, victime d'un malaise cardiaque, doit s'aliter et frise l'infarctus. Un autre jour, elle achète dans un seul magasin deux cents paires de chaussures. Onassis se plaint :

— Je suis peut-être colossalement fortuné, mais je ne comprends pas ! Cette femme est folle ! On ne peut pourtant pas dire que je la laisse dans la misère. Elle commande des sacs, des robes, des manteaux, des tailleurs par douzaines… Elle ne sait pas s'arrêter, j'en ai marre[17].

Le comportement de Jackie est d'autant plus curieux que presque toujours elle s'habille très simplement d'un pantalon et d'un tee-shirt. Alors… ?

Onassis lui alloue une somme mensuelle de 30 000 dollars*. Elle vient s'ajouter aux revenus de 3 millions que son contrat de mariage lui a assurés. C'est sa secrétaire et amie, Nancy Tuckerman, payée par Olympic Airways, qui, à la fin de chaque mois, apporte les factures au bureau new-yorkais de la Compagnie. Trop souvent, Nancy est contrainte de s'y présenter quinze jours plus tôt, pour demander une rallonge budgétaire à Creon Braun, préposé à la gestion des finances d'Onassis. Braun, placé entre le marteau et l'enclume, est au bord de la crise de nerfs. Son patron, dans un accès de colère, serait bien capable de le licencier s'il jugeait qu'il s'est trop laissé amadouer par Jackie. Pour chaque somme supplémentaire, Creon est alors furieux. Il brandit en hurlant les factures qu'on lui apporte comme s'il s'agissait de son propre argent :

— Encore 5 000 dollars, hier, uniquement en pantalons !

Onassis est de plus en plus excédé. Un jour, alors qu'il séjourne à Londres, Jackie lui fait demander, par Nancy qui téléphone à Creon, si elle peut acheter un dessin de John Sargent :

* Multiplier cette somme par 12… pour 2011.

— Dites-lui qu'elle n'a qu'à régler avec ce qu'elle a ! lui fait-il répondre.

Finalement, il réduit son budget de 30 000 à 20 000 dollars et fait transférer son compte à son bureau de Monte-Carlo*. Là-bas, on ne connaît guère Nancy Tuckerman et il est plus facile à Onassis de surveiller ses dépenses. Il « raccourcit la laisse », comme le dit plaisamment Costa Gratsos[18].

Jackie recourt alors à un procédé qu'elle utilisait déjà du temps de John : elle revend une quantité de vêtements qu'elle a peu ou même pas du tout portés à des boutiques comme Madison ou Encore – appellation suggestive. Comme il n'est pas question que cela se sache, elle les fait apporter sous le nom de sa secrétaire qui donne au commerçant sa propre adresse, reçoit les chèques et en reverse le montant à Jackie. C'est ce que raconte l'une de ses employées, Mary Gallagher[19]. Des dizaines d'Américaines portent ainsi, sans s'en douter le moins du monde, les vêtements de Jackie...

Toujours obsédée par les questions d'argent, celle-ci se montre de moins en moins généreuse. Dans ses mémoires[20], Mary nous livre à cet égard une anecdote significative : « Je me suis rappelée que Jackie avait un manteau bleu en mohair qu'elle ne portait plus. En fait, je l'avais déjà apporté à Encore. Il correspondait précisément à ce que je voulais et, comme nous avions exactement les mêmes mensurations, j'ai demandé à Jackie si elle consentait que la boutique me le restituât. Elle en demandait 65 dollars. J'ai proposé de les payer, elle accepta. Je lui tendis le chèque et elle me demanda de le déposer à son compte. »

Cependant, Jackie est parfois en veine de générosité. Elle fait « cadeau » à Mary d'une très belle robe de soie rouge d'une teinte qui, lui dit-elle, la met particulièrement en valeur. Dommage qu'elle ait un léger défaut : c'est une robe de grossesse. Personne n'a voulu la racheter. Mary n'aura jamais l'occasion de la porter.

---

* Où il est actionnaire de la Société des bains de mer.

Continuellement en quête d'argent, Jackie n'est pas toujours bien conseillée. Ainsi, sur la recommandation d'André Meyer, pourtant mieux avisé d'habitude, au lieu d'acheter des titres – exempts d'impôts – comme Ari le lui avait conseillé, elle avait acquis des actions. Le profit éventuel en était certes beaucoup plus élevé, mais l'opération comportait des risques. Effectivement, elle perd 300 000 dollars sur les trois millions que son mari lui avait donnés. Elle en perd du même coup le sommeil. Elle supplie son mari de bien vouloir les lui remplacer. Ari finit par se laisser attendrir. Mieux encore, au lieu de faire un chèque, il fourre dans un sac une somme beaucoup plus importante : un million de dollars en grosses coupures qu'il apporte au Carlyle à Meyer, pour qu'il les porte au compte de Jackie, manière bien peu courante de transférer une pareille somme. « Rien que de voir les yeux de cette vieille fouine quand j'ai ouvert le sac valait le déplacement », dira Onassis. Il n'est pas moins ravi de lui administrer une bonne leçon en lui montrant de façon particulièrement ostentatoire qu'il est obligé de réparer les coûteuses erreurs provoquées par son incompétence.

Ari aura du reste d'autres occasions de montrer sa générosité. Ainsi, à propos de la tante de Jackie, Edith Beale, ancienne cantatrice et sœur de Black Jack, et de la fille de celle-ci, tombées toutes deux dans la misère. Elles habitent la propriété de Grey Gardens, près d'East Hampton (Long Island), propriété en ruines où vivent en leur compagnie une quarantaine de chats dont les excréments ne sont jamais évacués. À la suite de plaintes des voisins, les services de santé locaux sont décidés à détruire la maison après en avoir fait expulser les deux occupantes. Jackie apprend alors que la presse commence à se mêler de l'affaire, stigmatisant sa coupable indifférence. Quelle vilaine image elle va donner d'elle si, épouse d'un milliardaire, elle laisse dans une telle situation les membres de sa propre famille ! Elle fait alors impeccablement restaurer la maison de façon à assurer le confort de ses occupantes. C'est Onassis qui, à la demande de Jackie, devra régler intégralement les factures. Il est vrai qu'Ari éprouve un faible pour ces malheureuses femmes depuis qu'Edith, dans une longue lettre, a pris son parti et celui de Jackie dans la polémique qui a suivi leur mariage. Jackie alloue à ses parentes une somme mensuelle de 600 dollars pour subvenir à leur vie quotidienne. C'est trop peu, si bien qu'une fois tante Edith décédée – en 1977 – sa fille devra vendre la maison. Le plus simple eût été évidemment que, dès le début, Jackie fît acheter cette propriété par son mari, mais celui-ci n'y aurait certainement pas consenti. Quant à elle, elle n'entendait pas y consacrer le moindre *cent*, même si la maison appartenait aux Bouvier depuis des temps immémoriaux et qu'elle y fût liée par bien des souvenirs d'enfance.

Un autre épisode illustre son état d'esprit à l'époque. Au printemps 1972, Reza Fallah, le directeur des pétroles iraniens, et sa fille Lilly invitent les Onassis et leurs amis à passer neuf jours de vacances à Téhéran. Il est entendu que leurs hôtes régleront là-bas toutes leurs dépenses, qu'il s'agisse des suites d'hôtels, des restaurants, des visites de monuments. Bref, d'absolument tout.

Il était prévu que Lilly et son mari partiraient de New York avec les Onassis à bord d'un appareil d'Olympic Airways. Or, à sa grande surprise, deux jours avant le départ, Lilly, sur les instructions de Jackie, se voit réclamer par Nancy Tuckerman un chèque de 3 000 dollars pour prix de leur voyage de New York à Téhéran. Estomaquée, elle comprend vite ce qui se passe. Onassis, propriétaire d'Olympic, n'a pu avoir l'idée mesquine de faire payer leurs billets d'avion à ceux qui l'invitent avec une telle générosité. C'est donc Jackie : elle vient de saisir l'occasion d'empocher 3 000 dollars. Lilly trouvera immédiatement la parade : elle libelle le chèque à l'ordre d'Olympic Airways…

Elle n'est pas au bout de sa surprise. Non contente de profiter des établissements les plus coûteux de Téhéran, Jackie passe tout son temps à écumer là-bas les boutiques les plus luxueuses : elle achète en quantité bracelets, bagues, colliers, vestes et bottes de cuir, tapis anciens de toutes dimensions, antiquités de toutes sortes, masses de caviar… À ses hôtes ahuris elle laisse une note de 650 000 dollars. Une fois aux États-Unis, fidèle à ses habitudes, elle revend une bonne partie des cadeaux dont elle a bénéficié ; elle en tire une jolie somme avec laquelle elle fait de nouvelles emplettes – notamment les 200 paires de chaussures dont on a parlé plus haut –, quitte à en revendre les trois quarts.

C'est une mécanique infernale qu'elle a conçue, mais qui l'a happée.

Ari apprend l'existence de ce système, l'image qu'il s'était faite de Jackie n'en sort pas grandie. De toute façon, dans la vie du couple, tout devient un objet de dissensions.

Les Onassis se trouvent souvent séparés. Cette situation donne évidemment lieu de part et d'autre à des soupçons d'infidélité. La liaison d'Ari avec Maria Callas est-elle vraiment terminée ? se demande Jackie. Une simple et pure amitié lui a-t-elle succédé comme Ari le prétend ? Ou se moque-t-il d'elle ? Comme tendrait à le prouver la photo du baiser sous le parasol ? D'autre part, elle n'ignore pas qu'il a toujours eu un faible pour les actrices. Et elle apprend que, dînant à Rome avec Elizabeth Taylor, importuné par des paparazzi, il a jeté le contenu de son verre de champagne à la figure de l'un d'entre eux.

— Tu m'as fait honte ! lui crie-t-elle.

Est-elle jalouse ? Craint-elle les divers commentaires que le geste de son mari a forcément suscités ? Quelle figure fait-elle dans cette affaire, aux yeux du public, aux yeux mêmes de ses enfants qui ont sûrement vu les photos ?

De son côté, Onassis se montre jaloux de Frank Sinatra. Il s'est persuadé qu'elle avait eu une liaison avec lui, qui n'est pas vraiment terminée. (Songe-t-il à son propre cas ?). Il se méfie également du beau Peter Beard qu'elle invite trop souvent à Skorpios et qui, là-bas, ne la quitte pas d'une semelle.

Curieusement – mais, somme toute, cette réaction est explicable et profondément humaine –, Onassis est encore plus jaloux de John, tout mort qu'il est. Jackie ne se contente pas de savoir qu'une flamme éternelle brûle au cimetière d'Arlington sur la tombe du défunt. Elle ne manque pas une occasion de la raviver : chaque commémoration ou inauguration la trouve présente, saluée par toute la presse. À l'intérieur même de la nouvelle famille, le grand homme n'a jamais été aussi présent. Jackie élève ses enfants dans le culte fervent de leur père. Les anniversaires se succèdent : ceux de sa naissance et de sa mort, bien entendu. Mais aussi tous les événements de son parcours politique : ses élections successives comme représentant, sénateur, Président. Il est vrai qu'une des raisons pour lesquelles Ari a épousé Jackie est justement qu'elle était la veuve du Président. Il est donc bien mal placé pour se plaindre. Le voilà à présent pris à son propre piège. Il enrage, chaque fois qu'il se trouve avec Jackie et les enfants, de l'entendre citer leur père comme un modèle insurpassable. Lui, Onassis, ne compterait donc pour rien ? Après tout, JFK ne s'est donné que la peine de naître. C'est son père, le vieux Joe, au fond, qui lui a pratiquement « acheté » sa présidence et légué son énorme fortune, tandis que lui-même, parti de rien, est parvenu par sa volonté et son intelligence à devenir l'un des plus puissants magnats de la planète. N'est-ce donc pas lui, Onassis, qui devrait être donné en exemple ? Cette jalousie posthume, renforcée par un profond sentiment d'injustice, ne fait que croître au fil du temps.

Jackie souffre évidemment de voir changer à ce point le comportement de son mari à son égard. Ébloui d'abord par son prestige rayonnant, Ari la considère à présent avec une lucidité désabusée. Comme en témoigne la façon désenchantée dont il parle d'elle. Maintenant, à l'exemple de ses enfants, il l'appelle avec mépris « la veuve ». C'est tout dire…

Leurs disputes se multiplient. Un jour, à l'aéroport de Londres, après quelques jours passés avec sa soeur, Jackie supplie son mari, venu pour affaires, de regagner New York en sa compagnie. Aristote, prétendant au contraire vouloir prendre quelque repos et passer une semaine à Skorpios, refuse. Jackie insiste. Onassis, soudain en proie à une effrayante crise de colère, frappe le sol du pied, se met à jurer avec une incroyable vulgarité. Il s'écrie qu'il en a assez de ne jamais pouvoir faire ce qu'il veut quand il le veut. Le couple se sépare brutalement. Ari prend un vol pour la Grèce, tandis que Jackie, furieuse, repart pour New York – et sans bagages.

Ils ne se reparleront que plusieurs semaines après[21].

À des amis, parlant de son mariage, il confie en soupirant :

— Mon Dieu ! À quelle imbécillité me suis-je laissé entraîner !

Ou bien :

— Mon mariage se réduit à ceci : tous les mois, on me présente la facture[22].

En vain, Jackie, pour éviter le naufrage, organise-t-elle une fête pour le quatrième anniversaire de leur union. En octobre 1972, elle loue El Morocco, l'un des night-clubs les plus chics de New York. Parmi les soixante-cinq invités figurent nombre d'anciens collaborateurs de John, dont Salinger qui improvise un solo de piano, Rose Kennedy, Lee, bien sûr, des relations mondaines comme Doris Duke ou Oleg Cassini. Fait symptomatique, pas d'amis ou collaborateurs de son mari, des Grecs le plus souvent. Les a-t-elle sentis hostiles à sa personne au point de juger leur présence indésirable ?

Sauver les apparences ne sert pas à grand-chose. Deux mois plus tard, en décembre 1972, Ari, fidèle, paraît-il, à une promesse qu'il aurait faite à son fils, s'adresse, pour étudier l'éventualité d'un divorce, à ses avocats grecs, puis à l'un de leurs confrères de New York, Roy Cohn, un homme réputé pour sa dureté, afin d'étudier les implications américaines de l'affaire. Plus tard, Cohn évoquera ses entretiens avec son client : « Il ne pouvait plus supporter les prodigalités de sa femme, la jugeant totalement irresponsable. Mais aussi parfaitement ingrate. Lorsqu'il lui demandait quelque chose, se plaignait-il, elle faisait exactement le contraire. Il avait horreur qu'on le prît pour un imbécile[23]. »

D'un autre côté, il redoutait qu'à l'occasion de ce divorce Jackie ne réclamât des sommes colossales. Aussi laissait-il plus ou moins traîner les choses.

Surtout, d'autres soucis viennent à présent l'assaillir… Son fils Alexandre est tombé amoureux de Fiona von Thyssen, une femme aussi célèbre que riche. Malheureusement, elle a, en 1973, quarante et un ans – dix-sept de plus que lui – et trois enfants. De surcroît, elle ne doit sa fortune et son nom qu'à son mariage avec le baron von Thyssen, dont elle a divorcé. Elle n'était jusqu'alors qu'un modeste mannequin écossais, connue sous le nom de Fiona Campbell Walter. Elle aurait peut-être même été call-girl quelque temps. Non, décidément, estime Ari, ce n'est pas l'épouse qu'il faut à Alexandre. Celui-ci s'obstine. Dans ce cas, il est infiniment probable que son père le déshéritera. Néanmoins, Onassis tente une réconciliation, et les deux hommes dînent ensemble à Paris au Fouquet's le 12 juin 1973. À cette occasion, Alexandre suggère à son père de remplacer son Piaggio, son avion amphibie, généralement placé sur le pont arrière du *Christina* par un hélicoptère Puma. Ledit Piaggio est, selon lui, un appareil trop vétuste et devenu dangereux, un véritable « cercueil volant »...

Aéroport d'Athènes, 22 janvier 1973. Le Piaggio bimoteur d'Onassis, ayant à son bord le nouveau pilote personnel d'Onassis, Donald McCusker, un copilote, et Alexandre, vient de décoller. Il est trois heures douze de l'après-midi. Quelques secondes plus tard, après avoir effectué un brutal virage sur l'aile droite, son flotteur heurte le sol, et il s'écrase hors de la piste, 150 mètres plus loin. Alexandre, retrouvé tout sanglant dans les débris de l'appareil, est très grièvement blessé à la tête. Ses deux compagnons, beaucoup moins atteints, se rétabliront assez vite. Alexandre, plongé dans le coma, est transféré à l'hôpital de la Croix-Rouge et branché sur un appareil de survie. Le lendemain matin, à Kennedy Airport, Aristote et Jackie prennent l'avion pour Athènes. Onassis est alors, paraît-il, méconnaissable. Son visage est décomposé, ses yeux vitreux, en un mot, dirait-on, il a vieilli de vingt ans... Le couple voyage en même temps qu'un neurochirurgien réputé exerçant à Boston. Viennent aussi de leur côté un cardiologue de Dallas et un spécialiste londonien du cerveau. Tout cela en vain. Les médecins sont d'accord : il n'existe aucun espoir. Les dommages au cerveau sont irréversibles. Aristote demande qu'on débranche le respirateur. Toute la famille est présente. Christina et Fiona ne peuvent cacher leur désespoir. Les trois sœurs d'Ari prient ou pleurent. Aristote éclate en sanglots. Jackie, pour sa part, comme toujours, sait conserver son sang-froid dans ce genre de circonstances. D'autant plus aisément, il est vrai, que son beau-fils ne la portait guère dans son cœur. Lui qui répétait : « Je compte les secondes qui la séparent de son départ. » Après s'être gentiment efforcée de réconforter Fiona, Jackie, terriblement perturbée par la perspective d'un divorce, lui pose sans transition une question qui la laisse sans voix :

— Alexandre a-t-il dit quelle somme Aristote avait, dans ce cas, l'intention de me laisser ?

— N'est-ce pas à votre mari que vous devriez le demander ? lui répond-elle, choquée par l'attitude de son interlocutrice dans un tel contexte[24].

Sans doute la crainte obsessionnelle de Jackie d'être abandonnée sans un sou a-t-elle été la plus forte…

Après une messe funèbre célébrée à Athènes, Alexandre sera inhumé à Skorpios, à côté de la chapelle décorée de fleurs blanches. Il venait d'avoir vingt-quatre ans.

Aristote ne se remettra jamais de la disparition de son fils. Cet être dont la personnalité paraissait si forte, qui semblait n'avoir besoin de personne, dont l'énergie paraissait indestructible s'est subitement métamorphosé en un autre homme, un pauvre homme…

Il se persuade que la mort de son fils a été programmée par ses ennemis. Malgré les rapports qui établissent que l'accident est le résultat d'une inversion des commandes d'aileron, une simple erreur dans les réparations effectuées sur l'appareil quelques semaines plus tôt, il offre 20 millions de dollars à qui découvrira la « vérité ». « La vérité », c'est-à-dire à ses yeux la réalité d'un complot criminel. Il engage même un journaliste français, Jacques Harvey, pour enquêter sur l'accident. Il ne trouvera rien.

Jackie, il faut le reconnaître, fait tout pour aider Ari et pour apaiser sa douleur. Sa conduite semble répondre à des motivations simultanées : une réelle compassion pour lui, et la peur panique, si un divorce a lieu, de se retrouver sinon dans la misère, du moins sans les ressources capables d'assurer son train de vie habituel. Elle téléphone alors à Pierre Salinger. Elle compte sur lui et sa femme Nicole pour le réconforter.

— J'ai persuadé Ari de se reposer en faisant une croisière d'une dizaine de jours à bord du *Christina*. Mais il lui faudrait des amis avec lesquels bavarder à loisir. Ce qui pourra peut-être atténuer un pareil chagrin qui est en train de le détruire.

Les Salinger acceptent. Le *Christina* sillonnera l'Atlantique de Dakar à Trinidad à proximité du Venezuela. Pierre et Ari passeront des heures à discuter avec animation d'histoire et de politique, arpentant le pont, s'opposant quelque peu entre autres au sujet de Franklin Roosevelt, qu'Onassis déteste, évoquant la Seconde Guerre mondiale avec ses conséquences et mille autres sujets. Au terme du voyage, les Salinger peuvent s'imaginer qu'Ari, qui leur semble de bonne humeur, est vraiment sur le chemin de la guérison.

Ils se trompent.

Il boit de plus en plus. Il se soûle parfois, il devient vulgaire… et pitoyable.

Particulièrement irritable, il explose de colère à la moindre occasion, et les scènes de ménage éclatent à tout propos. Il crie, hurle, il lui arrive même de frapper Jackie au visage. L'œil dit « au beurre noir » qu'il lui laisse ainsi reste heureusement invisible de tous, grâce à l'habitude prise par son épouse de porter constamment de larges lunettes de soleil. Pour Aristote, la perspective de pouvoir ainsi se livrer impunément à ces brutalités et de frapper sa femme aussi souvent qu'il le désire le fait éclater de rire.

Il est blessé à mort. Quand il retourne à Skorpios, il se rend chaque soir, accompagné de son chien Vania, devant la tombe d'Alexandre et reste là des heures. Il se désole : n'a-t-il pas été trop sévère à son égard ? Quel sera le destin de cet empire financier qu'il a créé de toutes pièces et qu'il entendait lui transmettre ? Le voici contraint, faut de mieux, de le confier à

Christina. Il n'est guère rassuré mais n'a pas le choix. Alors il faudra qu'il la prépare à la gestion de son immense fortune. Dans ce domaine, ses capacités ne lui paraissent pas évidentes. Il est très inquiet.

Les jours passent. On pourrait croire parfois qu'Onassis est redevenu normal, peut-être même est-ce le cas, mais pour peu de temps. Il est continuellement en proie à des maux de tête. Que faire ?

Une nouvelle remplit soudain Jackie d'effroi : l'un des photographes de JFK, l'un des plus connus, Mark Shaw, vient de mourir de l'usage abusif d'amphétamines injectées par le Dr Jacobson, le fameux Dr Feelgood. Alerté, le bureau du procureur de l'État de New York veut à présent le radier de sa profession. Beaucoup plus grave encore, on commence à savoir que les Kennedy ont eu recours à ses services. Dieu merci, on n'imagine pas à quel rythme le couple présidentiel l'a fait. Ou, du moins, pas encore ! Comment réagira la presse si l'on découvre que la Maison-Blanche a pendant trois ans abrité un couple de drogués ? Jacobson devra comparaître au cours d'une procédure en révocation dès le 30 mai 1973. D'après David Heymann[25], Jackie va pouvoir rencontrer le médecin un peu avant cette date grâce à Chuck Spalding. Elle a hâte d'être rassurée sur les déclarations qu'il fera aux magistrats. Elle le sera : Jacobson lui promet qu'il ne trahira pas le secret médical et ne soufflera mot sur la Maison-Blanche. Il a dû, pour se défendre, engager un avocat réputé Louis Nizer. Mais il est cher. Il devra lui régler plus de 100 000 dollars d'honoraires dont il n'a pu encore verser la provision de 35 000 dollars qu'il lui réclame. Le pire est qu'il dispose de fort peu d'économies. Ce procès l'étrangle.

— Ne vous inquiétez pas, lui dit-on. Nous veillerons à tout cela.

Il repart, pleinement rassuré. D'autant plus que trois cents de ses patients ont témoigné en sa faveur.

Il a tort. Son procès ne se terminera que le 25 avril 1975. Condamné pour faute professionnelle, sous le coup de 48 chefs d'accusation, il est radié de l'ordre des médecins. Anéanti par ce verdict, il mourra cinq ans plus tard. Fidèle à ses engagements, il n'avait pas trahi son secret. Depuis l'entretien qu'il avait eu en mai 1973, il n'avait pourtant reçu ni le moindre subside ni même un mot de Jackie, lui qui avait si souvent accompagné le couple.

Ari refuse le secours des psychiatres. Son état moral ne s'améliore pas. Il est sombre et agressif, continue à boire avec excès. Ouzo, vodka ou whisky, tout lui est bon. Il se met en colère pour un oui ou pour un non, de plus en plus souvent. Il amène Jackie en vacances à Skorpios et lui fait vivre un véritable enfer !

S'il est arrivé à Ari – il avait tout essayé – d'avoir quelques aventures avec des jeunes gens – là encore il se référait volontiers à la Grèce antique –, à présent, il va dans ce domaine trahir l'égarement de son esprit par son étrange comportement. Si l'on en croit certains de ses gardes du corps de l'époque, l'un de ses meilleurs divertissements consiste à brutaliser et à battre systématiquement des jeunes gens d'une vingtaine d'années, à leur arracher des cris et à les faire ensuite mettre dehors par son personnel – que cette situation préoccupe d'ailleurs beaucoup[26].

Parallèlement à son équilibre mental, la santé physique d'Onassis semble se dégrader rapidement. Ses migraines sont encore plus douloureuses et fréquentes, son poids baisse à l'excès. Sans raison apparente, sa paupière supérieure gauche tombe sur l'œil, gênant considérablement sa vision. Si bien qu'en novembre 1973 il consulte un spécialiste. Celui-ci le place en observation au Lenox Hill Hospital – sous le nom d'emprunt de « Philipps ». Quelques jours après, le diagnostic tombe : il s'agit d'une myasthénie, maladie rare et évolutive qui se manifeste par l'affaiblissement des muscles, voire leur paralysie complète. Tous peuvent être atteints. Les médecins conseillent à Onassis de se faire opérer, sans pour autant pouvoir lui garantir la guérison. Il préfère s'abstenir. Alors il attache sa paupière à la base de son sourcil avec un petit rectangle de tissu adhésif clair pour la maintenir ouverte, et le retire le soir au coucher. Cette maladroite tentative de camouflage ne trompe pas les photographes qui bientôt diffusent dans la planète des clichés révélateurs. On s'imagine alors généralement qu'Onassis a été victime d'une attaque cérébrale dont ce serait une des séquelles.

Comment réagit Jackie ? Il ne semble pas qu'elle ait mesuré la gravité de son état. Elle n'hésite pas à l'emmener passer les fêtes du Nouvel An de 1974 au Mexique, à Acapulco. Cette destination, on le devine, ne plaît guère à Aristote : elle ne peut que lui rappeler la lune de miel que sa femme y a vécue avec son prédécesseur. Jackie fait pire encore : elle demande à Ari d'y acheter une belle villa à proximité immédiate de celle précisément où elle conserve ses souvenirs de jeune mariée. S'agit-il d'une provocation, d'un manque de tact poussé jusqu'à l'inconscience, d'une conduite de désespoir ? Comment savoir ? Onassis, ulcéré, répond par un refus catégorique.

On imagine ce que doit être l'atmosphère conjugale dans le jet privé qui, parti de Mexico, ramène le couple à New York le 3 janvier. Cris, hurlements, chocs sourds alertent les domestiques. Craignant le pire, ils s'apprêtent à intervenir… Le calme revenu, Onassis s'assied bien à l'écart de sa femme et décide de refaire son testament : Jackie, dans un moment de rage, vient de lui dire qu'« elle n'a rien à faire de son fric ».

— Eh bien, tu ne seras pas déçue, lui a-t-il répliqué du tac au tac[27].

Il limite considérablement les avantages prévus pour Jackie et ses enfants : une pension annuelle pour Jackie et une autre seulement jusqu'à leur majorité pour Caroline et John. Comme Jackie, au moment du contrat de mariage, avait déjà accepté de renoncer à la part d'héritage prévue par la loi grecque pour l'épouse du défunt, la plus grande partie de la fortune ira, sous ce prétexte, à Christina.

Comme il l'avait projeté, Onassis fait venir sa fille à Manhattan afin de l'initier à ses affaires, auxquelles d'ailleurs elle semble vraiment s'intéresser. La haine qu'elle éprouve pour la « veuve noire », ainsi qu'elle nomme Jackie, l'obsède prioritairement. À l'en croire, c'est elle qui apporte la mort autour d'elle comme elle l'a déjà amplement prouvé : John Kennedy, Bob Kennedy, la tante Eugénie, Niarchos, Alexandre... Quand cette sorcière, cet ange du Mal va-t-elle s'arrêter ? Christina ignore encore que très bientôt sa propre mère Tina va se suicider...

Et puis, estime-t-elle, avec quel mépris Jackie ne traite-t-elle pas le pauvre malade qu'est à présent, son père ! Elle multiplie les reproches envers Aristote : il ne sait pas se tenir pendant les repas, il ne boit pas son potage, il le lape – comme une bête –, il ne lève pas son coude de la table pour porter sa fourchette à la bouche. Il est aussi mal élevé, d'après elle, que sa fille qui laisse bien trop souvent son menton humecté de sauce.

— C'est répugnant ! s'exclame-t-elle.

Et elle finit par refuser de dîner à leur table.

Éduquée pour savoir maîtriser l'expression de ses sentiments, elle ne peut pas supporter de voir son mari les laisser paraître sans retenue. Trop souvent lorsqu'on évoque Alexandre, il sanglote, crie, se répand en imprécations contre les dieux, le destin, la société... Cela la révulse.

Onassis sent de plus en plus un abîme se creuser dans son couple. Il est décidé à divorcer, mais ses avocats le mettent en garde : cela risque de lui coûter des sommes monstrueuses – à moins peut-être qu'il parvienne à la faire surprendre avec un amant. Un adultère bien flagrant, voilà ce qui lui permettrait d'aborder la procédure en position de force. Il fait alors engager par Johnny Meyer un détective privé et installer un système d'écoute très performant. En pure perte hélas, car, à cette époque-là, elle se contente de dîners en ville avec quelques amis.

L'état de santé d'Onassis inquiète de plus en plus son entourage. Costa Gratsos en témoigne : « Il était devenu gris et il bredouillait à tel point qu'on avait beaucoup de mal à le comprendre[28]. »

Il s'arrange pour être le moins possible en compagnie de Jackie.

— J'en ai assez d'elle, confie-t-il à ses amis. Elle veut mon argent, mais pas moi.

En revanche, on le voit beaucoup plus souvent avec la Callas, auprès de laquelle il trouve quelque consolation. Elle lui rend – un peu – ce goût de vivre qu'il semblait avoir définitivement perdu avec son fils.

Quelque temps après, Onassis doit retourner à l'hôpital Lenox Hill pour de nouveaux examens. On doit prescrire de la cortisone – comme on le faisait pour JFK –, ce qui lui donne un visage curieusement bouffi alors qu'il a par ailleurs maigri d'une dizaine de kilos. Pendant son séjour à Lenox, Jackie se livre à des dépenses encore plus extravagantes que d'habitude. Elle rend quelques visites à son mari. Mais, un jour, éclate entre eux une dispute si violente qu'il finit par la mettre dehors. Elle ne reviendra plus.

On ne s'étonnera pas qu'au printemps il parte en croisière sans elle, mais avec Christina, pour prendre quelque repos. Il ne se doute pas qu'il s'agit de son dernier périple. Il sillonne cette Méditerranée si chère à son cœur. Faisant escale à Monte-Carlo, il invite à son bord le prince Rainier et la princesse Grace. Sombre et envahi par l'amertume, il se laisse aller à polémiquer avec le souverain, son ancien ami, revenant sur l'époque où celui-ci l'avait contraint à céder ses parts de la Société des bains de mer (SBM). Le prince avait d'ailleurs d'excellentes raisons pour le faire. Celui qui occupait la position dominante à la SBM n'avait-il pas du même coup la haute main sur la Banque de Monaco ? En tant que chef d'État, Rainier se devait de mettre un terme à cette situation de dépendance.

Le prince n'en voudra pas à Onassis de son accès de mauvaise humeur. Il aura d'ailleurs plus tard, le concernant, des propos qui sont tout à son honneur : « C'était très triste, confiera-t-il, et cela semblait presque une injustice du destin qu'un homme parvenu aussi haut doive vivre ses derniers jours, malade, et le cœur brisé, sur un grand yacht, avec, pour seule compagnie sa fille[29]. »

Jackie rejoindra quand même son mari en Espagne, à Madrid. Là-bas – est-ce pour faire croire à la presse, malgré les bruits qui courent, à une bonne entente entre eux –, elle l'emmène dans une boîte de nuit, danse avec lui et joue des castagnettes. Quelles peuvent être, en la circonstance, les pensées de chacun d'entre eux ? Quels sont les sentiments qui peuvent passer par leur cœur au milieu de la comédie qu'ils sont en train de jouer et de se jouer ?

Une fois revenus, les deux époux se voient très peu.

— Elle n'est jamais à l'endroit où je me trouve, se plaint Ari. Si je suis à Paris, elle est à New York, si je vais à Skorpios, elle va à Londres.

Il en est ainsi depuis longtemps, et Onassis ne cherche plus à ce qu'il en soit autrement. C'est cette situation qui semble l'avoir poussé au divorce. Plus sans doute que ses folles dépenses qui certes l'agacent au plus haut point mais ne sauraient mettre en péril son immense fortune.

Par ailleurs, il se désole de la vie désordonnée que mène sa fille. Pour s'étourdir, Christina fréquente une quantité de playboys plus attirés par son nom ou sa fortune certainement, que par son charme. Elle s'affiche avec le baron Arnaud de Rosnay, Thierry Roussel (laboratoires pharmaceutiques) ou Mick Flick (Daimler-Benz). Souvent en proie à des crises de dépression, elle fera le 16 août 1975 une tentative de suicide. Elle devra ensuite supporter la disparition soudaine de sa mère, Tina, qui, pour oublier la perte d'Alexandre, se bourrait de tranquillisants depuis des mois. On la retrouve morte le matin du 10 octobre à Paris, dans une chambre de l'hôtel de Chanaleilles, la belle demeure de Niarchos, son second mari. Pour Christina, aucun doute : l'influence maléfique de sa belle-mère n'y est pas pour rien.

Pendant ce temps-là, Jackie est toujours très active. Outre l'éducation de ses enfants, elle ne cesse de se passionner pour les arts. Elle écrit dans le *New Yorker* un article sur l'inauguration de l'International Center of Photography et son fondateur

Cornell Capa. Elle apporte un concours décisif à la Municipal Art Society pour empêcher ce qu'elle estime être un pur acte de vandalisme : la démolition de la fameuse gare de New York, la Grand Central Station, un monument « qui signifie tant pour tellement de gens depuis des générations ». Son propriétaire prétend le remplacer par un immeuble de bureaux de cinquante-cinq étages. La lutte durera trois ans, se poursuivant de tribunal en tribunal, elle sera victorieuse. Comme le souligna le directeur de la Société des arts municipaux, grâce à Jackie : « Ce n'était plus une simple bataille impliquant les New-Yorkais, mais les gens de tout le pays qui envoyaient des billets de cinq dollars et des lettres de soutien. »

Pour Onassis, tout va mal à présent. Après un long combat, le 15 janvier 1975, il perd le contrôle d'Olympic Airways. Cette prestigieuse compagnie qu'il dirigeait depuis vingt ans revient sous le contrôle du gouvernement grec. Il se sent découragé, humilié.

Son état physique se détériore. Il se sent fatigué sans raison précise, ses troubles d'élocution s'aggravent. Il ne parle plus, il bredouille, il souffre par périodes de vision double, ce qui l'angoisse. À New York, on s'imagine le soigner efficacement grâce à des injections de corticoïdes. Il croit alors pouvoir repartir pour Athènes, mais, à peine arrivé à Glyfada, il doit s'aliter. Le 3 février, il s'effondre, victime d'atroces douleurs à l'abdomen : la myasthénie semble avoir atteint l'ensemble des organes. À Manhattan, Jackie, aussitôt alertée, prend contact avec le cardiologue Isidore Rosenfeld. Elle l'emmène immédiatement avec elle à Athènes où elle trouve Ari entouré de ses sœurs. Christina arrivera par la suite. La famille d'Ari ne prend pas conscience de la gravité de son état, et Rosenfeld a quelque peine à lui faire admettre qu'il faut transporter le patient à l'hôpital américain de Neuilly, en France. Le Dr Jacques Caroli, médecin personnel d'Onassis, donne un conseil identique. Durant le trajet, Ari se montre résigné, « fataliste », comme il le déclare. Il ne trouve plus grand intérêt à l'existence et ne souhaite pas, dit-il à

Johnny Meyer, « vivre avec les fantômes d'Alexandre et de Tina[30] ». Il est prêt à « accueillir Thanatos », la mort.

À Paris, Christina, dont la haine qu'elle éprouve pour Jackie a atteint son paroxysme, préfère prendre une chambre au Plaza Athénée plutôt que de dormir, avenue Foch, sous le même toit que sa belle-mère. L'état d'Onassis empirant encore, il faut le 10 février lui extraire la vésicule biliaire. La convalescence est évidemment compliquée par la myasthénie : on doit le placer sous respirateur et lui injecter d'importantes doses d'antibiotiques. Alors que Christina et sa tante Artemis restent jour et nuit dans leur chambre contiguë à la suite du malade, dans l'aile Eisenhower, Jackie se rend chaque jour à l'hôpital mais ne s'y attarde pas. Elle ne peut s'empêcher de se livrer à de dispendieux achats, notamment chez Ungaro. Elle se rend parfois au cinéma sur les Champs-Élysées, ou à l'Orangerie. Elle ira trois fois au Louvre, paraît-il. Choquées par son attitude, les sœurs d'Ari – sans parler de Christina – tolèrent à peine sa présence et ne lui adressent quasiment plus la parole. Quant à la pauvre Maria Callas, éperdue d'angoisse, elle est mise à l'écart, et on répugne à lui communiquer la moindre nouvelle de l'homme qu'elle aime toujours.

La santé de son mari s'étant quelque peu améliorée, Jackie a hâte de revenir pour quelques jours aux États-Unis afin de retrouver ses enfants. Il lui est difficile de se passer d'eux. D'autant plus que Caroline, ayant travaillé à un documentaire télévisuel, allait bientôt le voir sortir sur le petit écran. Elle s'en faisait une fête, et Jackie se réjouissait de participer à sa joie.

Aussi n'écoute-t-elle pas les sages conseils du Dr Lax, son médecin, qui, consulté par elle, lui avait répondu :

— Jackie, le monde a les yeux fixés sur vous. Restez où vous êtes.

Le vendredi 7 mars, elle part cependant pour New York. Il est vrai que le médecin de Neuilly lui avait affirmé qu'elle pouvait s'absenter quelque temps, ce que confirmera d'ailleurs Johnny Meyer, dont le moins qu'on puisse dire est qu'il ne figurait pas parmi ses amis. Le lundi, elle téléphone des États-Unis à Artemis. L'état du patient est stationnaire, mais il est toujours sous respiration artificielle et dialyse. Elle va faire du ski dans le New Hampshire. Bientôt, l'état du malade se met à empirer. Il souffre d'une très grave pneumonie. On ne parvient pas à joindre Jackie pour la prévenir de cette brutale aggravation, si bien que, le samedi 15 mars quand, à 12 h 09, le cœur d'Onassis cesse de battre, c'est en présence de la seule Christina. Sa femme se trouve encore à New York, à cinq mille kilomètres de là... « Je crois qu'elle a profondément regretté de ne pas avoir été à ses côtés au moment de sa mort », dira Lee.

Dès qu'elle est prévenue du décès d'Ari, Jackie s'embarque pour Paris avec sa mère. Elle a demandé à Ted Kennedy de venir : il ne sera pas de trop pour l'aider à affronter la famille Onassis. Il la rejoindra plus tard avec Caroline et John.

Jackie débarque à Orly. Une foule de journalistes et de photographes l'attend. On constate qu'aucun des Onassis n'a daigné se déranger pour l'accueillir. La voici au sortir de l'appareil, en manteau de cuir noir, le regard dissimulé comme de coutume par ses grandes lunettes de soleil. Elle adresse à son public une sorte de sourire que d'aucuns jugent inconvenant en la circonstance, celui qu'elle accroche en permanence à son visage et derrière lequel elle s'abrite.

Devant la presse, elle prononce quelques mots qu'elle a griffonnés dans l'avion : « Aristote m'a secourue à un moment où ma vie était engloutie par les ombres. Il m'a conduite dans un monde d'amour et de bonheur. Nous avons vécu des moments merveilleux que je n'oublierai pas et pour lesquels je lui serai éternellement reconnaissante. »

Tout est dit de ce qu'il fallait dire, et fort bien. Nulle hypocrisie en fait dans ces propos : ils reflètent très fidèlement *sa* vérité. À l'issue de ces six ans et demi de mariage, c'est bien à ses yeux l'essentiel – les débuts de leur union – qu'elle a décidé de retenir. À l'exclusion de tout ce qu'elle a pu compter par la suite de déplaisant et même d'odieux ! Attitude parfaitement conforme à une règle de conduite dont elle ne se départira jamais : chasser impitoyablement de sa pensée tout ce qui dérange – événements ou personnes. Sagesse dure et pragmatique qui, certes, ne lui vaudra pas que des amis. Mais n'étaitelle pas la plus justifiable, s'agissant d'une existence comme la sienne, si constamment semée de tragédies. Ne lui fallait-il pas endosser une cuirasse ?

Cette philosophie lui sera singulièrement précieuse pour effacer de sa mémoire ce qui se passera lors des obsèques : lorsque, par exemple, derrière le cercueil d'Onassis, quatre femmes, Christina et ses trois tantes, repousseront délibérément sa veuve à coups de coude, la rejetant dans le corps du cortège – comme les photographes de presse en font foi. Et quand absolument aucun des membres de la famille et des amis ne voudra lui adresser la moindre condoléance.

Il faut reconnaître que, par comparaison avec les manifestations particulièrement ostentatoires de la famille grecque, sanglots, cris aigus, physionomies tordues par la douleur, le visage de Jackie – à laquelle on avait tout enfant appris à garder un sang-froid, très « Nouvelle Angleterre » – a pu apparaître comme une scandaleuse indifférence.

Tout aussi impassible avait été son visage lors des obsèques de son propre père, qu'elle adorait pourtant. Ou pendant celles de John, de Bob et de Joe Kennedy qu'elle avait tous perdus dans des conditions si atroces. Sans compter celle de son petit Patrick, mort deux jours après sa naissance.

Que son affliction lors des funérailles d'Onassis ait été modérée vis-à-vis d'un mari décidé à se séparer d'elle – et, pis encore, qui la battait – n'aurait rien en soi de choquant. Pas plus que le fait qu'elle ne soit restée que dix minutes, paraît-il, devant le corps d'Aristote, exposé dans la chapelle funéraire de l'hôpital de Neuilly. Mais le public ne connaissait pas les véritables relations du couple.

Le cercueil d'Onassis est transporté dans la soute du Boeing 707 d'Olympic Airways jusqu'à l'aéroport militaire d'Aktion, près d'Athènes, avec à son bord les membres de la famille et quelques proches. Puis le convoi se rend par la route jusqu'au petit port de Nidri, d'où il embarque sur des vedettes pour Skorpios. Là, le cercueil est placé dans un tombeau situé sur un côté de la chapelle, à l'opposé de celui d'Alexandre. La cérémonie, selon les vœux d'Onassis, est brève et sobre. Jackie retournera le mois suivant à Skorpios pour l'office orthodoxe en mémoire du défunt, quarante jours après sa mort... Pour la dernière fois.

Si la presse mondiale a largement rendu compte des funérailles d'Onassis, c'est bien plus encore à son héritage qu'elle espère intéresser les lecteurs, consciente à juste titre que tout ce qui concerne la fortune des riches ne peut que passionner le grand public. Elle le fait rêver en le transportant dans un univers inaccessible. Dans le cas présent, il sera comblé.

On s'imagine d'abord que Jackie va hériter de l'énorme fortune d'Onassis, que l'on évalue à juste titre à un milliard de dollars. On apprendra bientôt que les choses sont un peu plus compliquées. Car on ignorait que Jackie avait accepté au moment de son mariage de ne recevoir qu'une pension annuelle de 250 000 dollars plus une autre plus modeste pour ses deux enfants jusqu'à leur majorité. Il avait été également prévu pour elle 25 % du yacht *Christina* et 25 % de l'île de Skorpios. C'était bien peu par rapport à l'immense richesse dont Christina allait bénéficier. Pourtant, l'héritage allait être l'objet d'une bataille sans merci qui allait durer un an et demi.

Les choses avaient bien mal commencé : comme Alexandre, Christina avait toujours vu en Jackie non seulement une femme redoutable porteuse de mauvais sort mais aussi une créature indigne de son père que seule intéressait sa fortune. « Un vautour affamé prêt à se délecter de la chair de mon père », pour utiliser ses propres expressions. Ou : « Un vautour qui avait un regard de hyène [*sic*]. »

Plus tard, Ted Kennedy s'était montré d'une rare maladresse. Alors qu'il se trouvait avec Jackie et Christina dans la limousine du convoi funèbre qui venait de quitter Athènes, il avait dit à la fille du défunt :

— Et maintenant il va falloir vous occuper de l'avenir de Jackie[31] !

Christina, indignée par le moment choisi pour parler affaires, avait fait aussitôt stopper le véhicule pour se réfugier dans la voiture de ses tantes.

Quelques jours plus tard, la presse, et notamment le *New York Times,* apprend aux lecteurs que Christina a « donné des instructions pour que les affaires personnelles de Mme Kennedy-Onassis soient retirées de l'île de Skorpios et du yacht *Christina* ». On apprendra également qu'Onassis était sur le point de divorcer et que Jackie était terriblement dépensière.

Outrée, Jackie, sur les conseils de son avocat, Simon Rifkind, décide de contre-attaquer. Elle téléphone à sa belle-fille et exige un net démenti à propos des mauvais rapports qu'elle aurait prétendument entretenus avec Onassis et sa famille. Elle menace d'attaquer le testament, rédigé par son mari dans des conditions qui font douter de sa validité : il aurait dû être rédigé, d'après la loi grecque, en un seul lieu et d'une seule traite. Or, il avait été rédigé dans un avion en vol et, au cours d'une escale en Espagne, le couple était descendu prendre une collation dans l'aérogare.

Christina prend peur, et fait publier dans la presse une déclaration qui, bien que contraire à toute vérité, va apaiser Jackie, avant tout soucieuse de donner de sa vie une parfaite image :

« Mlle Christina Onassis est consternée par les échos publiés par la presse internationale au sujet de son père et de Mme Jacqueline Onassis. Ces bruits sont totalement infondés et elle les dément formellement. Leur mariage a été un mariage heureux, et toutes les rumeurs de divorce sont fausses. Les relations de Mlle Christina Onassis avec Mme Onassis ont été fondées sur une amitié et un respect mutuels et aucun différend financier ou autre ne les sépare. »

En fin de compte, après une bataille juridique acharnée et pour éviter une procédure interminable, les avocats de Christina proposent une transaction : une somme de vingt-six millions de dollars, dont six millions pour régler les impôts américains sur la succession. Jackie l'accepte. Christina dira plus tard qu'elle aurait donné dix fois plus pour être délivrée de sa belle-mère. Une « femme dangereuse » qui avait, prétendait-elle, « décimé deux familles », la sienne et les Kennedy.

« Dangereuse », Christina ne l'était-elle pas d'abord pour elle-même ? Malgré l'énorme fortune dont elle hérita, elle sembla s'acharner à démontrer que l'argent fait immanquablement le malheur de ceux qui en possèdent beaucoup. Trois mariages ratés dont celui qu'elle a contracté avec Thierry Roussel, une vie désœuvrée de noctambule, les drogues. On la retrouva inanimée dans sa baignoire à demi remplie.

Elle mourut pendant son transport à l'hôpital. Elle avait trente-sept ans…

V

Madame veuve Onassis

Jackie va donc inaugurer une nouvelle existence. Elle n'a que quarante-six ans. Bien des années s'offrent encore à elle... Son âge ne lui a rien fait perdre de sa beauté, de son allure. Certes, en 1975, elle est en pleine guerre juridique avec Christina, mais, quelle que soit l'issue de la bataille, elle est assurée de ne plus jamais avoir à subir les contraintes d'une dépendance financière constante comme cela avait toujours été le cas jusqu'alors. Avec tout ce que cette situation pouvait comporter d'humiliant et d'angoissant. Mieux encore, cette indépendance toute neuve sera celle d'une très riche New-Yorkaise – et, cette fois, du moins l'espère-t-elle, à l'abri des insupportables curiosités de la presse et du public.

Elle va pouvoir à présent acquérir une véritable identité. Jusqu'alors, elle se définissait surtout par rapport à un homme connu ou célèbre : elle était « la fille de Black Jack », « l'épouse du président des États-Unis », « l'épouse de l'homme le plus riche de monde ». Même si elle avait su prouver qu'elle était bien plus que cela – notamment avec JFK – il n'en restait pas moins qu'elle n'était jamais totalement perçue comme elle-même. Elle voulait cette fois y parvenir, mais ne savait pas comment. Rien ne pressait.

Elle s'installe dans sa nouvelle vie – relativement nouvelle d'ailleurs car, depuis deux ans environ, elle ne rencontrait plus beaucoup son mari. Il s'agit cette fois d'un autre état d'esprit, de la prise de conscience d'un statut différent. Elle a décidé de se mettre à son compte, de se retrouver.

À présent, elle peut consacrer davantage de temps à ses enfants. Elle aide John, quatorze ans, à faire ses devoirs et à apprendre ses leçons. Elle voit moins Caroline, dix-sept ans, qu'elle a mise en pension à la Concord Academy. Mais, chaque week-end, elle veille sur elle et se préoccupe à la fois de ses études et de son évolution psychologique.

Quelle vie Jackie mène-t-elle à Manhattan ? Le matin, la voici qui, comme d'habitude chaussée de baskets et vêtue d'un vieux survêtement, fait son « jogging ». Invariablement, c'est deux fois le tour de cette vaste pièce d'eau de Central Park, qu'on appelle « le Réservoir ». L'après-midi, elle enfourche sa bicyclette et parcourt à vive allure les allées du parc. Il y a aussi son yoga quotidien auquel elle s'adonne scrupuleusement un quart d'heure par jour. D'autre part, elle se rend trois fois par semaine à son club de gym, le Vertical Club, quatre fois chez sa psychanalyste, Nadine Eismann, une fois chez Lillian Biko, son acupunctrice shiat-su. N'oublions pas, au même rythme, Kenneth's, son coiffeur, qui la traite dans un salon particulier. Habile teinturier des chevelures, il n'a pas son pareil pour masquer les atteintes de l'âge dont au reste Jackie n'a guère eu à souffrir : à quarante-six ans, on lui en donnerait volontiers dix ou quinze de moins.

Malgré l'abondant personnel domestique dont elle dispose, Jackie n'hésite pas à se rendre au Gristede's de la 85e Rue Est pour y commander son épicerie, qu'elle se fait livrer, bien entendu. Elle va chercher elle-même ses gâteaux au fromage, ses gâteaux au chocolat ou encore ses truffes au chocolat dans des magasins réputés pour l'excellence de leurs produits. Elle peut aussi de temps en temps dévorer un hamburger, juchée sur un tabouret au comptoir de la cafétéria Leo's, avec ou sans son fils, sous les regards des clients qui n'en reviennent pas d'une telle simplicité de comportement.

Naturellement, elle n'a pas abandonné le shopping. Elle continue à fréquenter les boutiques de Madison Avenue et de la

Cinquième. Elle n'y effectue toutefois plus les dépenses insensées par lesquelles elle se signalait du temps de John et d'Aristote. Elle fréquente encore Valentino, puis l'abandonne ultérieurement pour Herrera, plus sage. Est-ce seulement parce qu'il s'agit cette fois de son propre argent qu'elle est devenue si raisonnable ? Sans doute, mais, surtout, elle a pris conscience de la vanité de ces achats compulsifs qui trahissaient moins ses véritables goûts que son mal-être, et sa crainte primitive de la pauvreté : ils n'ont plus leur raison d'être à présent. Sa cure psychanalytique l'y a assurément aidée.

Malheureusement, elle ne peut oublier que son image a été récemment altérée par tous les articles qui ont paru, stigmatisant son attitude jugée trop indifférente aussi bien pendant l'agonie d'Onassis qu'au cours de ses obsèques. Elle en est bien consciente et en est affectée.

Il y a pire : lorsqu'elle évoque son existence présente, elle se rend compte qu'elle lui pèse. Certes, elle va pouvoir quelque temps encore s'occuper de Caroline et de John qu'elle chérit, mais elle le sait bien, ils vont bientôt vivre leur vie et la quitter... Que lui restera-t-il d'autre que la routine de cette existence monotone de bourgeoise fortunée, rompue seulement par les week-ends consacrés à l'équitation dans le New Jersey ? Preuve de cette quasi-dépression ou du moins de cette sensation de vide à laquelle elle est en proie, elle en vient à négliger sa tenue. Chose stupéfiante, cette femme, mondialement saluée comme l'arbitre de l'élégance féminine se laisse aller parfois à sortir avec des ongles en deuil et une chevelure anarchique. Même – quel scandale – participant à un concours hippique, elle n'a pas eu l'idée d'ôter de son visage la crème de soins dont elle l'a enduit.

— Elle n'a pas cru devoir se donner un peu de mal pour de pauvres ploucs de notre espèce ! se plaint une cavalière concurrente, vexée.

Ce ne sont pas les quelques dîners que Jackie donne chez elle à New York – petits dîners à six ou huit – qui mettront un peu de sel dans son existence. Bien sûr, elle lit beaucoup, dessine, peint… mais tout cela ne suffit pas. Elle ne se voit pas mener cette existence jusqu'au moment où elle sera âgée et grand-mère. Il faut qu'elle fasse quelque chose.

Elle se consacre aux bonnes œuvres, aux nobles causes. Elle prête son concours à nombre d'associations charitables : son seul nom permet de collecter des fonds pour les déshérités. Et elle apporte souvent sa propre contribution financière.

Il n'empêche. Une tristesse diffuse l'a envahie. Elle se distrait comme elle peut. À l'une des nombreuses fenêtres de son appartement, on peut voir, sur un trépied, un impressionnant télescope grâce auquel elle examine non point les astres qui parsèment le ciel nocturne, mais plus prosaïquement les promeneurs de Central Park. Elle, qui a si souvent déploré d'être le point de mire d'un si grand nombre de journalistes, goûte à son tour aux joies de l'indiscrétion, joies d'ailleurs toutes relatives et dont elle aura vite fait de mesurer la futilité.

En juin et juillet 1975, elle décide de passer quelques semaines dans sa maison du complexe Kennedy à Hyannis Port, où elle lit le poète grec Kavafy, fait de longues balades sur les grèves environnantes et rend visite à Rose.

Rose… Voilà une femme qui peut la comprendre : n'ont-elles pas, toutes deux, perdu les trois hommes qu'elles aimaient, les mêmes, d'ailleurs : John, Bob et Joe ? Lors de leurs conversations, Jackie évoque particulièrement John. Douze ans après l'assassinat, elle ne parvient pas à en oublier les horribles détails. En revanche, se désole-t-elle, « je n'arrive plus à me souvenir avec précision du timbre de sa voix. Mais je suis encore incapable de regarder une photo de lui[1]. »

D'ailleurs, confiera-t-elle plus tard, chaque fois qu'elle retournera là-bas, elle aura le même choc : « C'était la seule maison où nous avions réellement vécu ensemble, passé beaucoup de temps avec nos enfants, où j'avais rangé tous les petits souvenirs de nos promenades dans les sentiers du cap Cod. Rien n'avait changé et les images du passé défilaient devant mes yeux. » Dès le premier séjour qu'elle fait à Hyannis Port après la mort d'Onassis, elle ne peut s'empêcher de se confier à Rose et, faisant allusion au souvenir de John, elle confesse :

— Ça fiche vraiment un coup, n'est-ce pas ?

Elle a peine à retenir ses larmes.

Émue par sa détresse, Rose lui téléphone le soir même, lui suggérant de faire quelques pas avec elle le long de la plage, parce que, lui dit-elle :

— Je ne veux pas que vous soyez toute seule et si triste ici.

Revenue à New York, selon ses amis, Jackie visiblement s'ennuie à mourir. D'autant plus qu'à ce moment-là John est en pension et Caroline partie pour Londres faire des études d'art...

Un jour Jackie déjeune avec son amie Laetitia Baldridge. Celle-ci, estimant que pour recouvrer son équilibre elle doit travailler, lui dit :

— Avec l'intelligence et la solide culture que tu possèdes, pourquoi ne pas te lancer dans l'édition ?

— Moi ? Quelle idée !

Mais la graine est semée dans son esprit. Elle qui aime tant les livres ne pourrait-elle pas découvrir de nouveaux sujets, recruter des auteurs, collaborer à la naissance de leurs livres ? Elle serait en somme l'accoucheuse de leurs ouvrages, voire quelque peu leur mère ; elle les élèverait, ils seraient ses nouveaux enfants puisque les autres, les vrais, allaient bientôt la quitter...

Fréquenter les écrivains serait autrement intéressant que de bavarder avec les membres de la jet-set, avec le pseudo-gratin de Manhattan, si souvent superficiel.

Il se trouve justement qu'elle connaît depuis vingt ans Tom Guinzburg, le président de Viking Press, un éditeur réputé. Elle lui fait part de son désir. Ils conviennent d'un déjeuner à Perigord Park, à Manhattan. D'abord surpris par la suggestion de Jackie, Guinzburg en discerne rapidement l'intérêt, se dit prêt à la recruter, exulte. Quelle aubaine ! Non pas qu'il prête à son amie des qualités éditoriales que rien de sérieux dans son passé ne peut laisser présager. Mais pour sa maison, quelle publicité ! Qui, démarché par l'ex-Première dame, sera assez insensé pour refuser les propositions de Viking Press. De grands personnages qui avaient jusque-là refusé d'écrire leurs Mémoires réviseront certainement leurs positions quand Jackie le leur demandera. Enfin, sait-on jamais, non dans l'immédiat, certes, mais dans quelques années, peut-être la veuve de Kennedy et d'Onassis consentira-t-elle à livrer ses propres souvenirs. En aura-t-elle des choses à dire ! Cette perspective est-elle si chimérique ? Cette femme, qui a la réputation d'aimer l'argent, méprisera-t-elle les millions de dollars qu'on lui offrira sans problème pour la publication de ses souvenirs ?

En attendant, on signe un contrat. Jackie devenue « conseillère éditoriale » recevra un salaire modeste, 10 000 dollars par an, et viendra quatre jours par semaine aux 625 Madison Avenue. Elle disposera de longues vacances d'été et d'horaires très souples, car elle tiendra sûrement quelque temps encore à s'occuper de ses enfants. Jackie entend tout de même le préciser : il ne s'agit nullement de faire semblant de travailler, afin de masquer son oisiveté ou de meubler le vide de son existence. Elle rassure Guinzburg.

— J'ai toujours voulu être auteur ou journaliste mais après la fac, j'ai fait… autre chose, dit-elle avec humour.

C'était vrai. Rappelons-le. Elle avait, adolescente, écrit des poèmes et des contes. Elle avait été, en 1953, journaliste au *Washington Times Herald* et collaboré avec John pour *Profiles in Courage*, publié l'amusant *One special Summer* et édité toute seule *The White House, an historical guide*, étape par étape, allant jusqu'au choix des caractères d'imprimerie.

Sur le plan strictement professionnel toutefois elle sait.. qu'elle ne sait rien et en tire les conséquences logiques :

— Quel est le grade le plus bas dans l'édition ? demande-t-elle à Guinzburg.

— Éditeur associé.

— Alors c'est celui-là que vous allez me donner.

Faut-il dire que quand, le 22 septembre 1975, elle arrive Madison Avenue, les employés de Viking se demandent ce que Jackie peut bien faire là. Elle n'est pas de leur monde. Appartenant à la plus haute société, accoutumée à fréquenter les grands de la planète, forcément snob, elle risque de se comporter mal avec eux.

En réalité, elle va tout faire pour qu'on l'accepte, allant chercher elle-même ses cafés à la machine, faisant la queue comme tout le monde pour utiliser la photocopieuse, bloquant la porte de l'ascenseur pour laisser aux autres le temps d'arriver. Bref, naturelle et non guindée comme on pouvait le craindre. Son assistante, Barbara Burn, se souvient d'elle à cette époque : « Avant son arrivée, le scepticisme dominait. Après quelques jour, nous avons été agréablement surpris de reconnaître en elle autre chose qu'une empaillée avec une drôle de voix. Elle n'avait rien d'une Antoinette-à-la-ferme et prenait très au sérieux son nouveau métier. Il a été vite prouvé qu'elle aimait travailler sur les manuscrits et les mettre au point. Elle avait l'œil pour ça et bossait dur. Lorsque chacun l'eut compris, elle s'est un peu détendue. »

Cependant, son excessive célébrité n'était pas sans poser quelques problèmes « On avait du mal, avoue plaisamment Barbara, à croiser une couverture de magazine aussi souvent dans les couloirs. » D'autre part, pendant les premiers jours, des dizaines de photographes se pressent à l'entrée de la maison d'édition.

Elle s'efforce de rester la plus simple possible. D'abord dans sa façon de se vêtir : des pantalons noirs, un sweater souvent beige, pas le moindre bijou. Son bureau ? Une table portant une machine à écrire, deux chaises, quelques classeurs, deux affiches au mur, rien de plus. Malgré tout, si elle porte au travail les vêtements de tout le monde, sa façon même de les porter, son allure, la distinguent terriblement des autres. Souvent, on la jalouse.

Quelles sont au juste ses activités dans ces premiers mois chez Viking ? Son ami Guinzburg lui enseigne les ficelles de l'édition. Elle manifeste de son côté un sincère désir d'apprendre. Elle rédige, dit son patron, des rapports de lecture « très drôles et pleins d'humour ». Mais, trop consciente de ses ignorances,

Jackie, au début, semble littéralement paralysée par sa timidité lors des réunions hebdomadaires d'éditeurs. « Elle ressemblait plus, dit l'un d'entre eux, à un poulet effrayé qu'à la veuve du président des États-Unis. »

Cependant, ce travail, si nouveau pour elle, lui est moralement tout à fait bénéfique. Eisenstaedt, un important photographe de *Life* qui avait déjà effectué des reportages sur elle, en témoigne : « Elle était plus belle, plus douce, plus détendue, plus naturelle que je ne l'avais jamais vue. Le sérieux de son travail la régénérait. Elle n'avait pas seulement rajeuni. Elle me semblait plus fraîche qu'à l'époque de l'élection de Kennedy... Dans son petit bureau de Viking Press, entourée de papiers et de piles de bouquins, elle avait l'air d'une gosse qui vient de finir ses études et tout excitée par son premier job[2]. »

Du reste, enchantée par sa nouvelle carrière, elle adore en parler : « Ce métier élargit nos connaissances, dit-elle, chaque livre nous entraîne le long d'un nouveau sentier. » Elle comprend aussi qu'une partie de son travail consiste à demander à tous ceux qui ont accès à un univers particulier s'ils ne connaîtraient pas quelque sujet qui mériterait d'être traité, ou telle personne dont les souvenirs vaudraient la peine d'être publiés.

Pendant les dix-neuf années qu'elle consacrera à son métier d'éditeur, Jackie fera bénéficier de ses conseils éditoriaux une soixantaine d'auteurs pour la publication d'une centaine d'ouvrages de genres extrêmement variés.

Sauf exception, les écrivains qu'elle édite se montrent très satisfaits de leur collaboration avec elle. L'un d'entre eux, le romancier Eugene Kennedy – auquel d'ailleurs elle n'est nullement apparentée – s'en explique : « Elle comprenait que les écrivains, exactement comme s'il s'agissait d'objets de porcelaine que l'on a mission de transporter, doivent être douillettement entourés et fermement soutenus dans le long voyage qui mène de la page vierge au jour de la publication. Son style était celui de l'encouragement – celui d'un entraîneur tirant la meilleure performance possible d'un coureur de fond[3]. » Tel autre se souvient : « Elle était consciente de ce que vous ressentiez parce qu'elle le ressentait elle-même et savait précisément quand et comment vous aviez besoin de son soutien. »

La romancière Elizabeth Crook, dont Jackie a édité deux romans, nous fournit d'intéressants détails sur sa manière de travailler, à la fois très précise et très directe : que de fois dans la marge de ses manuscrits elle note sans ambages : « Supprimez ! » ou « Coupez ! ». Autres exemples de sa façon d'intervenir : « Une bonne partie de la relation avec Kate et William est indigeste. Éliminez certaines de ses angoisses, leurs dialogues nunuches, son bavardage, etc. Bébé Samuel est tellement surdécrit qu'il vous dégoûterait des bébés… » Ou : « Cela est assez banal. Pourriez-vous retravailler ? » Ou encore : « Ne vous attardez pas trop sur le chien… Il y a trop de détails sur l'extrémité de sa queue[4] ! »

Parmi les projets qu'elle défend chez Viking, et qu'elle réussit à faire aboutir, il en est un auquel elle consacre beaucoup de temps, c'est *Remember the Ladies : Women in America, 1755-1815* de Linda de Pauw. Il l'intéresse particulièrement, parce qu'il traite de la condition des femmes dans la société américaine. À ce propos, elle rit lorsqu'elle apprend les confidences d'une Première dame de l'époque, et non des moindres : Martha, l'épouse de George Washington. « Ma vie est assommante, avoue celle-ci, je suis une prisonnière d'État ! » Ou encore, Georgetown est un « sale trou ».

— Ça n'a pas changé ! s'esclaffe Jackie, très amusée par cette similitude d'opinion qui se manifeste à travers les siècles chez elles deux.

Par ailleurs, Jackie, dont le goût pour les arts se manifeste depuis si longtemps, ne peut que se passionner pour ce que l'on appelle les « beaux livres », ces grands volumes luxueusement illustrés, auxquels les éditeurs consacrent un département spécial.

Aussi, quand une autre « grande dame », celle de la mode aux États-Unis, la célèbre journaliste, Diana Vreeland, vient lui proposer un livre consacré aux splendeurs de la Russie impériale aux XVIIIe et XIXe siècles, *In the Russian Style*, elle soutient ce projet avec enthousiasme. D'autant plus que la parution de l'ouvrage devrait coïncider avec une exposition organisée par Diana à l'Institut du costume du Metropolitan Museum of Art. Elle s'y donnera corps et âme, se rendant en Union soviétique avec le directeur du Museum, Thomas Hovine, pour examiner les collections russes. Malgré ses efforts, elle ne parviendra pas à rapporter les costumes du tsar Nicolas et de son épouse Alexandra. On lui permettra tout de même de revêtir le manteau de fourrure blanche à capuche de la tsarine.

Elle réussira à rapporter de magnifiques illustrations de ce voyage, et écrira la totalité du texte.

Alors que Jackie trouve depuis un an un authentique plaisir à travailler chez Viking, un incident éclate, qui va provoquer une rupture complète avec Tom Guinzburg et sa maison d'édition. En effet, elle apprend que Viking vient de publier un livre de Jeffey Archer, auteur britannique de best-sellers. Il s'agit cette fois d'un thriller intitulé *Shall we Tell the President*, qui fait de Ted Kennedy l'objet d'une tentative d'assassinat. Aussitôt après, le *New York Times* fait part de son indignation : « Tous ceux qui portent une responsabilité quelconque dans la publication de ce livre devraient être couverts de honte. » Sans être désignée nommément, Jackie se sent visée. Comment a-t-elle pu ne pas s'opposer à la publication d'un ouvrage qui, après la tragédie de Dallas, a le mauvais goût de développer un pareil sujet. Bien que Jackie ignorât le contenu du roman, Guinzburg, interviewé, insinuera le contraire. Selon lui, elle le connaissait, mais n'avait vu aucun inconvénient à ce que Viking en achetât les droits.

On conçoit sa fureur. Pour qui allait-on la prendre ?

En automne 1977, elle démissionne. Elle aura travaillé deux ans chez cet éditeur…

Pendant ce temps, sa vie privée sera émaillée d'événements de toutes sortes. Si elle s'était imaginé que la presse la laisserait tranquille, elle s'était lourdement trompée : on l'appelle à présent Jackie O. *, on épie ses faits et gestes avec plus d'acharnement encore que par le passé.

Certes, cela semble normal lorsque, en 1976, par fidélité aux Kennedy, elle soutient à Madison Square Garden son beau-frère, Sargent Shriver, qui brigue l'investiture du Parti démocrate à la vice-présidence des États-Unis **.

Cela l'est moins lorsque la moindre de ses sorties – courses ou dîners en ville – est épiée. On lui prête alors de multiples liaisons, avec presque tous les hommes en compagnie desquels on l'aperçoit. Or, nombreux sont ceux qui sont fiers de l'« escorter ».

Très vite, après la mort d'Onassis, on parle d'Adnan Khashoggi, un milliardaire saoudien, avec lequel elle aurait eu « un mariage secret » – d'autant plus secret qu'il n'a jamais existé. On évoque aussi le chirurgien Christian Barnard, le pionnier de la greffe du cœur, ou encore le directeur de la NBC, la fameuse chaîne de télévision, Karl Killingsworth...

Plus sérieusement, il semble que Jackie ait eu avec Sinatra une brève liaison. On sait que John Kennedy, alerté par Bob, s'était éloigné de lui parce que son nom était trop associé à ceux des caïds de la mafia. Ils s'étaient brouillés. Il y avait cependant des années de cela ! Jackie se souvenait que les deux hommes avaient pendant si longtemps entretenu des rapports si amicaux... Le crooner et Jackie évoquèrent avec émotion l'heureuse époque, s'attendrissant sur un passé révolu. Il leur eût été impossible de se montrer sans attirer une foule de photographes dont les clichés viendraient envahir les magazines populaires. On vit sortir Sinatra du 1040 Cinquième Avenue à des heures qui laissèrent supposer des relations dépassant le cadre d'une simple amitié. Cette idylle n'avait duré qu'un instant. À croire que Jackie « essaie les hommes comme elle essaie

* Allusion malicieuse au roman érotique *Histoire d'O.* de Pauline Réage.

** Il s'agit des élections dont le vainqueur sera le démocrate Jimmy Carter, qui succède ainsi à Gerald Ford, et sera le président des États-Unis de 1976 à 1980.

les vêtements », pour reprendre les spirituels propos de l'une de ses rivales.

Plus durable est la liaison qu'elle entretient à partir de décembre 1976 avec Peter Hamill, romancier titulaire de la rubrique mondaine du *New York Daily News.* Contrairement aux habitudes de Jackie, son choix s'est porté sur un homme de quarante-deux ans, de quelques années plus jeune qu'elle donc. Divorcé et père de deux enfants, il est en froid avec sa compagne, l'actrice Shirley MacLaine, qui vient de refuser de l'épouser. Pendant plus d'un an, Peter et Jackie sont inséparables et ne s'en cachent pas, se montrant dans les bars, cafés, restaurants, riant, se parlant à l'oreille. Jackie paraît « fascinée par Hamill dont elle boit les paroles », se rappelle l'un des témoins de leurs sorties en commun. Ajoutons que, professionnellement, Hamill était fort intéressant pour Jackie. Il n'était pas seulement un bon romancier, il connaissait une foule de jeunes écrivains au talent prometteur qu'elle pourrait éventuellement faire publier par sa maison d'édition.

Se montrer avec Jackie ne comportait pas que des avantages, on l'a vu. Mais le couple n'entend pas se priver des agréments du New York nocturne, restaurants et bars à la mode, comme P. J. Clarke's ou Top of the Tower. Il doit alors en subir les inévitables conséquences. Le 17 novembre 1977, au restaurant O'Neal's Balloon, où Hamill – que l'on appelle parfois M. Jackie n° 3 –, donne un cocktail à l'occasion de la sortie de son roman *Flesh and Blood,* les invités jouent des coudes. Certains même, avec une incroyable grossièreté, se donnent des coups de pied pour parvenir à s'approcher de Jackie. C'est une véritable mêlée de rugby. Ne parlons pas des photographes de presse qui grimpent sur des chaises, voire sur les épaules les uns des autres pour ne pas rater leur cible. On doit, en hâte, fourrer Jackie dans un taxi. Elle n'en peut plus.

Fort heureusement, les amoureux se rencontrent aussi dans de meilleures conditions : ainsi à Hyannis Port où Jackie invite

Peter avec l'une de ses filles, qui fait elle-même la connaissance de Caroline.

L'idylle s'achèvera d'une triste façon. Avant de passer au *Daily News,* Hamill écrivait pour le *New York Post.* Il se trouve qu'en 1968 il y avait écrit un article où il attaquait violemment Jackie, à la suite de son mariage avec Onassis. Puis, jugeant lui-même qu'il s'était montré trop désagréable, il en avait rédigé un second, moins déplaisant. À présent, c'est à propos de lui que l'on jase beaucoup. Il est considéré comme le nouveau *boy-friend* de Jackie. Rupert Murdoch, le célèbre patron du *Post,* sans le moindre scrupule à l'égard d'un homme qui avait quitté son journal, décide de publier son premier article – qu'il a retrouvé dans les archives de la publication. Le texte paraît dans la rubrique mondaine, en quatre jours successifs, sans nom d'auteur, mais chaque fois avec ce seul titre en capitales : QUI A ÉCRIT ÇA ? Or, ledit article n'est d'un bout à l'autre qu'un tissu de méchancetés. L'auteur soutient que Jackie a soigneusement cultivé son statut de veuve, insinuant que c'était pour elle une bonne affaire. Il juge scandaleuses ses dépenses en matière de toilettes, alors que tant de « pauvres hères d'Amérique latine ne possèdent d'autres vêtements que ceux qu'ils portent sur le dos ». Enfin, il ose écrire qu'« aucune courtisane n'a jamais réussi à vendre ses faveurs pour un prix aussi élevé ».

Le cinquième jour, l'article ayant été intégralement publié, le *Daily News* reproduit une photo de Jackie avec Hamill, révélant que l'auteur du texte n'est autre que son nouvel ami...

Hamill téléphone aussitôt à Jackie, tentant de se justifier, évoquant les « circonstances ». Jackie le rassure et lui dit qu'elle n'en veut qu'à « l'ignoble Murdoch ». Quelles « circonstances » peut bien invoquer Peter ? Rien ne le contraignait alors à hurler avec les loups. Ne pouvait-il pas, comme quelques-uns le firent, prendre sa défense ? Il fallait qu'elle tînt beaucoup à lui pour continuer à le fréquenter encore quelque temps au lieu de rompre immédiatement avec lui. Pouvait-elle véritablement lui pardonner d'avoir écrit ces phrases ? Les exigences du journalisme ne justifient pas tout. Leurs relations se refroidissent et, lorsqu'ils se rencontrent ensuite, elle ne lui adresse plus que quelques mots...

À cette époque, le hasard met sur le chemin de Jackie un homme qui ressemble étrangement à Bobby, son beau-frère. Est-ce cette particularité qui provoque son intérêt pour lui ? Toujours est-il qu'elle en tombe amoureuse. Il s'agit de Peter Davis, producteur de documentaires âgé de quarante-et-un ans. Il avait vécu, à l'instar de Jackie, une tragédie personnelle : marié à Johanna Mankiewicz, nièce du célèbre réalisateur d'Hollywood, celle-ci avait été écrasée par une voiture folle en essayant de sauver son enfant. Peu de temps après leur rencontre, Jackie loue un avion qui les emmène tous deux à Hyannisport où ils s'enferment quatre jours. Pendant plusieurs mois, Davis passe ses nuits au 1040 et ses week-ends avec sa maîtresse au cap Cod. Puis, soudain, chose étrange, cette passion s'éteint comme elle s'était allumée : vite, très vite. On ne les voit plus ensemble.

On a évoqué plus haut la personne de Shirley MacLaine, ex-compagne de Peter Hamill. Il faut encore parler d'elle à propos de son jeune frère, car il deviendra après Davis l'amant de Jackie : Warren Beatty*. Shirley, avant d'adopter le nom de sa mère, était elle-même une Beatty. Warren, très bel homme, acteur à la prodigieuse carrière – on se souvient, entre autres films, de *Bonny and Clyde* –, est alors connu pour une carrière parallèle tout aussi spectaculaire, celle d'un don Juan à l'impressionnant palmarès : Joan Collins, Natalie Wood, Leslie Caron, Julie Christie, la chanteuse Carly Simon, Joni Mitchell, Diane Keaton et des dizaines d'autres. Il était déjà un familier des Kennedy. Il avait aidé politiquement son ami Ted à récolter des fonds pour sa candidature. Les deux hommes s'étaient partagé

* Acteur et réalisateur américain né en 1937 surnommé le « Magicien d'Hollywood » parce qu'il réussit tout ce qu'il entreprend.

les faveurs de plusieurs jeunes femmes. Que Beatty ait tenu à ajouter l'ex-Première dame à la liste de ses conquêtes n'a rien qui doive nous étonner.

Rien de surprenants non plus si, de son côté, Jackie n'avait pas dédaigné l'idée d'avoir une aventure avec le plus bel acteur d'Hollywood. Cette sorte de conquête réciproque n'avait rien en elle-même qui justifiait qu'elle se traduisît par une liaison durable. Elle était à l'évidence fondée de part et d'autre sur un certain esprit de compétition plutôt que sur la profondeur de sentiments partagés. Il semble, par ailleurs, que Warren Beatty n'ait pas respecté le minimum de discrétion que Jackie était en droit d'attendre d'un galant homme, défaut qui, à ses yeux, était totalement impardonnable. Cette relation fut donc de courte durée.

Ces quelques liaisons qui ont suivi la disparition d'Onassis attestent peut-être chez Jackie du désir de liquider un passé conjugal trop décevant. Pour la première fois, au fond, la voilà autonome ; il lui est entièrement loisible de faire ce qu'elle désire. Libre des liens conjugaux, délivrée, grâce à sa fortune, de toute préoccupation sur son avenir, elle va pouvoir explorer enfin le fond de sa propre nature. Qui est-elle ? Que veut-elle ? Que refuse-t-elle ? Où en est-elle dans ses rapports avec les hommes ? Et avec la société en général ? Instinctivement, elle s'est sentie tentée par ces expériences qui allaient lui apporter ce bien essentiel : se connaître elle-même. Ainsi serait-elle en mesure d'atteindre une sérénité qu'elle n'avait pas encore connue.

À la fin de 1977, après avoir rompu avec Guinzburg et Viking, Jackie se trouve sans emploi. Elle compte bien se remettre à travailler. Il se trouve que son amie, Nancy Tuckerman, officie au service publicité des éditions Doubleday, célèbre maison new-yorkaise. Curieusement, tout va se passer comme pour Viking : Jackie connaît depuis des années John Sargent, le patron de Doubleday. C'est l'un de ses amis. Elle n'aura même pas à le solliciter. C'est lui qui prend l'initiative de lui proposer un engagement. Ils négocient à l'amiable un contrat qui lui laisse beaucoup de liberté. Elle sera éditrice associée et recevra 20 000 dollars par an pour trois journées hebdomadaires de travail : du mardi au jeudi, elle se rendra chaque matin au 245 Park Avenue un peu au nord de Grand Central Station. Elle précise qu'elle « tient absolument à ne jouir d'aucun privilège. Sur ce point, on la satisfera. Quand John Sargent la prévient que son bureau ne bénéficiera pas de la lumière du jour, elle lui répond en riant :

— Ça ne fait rien, John, j'ai un tas de fenêtres chez moi, ça me changera !

Tout se passe exactement comme quand elle a débuté chez Viking. Le fait qu'elle s'appelle Jackie Kennedy pose une foule de problèmes tant à elle-même qu'à ses collègues. Et sa timidité foncière qu'elle s'efforce de dissimuler n'arrange rien. Lors des conférences de service, lorsqu'il s'agit de présenter les projets dont elle s'occupe, une bouffée d'angoisse l'envahit, elle demande tout bas à sa voisine comment elle doit procéder. Elle ne sait que dire, comme si elle n'avait jamais travaillé dans l'édition. Il en sera ainsi pendant les six premiers mois au moins. Elle sent ou croit sentir que l'on va la juger sur les moindres mots qui sortiront de sa bouche de femme célèbre et que l'on va être terriblement déçu. La perspective de ne pas être « à la hauteur » la paralyse. Malgré tous ses efforts pour s'effacer, personne dans la maison ne parvient à la considérer comme une employée parmi d'autres. Un éditeur de la maison auquel elle a demandé du feu lui tend une pochette d'allumettes, mais s'aperçoit, trop tard, qu'elle est ornée d'un portrait de John Kennedy… « Quelle horreur ! se dit-il, et quand on pense que des choses de ce genre doivent se produire sans arrêt ! Comment pourrait-elle avoir des relations normales avec le reste de l'humanité[5] ? »

Un auteur, venu chez Doubleday, voit soudain apparaître Jackie et imagine le choc que ressentent les employés, lorsqu'elle surgit dans leur bureau. « Vous êtes en train de travailler, complètement absorbé par votre tâche et, tout d'un coup, vous vous trouvez face à face avec le mont Rushmore* ! »

Finalement, Jackie parviendra à exercer son métier à peu près normalement. Durant les seize années qu'elle passera chez Doubleday, elle publiera soixante-treize ouvrages. Elle en aurait sorti bien davantage si tous ses projets avaient abouti, mais, comme il est habituel, le comité éditorial ne les acceptait pas tous. Cependant, elle ne lâchait pas prise pour autant et n'hésitait pas à adresser les auteurs qu'elle n'avait pas réussi à imposer à d'autres maisons, auxquelles elle les recommandait chaudement.

Chez Doubleday, Jackie avait, à côté de ses partisans, des employés qui la critiquaient assez méchamment. Faut-il ajouter que l'envie n'était pas toujours absente de leurs motivations ? Jackie ne touchait-elle pas un salaire entier pour un travail qui était presque à mi-temps ? Et elle faisait ce qu'elle voulait. Qui eût osé lui donner des ordres ? En outre, « elle n'en faisait pas lourd ! », murmuraient certains. Des assistants comme Ruy Robarts, des secrétaires comme Kathy Bayer se chargeaient, selon eux, des tâches les plus désagréables. Certes, on se rendait bien compte qu'elle avait été engagée pour son nom, ce nom qui, par sa seule magie, équivalait pour Doubleday à des millions de dollars de publicité. On le lui pardonnait difficilement. Des listes de ses gaffes et naïvetés circulaient dans les bureaux. Lorsqu'elle prétendait vouloir être traitée comme une simple citoyenne des États-Unis, était-elle sincère ? disait-on. Un jour alors qu'elle prenait l'ascenseur, elle se trouva en présence de Sophia Loren qui préparait alors pour Doubleday un livre de cuisine. Dès que ses collègues eurent reconnu la star italienne, ils abandonnèrent Jackie qui, paraît-il, sortit furieuse de la cabine une fois arrivée à son étage.

Ce qu'on lui reprochait également, c'était d'avoir érigé une cloison étanche entre son milieu professionnel et sa vie privée. Si, au restaurant ou au théâtre, des gens de Doubleday la

---

* Immenses rochers sculptés représentant les présidents des États-Unis, Washington, Abraham Lincoln, etc.

rencontraient avec des amis, inutile de la saluer, elle les regardait comme si elle ne les avait jamais vus, même si dans les bureaux, quelques heures auparavant, elle s'était montrée absolument charmante avec eux. Certains de ses interlocuteurs, trop conscients d'avoir affaire à une célébrité, et croyant devoir s'adresser à elle en tant que telle, étaient vite déroutés. Une barrière infranchissable se dressait alors entre eux. Inutile de poursuivre la conversation. Elle se refermait d'une manière aussi glaciale que terrifiante. Il était pourtant bien difficile d'oublier qui elle était…

La plupart des auteurs l'appréciaient et n'avaient qu'à se féliciter de ses judicieux conseils. Mais l'un d'entre eux lui reprocha tout de même de ne lui avoir demandé aucune modification dans son texte, lui adressant au contraire quantité d'éloges. De là à conclure qu'elle ne servait pas à grand-chose… c'est ce qu'estimait plus ou moins Don Cook, l'auteur d'un ouvrage intitulé *The Men and History,* portrait de grands hommes d'État contemporains, comme de Gaulle ou Willy Brandt.

Heureusement pour elle, à cette époque, Jackie a en définitive plus de partisans que de détracteurs. Elle réussit à créer d'authentiques liens de camaraderie avec ses collègues. Elle rit facilement, se livrant, comme elle le faisait déjà depuis l'adolescence, à d'irrésistibles imitations des snobs qui viennent la voir. Elle s'assied sans façon sur le sol pour y étaler les photos qui illustreront les livres dont elle s'occupe. Elle distribue des cuillerées de sirop pendant la saison des rhumes. « Pour nous tous, elle était une sorte d'incarnation maternelle », dira son assistant Scott Meyers.

Si l'on dresse la liste des ouvrages que Jackie a fait éditer depuis ses débuts à Viking jusqu'à la fin de son existence – car elle n'a dans ce domaine jamais pris sa retraite –, on est frappé par l'extrême diversité des genres auxquels elle s'est intéressée : documents ou essais, romans, biographies – comme celles de Marie-Antoinette ou de Nicolas II –, Mémoires –

de la chorégraphe Martha Graham, par exemple ou de Michael Jackson (*Moonwalk*, 1988). Plusieurs de ces livres deviennent des best-sellers. Quoi d'étonnant si, en 1986, lorsque le plus grand éditeur allemand, Bertelsmann A. G., rachète Doubleday, il ne se contente pas de garder Jackie, il augmente significativement son salaire.

Si Jackie consacre une bonne partie de son temps à l'édition, ce sont néanmoins ses enfants qui auront été jusqu'à ses derniers moments au centre de son existence. À la mort d'Onassis, en mars 1975, Caroline et John ont bientôt respectivement dix-huit et quinze ans. Ils traversent alors une période toujours délicate chez les adolescents, Jackie en est bien consciente. En septembre 1975, Caroline, sortant de Concord Academy, estime indispensable – en plein accord avec sa mère – de quitter le confortable milieu familial pour élargir son horizon. Elle va passer l'année 1975-1976 à Londres, où elle suit les cours d'histoire de l'art organisés par Sotheby's. Jackie approuve ce cursus avec sagesse. « Comme elle va avoir de l'argent, se dit-elle, elle s'en sortira mieux si elle a le bon goût de ne pas le gâcher. » En octobre 1975, la jeune fille loge d'abord dans le quartier de Westminster chez Hugh Fraser, un membre conservateur de la Chambre des Lords, adversaire acharné de l'IRA. Il a une fille du même âge que Caroline. Malheureusement, devant la demeure des Fraser se produit un incident qui aura failli ajouter une sanglante tragédie à celles déjà vécues par Jackie. La Jaguar, dans laquelle Fraser s'apprête à conduire Caroline à son cours, explose. Elle est alors à l'arrêt et vide de tout passager, mais un passant, qui promenait son chien, est tué. Il s'agissait d'un attentat de terroristes irlandais visant le parlementaire. La bombe, placée sous les roues, était minutée et prévue pour exploser à une heure fixe. Caroline y a échappé par miracle : le coup de téléphone inattendu d'un camarade, en retardant son départ, lui a sauvé la vie.

Ce seront les Radziwill dorénavant qui hébergeront l'étudiante. Elle fera à Londres de fructueuses études.

Cela dit, elle ne se montre pas aussi docile que sa mère, passablement autoritaire, l'eût souhaité. Elle refuse obstinément que l'on fête pour ses dix-huit ans son entrée dans le monde et qu'elle devienne cette traditionnelle « débutante » que Jackie avait accepté d'être en présence de sa famille radieuse. N'avait-elle pas été alors élue « débutante de l'année » ?

Jackie n'a pas tort de se montrer attentive et de se faire quelque souci à propos de ses enfants. Déjà, John, âgé de douze ans, avait été surpris au Madison Square Garden en train de siroter du whisky avec un camarade de classe. À quinze ans, lors des obsèques d'Onassis, était-ce pour se consoler de la mort qu'il s'était mis à boire au goulot la bouteille de Johny Walker Black Label de son beau-père ? Sans compter que, dès l'âge de douze ans, durant ses études secondaires, il avait déjà commencé à fumer de la marijuana dans son école et même chez lui dans une salle de bains. Et aussi, pour être plus tranquille, sur le toit de l'immeuble.

Jackie veillait surtout à préserver ses enfants de l'influence néfaste qu'aurait pu exercer sur eux le clan Kennedy et, tout particulièrement, les enfants d'Ethel. Après l'assassinat de Bob, leur père, ils grandissaient, couverts d'argent certes, mais moralement abandonnés à eux-mêmes par une mère dépressive. Lorsque Ethel invita Caroline et John à passer deux semaines à Hickory Hill, Jackie refusa tout net. Le triste destin des enfants de Bob lui donna raison : deux d'entre eux, en particulier David et Robert Kennedy, étaient depuis longtemps d'irrécupérables drogués. David mourut en 1981 d'une overdose.

Jackie avait très tôt cru déceler chez John un je-ne-sais-quoi d'efféminé et d'indolent qui l'inquiétait.

— Pourvu qu'il ne devienne pas homosexuel ! s'était-elle écriée.

Aussi veut-elle, ce qu'elle appelle, « l'endurcir ». Dès ses huit ans, elle lui fait donner des leçons de boxe par un de ses gardes du corps. Si bien qu'il devient quelque peu bagarreur : il casse le nez d'un camarade qui ne cesse de l'appeler du prénom ridicule de John-John, ou bombarde les passants de bouteilles vides de Pepsi-Cola. Sa mère l'envoie alors, dès l'âge de treize ans, effectuer un « stage de survie » de vingt-six jours dans le Maine, puis un autre de plus de deux mois au Kenya, qui se révélera dangereux pour le petit groupe de garçons et de filles dont il faisait partie. S'étant perdu dans la brousse, il devra être recherché par les indigènes, les guerriers massaï.

D'autre part, les résultats scolaires de John sont médiocres, ce qui déçoit beaucoup Jackie. D'autant plus qu'elle élève ses enfants dans le culte de leur père : il faudrait au moins qu'ils ne se révèlent pas trop indignes de son image. Le pauvre John Jr se sent écrasé par la comparaison que l'on fait – et qu'il fait – entre lui-même et JFK. Il sent plus ou moins qu'on le juge à cette aune. D'ailleurs, à l'inverse de sa sœur, il ne se souvient guère de ce père dont on lui parle tant. Il n'avait pas trois ans quand il a disparu, alors...

En septembre 1976, Caroline, très bonne étudiante, s'est inscrite à Radcliffe (Harvard). Elle en sortira diplômée en beaux-arts en 1980.

John Jr entre à la Phillip's Academy à Andover, dans le Massachusetts. Il en sortira trois ans plus tard pour s'inscrire non pas à Harvard, où le mythe Kennedy est si prestigieux qu'il s'en trouverait écrasé, mais à la plus modeste Brown University. Il y obtiendra en 1983 un diplôme d'histoire.

Alors que sa sœur, en 1980, travaillait au département audiovisuel du Metropolitan Museum of Art, John Jr, pendant ses études à Brown University, ainsi que dans l'établissement précédent, se livre pleinement à une passion qu'il s'est découverte : celle du théâtre. Il veut à tout prix devenir comédien.

— Il n'en est pas question, réplique brutalement Jackie lorsque son fils lui parle de sa vocation.

Et elle poursuit :

— Achève tes études à l'université et, ensuite, fais tout ce que tu voudras de ta vie. Mais comédien, non ! Jamais[6] !

Aux yeux de sa mère, qui pourtant aime les arts, ce métier n'est pas digne de lui. L'un des condisciples de John l'explique : selon Jackie, un fils de Kennedy, par tradition, se doit à l'intérêt général. Alors que le métier de comédien, lui, est surtout narcissique.

John a beau jeu de répliquer que faire connaître les beautés de Shakespeare à un vaste auditoire sert aussi bien l'intérêt général, rien n'y fait : Jackie n'en démord pas.

Pendant plusieurs années, malgré ce désaccord, John joue dans quantité de pièces. Jackie, en mère compréhensive, mais sans avoir changé d'avis, assiste aux spectacles et applaudit son fils. Il se produit aussi bien dans une comédie musicale comme *Oliver* que dans des pièces plus ambitieuses telles que *The Comedy of errors*, *The Tempest* de Shakespeare, ou *Volpone* de Ben Jonson. Il joue aussi le personnage interprété par Jack Nicholson dans *Vol au-dessus d'un nid de coucou*. Et bien des critiques déclarent qu'il a l'étoffe d'un grand comédien…

Sa mère aurait-elle, par son intransigeance, tué dans l'œuf une brillante carrière théâtrale ? Ou s'agissait-il chez le garçon d'une de ces passions passagères dont il ne reste plus, quelques années après, qu'un sympathique souvenir. C'est cette thèse qu'a soutenue plus tard John Jr, interrogé sur ce point. Mais, vu l'amour qu'il portait à sa mère, pouvait-il s'exprimer autrement ?

Assez curieusement, il n'y eut qu'une seule personne qui osa s'opposer – inutilement – à Jackie et conseiller à John de poursuivre dans sa voie. Ce fut Rudolf Noureev, un ami des deux sœurs Bouvier, qui lui dit assez brutalement :

— Montre que tu es un homme, fais donc ce que, toi, tu as envie de faire !

Mais John, comblant les vœux de sa mère, finit par s'inscrire à la faculté de droit (Law School) de l'université de New York. Après avoir obtenu son diplôme, il échoue deux années de suite à l'examen du barreau, ce qui lui vaut dans la presse des remarques moqueuses qu'il a l'esprit de ne pas prendre au tragique. « Je suis très déçu, bien sûr, dit-il tranquillement aux journalistes qui le harcelent. Mais, vous savez, si Dieu le veut, je reviendrai en juillet et je finirai par l'avoir, ce foutu examen. À moins que je ne l'aie à la fois suivante, ou même quand j'aurai quatre-vingt-dix ans. » Et il fait cette remarque touchante : « Il est évident que je ne suis pas un petit génie, mais j'espère que la prochaine fois que vous, les gars, serez ici, ce sera un jour heureux. »

À vrai dire, ce grand et beau garçon brun d'un mètre quatre-vingt-dix, faisant sans cesse la couverture des magazines et baptisé par *People* « l'homme le plus sexy de l'année » en 1982, ne parvient guère à s'intéresser véritablement aux problèmes juridiques. Il n'a abordé ce genre d'études que pour faire plaisir à sa mère. Il n'a, avec le théâtre, qu'une autre passion, celle du sport, de tous les sports, ou peu s'en faut : aviron, yachting, ski nautique, natation, rollers, bicyclette, équitation, course, tennis... Central Park lui permet d'en pratiquer quelques-uns, mais il fréquente aussi les salles de musculation et, bien entendu, c'est un spectateur assidu des matchs à la télévision ou à Madison.

Est-il exact – c'est en tout cas ce qu'affirme Christopher Andersen[7] – que cet « Apollon des pectoraux », comme l'appellent ironiquement les magazines people, est, incognito, un client assidu des sex-clubs de Manhattan, dans les environs de Times Square, et un loueur non moins zélé de cassettes de films X ? Les nombreux succès féminins qu'il remporte ne lui suffisent donc pas ? Il est vrai que bon sang ne saurait mentir et que l'on n'est pas impunément le fils de JFK. Fort heureusement, Jackie ignore tout de ces habitudes qui restent très discrètes et inconnues de la presse comme du public. Elle n'eût certainement pas apprécié cette façon, pour son fils, de manifester sa fidélité à la mémoire de son père.

Dans les années 1980, Jackie pouvait légitimement estimer qu'elle avait fait de Caroline et de John des jeunes gens qui loin, certes, d'être parfaits avaient réussi à être relativement sages et équilibrés dans une situation qui laissait tout à craindre. Elle avait d'ailleurs veillé à les élever dans la simplicité. Bien que cela lui eût été facile, elle ne les avait pas envoyés faire leurs études dans de luxueux pensionnats de Suisse, comme le faisaient nombre de riches familles américaines, et ils ne se rendaient pas dans leurs établissements respectifs à bord de limousines conduites par des chauffeurs en livrée. Tout au plus disposaient-ils de gardes du corps – qu'ils avaient quelque peine à supporter – mais dont la présence était requise par la loi jusqu'à leur majorité.

Mieux encore, même si Caroline et John étaient bien loin de partager tous les goûts de Jackie, et ses avis sur ce qu'il leur convenait de faire de leurs existences, leur affection pour leur mère était très vive et allait le rester jusqu'à sa disparition. N'était-ce pas la plus belle preuve de sa réussite ?

Estimant que ses enfants sont sur la bonne voie, Jackie ne se consacre qu'avec plus d'entrain à son métier d'éditeur dans lequel elle discerne une véritable vocation.

Cela étant, après les diverses liaisons plus ou moins durables qu'elle a nouées avec quelques hommes depuis le décès d'Onassis, Jackie a acquis une conscience plus claire de ce qu'il lui faut, compte tenu et de son âge, et surtout des terrifiantes tragédies qu'elle a connues. Elle est devenue plus proche d'elle-même. Aux rivages de la cinquantaine, elle va rechercher la sérénité : elle en a trop vu et trop subi pour souhaiter quoi que ce soit d'autre à présent.

Comment y parvenir ? Son instinct va lui dicter sa conduite.

D'abord, elle élève ses enfants le mieux possible dans les conditions très particulières où ils se trouvent. C'est à la fois son devoir et la manifestation de l'amour qu'elle éprouve pour eux ? Tâche singulièrement délicate qu'elle est en passe d'accomplir avec succès. Ce qui, déjà, concourt largement à son équilibre.

Ensuite, s'investir pleinement dans l'édition comme elle le fait satisfait à la fois sa passion des arts et de la littérature, son désir de connaître une foule de personnalités intéressantes, et sa volonté de comprendre la société contemporaine.

Enfin, après tant d'expériences décevantes, elle refuse à présent de se définir à travers un homme. Elle veut à la fois être elle-même, mais aussi nouer une relation de confiance avec quelqu'un qui l'accompagnera jusqu'à la fin de son existence. Quelqu'un qui, tout en acceptant son autonomie, partagera ses goûts. Voilà ce à quoi elle aspire profondément.

Qui eût cru que cet homme, vers 1980, celui qui resterait à ses côtés pendant les dernières quatorze années de sa vie, ne serait autre que Maurice Tempelsman ? À première vue, il ne paraissait pas du tout convenir à Jackie, notamment par ses origines. Né à Anvers en 1929, de parents juifs orthodoxes, il avait gagné New York avec sa famille, en 1940, pour échapper aux nazis. À l'âge de quinze ans, il suit les cours de gestion de l'université pour seconder son père, négociant en diamants. Leur firme, Léon Tempelsman & Son. Inc., sert d'intermédiaire entre les pays africains producteurs et l'administration américaine, soucieuse de se procurer des diamants à usage militaire et industriel. Maurice s'associe à Harry Oppenheimer, propriétaire des deux plus importantes mines d'or et de diamants du monde, et devient le familier de potentats africains, notamment Mobutu, le président du Zaïre. Il se range délibérément du côté du Parti démocrate qu'il finance abondamment. Kennedy, une fois élu, l'invite souvent à la Maison-Blanche avec sa femme Lilly, une israélite très pieuse qui lui a donné trois enfants.

C'est après la mort d'Onassis que Maurice, toujours marié, retrouve Jackie et sort le soir avec elle.

Bien qu'un tout petit peu plus jeune qu'elle – de quelques jours –, Maurice, âgé de quarante-six ans, en paraît facilement soixante, alors que Jackie a l'air d'une femme de trente-cinq ans. Petit, replet, dégarni, sinon chauve, Maurice n'a rien du prestigieux physique de certains chevaliers servants de Jackie. Peu lui importe ! Manifestement, dès le début, elle s'entend très bien avec lui et lui manifeste une vive affection. Ils passent souvent de bons moments ensemble.

Un ami de Tempelsman explique : « L'attirance de Jackie envers lui peut paraître bizarre. Il n'a rien en effet d'un séducteur.

Mais si on parle ne serait-ce que quelques instants avec lui, on comprend. C'est un être qui possède une sorte de magnétisme. Il est aussi sensible qu'intelligent. Il est éclectique et cultivé. » Précisons-le, cet homme d'affaires adore, comme Jackie, le ballet, l'opéra, les arts plastiques : il affectionne les objets d'art grecs et turcs et possède une excellente connaissance de l'histoire et de la littérature.

Comme Onassis, c'est un génie de la finance. Après la mort d'André Meyer, il le remplace avantageusement comme conseiller financier de Jackie. Parvenant à quintupler sa fortune en la faisant passer à plus de cent millions de dollars en une quinzaine d'années. Il est vrai que, par ses activités, il était particulièrement bien placé pour conseiller son amie : il sait quand acheter ou vendre sur les périlleux marchés de l'or et de l'argent. Elle en eût été, sans lui, parfaitement incapable.

Aimant la mer et les voyages, Maurice, possède un yacht de vingt-deux mètres, le *Relemar,* qui toutefois ne peut se comparer par ses dimensions à celui d'Onassis. De mauvais esprits l'appellent d'ailleurs « le *Christina* du pauvre ». C'est à bord de ce navire que, plus tard, en 1980, Tempelsman invitera Jackie. Ils remonteront depuis Savannah les côtes de Géorgie, puis de Caroline du Nord avant d'effectuer par la suite encore bien d'autres croisières.

Au début, ces sorties en commun ne donnent nullement lieu à des rumeurs de liaison, jusqu'en 1980 – alors que l'on attribue à Jackie, le plus souvent à tort, nombre d'imaginaires aventures. Maurice, homme arrivé, discret, d'un aspect sérieux, ne prête guère aux commérages des journalistes. Sa femme et lui habitent alors un appartement de l'immeuble Normandy à l'angle de Riverside Drive et de la 86e Rue. Il y a depuis longtemps dans leur couple un important problème religieux. À l'inverse de son mari, Mme Tempelsman est très pratiquante. Quand ils étaient invités à la Maison-Blanche, d'épouvantables scènes de ménage se produisaient parce que Maurice n'aimait pas demander pour eux un repas kasher :

— Je ne veux pas les embêter avec ça...

— Eh bien ! C'est très simple, je n'irai pas…

Et il lui fallait négocier sans fin, la supplier pour qu'elle acceptât de l'accompagner. Pendant tout le repas, elle gardait alors un visage renfrogné qui mettait au supplice cet homme si courtois, si souriant, si bien élevé.

Il l'avait épousée alors qu'il avait vingt ans… Et, à cet âge-là…

Pendant que les visites de Lilly à la synagogue se multipliaient, celles de son mari se raréfiaient. Aux yeux de l'épouse, c'était une honte : il aimait mieux partir sur son bateau !

Un soir, Maurice avait retrouvé Jackie, et tout s'était illuminé. Tous les deux, dès qu'ils étaient ensemble, connaissaient un bonheur simple et tranquille qu'ils n'avaient jamais imaginé.

C'est en 1980 que la presse veut bien croire à une véritable liaison entre eux. Jusqu'alors, les journalistes avaient peine à imaginer que la belle Jackie, catholique, pût s'intéresser à ce petit homme effacé, chauve, juif, marié et père de famille. Elle ne voyait en lui qu'un conseiller financier de talent. Chose curieuse, une fois l'affaire connue, on ne semble pas en faire grief à l'ex-Première dame. C'est seulement onze ans plus tard, en décembre 1991, que le *National Enquirer* osera titrer sur sa couverture « Jackie's live in lover » et « She's happy sleeping with another's woman husband * » avec un portrait de la pécheresse.

Il est vrai que Maurice Tempelsman s'est toujours montré prudent. Il reste plusieurs années aux côtés de sa femme à Riverside Drive. Il attendra 1984 pour louer une luxueuse suite dans un hôtel de l'East Side, le *Stanhope*, situé face au Metropolitan Museum, à proximité immédiate de l'appartement de Jackie. Car la cohabitation était devenue difficile entre Maurice et Lilly, le climat conjugal s'assombrissait. Elle ne pouvait ouvrir un magazine sans tomber sur une photo de son mari en train de dîner avec Jackie dans quelque restaurant

* « L'amant à domicile de Jackie » et « Elle est ravie de coucher avec le mari d'une autre femme »

à la mode ou sortant de l'opéra en sa compagnie. Même si ces clichés n'étaient pas assortis de commentaires insinuant quoi que ce fût, ils avaient malgré tout quelque chose d'insupportable pour l'épouse.

Pour des raisons religieuses, elle se refusait à divorcer. De son côté, Jackie ne tenait pas outre mesure à se remarier : elle était bien trop attachée à cette indépendance dont elle goûtait les charmes depuis quelques années. Après tout, comme le lui dit son médecin, le Dr Lax :

— Vous n'êtes pas obligée de vous marier pour vivre ensemble.

Depuis qu'il logeait en voisin au Stanhope, il passait déjà plusieurs nuits chez elle. Dès 1985, il emménagea carrément au 1040. Plus tard, Lilly, qui conservait avec lui des relations amicales, lui accorda un acte de séparation judaïque décidé par le rabbinat. Ensuite, par un choix paradoxal qui prête facilement à l'ironie, elle devint « conseillère conjugale ». Mais somme toute, qui aurait eu l'audace de lui reprocher dans ce domaine de manquer d'expérience ?

Ce que fut la vie du couple, de nombreux témoignages d'amis nous l'apprennent. Il semble bien que Jackie ait pu avec Maurice atteindre à cet apaisement, à cette sérénité qu'elle recherchait plus que tout. Le comportement de chacun envers l'autre était d'un parfait naturel. Aucun des deux ne cherchait à dominer : ce mot était dépourvu de sens dans leur cas et leur dévouement réciproque était total. On s'en rend compte en 1984 lorsque Maurice est hospitalisé pour une crise cardiaque. Elle passe des heures avec lui. Quand il revient, convalescent, elle emporte chez elle tout son travail de Doubleday pour être continuellement à ses côtés. Dix ans plus tard, lorsque la maladie atteindra gravement Jackie, il saura amplement lui rendre la pareille.

Un de leurs amis n'hésite pas à affirmer : « C'est probablement la relation la plus réussie qu'elle ait connue de toute son existence. Elle attend de lui soutien et camaraderie. Elle attend aussi qu'il prenne les décisions. » Elle lui confie ce dernier rôle librement, parce qu'elle est certaine que, dans tous les cas, le comportement de Maurice ne sera dicté que par sa sagesse et l'affection qu'il lui porte.

S'ils partagent nombre de goûts, il est bien entendu que telle ou telle activité peut n'intéresser que l'un des deux. Ils ont l'intelligence de ne pas l'imposer à l'autre. Par exemple, Jackie adore l'équitation et fait partie d'un club de chasse en Virginie et dans le New Jersey. Eh bien, elle n'insiste pas pour que Maurice l'y suive et se consacre à son tour à ces sports qui ne l'attirent guère. Elle ne va pas non plus lui demander de pratiquer le jogging à ses côtés à Central Park. Si lui-même, pour ses affaires, se rend à Anvers ou en Afrique du Sud au Cap, à proximité des mines de diamants, et qu'elle-même, toujours friande de voyages, préfère visiter la Chine avec son ami, l'architecte Pei, Maurice n'y voit pas le moindre inconvénient.

À partir des années 1980, on les aperçoit tous deux se promenant à Central Park. Si on ne reconnaissait pas Jackie, on les prendrait facilement pour un de ces paisibles couples mariés comme il en existe tant de millions d'exemplaires de par le monde. Pour un peu, à les voir viendrait à l'esprit le célèbre adage : « Les gens heureux n'ont pas d'histoire. » Des histoires, certes, à présent, ils n'en ont pas ou n'en ont plus. Mais Jackie, dans l'histoire de sa vie, aura eu un parcours singulièrement riche et varié. Plus tard, Rose Schreiber, la cousine de Maurice, le résumera fort bien. Elle y discerne schématiquement trois étapes essentielles. Selon elle, « Jackie avait épousé son premier mari par amour et pour le prestige, le second pour l'argent et la sécurité. Quant à sa dernière union, elle était fondée sur l'amitié et le respect mutuel ». À ses yeux, comme aux yeux de beaucoup, elle paraît la plus satisfaisante pour Jackie

Cela dit, les dix-neuf années qui lui restèrent à vivre après le décès d'Onassis furent fertiles en événements de toutes sortes, heureux ou malheureux. Évoquer la façon dont elle les vécut permettra de mieux comprendre toutes les facettes d'une personnalité qui, jusqu'au bout, surprendra.

On a vu que, une fois veuve, Jackie s'était trompée en s'imaginant que les médias la laisseraient en paix. Elle pouvait légitimement croire, par exemple, que le photographe Ron Galella, condamné en 1972 à ne pas l'approcher à moins de dix mètres, respecterait cette injonction judiciaire. Or, le 21 juillet 1981, alors que Jackie sortait seule d'un cinéma de la 8e Avenue, où l'on projetait *Mort à Venise,* le film de Visconti, son visage se figea : il venait de surgir juste devant elle, brandissant son appareil. Elle crut d'abord à une hallucination. Il n'en était rien. Il sautait autour d'elle à cinquante centimètres, la mitraillant sans arrêt sous tous les angles en chantant :

— Jackie, eh ! Jackie c'est Ron !

Pendant ce temps-là, les habitants de ce quartier sordide s'attroupaient. Ils n'avaient pas l'air rassurant. Elle s'affolait... Pas de taxi en vue. L'un d'entre eux arriva cependant, et lui permit de fuir.

Un mois et demi plus tard, Galella encore et plusieurs de ses confrères, en bateau cette fois, foncent vers la petite vedette – un Seacraft – où elle se trouve avec Maurice. L'important remous que provoque son étrave fait caler leur moteur, lequel refuse obstinément de redémarrer. Ils sont furieux.

Quelques jours après, le 23 septembre, Jackie et Maurice, venant d'assister à un ballet, voient surgir une fois de plus leur persécuteur. Celui-ci, sautant sur le capot de leur limousine, les photographie à travers le pare-brise. Puis se précipite dans son propre véhicule et les prend en filature. Cette fois, c'en est trop, et Tempelsman dépose une plainte à la suite de laquelle Galella sera condamné à 10 000 dollars de dommages et intérêts avec interdiction à perpétuité de photographier Jackie.

Hélas, il n'est pas seul. Un peu plus tard, un audacieux garçon de restaurant, averti de la venue de Jackie dans l'établissement qui l'employait, en profite pour la photographier du plus près qu'on ait jamais réussi à le faire sans qu'elle s'en aperçût le moins du monde. Il avait, détournant ingénieusement l'usage de sa braguette, dissimulé un appareil équipé d'un fil déclencheur qui lui permit de prendre discrètement d'excellents clichés. Jackie, mise plus tard au courant, prit le parti d'en rire...

On sait à quel point elle aimait la solitude. Certes, il y a, si elle veut en profiter, la maison dont elle était propriétaire à Hyannisport avec, tout à côté, de longues plages désertes qu'elle avait toujours appréciées. Mais les maisons des Kennedy se trouvent vraiment trop près.

Durant l'été de 1978, elle passe son temps à chercher l'endroit idéal où installer sa propre résidence. Au bord de la mer, bien entendu. Elle visite le cap Cod et les îles du Massachusetts. Elle finit par trouver un terrain de 175 hectares à Martha's Vineyard, sur la pointe sud-est de l'île, terrain qu'elle paye 1 150 000 dollars. Planté de tailllis de chênes et de pins sylvestres qui couvrent les dunes, il est bordé par un vaste étang. S'adressant à Hugh Newell Jacobson, un architecte de Washington, elle fait bâtir une petite série de maisons reliées entre elles. Ces édifices ont une surface totale de 3 000 mètres carrés et comportent dix-neuf pièces, sans compter quelques chambres d'amis séparées, dans un petit bâtiment. Elle baptise sa résidence, achevée en 1981, Red Gate Farm (la Ferme au portail rouge). Elle lui aura coûté, avec le terrain, un peu plus de trois millions de dollars – de l'époque. Elle l'appelle « ma merveilleuse petite maison ».

Une des raisons qui lui avait fait choisir cette île était qu'aucun souvenir de son passé n'y était attaché. Un passé si douloureux qu'elle ne pouvait espérer l'oublier – comment aurait-elle pu le faire ? Mais dont elle désirait seulement alléger quelque peu le fardeau. Comment ne pas la comprendre, elle qui dirait plus tard que ce dont elle était le plus fière est qu'elle avait réussi à ne pas devenir folle après avoir vécu ce qu'elle avait vécu.

Désormais, presque toujours, elle passera là-bas les mois de juin, juillet et août. Elle s'y livre au ski nautique remorquée par le Seacraft de Maurice. En outre elle continue à pratiquer assidûment : jogging le long de la plage, natation dans l'étang de Squilnocket, aviron, kayak et marche dans les dunes. Toujours amoureuse de la nature, équipée de jumelles, elle aime observer les mœurs des oiseaux, nombreux dans cette île où, en plus de l'étang, on trouve quantité de mares et marais, habitat préféré de certains d'entre eux.

Parfois, elle invite chez elle, outre sa famille, des auteurs qu'elle publie chez Doubleday ou des amis – comme le couturier Valentino, ou la chanteuse Carly Simon. Elle s'est liée avec Rose, la femme de l'écrivain William Styron, qui elle aussi possède une résidence dans l'île.

Toujours soucieuse de s'isoler davantage, elle a, à plusieurs reprises, acquis des hectares de terres. Si bien qu'elle peut, loin des habitations voisines, se baigner nue sans trop risquer de trouver d'indiscrètes photos dans la presse people comme cela avait déjà eu lieu à Skorpios. Un jour, cependant, sa tranquillité sera réellement troublée. Elle était en train de se baigner avec son amie Carly, lorsqu'une petite escadrille d'hélicoptères survient, se mettant au point fixe à quelques mètres au-dessus des vagues. Les photographes, agrippés aux portes des appareils, braquent leurs objectifs sur les deux femmes, au milieu de l'infernal vacarme des moteurs…

Pour une fois, Jackie prend les choses avec bonne humeur et dit à son amie :

— Comment, diable, ont-ils su que tu étais ici ?

Le soir, au dîner, elle évoque en riant l'idée de faire installer dans les dunes quelques batteries de canons de DCA de manière à s'assurer une quiétude définitive.

— Comme cela, au moins, ils serviraient à quelque chose, ajoute-t-elle.

Si Jackie n'aimait pas être traquée par les chasseurs d'images, ce n'était pas par crainte que l'on décelât sur son visage les ravages du temps : elle avait eu la chance, aux frontières de la quarantaine, qu'ils ne l'atteignent guère. Cependant, pour sa propre satisfaction, parce qu'elle ne détestait pas poser pour les photographes au fond – mais à son heure – et qu'elle était fort exigeante, elle s'inquiéta et voulut, en 1979, un lifting.

— Vous n'en avez vraiment pas besoin, observa le Dr Lax, auquel elle s'était adressée pour qu'il l'aiguillât sur un bon chirurgien esthétique.

Il était conscient des risques que comportaient les interventions de ce genre, ne les estimant nécessaires que dans des cas vraiment « sérieux ». On devine la réaction de Jackie... Dans un domaine aussi subjectif, elle estimait être seule juge de ce qu'il lui fallait faire.

Et quand elle voulait quelque chose...

Le Dr Lax finit par lui indiquer à New York son confrère, le Dr John Conley. Celui-ci se borna sagement à n'opérer que sur les paupières de sa patiente : l'âge les avait légèrement gonflées. Inutile de dire que l'intervention qui eut lieu à la clinique Saint-Vincent se fit dans le plus grand secret et qu'une certaine Mme Lancaster, qui occupait la chambre 23, n'était pas vraiment Mme Lancaster. Quand elle sortit de Saint-Vincent, qui eût, sous les pansements qui le recouvraient, reconnu le visage le plus célèbre du monde ?

Quelques semaines plus tard, lorsque Jackie apparut lors du cocktail donné à l'occasion de la sortie du roman de Nancy Zaroulis, *Call the Darkness Light,* personne ne soupçonna quoi que ce fût. Mais on trouva son visage sinon rajeuni, du moins particulièrement joli et reposé.

En mars 1989, donc dix ans plus tard, quand ses soixante ans approchaient, Jackie avait-elle encore besoin d'un nouveau lifting ? C'est du moins ce qu'elle estima, et elle se confia aux mains expertes de Michael Hogan, alors chirurgien très en vogue. S'il faut en croire ceux qui la virent quelques semaines après, à un dîner de gala à mille dollars le couvert organisé au profit de la Bibliothèque Kennedy, elle avait eu raison : elle n'avait jamais été plus belle.

Ce qui préoccupait Jackie davantage encore que son apparence physique, c'était le destin de ses enfants. Où en étaient-ils dans les années 1980 ? On a vu que Caroline, après de bonnes études à Radcliffe, le Harvard des jeunes filles, s'est orientée vers l'audiovisuel dans le domaine de l'art, travaillant au Metropolitan Museum. Sa vie sentimentale est fort simple. Alors qu'elle est à Radcliffe, elle a un *boyfriend*, Tom Carney, sorti de Yale. Il prétend se lancer dans le scénario et rêve d'une brillante carrière à Hollywood. Une crainte le saisit – il aurait pu y songer plus tôt –, celle de se voir appeler « M. Caroline Kennedy ». Il n'a pas tort, car c'est bien ainsi que les choses ne tardent pas à se passer. Pour lui, c'en est trop. De quoi a-t-il l'air ? Il rompt alors avec Caroline.

Il n'est pas facile d'être la fille d'un président des États-Unis et surtout quand ce président est JFK.

Fort heureusement pour elle, il se trouve un homme pour lequel les considérations qui ont motivé Tom Carney n'existent pas, c'est un certain Edwin Schlossberg. Écrivain et artiste, né dans une famille juive orthodoxe, il est de treize ans plus âgé que Caroline. Titulaire d'un doctorat de Columbia, architecte d'intérieur et spécialisé dans le domaine des musées et des expositions, il est un personnage parfois contesté. On estime peu sérieuse sa thèse qui consiste en un dialogue imaginaire entre Albert Einstein et Samuel Beckett. Caroline, qui le rencontre lors d'un dîner en 1981, en tombe aussitôt amoureuse et se voit tout de suite l'épousant. Fils d'un riche industriel new-yorkais du textile, grand, assez bel homme, la chevelure prématurément grise, un certain sens de l'humour, il ne déplaît pas à Jackie.

— Un peu âgé pour toi, peut-être ? fait-elle quand même observer à sa fille…

Laquelle ne peut s'empêcher de lui rappeler que ces considérations ne lui avaient guère paru dissuasives lors de ses deux mariages…

Un obstacle, tout de même, aux yeux de sa mère : Schlossberg est juif. Alors que les Kennedy sont le symbole vivant du clan catholique irlandais. Soudain, Jackie, qui avait failli l'oublier, se rappelle qu'elle vit avec Tempelsman. Certes, elle ne l'a pas épousé mais c'est tout comme. Là encore, elle est bien mal placée pour objecter quoi que ce soit au choix de sa fille.

Finalement, son mariage avec un Juif ne soulèvera pas plus de problème que celui de sa cousine Kennedy avec Arnold Swarzenegger : il n'est pas juif, mais c'est tout de même un étranger fraîchement naturalisé et ses convictions ardemment républicaines sont nettement à l'opposé des opinions politiques de la famille.

Hyannisport, 19 juillet 1986. Près de 3 000 curieux se pressent dans les rues ainsi qu'aux abords de l'église de Centerville, toute proche, Our Lady Of Victoria. C'est le mariage de Caroline avec Ed Schlossberg.

On aurait pu choisir une autre date par égard pour le pauvre Ted : le 19 juillet, en effet, n'est autre que le dix-septième anniversaire de l'accident de voiture de Chappaquidick – à moins que ce ne fût une façon élégante de montrer que cette lamentable histoire était définitivement oubliée ?

On semble avoir également oublié la religion du marié : tout se passe selon le rite catholique. Pas de messe, certes, mais pas de rabbin. Ed avait fait les concessions nécessaires, au grand dam de ses parents qui semblaient quelque peu mortifiés.

À son contact, Caroline s'est transformée au fil des ans : elle a considérablement minci et s'intéresse enfin à sa toilette. Sa robe de satin blanc pourvue d'une traîne de huit mètres lui va à merveille.

Après la cérémonie religieuse, quatre cent vingt-cinq invités (dont vingt et un pour les Schlossberg) font leur entrée dans le domaine Kennedy, ainsi que des centaines de photographes. La sécurité est assurée par plus de cent personnes : une famille comme celle des Kennedy a de bonnes raisons de prendre quelques précautions.

D'énormes tentes ont été érigées sur les pelouses, dont une pour le dîner au champagne. On écoute chanter Carly Simon, et la soirée se termine par un somptueux feu d'artifice organisé par George Plimpton.

Après le voyage de noces à Hawaii et au Japon, le couple s'installera bientôt 78e Rue dans un appartement de douze pièces qu'il vient d'acquérir.

Aussitôt après son mariage, à la rentrée de septembre 1986, Caroline s'est inscrite à la faculté de droit de l'université Columbia. On devine le plaisir qu'a éprouvé Jackie à cette démarche – qu'eût approuvée son père, estime-t-elle. Elle est comblée lorsque, en juin 1988, Caroline obtient son diplôme. Une charmante photo fait le tour du monde, celle qui représente Jackie rayonnante aux côtés de la lauréate en toge noire plissée et bonnet carré. Les visages d'Ed, l'époux de la nouvelle diplômée, de son frère, le magnifique John, et du bon oncle Ted ne font pas moins plaisir à voir.

Le couple Schlossberg fit à Jackie un inestimable cadeau : elle devint, dès 1988, la grand-mère d'une petite Rose qui ressemblait extraordinairement à la petite Bouvier de 1929, chevelure d'un noir de jais et grands yeux écartés. Après Rose, ce furent Tatiana et John. La presse surnomme Jackie « Granny [grand-mère] O ». Et ses petits-enfants l'appellent affectueusement « Grand Jackie », illuminant son âge mûr. Son amie Nancy Tuckerman a fort bien évoqué le bonheur que Jackie trouvait à s'occuper d'eux, et dont elle fut le témoin pendant ses visites chez elle : « Elle savait retenir leur attention pendant des heures. Ils se déguisaient avec de vieilles écharpes et n'importe quels bouts de tissu. Jackie les emmenait alors dans des aventures féeriques. Elle leur racontait des histoires envoûtantes tout en les conduisant à travers l'appartement obscurci et ouvrait toutes les portes à la recherche de fantômes et de créatures mystérieuses.[8] »

Une fois par semaine, elle les emmenait chez elle et les promenait dans Central Park. Naturellement ils passaient leurs vacances d'été chez elle à Martha's Vineyard.

La vie de John Jr est un peu plus compliquée, son itinéraire moins direct. On se rappelle qu'il avait eu quelque peine à obtenir son diplôme d'avocat. Lorsqu'il l'obtient enfin, au grand soulagement de sa mère, il travaille plusieurs années au bureau des procureurs de Manhattan (Manhattan District Attorneys) comme adjoint de Robert Morgenthau, au salaire annuel de 29 900 dollars.

Jackie suit de près la vie amoureuse de son fils. Et elle s'inquiète : en 1988, Louise Ciccone, plus connue sous le nom de Madonna, après sa rupture avec Sean Penn, décide de conquérir John, « l'homme le plus sexy du monde ». Pourquoi ? Elle l'explique à ses amis : étant donné qu'on la considère comme la réincarnation ou l'héritière de Marilyn Monroe, n'est-il pas tout à fait logique qu'elle ait à présent une liaison avec l'héritier de son amant ? C'est bien ce qui va se passer. Quel homme résisterait à Madonna ? On imagine la colère de Jackie. Elle vit un cauchemar : elle a l'impression que l'ex-maîtresse de son mari sort de sa tombe pour lui voler son fils. Madonna fera pire encore : une fois qu'elle aura rompu avec John Jr, elle jettera son dévolu sur l'ancien amant de sa mère, Warren Beatty.

La très belle Daryl Hannah, blonde platine, athlétique et longiligne, ancien mannequin, parfaite en sirène dans le film *Splash*, sera la dernière maîtresse de son fils que Jackie aura connue. À partir de 1992, ils habitent ensemble un appartement du West Side. Bien que Daryl soit d'une famille très fortunée et qu'elle brûle d'épouser John, Jackie s'oppose énergiquement à une telle union : le fils d'un JFK ne peut décemment unir son existence à celle d'une actrice de cinéma célèbre pour son *glamour* : cela ne ferait pas sérieux, ce ne serait pas digne de lui.

En 1993, Jackie est un peu rassurée. L'actrice a rompu avec John, lequel a rencontré une charmante attachée de presse de Calvin Klein, Carolyn Bessette, qu'elle apprécie beaucoup.

Par ailleurs, John, que le droit n'intéresse guère, démissionne cette année-là de ses fonctions d'adjoint au bureau des procureurs de New York. Il souhaite s'orienter vers d'autres voies. Il voudrait créer un nouveau magazine et réfléchit à une formule originale. Il consulte ses amis. Jackie lui fait confiance.

À cette époque, sa sœur écrit avec une amie, connue à Columbia, un ouvrage juridique *In Our Defense : The Bill of*

Right in action, qui, grâce à son nom, devient un best-seller. Elle en écrira bientôt un second.

Durant toutes les années qui avaient suivi la mort d'Onassis, l'existence de Jackie avait été endeuillée par de tristes disparitions.

En 1976, Jackie perd son beau-frère, Stas Radziwill qui, une nuit, s'écroule, victime d'une crise cardiaque. Jackie se rend en Angleterre avec Caroline pour les obsèques ; elle l'aimait beaucoup, s'entendait si bien avec lui. Son chagrin est évident et affecte les traits de son visage.

La mort frappe également cette année-là son beau-père Hugh Auchincloss, à soixante-dix-neuf ans. Ele assiste à ses obsèques à Newport. Comme les choses ont changé depuis l'enfance de Jackie ! L'opulent Auchincloss, « oncle Huhgdie », a fait de si mauvais placements qu'il a dû vendre Merrywood, la luxueuse propriété de Virginie qui bordait le Potomac où, adolescente, elle avait passé de si merveilleux moments. Même destin pour Hammersmith Farm, la résidence d'été de Rhode Island à laquelle étaient également attachés de si émouvants souvenirs. Cette propriété avait été transformée par ses acquéreurs en une sorte de musée pour touristes. Auchincloss avait tout de même obtenu que sa femme conservât l'usage de la petite maison des gardiens située à l'entrée du domaine. Quelle humiliation pour Janet ! Fini ce luxe auquel elle tenait tant. Avait-elle, Dieu sait comment, porté malheur à ses deux maris qui s'étaient successivement ruinés ? Elle en venait parfois à le croire. Jackie, devant cette situation, investit – sans en informer sa mère – un million de dollars dans des placements dont les revenus amélioreront considérablement son train de vie.

En 1979, Janet, s'en étonnera-t-on, parvient à épouser en troisièmes noces Bingham Morris, un habitant de Southampton (Long Island), riche banquier retraité. Après leur mariage, ils conviennent que Bingham conservera sa maison de Long Island mais que les époux ne passeront que six mois ensemble. Malheureusement, quelques années plus tard, en 1985, Janet manifeste d'évidents symptômes de la maladie d'Alzheimer. Quand, par exemple, on lui parle de John Kennedy, elle demande :

— Qui est-ce ?

Comme on l'a vu, depuis le mariage de sa fille avec JFK, ses relations avec elle n'étaient pas bonnes. Elles n'étaient pas meilleures avec Lee. Elle préférait nettement les enfants de son second mariage. Elle ne s'en cachait pas et leur réservait toute sa tendresse. Le fait que Jackie n'avait rien fait pour conserver Hammersmith Farm alors que ses moyens financiers le lui permettaient n'avait rien arrangé.

Cependant, un peu avant que Janet ne tombe malade en 1985, Jackie s'était montrée admirable de dévouement à l'égard de sa demi-sœur, Janet Auchincloss Rutherford, fille d'Hugh, morte d'un cancer à trente-neuf ans. Elle restait à l'hôpital nuit et jour à ses côtés. Est-ce pour cette raison que tout changera ? Est-ce aussi parce que la maladie d'Alzheimer avait adouci le caractère de la mère de Jackie, la rendant moins agressive ? Toujours est-il qu'à partir de ce moment, et jusqu'à la mort de Janet en 1989, Jackie s'occupera beaucoup d'elle, s'efforçant de la distraire, sortant avec elle le plus souvent possible : elles n'avaient jamais été aussi heureuses d'être ensemble.

Très proches, Jackie et Lee l'ont toujours été, continuent à l'être et se voient régulièrement. Divorcée du prince Radziwill en 1974, après diverses liaisons et un projet de mariage avec Newton Cope qui ne s'est pas concrétisé, elle épouse en 1988 Herbert Ross, un metteur en scène d'origine juive. Si ce mariage – très discret – a lieu dans le propre appartement de Lee à New York, la réception des invités parmi lesquels Noureev et Daryl Hannah, est assurée par Jackie au 1040 Cinquième Avenue.

Les vacances de l'été 1993 ont bien commencé pour Jackie et Maurice. En juin, ils partent pour la France, pays – on le sait – si cher à Jackie. Ils se rendent aussitôt en Provence et visitent Arles : outre les Arènes, elle voulait connaître les Aliscans. Après quoi, c'est encore une de ses idées, ils remontent le Rhône en bateau – comme l'avait fait Victor Hugo dans les années 1830 (ainsi qu'il le raconte dans une des lettres à sa femme que Jackie avait lues). Ils iront jusqu'à Pont-Saint-Esprit, cette petite ville chère à son cœur d'où était parti, en 1815, son ancêtre, ce jeune homme de vingt-trois ans qui s'appelait Michel Bouvier. Ils y trouveront bien une auberge où rester quelques jours. La perspective de ce pèlerinage l'enchante. Hélas, elle prend froid, devient fiévreuse, se sent très fatiguée. Maurice prend peur :

— Il vaut mieux rentrer, conseille-t-il, et ils écourtent leur voyage.

Arrivés aux États-Unis – Jackie étant bien rétablie –, ils quittent rapidement Manhattan, dont la chaleur, estivale à la fois humide et étouffante, est insupportable, et partent se réfugier à Martha's Vineyard.

Là, au mois d'août, parmi les visiteurs, ils reçoivent le président Clinton et Hillary, sa femme, qu'ils invitent à faire une petite croisière à bord du *Relemar*. Ed et Caroline, Ted et Vicky (Victoria) Kennedy, sa seconde épouse, sont de la partie.

Quelques jours plus tard arrive Lady Bird Johnson, alors âgée de quatre-vingt-un ans, veuve de président comme Jackie. Les deux femmes se gardent bien d'évoquer leur douloureux passé.

Lorsque Jackie et Maurice étaient arrivés dans la propriété, ils avaient été horrifiés. Certes, John Jr invitait souvent de nombreux amis à passer le week-end, non sans y laisser quelques traces de leur passage. Cette fois, la mesure était comble : bouteilles de champagne, de vin, de bière jonchaient le plancher avec des assiettes où traînaient encore des restes de nourriture. Des aliments avaient été visiblement projetés sur les murs. Ici et là, on pouvait trouver des joints à demi fumés et des résidus de chanvre...

Du coup, Jackie, prise de rage, interdit à son fils de venir à Red Gate Farm sans elle. Elle l'adore, mais se refuse à tout lui passer, ce qui provoque parfois des disputes entre eux. Elle trouve ridicule sa manie de se promener en roller dans les rues de Manhattan et de se coiffer d'une casquette en plaçant la visière en protège-nuque. Elle le soupçonnait – à juste titre – de se droguer. Enfin, comme il avait évoqué son désir d'apprendre à piloter un avion, elle lui avait fait promettre de s'en abstenir : trois Kennedy n'avaient-ils pas déjà été victimes d'un accident aérien ?

Il prit clandestinement des leçons.

Rentrée à Manhattan en septembre, Jackie reprend son travail : chaque lundi, mardi et mercredi, elle quitte son domicile à 9 h 30 pour se rendre à son petit bureau de Doubleday. Bien entendu, elle continue à promener ses petits-enfants à Central Park, les emmenant au manège et leur offrant des glaces. Souvent, le week-end, elle monte à cheval dans le New Jersey ou en Virginie. Il lui semble cependant qu'elle n'est pas tout à fait remise de cette espèce de grippe qu'elle a contractée au mois de juin précédent. Elle se sent souvent fatiguée ou essoufflée, sans raison apparente.

Le samedi 20 novembre 1993, elle se rend en Virginie pour participer à une chasse au renard avec les autres membres d'un club, le Piemont Foxhounds. On sait la passion de Jackie pour ce sport qu'elle continue à pratiquer malgré ses soixante-quatre ans – malgré, aussi, les mises en garde de son compagnon.

Tempelsman n'avait pas tort. Le matin même de ce jour-là, alors que les cavaliers se lancent dans la campagne à la suite de la meute hurlante des chiens, la monture de Jackie s'arrête brutalement devant un muret de pierre. Transformée en projectile, Jackie est catapultée par-dessus la tête de l'animal.

— Oh ! Mon Dieu, hurle un témoin, elle a dû se briser le cou.

Elle perd connaissance. Son corps semble désarticulé. La bombe qui devait lui protéger le crâne est à cinq ou six mètres d'elle. Ses yeux sont clos. On s'empresse autour d'elle. Elle ne reprend ses esprits qu'au bout d'une demi-heure, mais ne parvient pas à se relever.

On la transporte dans un hôpital proche de Middleburg, d'où elle peut sortir le lendemain. Le médecin a juste remarqué un ganglion tuméfié à l'aine de sa patiente et prescrit un antibiotique. Rien de grave…

Revenue à New York, Jackie se sent de plus en plus faible. Il lui faut différer plusieurs rendez-vous éditoriaux, mais elle n'interrompt pas ses activités. À Noël, elle est en assez bonne santé pour organiser une fête familiale tout à fait réussie et partir en croisière dans les Caraïbes avec Maurice. Malheureusement, il leur faudra écourter leur voyage : elle est soudain en proie à de violentes douleurs – semblables à des coups de poignards – dans le ventre et le dos.

Le 10 janvier, elle consulte le Dr Agresti au Cornell Medical Center. Elle s'est découvert de nouveaux ganglions douloureux à la nuque et sous les aisselles.

À la fin de janvier 1994, après une tomographie et une biopsie, le doute n'est plus permis : il s'agit d'une forme de cancer, un lymphome non hodgkinien. Celui de Jackie est d'un type particulièrement agressif et susceptible d'envahir tout le corps. Le médecin n'a pas précisé que ses chances de survie ne sont que de 50 %.

Lorsqu'elle informe Maurice et les enfants, elle s'efforce de les rassurer. Elle les voit tellement bouleversés :

— On a fait beaucoup de progrès dans ce genre de maladie, leur affirme-t-elle. Vous me connaissez, je vais me battre et je m'en tirerai, n'est-ce pas Maurice ?

Et elle en est persuadée. N'a-t-elle pas pris l'habitude, lorsqu'une idée ou même un fait la dérange, de pratiquer hardiment le déni, de les faire littéralement disparaître de son esprit ? Elle est forte ! Il l'a bien fallu après toutes les tragédies qui l'ont frappée ; pourquoi ne viendrait-elle pas à bout de cette dernière épreuve ?

Cependant, les séances de chimiothérapie qu'elle doit subir à l'hôpital sont bien lourdes à supporter…

Le 11 février 1994, on lit à la une du *New York Times* : « Mme Onassis a préféré révéler sa maladie pour couper court aux rumeurs relatives à son état de santé. »

Du coup, le personnage mythique de Jackie Kennedy Onassis s'en trouve profondément transformé. Les critiques que l'on avait pu lui adresser sont oubliées. On prend conscience de la place immense qu'occupait Jackie dans le cœur des gens. Apprendre qu'elle lutte contre un cancer semble concerner chacun d'entre nous, constatent à juste titre plus d'un journaliste, choqués et attristés par cette nouvelle.

Malgré les fatigues que lui cause la chimiothérapie, Jackie continue à se rendre ponctuellement à son travail. C'est à ses yeux un défi. Il ne sera pas dit qu'elle cédera à la maladie ; elle aide toujours efficacement ses auteurs, comme si de rien n'était.

Pourtant, elle souffre, elle commence à perdre ses cheveux...

— Je vais lancer la mode des turbans, plaisante-t-elle.

Elle doit à présent porter une perruque. Son visage, si beau naguère, se marbre, se gonfle par endroits. Parfois, elle traverse la Cinquième Avenue pour s'aventurer dans Central Park, le pas incertain, au bras de Maurice. Elle avance ainsi, péniblement, là où naguère elle courait comme une gazelle.

Malgré tout, elle reste persuadée – ses médecins aussi – que la maladie va être vaincue.

Le 15 mars, elle apprend – sa dernière IRM en fait foi – que le cancer s'est propagé au cerveau. Cette fois-ci, la chimiothérapie est impuissante. On va tenter un autre traitement.

Jackie a compris.

Depuis des décennies, tous les 22 novembre, elle faisait dire une messe de requiem pour son mari, dans une petite église de la 89e Rue Est, St. Thomas More. À présent, renouant avec une spiritualité abandonnée depuis l'adolescence, elle s'y rend secrètement, en taxi, pour y prier. Elle se persuade qu'elle pourra, grâce à la résurrection des corps, revivre avec ses proches – ses enfants, ses petits-enfants, Black Jack, ce père adulé, et puis John et Bob, disparus dans des conditions si atroces. Cette perspective lui est d'un grand secours.

Dans son désir de maîtriser les derniers moments de son existence et d'en garder le contrôle, Jackie prend un certain nombre de mesures.

Elle fait rédiger par Alexandre Forger, son avocat, un document spécifiant qu'on devra s'abstenir en ce qui la concerne de tout acharnement thérapeutique. Elle précise que ses enfants devront après sa disparition protéger les secrets de sa vie privée avec autant de soins qu'elle l'a toujours fait elle-même.

Et comme elle le fait encore : son amie Nancy Tuckerman, venue lui rendre visite, la voit, assise sur un canapé, triant et jetant au feu qui crépite dans sa cheminée une part importante du courrier qu'elle avait reçu, même des lettres de Black Jack. Comme on l'imagine, bien des hommes, sensibles à son charme, lui avaient écrit des missives compromettantes. Ne faut-il pas protéger leurs familles ? Elle détruit ainsi des lettres de John Marquand rencontré à Paris, du contre-amiral Guérin, attaché naval français à Washington durant la présidence Kennedy, de Giovanni Agnelli et de l'architecte John Warnecke[9].

Elle rédige ensuite son testament.

14 avril. Jackie perd connaissance. À l'hôpital, on diagnostique aussitôt un ulcère à l'estomac provoqué par son traitement aux stéroïdes. On doit l'opérer d'urgence. Elle survit mais s'affaiblit encore. Lorsqu'elle revient chez elle, craignant d'attendre trop et de ne plus en avoir la force, elle réclame de quoi écrire et rédige une lettre d'adieu pour chacun de ses enfants, lettres qu'ils ne devront ouvrir qu'après sa mort.

À Caroline elle dit notamment :

> Tes enfants ont été le plus beau cadeau que j'ai reçu et je remercie le Ciel d'avoir entrevu le monde à travers leurs yeux.

À John :

> Je sais que le nom de Kennedy te vaudra bien des difficultés.
> Mais tu as, toi, une place à tenir dans l'Histoire.
> Reste loyal à Maurice, c'est un homme honnête et de bon sens.
> Tu seras bien avisé de lui demander conseil[10].

En mai, ses souffrances deviennent intolérables. Au New York Hospital, les médecins décident de lui introduire un cathéter directement dans le crâne pour diffuser à l'intérieur de son cerveau les produits adéquats.

— Je n'en peux plus ! avoue-t-elle à son fils qui lui téléphone fréquemment.

Pour tout le monde, malgré sa souffrance, elle affiche le sourire.

Le dimanche 15 mai, soutenue par Maurice et Caroline, la voici à Central Park. Elle retrouve l'endroit où tout enfant, égarée, elle avait raconté à un policier que sa gouvernante et sa sœur s'étaient perdues...

Le lendemain, elle doit, tant ses douleurs sont vives, être retransportée à l'hôpital où l'on constate que ses reins ont cessé de fonctionner et que le cancer a envahi le foie.

Jackie demande alors que l'on cesse tout traitement et qu'on la ramène chez elle. Elle y arrive le mercredi 18, dans une civière. Ce sont pour la famille des moments particulièrement douloureux. Elle souffre le martyre. Grâce au goutte-à-goutte de morphine qu'on lui installe, elle parvient, avec l'aide de Caroline, à établir tranquillement la liste des personnes que l'on autorisera à pénétrer dans sa chambre pour lui dire adieu. Elle s'occupe aussi de l'organisation de ses propres funérailles : elle décide de se faire inhumer au cimetière d'Arlington aux côtés de John Kennedy et de leurs deux enfants morts.

— Comme j'étais la femme du Président, explique-t-elle, c'est évidemment ce que les Américains attendent.

De temps en temps, elle s'interrompt pour activer le goutte-à-goutte quand la douleur se fait trop intense et qu'elle risque de s'évanouir.

Le choix de l'église ? St. Thomas More ? Hélas, non, car l'édifice est trop exigu. Mieux vaut St. Ignace de Loyola dans l'Upper East Side, décide-t-elle.

— C'est là que j'ai été baptisée...

Caroline proposant l'oncle Teddy pour prononcer l'éloge funèbre, Jackie acquiesce, puis, concernant les cantiques, elle demande à John :

— Pourrais-tu contacter Jessie Norman ?

Elle choisit elle-même le chant grégorien qui accompagnera ses derniers moments, *Alleluia, Beatus Vir qui suffert*, qu'elle insère dans le lecteur de CD.

— Et surtout, pas de télévision dans la nef ! recommande-t-elle[11].

John, Caroline et Maurice ne quittent pas sa chambre. Lee arrive dans la soirée ainsi que Ted et sa femme. Ted parvient à se contrôler, mais Lee, submergée par l'émotion, sanglote.

Le lendemain, le jeudi 19 mai, Mgr George Bardes de St. Thomas More vient administrer l'extrême-onction à la malade. À la fin de l'après-midi, le bruit de la circulation s'étant atténué sur la Cinquième Avenue, on ne perçoit plus dans l'appartement que les murmures des proches qui viennent dire au revoir à celle qui va les quitter. Bien souvent, elle ne peut leur répondre que par un sourire, une esquisse de ce sourire qui, illuminant son visage, l'a rendue célèbre depuis quarante années. Bon nombre des visiteurs, en quittant l'immeuble du 1040, ont peine à retenir leurs larmes. Caroline et John restent assis aux côtés de leur mère, ne cessant de lui tenir la main, pendant que Maurice raccompagne silencieusement les amis de Jackie, si émus qu'il doit plus d'une fois les réconforter. Jackie, éclairée par la douce lumière de trois lampes anciennes, repose immobile dans son lit, respirant avec difficulté.

Vers neuf heures du soir, elle sombre dans le coma et, une heure plus tard, après un long et profond soupir, elle quitte ce monde. Son cœur a cessé de battre.

Épilogue

Quel a été le destin des Kennedy après la disparition de Jackie ?

Il a été épargné à celle-ci de connaître, en 1999, la mort tragique de son fils. Parti dans son avion pour assister au mariage d'une de ses cousines à Martha's Vineyard avec sa femme, Carolyn Bessette et sa belle-sœur, Jackie, John n'y est jamais arrivé. On ne retrouvera les corps des victimes que quelques jours plus tard. À croire que la « malédiction Kennedy » n'était pas le produit de l'imagination.

Le sénateur Edward Kennedy, le « vieux lion » du Parti démocrate, s'est éteint en 2009, après avoir soutenu énergiquement la candidature d'Obama. Caroline, qui avait brigué le siège de sénateur de l'État de New York, a renoncé à toute ambition politique. Patrick Kennedy, fils de Ted, dernier représentant du nom, élu au Sénat, vient de déclarer en janvier 2011 qu'il quitterait ses fonctions. Avec son départ, on assiste à la fin de soixante-quatre ans de présence des Kennedy dans les sphères les plus élevées de la vie politique américaine.

Reste le couple Kennedy, couple de légende, qui, lui, est toujours bien vivant dans la mémoire des peuples, même s'il a physiquement disparu.

La postérité semble avoir traité assez différemment les deux époux. Le mythe John Kennedy dure encore, mais il faut convenir que la légende qui auréolait le personnage a été considérablement ternie par les révélations qui ont été faites sur la façon dont il a accédé au pouvoir, sur ses erreurs politiques et sur sa vie privée. Si son prestige reste considérable, il n'est pas intact.

Tout différent est le destin posthume de Jackie. Son mariage avec Onassis et certains traits de sa personnalité n'ont pas été sans nuire à sa réputation. Cependant la parfaite dignité des vingt dernières années de son existence et la manière dont elle a su la quitter l'ont fait oublier.

En définitive, son image reste beaucoup plus vivante et lumineuse que celle de son mari. Car si l'action politique est toujours sujette à contestation, les valeurs auxquelles est attaché le nom de Jackie sont d'une actualité permanente : la beauté, l'élégance, la grâce, le culte des arts et des lettres sont appréciés à toutes les époques. Quand la personne qui les incarne subit les plus cruelles épreuves et les affronte avec un extraordinaire courage, on la porte aux nues. Elle devient une héroïne de la scène mondiale, un grand personnage de tragédie. La tragédie, a dit Jean Anouilh, « c'est une reine qui a des malheurs ». N'est-ce pas précisément le cas si touchant de cette « reine de l'Amérique » qui repose pour l'éternité sous la pelouse d'Arlington ?

Repères chronologiques

1929
28 juillet. Naissance à l'hôpital de Southampton, Long Island, de Jacqueline Lee Bouvier, fille de John Vernon Bouvier III, appelé Black Jack, et de Janet Lee Bouvier.

1933
3 mars. Naissance de sa sœur, Caroline Lee Bouvier.

1935
Septembre. Jackie est inscrite à l'école de Miss Chapin à New York.

1940
26 janvier. Janet obtient le divorce et s'installe à New York, Gracie Square, avec ses deux fillettes.

1942
21 juin. Janet épouse Hugh D. Auchincloss Jr. Il s'installe avec elle dans sa propriété de Merrywood (Virginie).

1944
Septembre. Jackie entre à l'école de Miss Porter à Farmington, Connecticut.

1947
16 août. Jackie entre à Vassar, célèbre université féminine.

1948
Été. Voyage en Europe avec des étudiantes de son université (sept semaines).

1949-1950
Jackie part pour la France (échange entre Smith Collège et la Sorbonne). Revenue aux États-Unis, elle entre à l'université George Washington.

1951
Jackie et Lee passent l'été en Europe et rédigent leurs souvenirs dans *Un été particulier.*

1952
Janvier. Jackie travaille comme reporter photographe au *Washington Times Herald.* Brèves fiançailles avec le banquier John Husted.

1953
John Kennedy, qui fréquente Jackie depuis mai 1952, la demande en mariage en mai et l'épouse le 12 septembre en l'église Sainte-Marie de Newport (Rhode Island).

1957
Naissance de Caroline Bouvier Kennedy.

1960
2 janvier : candidature de John à l'élection présidentielle.
6 novembre : John F. Kennedy devient le 35e président des États-Unis.
26 novembre : naissance de John F. Kennedy Jr.

1961
31 mai : visite officielle des Kennedy à Paris.

1963
14 février : émission TV de Jackie faisant visiter la Maison-Blanche (CBS).
11 mai : dîner en l'honneur de Malraux avec les plus grands écrivains et artistes américains.
7 août : naissance prématurée de Patrick, qui ne vivra que deux jours.
4 octobre : Jackie, pour se reposer, rejoint Lee à bord du *Christina,* le yacht d'Onassis.
22 novembre : John F. Kennedy est assassiné à Dallas.
6 décembre : Jackie et ses enfants quittent la Maison-Blanche pour Georgetown.

1964
Octobre : Jackie s'installe à New York, 1040, Cinquième Avenue.

1968
16 mars : Robert Kennedy annonce sa candidature à la présidentielle.
25 mai : Jackie rejoint Onassis dans les Caraïbes sur le *Christina.*
5 juin : Robert Kennedy est assassiné à Los Angeles.
20 octobre : Jackie épouse Aristote Onassis à Skorpios.

1969
Mort de Joe Kennedy.

1973
22 janvier : Alexandre Onassis se tue dans un accident d'hydravion.

1975
15 mars : Aristote Onassis meurt à Paris.

1976
Jackie est éditrice à Viking Press.

1978
Février : Jackie est éditrice chez Doubleday.

1979
Ouverture de la Bibliothèque John F. Kennedy

1981
Jackie termine l'aménagement de sa propriété de Martha's Vineyard.

1982
Maurice Tempelsman, le nouveau compagnon de Jackie, emménage chez elle à New York.

1986
19 juillet : Caroline Kennedy épouse Edwin Schlossberg à Centerville, Massachusetts.

1988
25 juin : naissance de Rose Kennedy, fille de Caroline et Edwin, première petite-fille de Jackie. Plus tard, Tatiana (1990) et John (1993).

1994
19 mai : mort de Jackie, chez elle, à New York.
23 mai : funérailles de Jackie.

1996
23-27 avril : vente chez Sotheby's des biens de Jackie (34 millions de dollars).

1999
16 juillet : John F. Kennedy Jr se tue avec sa femme et sa belle-sœur dans l'accident de son avion, en mer, près de Martha's Vineyard.

2001
Mai : Metropolitan Museum de New York. Exposition : *Jackie Kennedy. Les années à la Maison-Blanche.*

2005
15-17 février : Sotheby's, seconde vente de biens de Jacqueline Kennedy.

2009
29 août : mort du sénateur Edward Kennedy, à l'âge de soixante-dix-sept ans.

BIBLIOGRAPHIE

ALPHAND, Hervé, *L'Étonnement d'être, Journal* (1939-1972) Paris, Fayard, 1972.

ANDERSEN, Christopher, *Jackie après John*, Paris, *J'ai Lu*, 1998.

BALDRIDGE, Laetitia, *In the Kennedy Style : Evenings in the Kennedy White House*, New York, Doubleday, 1998.

BOUVIER, Jacqueline and BOUVIER, Lee, *One Special Summer,* New York, Delacorte Press, 1974.

BOWLES, Hamish, *Jacqueline Kennedy, Les années Maison-Blanche* : Sélection de la J.F.K. Library and Museum, Paris Ucad/Flammarion, 2002.

BRADFORD, Sarah, *America's Queen,* London Penguin Books, 2000.

COLLIER, Peter et HOROWITZ, David, *Les Kennedy, une dynastie américaine,* Paris, Payot, 1985.

DAVID, John H., *The Bouviers : Portrait of an American Family,* New York, John Wiley & Sons, 1969.

Jacqueline Bouvier, An Intimate Memoir, New York, John Wiley, 1996

DHERBIER, Yann-Brice et VERLHAC, Pierre-Henri, *John Kennedy Jr, Les images d'une vie*. Harrow, Middlesex, UK, 2005.

DUGAIN, Marc, *La Malédiction d'Edgar,* Paris, Gallimard, 2005.

EVANS, Peter, *Ari*, Paris, Presses de la Renaissance, 1987.

FORESTIER, François, *Aristote Onassis,* Michel Lafon, Paris, 2006.

Marilyn et JFK, Paris, Albin Michel, 2008.

GALLAGHER, Mary Barellli, *Ma Vie avec Jackie Kennedy,* Paris, Presses de la Cité, 1969.

HERSH, Seymour, *The Dark Side of Camelot,* New York, Little Brown and Company, 1972.

HEYMANN, C. David, *A Woman Named Jackie,* New York, A Lyle Stuart Communication, Carol Communications, 1989.

Bobby and Jackie, A Love Story, New York, Simon & Schuster, 2009.

HIGHAM, Charles, *Rose Kennedy*, Paris, Le Cherche-Midi, 1995.

KASPI, André, *John F. Kennedy,* Paris, Éditions Complexe, 2007.

KELLEY, Kitty, *Oh ! Jackie*, Paris, Buchet-Chastel, 1969.

KENNEDY, Edward M., *Mémoires,* Paris, Albin Michel, 2010.

LEAMER, Laurence, *Les Femmes Kennedy,* Paris, Grasset, 1996.

LEAMING, Barbara, *Mrs Kennedy,* Presses de la cité, 2010.

LECOMTE-DIEU, Frédéric, *Jackie et l'Amérique des Kennedy,* Paris, Timée-Éditions, 2009.

LINCOLN, Evelyn, *My Twelve Years With John F. Kennedy,* New York, David McKay Company, 1965.

LOWE, Jacques, *The Making of a First Lady,* General publishing group, Los Angeles, 1996.

LUNEL, Pierre, *Kennedy, Secrets de Femmes,* Paris, Éditions du Rocher, 2010.

MEYER-STABLEY, Bertrand, *John-John Kennedy,* Paris, Pygmalion, 2005.

La Véritable Jackie, Paris, Pygmalion, 2009.

NORMA, Pierre, *Les Kennedy, Une histoire américaine,* Paris, In Edits, 2009.

PANCOL, Catherine, *Une si belle image, Jacqueline Kennedy, 1929-1994*, Paris, Seuil, 1994.

PERRET, Geoffrey, *Jack, A Life Like No Other,* New York, Random House, 2001.

RADZIWILL, Lee, *Happy Times*, Paris, Assouline, 2000.

REEVES, Thomas, *Le Scandale Kennedy : la Fin d'un mythe,* Paris, Plon, 1992.

REYMOND, William, *Autopsie d'un crime d'État,* Paris, Flammarion, 1998.

RUSSELL CONDON, *Dianne, Jackie's Treasures. The Fabled Objects from the Auction of the Century,* New York, Clarkson Publishers, 1996.

SALINGER, Nicole, *Jackie,* Paris, Assouline, 1998.

SALINGER, Pierre, *Avec Kennedy,* Paris, Buchet-Chastel, 1967.

SCHLESINGER, Arthur M. Jr, *Les 1 000 jours de Kennedy*, Paris, Denoël, 1966.

SHAW, Maud, *White House Nannie*, New York, New American Library, 1965.

SHEVEY, Sandra, *Le Scandale Marilyn*, Paris, Presses de la Renaissance, 1987.

SIDEY, Hugh, *John F. Kennedy, Portrait of a President,* New York, Atheneum, 1964.

SORENSEN, Theodore C., *Kennedy,* New York, Harper & Row, 1965.

SPOTO, Donald, *Jackie, le roman d'un destin,* Paris, Le Cherche-Midi, 2001.

WEST, J.-R., *Upstairs At The White House. My Life With The First Ladies,* New York, Coward, McCann & Geoghegan, 1973.

WEST, Naomi et Wilson, Catherine, *Jackie,* Paris, La Martinière, 2006.

WILLS, Chuck, *J.F.K., Secrets et coulisses d'une vie.* Paris, La Martinière, 2009.

NOTES

Mademoiselle Bouvier

1. Voir C. David Heymann, *Jackie, un mythe américain,* Presses Pocket, 1990. Édition originale : *A Woman Named Jackie,* Lyle Stuart, 1989.
2. Voir Katherine Pancol, *Une si belle image – Jackie Kennedy 1929-1994*, Seuil, 1994.
3. C. David Heymann, *Jackie, un mythe américain, op. cit.*
4. Voir C. David Heymann, *Jackie, un mythe américain, op. cit.*
5. *Ibid.*
6. Voir Donald Spoto, *Jackie, le roman d'un destin,* Le Cherche-midi, 2001.
7. Voir C. David Heymann, *Jackie, un mythe américain, op. cit.*
8. *Ibid.*
9. *Ibid.*, dans l'édition américaine.
10. *Ibid.*
11. Auchincloss Collection, lettre à Yusha Auchincloss.
12. Voir C. David Heymann, *Jackie, un mythe américain, op. cit.* Mais Sarah Bradford dans *American Queen*, Viking, 2000, donne une version différente.
13. Voir C. David Heymann, *Jackie, un mythe américain, op. cit.*
14. Voir C. David Heymann, *Jackie, un mythe américain, op. cit.*
15. *Ibid.*
16. Voir Christopher Andersen, *John and Jackie, histoire d'un couple tragique*, Ramsay, 2003. Édition originale : *Jack ans Jackie : Portrait Of An American Marriage*, William Morrow, 1996.
17. Voir Bertrand Meyer-Stabley, *La Véritable Jackie*, Pygmalion, 1999

18. Voir C. David Heymann, *Jackie, un mythe américain, op. cit.*
19. Voir Donald Spoto, *op. cit.*
20. Christopher Andersen, *John et Jackie, op. cit.*
21. C. David Heymann, *Jackie, un mythe américain, op. cit.*
22. *Ibid.*
23. *Ibid.*
24. *Ibid.*
25. C. David Heymann, *Jackie, un mythe américain, op. cit.*
26. *Ibid.*
27. Voir Robert Stack in *Straight Shooting*, Mac Millan, 1980.
28. Selon Georges Smathers interviewé par C. David Heymann, *Jackie, un mythe américain, op. cit.*
29. Voir Donald Spoto, *op. cit.*
30. Voir C. David Heymann, *Jackie, un mythe américain, op. cit.*
31. Voir Christopher Andersen, *John et Jackie, op. cit.*
32. Voir Christopher Andersen, *John et Jackie, op. cit.*
33. Zsa Zsa Gabor, *My story written for me by Gerold Franck*, The World Publishing Compagny, 1960.
34. Voir Donald Spoto, *op. cit.*

Madame Kennedy

1. Voir C. David Heymann, *Jackie, un mythe américain, op. cit.*
2. *Ibid.*
3. Voir Christopher Andersen, *John et Jackie, op. cit.*
4. Voir C. David Heymann, *Jackie, un mythe américain, op. cit.*
5. Voir Christopher Andersen, *John et Jackie, op. cit.*
6. Anecdote racontée par C. David Heymann, *Jackie, un mythe américain, op. cit.*
7. Voir C. David Heymann, *Jackie, un mythe américain, op. cit.*
8. *Ibid.*
9. *Ibid.*
10. *Ibid.*
11. *Ibid.*
12. Voir Christopher Andersen, *John et Jackie, op. cit.*
13. *Ibid.*
14. Voir Donald Spoto, *op. cit.*
15. Voir C. David Heymann, *Jackie, un mythe américain, op. cit.*
16. Dans une lettre de décembre 1960 citée dans Bertrand Meyer-Stabley, *La Véritable Jackie*, Pygmalion, 1999.

17. Voir C. David Heymann, *Jackie, un mythe américain, op. cit.*
18. Voir Donald Spoto, *op. cit.*
19. Voir C. David Heymann, *Jackie, un mythe américain, op. cit.*
20. *Ibid.*
21. Voir J.B.West, *Upstairs at the White House,* Coward, McCann & Geoghegan, 1973.
22. Pierre Salinger, *Avec Kennedy*, Buchet Chastel, 1967
23. Voir J.B.West, *op. cit.*
24. Voir Bertrand Meyer-Stabley, *op. cit.*
25. Voir C. David Heymann, *Jackie, un mythe américain, op. cit.*
26. *Ibid.*
27. Voir les souvenirs de Mary Barelli Gallagher, *My Life with Jacqueline Kennedy*, D. Mac Kay Co., 1961.
28. Raconté par C. David Heymann, *op. cit.*
29. Témoignage de la journaliste Esther Van Wagner Tufty cité par David Heymann in *Jackie, un mythe américain, op. cit.*
30. Voir C. David Heymann, *Jackie, un mythe américain, op. cit.*
31. Voir C. David Heymann, *Jackie, un mythe américain, op. cit.* et Christopher Andersen, *John et Jackie, op. cit.*
32. Voir C. David Heymann, *Jackie, un mythe américain, op. cit.*
33. *Ibid.*
34. Témoignage de Peter Lawford cité par David Heymann in *Jackie, un mythe américain, op. cit.*
35. Voir Christopher Andersen, *John et Jackie, op. cit.*
36. Voir C. David Heymann, *Jackie, un mythe américain, op. cit.*
37. *Ibid.*
38. *Ibid.*
39. Voir J.B.West, *op. cit.*
40. Voir C. David Heymann, *Jackie, un mythe américain, op. cit.*
41. *Ibid.*
42. William Reymond, *Marilyn, le dernier secret*, Flammarion, 2008, François Forestier, *Marilyn et JFK*, Albin Michel, 2008. Mario La Ferla, *Compagna Marilyn*, Stampa Alternativa, 2008.
43. Judith Exner, *My Story*, Grove Press, 1977.
44. Mémoires inédits de Jacobson citées par C. David Heymann, in *Jackie, un mythe américain, op. cit.*
45. Voir Christopher Andersen, *John et Jackie, op. cit.*
46. Voir Donald Spoto, *op. cit.*

Madame veuve Kennedy

1. Voir Christopher Andersen, *Jackie après John*, JC Lattès, 1998. Édition originale : *Jackie after Jack: Portrait Of The Lady*, William Morrow, 1998.
2. Voir Pierre Salinger, *Avec Kennedy*, Buchet Chastel, 1967.
3. Voir J.B.West, *op. cit.*
4. Racontée par Lady Bird Johnson in *A White House Diary*, Holt, Rinehart & Winston, 1970.
5. Voir Christopher Andersen, *Jackie après John*, *op. cit.*
6. Voir Mary Gallagher, *My Life With Jackie Kennedy*, David Mc Kay, 1969.
7. Voir Christopher Andersen, *Jackie après John*, *op. cit.*
8. Voir C. David Heymann, *Jackie, un mythe américain, op. cit.*
9. Billy Baldwin, *Billy Baldwin Remembers*, Harcourt Brace Jovanovitch, 1979.
10. Voir C. David Heymann, *Bobby et Jackie, une passion secrète,* Albin Michel, 2010. Édition originale : *Bobby and Jackie*, Simon and Shuster, New York, 2009.
11. *Ibid.*
12. Marlon Brando, *Les chansons que m'apprenait ma* mère, Belfond, 1994. Edition originale : *Songs My Mother Taught me*, Random House, 1994.
13. Voir.C. David Heymann, *Bobby et Jackie, op. cit.*
14. Voir C. David Heymann, *Jackie, un mythe américain, op. cit.*
15. Voir Christopher Andersen, *John et Jackie, op. cit.*
16. Voir C. David Heymann, *Bobby et Jackie, op. cit.*
17. *Ibid.*
18. Voir Christopher Andersen in *Jackie après John*, JC Lattès, 1998.
19. Voir Kitty Kelley, *Oh ! Jackie,* Buchet-Chastel, Paris, 1979.
20. Voir Donald Spoto, *op. cit.*
21. Voir C. David Heymann, *Jackie, un mythe américain, op. cit.*
22. Voir C. David Heymann, *Bobby et Jackie, op. cit.*
23. *Ibid.*
24. *Ibid.*
25. *Ibid.*
26. Voir C. David Heymann, *Bobby et Jackie, op. cit.*
27. Voir Bertrand Meyer-Stabley, *op. cit.*
28. Jack Newfield, *Jack, Robert Kennedy, A Memoir,* New York, Berkley, 1969.
29. Voir C. David Heymann, *Jackie, un mythe américain, op. cit.*

30. Voir Christopher Andersen, *Jackie après John*, *op. cit.*
31. *Ibid.*
32. Voir C. David Heymann, *Bobby et Jackie, op. cit.*
33. Voir Christopher Andersen, *Jackie après John*, *op. cit.*
34. Lady Bird Johnson. *A White House Diary*, New York, Holt, Reinhart & Winston, 1970.

Madame Onassis

1. Voir Christopher Andersen, *Jackie après John*, *op. cit.*
2. Peter Evans, *Vengeance*, Paris. Michel Lafon, 2004 (traduit de l'anglais).
3. Voir C. David Heymann, *Jackie, un mythe américain*, *op. cit.*
4. *Ibid.*
5. Voir Christopher Andersen, *Jackie après John*, *op. cit.*
6. Voir Donald Spoto, *op. cit.*
7. Voir Christopher Andersen, *Jackie après John*, *op. cit.*
8. *Ibid.*
9. *Ibid.*
10. Voir Bertrand Meyer-Stabley, *op. cit.*
11. *Ibid.*
12. Voir Donald Spoto, *ibid.*
13. Voir C. David Heymann, *Jackie, un mythe américain*, *op. cit.*
14. Voir Christopher Andersen *Jackie après John*, *op. cit.*
15. *Ibid.*
16. Voir C. David Heymann, *Jackie, un mythe américain*, *op. cit.*
17. *Ibid.*
18. Voir Christopher Andersen, *Jackie après John*, *op. cit.*
19. Voir Mary Gallagher in *My Life With Jackie Kennedy*, David Mc Kay, 1969.
20. Mary Galhagher, *op. cit.*
21. Voir Bertrand Meyer-Stabley, *op. cit.*
22. *Ibid.*
23. Voir Christopher Andersen, *Jackie après John*, *op. cit.*
24. *Ibid.*
25. Voir C. David Heymann, *Jackie, un mythe américain*, *op. cit.*
26. Voir Christopher Andersen, *Jackie après John*, *op. cit.*
27. Voir C. David Heymann, *Jackie, un mythe américain*, *op. cit.*
28. *Ibid.*
29. Voir Christopher Andersen, *Jackie après John*, *op. cit.*

30. *Ibid.*
31. *Ibid.*

Madame veuve Onassis

1. Voir Christopher Andersen, *Jackie après John*, *op. cit.*
2. *Ibid.*
3. Voir Donald Spoto, *op. cit.*
4. *Ibid.*
5. Voir Christopher Andersen, *Jackie après John*, *op. cit.*
6. *Ibid.*
7. *Ibid.*
8. *Ibid.*
9. Voir Edward Klein, *Farewell Jackie*, Viking Penguin, 2004.
10. Voir Christopher Andersen, *Jackie après John*, *op. cit.*
11. Les informations sur les derniers moments de Jackie Kennedy sont issues de : Edward Klein, *op. cit.*

Cet ouvrage a été imprimé
en avril 2011 par

CPI
FIRMIN-DIDOT

27650 Mesnil-sur-l'Estrée
N° d'édition : L.01ELKN000232.N001
N° d'impression : 104698
Dépôt légal : avril 2011

Composition et mise en page

NORD COMPO
multimédia

Imprimé en France